该书为国家社会科学基金重大项目
"东胡系民族历史文献整理与研究"（项目号：17ZDA211）
成果之一，本成果获得内蒙古大学"部省合建"科研专项
高端成果培育项目资助，为内蒙古大学铸牢
中华民族共同体意识研究系列丛书

东胡系民族
基本史料辨析研究

张久和 等著

中华书局

图书在版编目(CIP)数据

东胡系民族基本史料辨析研究/张久和等著. —北京:中华书
局,2024. 12. —(东胡系民族资料汇编/张久和主编). —
ISBN 978-7-101-16972-0

Ⅰ. K289

中国国家版本馆 CIP 数据核字第 2024C9V774 号

书　　名	东胡系民族基本史料辨析研究	
著　　者	张久和 等	
丛 书 名	东胡系民族资料汇编	
责任编辑	陈　乔	
装帧设计	刘　丽	
责任印制	陈丽娜	
出版发行	中华书局	
	(北京市丰台区太平桥西里 38 号　100073)	
	http://www.zhbc.com.cn	
	E-mail:zhbc@zhbc.com.cn	
印　　刷	三河市宏达印刷有限公司	
版　　次	2024 年 12 月第 1 版	
	2024 年 12 月第 1 次印刷	
规　　格	开本/920×1250 毫米　1/32	
	印张 13¼　插页 2　字数 280 千字	
国际书号	ISBN 978-7-101-16972-0	
定　　价	78.00 元	

目　录

东胡系各族综观

张久和

中国古代的东胡系民族是指具有族源关系、地域相连、语言相通、生产生活方式和风俗习惯相近的北方民族,主要包括东胡、乌桓、鲜卑(东部鲜卑、慕容、宇文、段、拓跋、秃发、乞伏等诸部)、吐谷浑、柔然、契丹、库莫奚和室韦等。他们生息繁衍在中国古代北方广袤的土地上,纵横千里,上下两千年,与各民族交往交流交融,在中国乃至世界古代史上扮演了重要角色,在中华民族多元一体格局形成和发展进程中发挥了重要作用,系统了解和掌握东胡系民族历史具有重要学术价值和现实意义。

一、东胡

"东胡"一名最早见于《逸周书·王会篇》,所记简略,至《史记·匈奴列传》方有较确定记载。《史记·索隐》引服虔语:"东胡,乌丸之先,后为鲜卑。在匈奴东,故曰东胡。"史称匈奴人自称为"胡",据此,东胡一名当是战国时期中原华夏族对活动在匈奴(胡)以东(今内蒙古东部及东北西部地区)许多族属相同、语言相通、生产生活方式和风俗习惯相近的各部落的称谓,是族他称。

关于东胡祖先,学界大致有屠何、山戎、土方三说[①]。目前,从文献记载及考古资料中都不能得到圆满解答。东胡本系泛称,指许多族属相同或相近的部落。由于年代久远,文献记载疏略,对东胡先人已很难作确切说明。从各北方民族势力强弱及其活动区域、物质文化遗存所属时代和分布地域等推断,东胡起初可能被中原史家称作山戎,由于匈奴的崛起,中原人又因他居于匈奴(胡)以东而称其为东胡。

战国时代,东胡人的活动地域大致在今呼伦湖以东的呼伦贝尔草原,嫩江以西的大兴安岭山脉,西拉木伦河、老哈河流域和燕山以北地区。东胡诸后裔的发祥地和主要活动区域也大致在这一范围,因此,该区域又被称为"东胡及其后裔历史民族区"。在这一地域内,东胡人以畜牧业为主,兼营渔猎业,手工业有铸铜、陶器制作、毛纺织、皮革制作、木器制作等行业和粗放农业[②]。

根据文献记载,战国时代的东胡人与南边的诸侯国燕国、赵国有和战关系。史载燕昭王在位时(前311~前279年),东胡已颇为强大,燕国要送人质以换取和平,史书具体记载燕国的贤将秦开即曾入东胡做过人质。后来,燕昭王利用秦开熟悉情况并为东胡信任,命其率燕军攻击东胡。东胡大败,北退千余里,以燕国修筑的长城为界,燕国设置辽东

---

①参见张博泉等《东北历代疆域史》(吉林人民出版社,1981年)第33页。傅朗云等《东北民史略》(吉林人民出版社,1983年)第24—25页。干志耿等《黑龙江古代民族史纲》(黑龙江人民出版社,1987年)第126—127页。

②参阅林幹《东胡史》,内蒙古人民出版社,1989年。

（治今辽宁辽阳市）、辽西（治今辽宁义县西）、右北平（治今内蒙古赤峰市宁城县黑城古城）、渔阳（治今北京密云区西南）、上谷（治今河北怀来县东南）五郡以备东胡。东胡与其西南部的赵国也发生过战争。赵惠文王二十六年（前273），东胡一度被赵攻破，失去一部分土地。公元前244年，东胡再次被赵将李牧攻破。

秦汉之际，北方草原地带强大的势力主要是东胡和匈奴。在双方的争斗中，最终东胡被匈奴击溃而发生分化。《史记·匈奴列传》较为详细地记载了这一过程：东胡王闻听匈奴王子冒顿杀父自立为单于后，派使者向匈奴索取千里马。冒顿问计于属下，均以为千里马是匈奴宝马，不应予人。冒顿不从众言，将千里马给予东胡。东胡王以为冒顿惧畏，又派使索要单于妻妾。冒顿再问左右，均说东胡无道，请求出兵攻击。冒顿又违众议，满足了东胡王要求。东胡王愈益骄蛮，派兵向西侵迫匈奴，并要求占有双方间千余里的缓冲地带。冒顿再次征求诸贵族意见，有人说："此弃地，予之亦可，勿予亦可。"冒顿闻言勃然大怒，说："地者，国之本也，奈何予之！"杀掉主张让地的贵族，下令"有后者斩"，率兵突击，东胡大败，一部分部众被掳，融入匈奴，余众溃逃，逐步形成为乌桓、鲜卑两支。

二、乌桓

乌桓是东胡后裔。东胡被匈奴击破以后，部分余众据保乌桓山，因山名族，称乌桓。

根据《后汉书·乌桓鲜卑传》记载，乌桓部众初游牧于饶乐水（今内蒙古赤峰西拉木伦河）一带，受匈奴役使，每年需送马、牛、羊等畜产，逾时不贡，则妻、子均被罚没为奴。汉武帝元狩四年（前 119），汉骠骑将军霍去病击破匈奴左地，顺势征服乌桓，并迁徙乌桓部众于辽东（今辽宁辽阳市）、辽西（今辽宁义县西）、右北平（今内蒙古赤峰市宁城县右北平镇黑城古城）、渔阳（今北京密云区西南）、上谷（今河北怀来县东南）五郡塞外，为汉侦察匈奴动静，协助汉军防御匈奴、鲜卑。为便于监督管理乌桓，西汉设"护乌桓校尉"，开府幽州（今北京市附近），拥节代表皇帝行使权力和传达皇帝意旨。此后，乌桓根据形势，在西汉与匈奴之间依附不定，或助汉攻匈奴，或从匈奴掠扰汉边。

东汉光武帝初年，乌桓与匈奴频频连兵侵扰东汉边郡，致使郡县损坏，百姓流亡。至建武二十二年（46），匈奴因"五单于"争斗而导致动乱，又逢连年自然灾害，致使匈奴整体实力锐减。乌桓等属部借匈奴衰弱联合出击，迫使匈奴撤出漠南地区，北迁数千里，史称"漠南地空"①。东汉适时利用这一形势，用币帛等物招诱乌桓，乌桓酋长一时争相归附东汉。建武二十四年（48），乌桓使者到洛阳"朝贡"，并称愿意作为东汉的藩属。次年，乌桓辽西大人郝旦等 922 人诣阙朝贡，献奴婢、牛、马、弓、虎、豹、貂皮等物。最终，各部乌桓附汉，表示愿为汉戍守边境，首领 80 余人得到侯、王、君长等的封赏，部众也随即迁居东汉北部边塞以内，分布于辽东属国、辽

①乌桓史实主要依据《后汉书·乌桓鲜卑传》《三国志·魏志·乌桓鲜卑传》及裴松之注引王沈《魏书》，不赘注。

西、右北平、渔阳、广阳、上谷、代、雁门、太原、朔方等缘边十郡北界,帮助东汉防御匈奴、鲜卑,随汉军出征。建武二十五年(49),光武帝采纳班彪建议,重新恢复护乌桓校尉建置,在上谷宁城(今河北宣化西北万全县)立屯营开府署,乌桓的赏赐、质子、岁时互市等事务并受管理。此后半个多世纪,乌桓各部为东汉戍守北部边地,政治上附属东汉政权,经济上接受汉地物资赈济,军事上服从东汉将军调遣,文化上进一步受到中原影响。

1世纪末2世纪初,鲜卑逐步取代匈奴掌控了蒙古高原大部地区局势,乌桓不甘心受东汉控制,开始多次与鲜卑等联合抗汉。安帝时期(107~125年),渔阳、右北平、雁门乌桓等与鲜卑、匈奴联合,掳掠代、上谷、涿、五原诸郡,被击败后仍旧归附于汉。顺帝、桓帝时期(126~168年),檀石槐建立了以鲜卑人为核心包括蒙古高原其他游牧部落的军事行政联盟,进一步影响了乌桓与东汉的关系,乌桓屡次反汉。延熹九年(166),乌桓与鲜卑、南匈奴攻扰缘边,九郡乌桓互为响应,一起脱离东汉,北出边塞以外。乌桓诸部一度摆脱了附属东汉的政治地位。汉灵帝时(168~189年),东汉诸郡塞外乌桓大人割据一方,各自称王。史载辽西乌桓大人丘力居有部众五千余落(户),上谷乌桓大人难楼有部众九千余落,辽东属国乌桓大人苏仆延(自称峭王)有部众千余落,右北平乌桓大人乌延(自称汗鲁王)有部众八百余落。各部乌桓首领沿东汉北方边郡拥众自守,不时掠夺汉地人口财物充实本部实力,并接受东汉叛逃官民。东汉末年,乌桓更是介入了北方军事集团的争斗。如灵帝中平四年(187),东汉中山太守叛投丘力居,自号弥天安定王,为诸郡乌桓元帅,寇掠青、徐、幽、冀四州。次年,幽州牧刘虞招募胡人斩张纯,才使局势稍得安定。献帝初平(190~193年)中,丘力居死,子楼班年少,从子蹋顿代立,统摄三郡乌桓,开始卷入中原地区的军阀混战。建安(196~219年)初,蹋顿遣使向袁绍求和亲。袁绍时为冀州牧,与公孙瓒连战不决,难以取胜。蹋顿派兵助击,大破公孙瓒。袁绍见乌桓兵可为所用,矫诏赐蹋顿、难楼、苏仆延、乌延等乌桓诸酋长单于称号,加以笼络。后难楼、苏仆延率部众奉楼班为单于,蹋顿为王,而蹋顿实掌计策。建安十年(205),蹋顿接纳战败来投的袁尚、袁熙,尚、熙企图借助乌桓及为避战乱进入乌桓的10余万幽、冀二州吏民之力,东山再起。建安十二年(207),乌桓与亲率大军来征的曹操激战,蹋顿阵亡,死者被野。苏仆延、楼班、乌延等逃至辽东,也被杀死,余众皆降。近塞乌桓万余落,全部被曹操迁入中原,青壮年被编为骑兵队,随曹军四处征战,"由是三郡乌桓为天下名骑"。

乌桓人居无常处,随水草游牧。擅长骑射,弋猎禽兽为事。男子善作弓矢鞍勒,锻造铜、铁兵器,妇女能纺毛织物。农作物有糜子等,除食用还能酿酒。穿畜兽毛皮,住穹庐,饮食乳酪、畜兽肉。社会由部、邑落、落(户)组成,数百千落组成一部。部落首领称大人,邑落各有小帅,均由推举产生,死则另选。大人以下各自畜牧营产,不相徭役。大人平时管理氏族部落的公共事务,处理氏族部落成员间的纠纷;遇有战事,则率部众参战。语言属东胡后裔诸语言的一支,没有文字,刻木记事。首领有事,则刻木为信,传行各邑落,部众遵照执行而不敢违抗。俗以东方为贵,穹庐东开向日。敬鬼神,用牛羊祭祀天地、日月、星辰、山川及祖先,祀毕焚烧。流行习惯法:违背大人的话,罪可至死;偷盗不止,处死;部落间仇杀,实行血亲复仇,仍未解决,找大人调解,获罪的人,可用马牛羊赎罪;杀伤自己父兄,无罪;叛逃者捕归,邑落不得接纳,放逐沙漠之中。有母系遗风,除争斗之事,计谋皆从妇女。贵少贱老,怒则杀父兄,因母有族类可相复仇而终不害母。有简单的治病知识,用艾蒿针灸,或用烧石自熨、烧地伏卧、用刀决脉出血的方法止痛。有抢婚、服役婚、收继婚习俗。男女皆先私通,然后男略女去,或半年或百日后,派媒人送马、牛、羊作为聘娶之礼;婿随妻还,服役一、二年,妻家置办丰厚财物送归夫家。父死,妻后母,兄死,报寡嫂。寡嫂之小叔死,小叔之子可以伯母为妻;小叔若无子,再轮及其他伯叔。乌桓男女皆髡头,女子出嫁时开始蓄发,作髻,佩戴饰物。丧葬,俗以战死为贵,有棺木,行土葬,始死哀哭,葬时歌舞相送。至葬日,夜聚亲友环坐,牵肥犬、马至死者灵位,有歌哭者掷肉喂食,二人口诵咒文,祈祷死者灵魂能在犬、马保护引导下顺利到达赤山。然后杀犬、马,并取死者衣物用具一起焚烧。

作为两汉时期较强大的一支游牧势力,乌桓从内蒙古高原东部逐步南迁,东汉末年已分布到今河北、山西北部及内蒙古中南部。魏晋时期,与匈奴、鲜卑诸部发生密切关系。魏晋以后,"乌桓"名下的民族构成与两汉已有很大变化,《魏书·官氏志》中将"诸方杂人来附者,总谓之'乌丸'",乌桓一名已代指塞外"杂胡"。迁入中原的乌桓人与汉、匈奴、鲜卑等逐渐融合。雁门郡乌桓与匈奴混血成为铁弗刘氏和独孤氏，后来发展为赫连勃勃的大夏。隋唐时代，文献已少见内地乌桓的记载，《旧唐书·室韦传》记录"那河（今嫩江）之北有古乌丸之遗人"，唐时仍自称"乌丸国"。辽初，耶律阿保机曾派兵北讨乌桓，被征服后融入辽朝。此后，乌桓不再见于历史记载。

三、鲜卑

鲜卑也是东胡后裔。东胡遭匈奴攻破后，迁至鲜卑山的一支，以山名族，称作鲜卑。汉武帝元狩四年（前119），匈奴左地被汉军击破，乌桓一度附汉，被迁到上谷、渔阳、右北平、辽西、辽东五郡塞外，鲜卑则向南移牧于饶乐水（今西拉木伦河）流域。因南隔乌桓，实力弱小，尚未与西汉建立联系，一直不为中原史家所知，直至东汉初年才为汉籍所载[1]。西汉时期，另一部分鲜卑人在"大泽"（今内蒙古呼伦湖）周围地区活动，他们是从大鲜卑山（今呼伦贝尔市鄂伦春自治旗大兴安岭北段）一带迁移来的。今内蒙古呼伦贝尔市诸地的墓葬群是这部分鲜卑人的遗迹。在呼伦贝尔草原驻牧期间，鲜卑与敕勒—高车、匈奴等部融合，部落构成发生变化，经过"七分国人"制度变革，形成新的氏族部落结合体，始称拓跋。及至东汉中后期，因时局影响，拓跋鲜卑再次辗转南迁阴山北部，加入了檀石槐鲜卑军事大联盟，首领成为西部大人。

---

[1]鲜卑史实主要依据《后汉书·乌桓鲜卑传》《三国志·魏志·乌桓鲜卑传》及裴松之注引王沈《魏书》，不赘注。

东汉光武帝初年，鲜卑随匈奴屡犯汉朝边郡，抢夺人口财物。建武二十四年（48），匈奴分裂为南北二部，势力削弱，鲜卑迫于形势，于次年遣使东汉，与中原建立了联系。同年，鲜卑大人偏何受辽东太守祭肜财物诱引，归附辽东，此后连年为汉出击北匈奴，大获赏赐。建武三十年（54），鲜卑大人於仇贲、满头等率部众至洛阳朝贡，分别被封为王、侯。明帝永平元年（58），偏何又接受祭肜重金贿赂，为东汉出兵攻杀赤山乌桓歆志贲。在偏何等鲜卑大人的示范影响下，各部鲜卑大人纷纷归附东汉，接受辽东赏赐，青、徐二州每年供给鲜卑的赏钱达二亿七千万。丰厚的经济补偿，使鲜卑各部一时乐于为东汉御边。史载东汉明帝（58~75 年）、章帝（76~88 年）时，鲜卑保塞无事。

经过 30 余年的自身发展和东汉的经济援助，加上匈奴等各部的衰弱，鲜卑具备了与匈奴等一比高低的能力。章帝元和二年（85），鲜卑联合南匈奴、丁零及西域各国围攻北匈奴，北单于在漠北难以立足，"远引而去"。章和元年（87），鲜卑又攻入北匈奴左地，斩北匈奴优留单于。和帝永元元年至三年（89~91 年），东汉连续大破北匈奴，北单于率部分部众西迁，漠北诸游牧部族失去统治力量，鲜卑因此迁徙占据匈奴故地。漠北匈奴余众十万余落（户）皆为鲜卑兼并，鲜卑由此更为强盛。安帝永初（107~113 年）中，鲜卑大人燕荔阳归附东汉，接受汉赐鲜卑王印绶，居住于护乌桓校尉治所宁城附近，汉开互市，设南北两部质馆监管。在燕荔阳带动下，鲜卑各邑落百二十部，纷纷遣送人质到质馆，表示接受东汉的控制和监督。此后，鲜卑与东汉或和或战，与南匈奴、乌桓亦相互攻击。

及至 2 世纪中叶，檀石槐因勇健有智谋而被推举为鲜卑大人。史载檀石槐在高柳（今山西阳高县）以北的弹汗山啜仇水边建立庭帐，兵马极盛，"南抄缘边，北拒丁零，东却夫余，西击乌孙，尽据匈奴故地，东西万四千余里，南北七千余里，网罗山川水泽盐池"，建立了地分东、中、西三部的鲜卑军事大联盟。檀石槐分划辖地为三部：东部在东汉辽东郡至右北平郡塞外，东邻夫余、濊貊，由弥加、阙机、素利和槐头等大人统领二十余邑驻牧；中部在右北平郡以西至上谷郡塞外，由柯最、厥居和慕容等大人统领十余邑驻牧；西部在上谷郡以西至敦煌郡塞外，西接乌孙，由置鞬、日律和推寅等大人统领二十余邑驻牧。檀石槐"施法禁，平曲直，无敢犯者"，树立了自己的权威；任用汉人谋士，输入汉地铁器，促进了鲜卑社会的发展。

史称鲜卑人的经济生活、社会组织、语言及风俗习惯与乌桓人相同。鲜卑军事大联盟建立后，各部大人均服属于檀石槐。檀石槐死后，其子和连继立，鲜卑大人由推举制转变成世袭制。与乌桓习俗稍有差别的是鲜卑人婚嫁前髡头，出嫁时开始蓄发。每年春季在饶乐水（今西拉木伦河）畔集会，饮宴歌舞，举行婚礼。

鲜卑诸部结成联盟以后，实力增强，频繁南攻汉边，以致东汉难以控制。至灵帝光和（178~184 年）中，檀石槐死，子和连代立。和连"才力不及父"，"断法不平，众叛者半"，鲜卑联盟遂告瓦解。漠南自云中（今内蒙古呼和浩特市托克托县古城村古城）以东划分成三个地域集团：檀石槐后裔步度根拥众万余落，占有云中、雁门、太原等郡地；"小种鲜卑"轲比能率众十余万骑,占据高柳以东的代郡、上谷郡边塞内外地;东部大人素利、弥加、厥机等占有辽西、右北平、渔阳诸郡塞外。西部鲜卑部落则在云中郡以西地区活动。各部鲜卑"割地统御,各有分界",在各自的领地内从事游牧生产。

曹魏初年,步度根遣使向曹丕献马,受封为王。后来步度根与轲比能相互攻击,实力被削弱,将部众万余落据保太原、雁门。黄初五年(224),步度根诣阙朝贡,得到丰厚赏赐。青龙元年(233),步度根因故于并州叛乱,被击破,其部众归轲比能统御。后又降附曹魏,在并州居住下来。

鲜卑东部大人于建安(196~219年)中各遣使贡献,与汉互市,曹操皆封以王号。厥机死后,其子沙末汗继位为亲汉王。曹丕代汉建魏后,又封素利、弥加为归义王。魏太和二年(228),素利死,其子年少,以弟成律归为王,代摄其众。

东汉末年,轲比能部以地处近塞,接纳大批逃亡汉人,学作使用中原兵器、文字及统御部众的建制和方法,与曹魏建立了较为密切的关系。黄初元年(220),轲比能遣使献马,受曹丕封为附义王。次年,将投附鲜卑的汉人500余家归还于魏。黄初三年,又率三千余骑兵驱赶牛马与魏互市,并归还汉人千余家居于上谷,以进一步结好于魏。在与其他鲜卑部争斗中,轲比能先后兼并了鲜卑"东部大人"和步度根集团,重新统一了漠南地区,从五原、云中二郡,东抵辽河流域一带,皆为其所控。轲比能在北方地区的发展,对曹魏政权统治的稳定十分不利。青龙三年(235),曹魏统治者派人刺杀了轲比能,继檀石槐以后复兴的鲜卑势力再次受到削弱,鲜卑的短暂统一也告瓦解。

其后,东部鲜卑兴起了宇文、慕容、段三部。宇文部祖先原是驻牧于阴山南部的匈奴人,东汉时迁居今内蒙古东部,控制了一部分鲜卑部众,逐渐鲜卑化。魏晋时期,宇文部西以濡源与鲜卑拓跋部为界,占据着西拉木伦河和老哈河流域。东汉末年,慕容部首领曾是檀石槐部落联盟的大人。曹魏初年,慕容部从今锡林郭勒草原迁徙到今辽宁锦州与义县之间。段部属东部鲜卑,世居辽西,居地中心在令支(今河北迁安县)。西部鲜卑则先后兴起了拓跋部、秃发部和乞伏部。拓跋部祖先原居大鲜卑山(今大兴安岭北部),两汉时期先后迁徙至今呼伦贝尔草原、阴山北部。魏晋时期,拓跋部逐渐强大起来。曹魏甘露三年(258),拓跋部从五原东移盛乐(今内蒙古呼和浩特市和林格尔县土城子古城),借云中、定襄等郡县前已撤销的良机,纠合了一大批鲜卑人、乌桓人、匈奴人及汉人,把这一地区作为扩张基地,迅速发展起来。秃发部与拓跋部同源,自塞北迁入河西地区,逐步扩张势力。乞伏部是鲜卑与敕勒—高车融合形成的部落,从北方草原迁徙至陇西地区。五胡十六国时期,鲜卑各部在南迁南进中原过程中,仿效、吸收中原制度,建立了占据一方的区域性政权。慕容鲜卑先后建立了前燕、后燕、南燕、西燕诸政权,拓跋、秃发、乞伏鲜卑分别建立了代、南凉和西秦政权。随着鲜卑各部政权的相继衰亡,拓跋鲜卑建立北魏,并最终统一中国北方地区,结束了黄河流域纷乱割据的局面,将北方诸族纳入北魏的统治体系之中,鲜卑与汉、乌桓、匈奴等族进一步交融,到隋唐时期作为一个进入了中原地区的古代民族群体逐渐淡出了历史舞台,而其后裔契丹、奚、室韦等则继续活跃于北方草原地区。

四、吐谷浑

吐谷浑源出鲜卑。原为人名,后演变为族名和政权名。

根据文献记载,辽东鲜卑酋长涉归(又作弈洛韩)的庶长子名吐谷浑,嫡子名若洛廆(即慕容廆)[①]。涉归分700牧户给吐谷浑,使其与若洛廆分部游牧。4世纪初,涉归死,若洛廆代父统摄部落,逐步形成慕容部。后因二部马群相斗,慕容廆迁怒及人,迫使吐谷浑统领本部部众离开辽东,西迁阴山地区。西晋永嘉(307~313年)年间又度陇而西,在枹罕(今甘肃临夏枹罕山,即大力加山)与甘松间游牧,南界昂城(今阿坝)、龙涸(今四川松潘),占据从洮水西南至白兰(今青海巴隆河流域布兰山一带)的数千里之地。西北诸族又称其为阿柴虏。

吐谷浑之后,长子吐延继位,在与昂城羌族酋长姜聪争斗中被刺,遗嘱其子叶延速保白兰。叶延在位23年,对中原文化有浓厚兴趣,依《礼记》,以吐谷浑为氏并作为族名。叶延死后,数代子嗣相继承继首领之位,先后与前秦、西秦、南凉等发生和战关系。420年左右,阿豺立,居浇河(青海贵德),自号骠骑将军、沙州刺史,兼并羌、氐部落,控地数千里,号为强国。后阿豺传位于侄子慕瑣,又奉表通宋,受封陇西公。慕瑣招引各割据国亡散及羌、戎部众五六百落(户),交通蜀汉、凉州、赫连夏,部众转盛。北魏太武帝拓跋焘时,慕

---

①3至6世纪吐谷浑史实,主要依据《魏书》《北史》等之《吐谷浑传》,不赘注。

璝遣侍郎谢大宁朝贡,后擒与北魏为敌的赫连定,送至平城(今山西大同)。拓跋焘遣使封慕璝为大将军、西秦王。慕璝死后,弟慕利延立,受北魏镇西大将军、西平王封号。慕利延亦通使刘宋,受封河南王。拓跋焘以此出征凉州,慕利延惧,率部人西入沙漠,以慕利延兄慕璝有擒获赫连定之功,遣使招还。时北魏强盛,慕利延侄纬代与北魏使者联络归降,为慕利延发觉而被杀,纬代弟等八人降魏,请出兵攻击。拓跋焘派兵出讨,斩杀5000余人,慕利延退据白兰,部众13000落降附北魏。太平真君六年(445),北魏再攻白兰,慕利延西走于阗,杀于阗王,南征罽宾,在西域扩充势力。慕利延死后,拾寅立,与北魏修好,遣使朝贡,拓跋焘封其为镇西大将军、沙州刺史、西平王。同时,吐谷浑又接受南朝刘宋所封河南王称号,与其关系密切,而后颇对北魏不恭。北魏高宗时,出南北两道兵攻击白兰,拾寅退保南山,失驼马二十余万。北魏显祖时,复败拾寅,吐谷浑遣使修贡,北魏不允。拾寅部落大饥,屡寇浇河,北魏兵入吐谷浑境,根除待收庄稼,拾寅被迫称臣纳贡。到伏连筹在首领位时,受北魏高祖封使持节、都督西陲诸军事、征西将军、领护西戎中郎将、西海郡开国公、吐谷浑王等号,并且开始摹仿北魏制度,设置官属,号为强富。伏连筹死,子夸吕立,自号可汗,居伏俟城(今青海共和县石乃亥铁卜加古城),控地东西三千里,南北千余里,建立吐谷浑政权。

东、西魏时,吐谷浑借道柔然,遣使朝贡东魏,修和亲,夸吕娶济南王孙女广乐公主为妻,孝静帝纳其妹为嫔。吐谷浑屡与西魏战,遭西魏凉州刺史史宁攻击,失仆射、将军二人及胡商 240 人，驼骡 600 头，丝绢以万计。恭帝三年（556），吐谷浑又被史宁与突厥木杆可汗联兵击破，夸吕失妻、子、珍宝、杂畜。北齐、北周时，吐谷浑继续与北周为敌。建德五年（576），北周武帝征吐谷浑，伏俟城被攻破，夸吕遁走，北周军虏其余众而还，朝献遂绝。

隋唐时期，吐谷浑的实力进一步发展壮大，与隋唐王朝发生了密切关系①。隋开皇初，吐谷浑侵掠弘州，隋以地旷人稀，废州。随后，隋出兵数万征讨吐谷浑，夸吕畏惧，率亲兵远遁，其名王十三人各率部落投降隋朝，隋文帝以吐谷浑高宁王素得众心，封为河南王，统其降众。开皇八年（588），高宁王死，文帝令其弟树归袭统其众。十一年，夸吕死，子世伏称藩于隋。十六年（596），隋以光化公主妻世伏。次年，吐谷浑大乱，部众杀世伏，立其弟伏允，遣使贡隋，依俗娶光化公主。隋炀帝即位后，伏允遣子慕容顺来朝。隋朝唆使铁勒击吐谷浑，伏允东走，保西平境。隋兵两路出击，伏允逃匿山谷间，故地皆空。自西平临羌城以西，且末以东，祁连以南，雪山以北，东西四千里，南北二千里皆为隋有。隋置河源、西海、鄯善、且末四郡以及县、镇、戍等，徙罪徒居之。伏允率部人数千骑，客居党项。炀帝立伏允子慕容顺为吐谷浑主，送出玉门，使统吐谷浑余众，遇阻未成而还隋。隋末大乱，吐谷浑渐复故地，屡寇隋边塞，郡县难以应制。

唐朝建立后，慕容顺自江都至长安投唐。唐高祖遣使

---

①隋唐时期吐谷浑史实，主要依据《隋书》和两《唐书》之《吐谷浑传》，不赘注。

与伏允通和，以放顺归返为条件，使吐谷浑攻击割据凉州的李轨。伏允同意，兴兵攻击。后频遣使请归慕容顺，唐乃还。唐太宗即位后，遣使召伏允入唐，称病不至，遣使为其子尊王求婚，唐允婚，令尊王亲迎，不肯入唐，遂诏停婚。后伏允率部寇兰、廓二州，唐廷议决出兵攻击，一路至青海南，破吐谷浑，虏牛羊二万余头而还。太宗又频遣使至吐谷浑，使者十余返，不与唐和。贞观九年（635），吐谷浑被唐大举攻击，连战皆败，人畜损失惨重。大宁王顺举众降唐，伏允遁于沙碛中，相随骑兵仅百余人，乃自缢而死。从此，吐谷浑分成东西二部，西部居鄯善，由伏允次子掌控，后来降附吐蕃。东部居伏俟城，国人立顺为可汗，向唐称臣内附，受封为西平郡王。不久，顺为臣下所杀，子诺曷钵立。诺曷钵年幼，大臣争权，国中大乱。唐太宗派兵增援，封为河源郡王，授乌地也拔勒豆可汗称号，加封青海国王。贞观十四年（640）诺曷钵请婚，唐朝以弘化公主妻之。次年，诺曷钵所部丞相宣王专权，阴谋作乱，计划袭击弘化公主，劫持诺曷钵至吐蕃。诺曷钵大惧，率轻骑走入鄯善城。唐鄯州刺史杜凤举与吐谷浑威信王合兵击宣王，大破，太宗遣使抚慰诺曷钵。后吐谷浑与吐蕃相互攻伐，各遣使请唐兵援助，唐高宗皆不允。龙朔三年（663），吐蕃攻吐谷浑，诺曷钵难以抵御，携弘化公主投凉州（今甘肃武威）。高宗遣薛仁贵等救援，为吐蕃所败，吐谷浑汗国遂亡。

吐谷浑人主要从事畜牧业，"随逐水草"。马、羊、牦牛、驼是主要牲畜。有良马日行千里，号"青海骢"。俗"好射猎"。经营农业，有大麦、粟、豆、蔓菁等作物。富产铜、铁、朱砂等手工业原料,善作兵器,有弓刀甲矟。对外商业交往频繁,与南北朝隋唐以及波斯等均有贸易关系。初有长史、司马、将军,后又有王公、仆射、尚书、郎中等官号。无常赋,需要时向富人、商人收税以充国用。刑罚简略,杀人及盗马者处死,方式是以毡蒙头,从高处以石击之。其余犯罪则以物赎罪,也有杖刑。王公服式略同于汉族,有冠帽,着小袖袍,小口裤。"肉酪为粮""有城郭而不居""庐帐为室"。实行烝母报嫂婚。富家厚出聘礼,贫困没有财力的人,有抢婚习俗。土葬,有丧服,葬毕则除。原信奉萨满教,西迁后,逐步信仰佛教。

吐蕃灭吐谷浑汗国后,除进入吐蕃的吐谷浑人以外,诺曷钵可汗率数千帐内附唐朝,被安置于灵州(今宁夏灵武西南)一带,置安乐州,以诺曷钵为刺史。诺曷钵后,历四世,仍世袭青海王号。8世纪后,吐蕃东侵,攻陷安乐州,吐谷浑又东迁进入朔方(今陕西靖边县白城子)、河东等地。除了迁入内地的吐谷浑部落以外,仍有一部分吐谷浑人留居故地,拥兵自保。9世纪中叶吐蕃崩溃后,吐谷浑居住在湟水和大通河流域,依险屯聚。到唐末五代时,晋北至阴山一带,也有了吐谷浑人活动的足迹,一支吐谷浑散处蔚州等地,与沙陀有和战关系,并曾助唐讨伐庞勋,后属后晋石氏。契丹势力西扩后,燕云地区割属契丹,部分吐谷浑人又依附契丹,成为了辽朝属部,此后渐渐消失于历史的尘雾之中。

五、柔然

柔然统治者是"东胡之苗裔",与鲜卑同源,在"柔然"名下囊括的民族成份则颇为复杂,包括高车、匈奴等氏族部落。

柔然兴起于内蒙古高原,5世纪初在漠北立国[1]。3世纪末,柔然始祖木骨闾为拓跋鲜卑人奴隶,成人后免除奴隶身份而为骑卒。因延误军期,按律当斩,于是畏罪逃匿于沙漠山谷间,纠集逃亡者百余人,依附游牧于女水(一说今内蒙古呼和浩特市武川县抢盘河)一带的纥突邻部。至木骨闾子车鹿会时,部众增多,自号"柔然"。后向北迁徙,在意辛山一带(今内蒙古包头市达茂旗沙拉木伦河流域)驻牧,役属于拓跋鲜卑,每年进贡畜猎品。车鹿会下传四世,柔然有了一定发展,所控地域分属东、西两部。4世纪末年,柔然西部贵族社仑杀东部贵族匹候跋,兼并部众,北渡大漠。402年,社仑率部进入漠北高车(敕勒)人区域,征服吞并诸部。稍后,于颓根河(今鄂尔浑河)大破来攻的匈奴余部,尽并其众。又四出征服所邻部落,达到强盛。于是,社仑在弱落水(今蒙古国土拉河)畔建庭帐,立军法,自号丘豆伐可汗,建立了柔然汗国,盛时疆域"其西则焉耆之地,东则朝鲜之地,北则渡沙漠,穷瀚海,南则临大碛;其常所会庭,则敦煌、张掖之北",北方各族如高车(敕勒)、契丹、库莫奚、室韦等及西域诸城邦国如焉耆、鄯善、龟兹、姑墨以及东道诸国,都曾役属于柔然。

北魏永兴二年(410),社仑扰边,死于败退途中,部众立社仑弟斛律为可汗。不久,柔然贵族内讧,大檀得立为可汗,频繁侵扰北魏边地,双方征扰不断。始光元年(424),大檀

率 6 万骑深入云中(今内蒙古呼和浩特市托克托县古城村古城),攻陷盛乐宫,北魏太武帝拓跋焘被柔然骑兵围困五十余重。次年,大檀闻北魏兵分五路汇聚漠南,惊骇北走。神䴥二年(429),柔然汗庭遭北魏两路大军攻击,部众四散,损失惨重,大檀绝迹西走,不知去向,归降北魏的柔然人达 30 余万,柔然势力一度衰落。大檀病死后,子吴提立为敕连可汗,为免遭北魏进一步打击,遣使朝贡,双方一度和好。延和三年(434),吴提娶北魏西海公主,拓跋焘纳吴提妹为左昭仪,柔然数百人朝魏,献马二千匹,北魏回赠甚厚。太平真君五年(444),吴提死,子吐贺真立为处可汗(444~464 年),在位期间遭北魏多次征讨,损失人畜百余万。皇兴四年(470),柔然侵犯北魏边塞,北魏献文帝亲征,与诸将会军于女水之滨,柔然多受北魏奇兵诱惑,战死五万人,降万余人。此后,柔然请和,岁贡不绝。太和十六年(492),北魏七万骑攻入柔然,属部高车首领阿伏至罗乘机率十余万落摆脱柔然控制,自立为主。511 年后,柔然可汗屡遣使朝贡北魏,又西征高车,重新将高车部众纳入柔然统治之下,国势稍有恢复。神龟三年(520),柔然可汗因信用女巫,被其母及臣下所杀,众立阿那瓌为可汗,族兄示发不服,率众数万伐阿那瓌,一时国乱。阿那瓌失败后南投北魏,入洛阳,受封朔方郡公、蠕蠕王。阿那瓌投靠北魏后,柔然诸贵族互争可汗大位,示发被婆罗门击破,投奔地豆于,为其所杀,婆罗门立为可汗。521年,阿那瓌请求北归,北魏议允,遣使往喻婆罗门退位以迎阿那瓌。婆罗门无逊避之心,遣兵来迎,阿那瓌不敢北行,驻扎在北魏怀朔镇(今内蒙古包头市固阳县怀朔镇城库伦古城)

一带,与漠北柔然可汗对峙。值婆罗门受高车攻击,败后率十部落至凉州降于北魏,于是柔然部众数万迎阿那瓌还归漠北。此后,柔然与北魏联系更为密切。正光三年(522),阿那瓌上表请求援助,北魏给粮万石。525年,应北魏统治者召唤,阿那瓌率众十万帮助北魏镇压六镇起义。柔然与北魏和好无战事,又多得北魏援助,故"部落既和,士马稍盛",阿那瓌乃号敕连头兵豆伐可汗。此后,频繁通使北魏。孝昌四年(528),北魏孝庄帝以"阿那瓌镇卫北藩,御侮朔表,遂使阴山息警,弱水无尘",特准他"赞拜不言名,上书不称臣"。太昌元年(532),阿那瓌遣使朝贡,并为长子请婚。次年,孝武帝诏以范阳王长女琅邪公主允嫁,未及成婚,北魏分裂为东、西魏。

　　柔然是游牧民族,逐水草放牧,驻牧地随季节不同而有所变化,"冬则徙度漠南,夏则还居漠北"。狩猎业在社会经济中占有重要地位,用貂皮、貀皮、虎皮、狮子皮等与北朝或南朝交换。手工业附属于畜牧业,有制造毛毡、皮革、车具、金属的行业。居无城郭,以穹庐毡帐为室,首领与部众都住穹庐,衣毛皮,食畜肉,饮畜乳。贵族穿小袖锦袍,小口裤,着靴。辫发左衽。

　　社仑时建立军法,实行十进位军制:千人为军,置将一人;百人为幢,置帅一人。作战争先者,赏给掳获的财物人口;退却懦弱者,以石击首杀之,或捶挞。统治阶层有可汗、将、帅、大人、俟利、俟利发、俟利莫何、俟斤、莫何、吐豆登等。柔然社会由许多氏族部落组成,如纥突邻部、黜弗部、素古延部、俟吕邻氏、尔绵氏、阿伏干部、纥奚部、肺渥氏等是主要部落。此外,还有属于柔然的别部,如无卢真部、乌朱贺颓部、匹娄部、匈奴余种拔也稽部、高车斛律部、副伏罗部、他莫孤部、奇斤氏、贺述也骨部和鬐历辰部等。统治核心是郁久闾氏,可汗均出自这一氏族。

柔然"国政疏简",无文字,将帅以羊屎粗略核记兵数,稍后颇知刻木记事。以东为贵,穹庐门东开。中原文化对柔然产生很大影响。5世纪中叶,可汗予成(464~485年)仿照中原王朝做法,建元"永康",是柔然用汉字建年号之始,后来其他可汗还用过"太平""太安""始平""建昌"等年号。史载柔然国相希利垔擅长星算数术,精通汉语。曾向南齐求要医病、织锦之人及指南车、漏刻等物。阿那瓌时,摹仿北魏制度,立侍中、黄门等官,用南齐人淳于覃为秘书监黄门郎,掌管文墨。柔然人早期信奉萨满教,以后传入佛教。史载法爱为柔然国师,曾为可汗解释经文和数术之学,享受俸三千户的待遇。柔然人实行氏族外婚制,有收继婚风俗。

北魏分裂后,东、西魏竞相与柔然结好,以削弱对方。西魏文帝以舍人元翌女称为化政公主嫁与阿那瓌弟,又娶阿那瓌女为后,送给大量财物。阿那瓌遂扣留东魏使。东魏元象元年(538),阿那瓌屡掠东魏边郡,又杀使者。东魏放还柔然使者,好言相慰,并利用西魏文帝所娶阿那瓌女病死之事离间柔然与西魏关系,阿那瓌与东魏和,双方互使。东魏以常山王妹兰陵公主嫁阿那瓌子庵罗辰,阿那瓌以孙女嫁齐神武王第九子长广公湛,又以爱女嫁齐神武王,自此双方互使不断,友好相处。北周明帝(557~560年在位)之后,中原大乱,阿那瓌愈益强大,更为骄横,"遣使朝贡,不复称臣"。此时,突厥日益强大,对柔然形成很大威胁。北齐天保三年(552),阿那瓌拒绝属部突厥首领土门的求婚,引起突厥攻击,战败自杀。阿那瓌子庵罗辰、阿那瓌从弟登注及子库提率部分部众投奔北齐,余下的部众又立登注次子铁伐为可汗。553年,北齐送登注、库提还居北方草原,铁伐寻为契丹所杀,部众立登注为主,又为部人所杀,部众复立库提。后遭突厥攻击,遂举部奔齐。北齐北讨突厥,迎纳柔然,废掉库提,立庵罗辰为可汗,并向其提供生活物资,使驻牧于马邑川。天保五年(554),庵罗辰试图脱离北齐控制,遭受多次打击,一次损失三万余人。555年,北齐文宣帝亲自带兵出击柔然,在白道(今内蒙古呼和浩特市北蜈蚣坝)整兵,留辎重,率轻骑五千追击,至沃野镇(今内蒙古巴彦淖尔市乌拉特前旗苏独仑乡根场古城),大胜而还。柔然屡为突厥、北齐攻击,最后有部众千余家投奔西魏,柔然汗国灭亡。在突厥的一再要挟下,西魏将柔然可汗及壮年三千余人交与突厥,悉数被杀。柔然余众部分为突厥兼并,部分投奔室韦,部分辗转西迁,此后很少再见于汉文文献的记载。

六、契丹与库莫奚

　　契丹与库莫奚同属东胡系鲜卑后裔,起源于内蒙古高原东南部。魏晋时期,契丹与库莫奚同在鲜卑宇文部名下。东部鲜卑人中的宇文部与慕容部、段部经常发生战争。344年(东晋建元二年、前燕八年),宇文部被慕容部击破以后,部众分出两支,居松漠之间,地域东西相邻,分别以契丹和库莫奚的名号见于文献记载①。

契丹是地道的鲜卑人后裔,驻牧于松漠一带,潢河(今内蒙古赤峰市境内西拉木伦河)、土河(今老哈河)之间。北朝初期,契丹始祖奇首可汗所生八子组成悉万丹等八部,称古八部。北魏太武帝太平真君(440~451年)以来,朝贡于魏,以名马、文皮在和龙(今辽宁朝阳)、密云等地与中原进行贸易交换。5世纪末期,万余口契丹人南徙白狼水(今大凌河)以东地区。6世纪50年代,北齐出兵击破契丹,把10余万契丹人分别安置在营州(今辽宁朝阳)和安州(今河北隆化)。留在西拉木伦河、老哈河一带的契丹人则降附了突厥。

库莫奚上层统治者大概是鲜卑化匈奴人后代,所属部众则大都是鲜卑人后裔。北朝初期,库莫奚的驻牧地东邻契丹,主要在西拉木伦河上游流域。5世纪80年代,库莫奚人稍向南迁,与北魏安州、营州的边民毗邻而居,大致在老哈河上游以西至滦河上游之间。东魏武定年间(543~549年),库莫奚驻牧地南接幽、安、定三州之北,已经进入河北北部地区。北齐年间,部分库莫奚人已迁徙到代郡以北地区。

隋唐五代时期,契丹、奚逐步发展壮大起来,与中原及周边地区的联系更为频繁密切,在历史上发挥了更大作用②。

隋代,史载契丹有十部。时突厥称雄于大漠南北,契丹部落酋长多依附于隋廷和突厥牙帐之间。开皇五年(585),

①魏晋南北朝时期契丹和库莫奚史实,主要参阅《魏书》《北史》之《契丹传》和《库莫奚传》。
②隋唐五代时期契丹、奚史实,主要根据《隋书》《旧唐书》《新唐书》《旧五代史》《新五代史》之《契丹传》《奚传》和《辽史》,不赘注。

北齐时徙居白狼水（今大凌河）以东的契丹部落归附隋朝，隋文帝诏许回归松漠故地之间。开皇十九年（599），北齐时降附突厥的契丹4000家要求附隋，文帝初虑突厥附隋局面破裂而未予接纳，后允许回到故地，依托纥臣水（今老哈河）而居。

隋代，汉文献略称库莫奚为奚，分辱纥玉、莫贺弗、契个、木昆、室得五部，各有首领一人，借用突厥官号，称俟斤（irkin）。其中阿会氏最强，为诸部之长。初臣属突厥，后附于隋。奚在契丹西，突厥东，营州（今辽宁朝阳）西北，约当今西拉木伦河上游南部。大业年间遣使贡隋。

唐朝初期，史载契丹人居于潢水（今西拉木伦河）之南、黄龙（今辽宁朝阳）之北的鲜卑故地，东邻高丽，西接奚，南抵营州，北毗室韦。此时契丹各部落已组成部落联盟，首领出自大贺氏。附属于突厥，受"俟斤"官号。贞观二年（628），契丹首领摩会率部背突厥附唐。贞观二十二年（648），契丹诸部皆请内附，唐朝在契丹驻牧地置松漠都督府（今内蒙古赤峰市巴林右旗南），封首领窟哥为都督。又置十个羁縻州，各以契丹部落首领作刺史，契丹活动区正式纳入唐朝行政建制之中。此后与唐和好，直到7世纪末始反唐附于后突厥。8世纪初，契丹首领李失活重又附唐，唐复置松漠都督府，以失活为都督，封松漠郡王，唐玄宗又以甥女为永乐公主妻之。唐玄宗天宝四年（745），遥辇氏迪辇俎里被立为阻午可汗，取代大贺氏成为契丹部落联盟首领。遥辇氏在联盟中设迭剌、乙室等共十部，实行联盟长就职的"柴册仪"。迭剌部势力最大，始终掌握军、政权力。这一时期，契丹政权初具雏形。时回鹘兴起,契丹臣属,间或附唐。9世纪中叶回鹘汗国亡,又附属于唐朝。此后部落渐盛,征服邻近奚、室韦等部落。唐天祐四年(907),耶律阿保机取代遥辇氏为盟主,即可汗位。后梁贞明二年(916)二月,阿保机在龙化州(今通辽市境)称皇帝,国号"大契丹",建元神册,建立游牧的国家政权。大契丹国是一个以契丹族为主,包括汉、奚、室韦、突厥、回鹘、吐浑、党项等族在内的政权。都城建在今赤峰市巴林左旗林东镇南,辽太宗时改为上京。947年改国号为辽。

契丹—辽政权实行"以国制治契丹,以汉制待汉人","因俗而治"的统治方针,吸收、借鉴、改造唐朝、五代诸政权、宋朝的官制,建立北、南双轨政权体制。统治机构核心部分有在迁徙移动中商讨政务、行使职权的重要特点。契丹军队以骑兵为主,设御帐亲军、宫卫骑军、部族军、属国军,铸金鱼符调动军队。

契丹人以游牧经济为主,居毡帐,随季节水草放牧牲畜。辽朝建立后,设立专职机构和官员管理。早期契丹人的生活中,渔猎是重要产业,后来畜牧业和农业的发展,使之变为辅助性产业。契丹早期有一定农业,随着农业区的占领和扩大,农业比重不断增大,产量不断增加,与畜牧业一同成为契丹辽的主要经济产业。契丹人的手工业比较发达,主要有陶瓷、金银、皮革、铜铁、木器、纺织等制造业。商业也较发达,与邻族有广泛的贸易往来。

契丹语与鲜卑语相通,东胡后裔诸语言的一支,属阿尔泰语系蒙古语族。契丹人早期无文字,刻木为信。耶律阿保机建国后,借鉴汉字等创制契丹大、小字,考古多有发现。契丹贵族受汉文化影响很深,留下了不少文学作品和绘画艺术品。契丹人以耶律(皇族)和萧(后族)姓为贵,互相通婚。部众实行族外婚制,也有收继婚俗。建国前葬俗为树葬加火葬。将死者尸体置于山树之上,三年后收尸骨焚烧,有一定祭奠仪式。后来实行土葬,有砖石墓和土坑墓。契丹人信仰萨满教、佛教和道教。

　　唐初,史载奚亦居鲜卑故地,东接契丹,西邻突厥,南拒白狼河(今大凌河),北与霫毗邻。地域四至大体东部以松陉岭(今努鲁儿虎山)与契丹为界,西滨大洛泊(今内蒙古赤峰市克什克腾旗达里诺尔),北至西拉木伦河北,南到大凌河上游一带。奚人多依吐护真水(今老哈河)而居,奚王牙帐南距古卢龙塞(今河北喜峰口一带)600里,约在老哈河中游西岸地区。奚时附于唐,时属于突厥。贞观三年(629),奚遣使唐廷,与唐朝建立了贡赐关系。贞观十九年(645),唐太宗李世民征伐辽东,奚兵从征,大酋苏支立有战功。贞观二十二年(648),奚臣属唐朝,唐在奚活动区置饶乐都督府(今赤峰市林西县双井店乡西樱桃沟古城),下置九个羁縻州,各以部落首领为都督、刺史。7世纪末,后突厥兴起,向东击败奚部,奚背唐附后突厥。8世纪初,后突厥属部纷起反抗,奚复来附唐,首领李大酺被唐玄宗封为饶乐郡王,复为饶乐都督,受营州都督府节制,并娶唐宗室女固安公主为妻。奚与契丹相邻而居,既有和平交往,又间有战事。开元八年(720),奚与契丹争斗,首领大酺战死,弟鲁苏继位,袭爵饶乐郡王,复娶东光公主为妻。开元十四年(726),改封鲁苏为奉诚郡王。开元二十三年(735),改饶乐都督府为奉诚都督府。8世纪中期以后,奚与唐关系密切,每年常派出数百人至幽州进行经济文化交流,并从数百人中选三五十人至长安朝贡,从事政治交往和经济贸易。唐中叶前,奚强大,有胜兵 3 万余人,与契丹并称为"两蕃"。后来,契丹日益强盛,奚的发展势头和空间受到遏制,转向衰落,服属于契丹,常为契丹守疆界。唐末,首领去诸率领奚之一部背离契丹,西迁妫州(今河北怀来)北山内附,文献记称为西奚,于是有了东奚、西奚之分。10 世纪初年,奚部连遭契丹攻击,人口财富损失惨重。后梁开平五年(911),东、西部奚被契丹耶律阿保机分兵攻破,最终降附于契丹。

奚人过着逐水草而居的游牧生活,畜牧业为主,渔猎业为辅。间有农耕,以稷、糜、粟为主。"食牛羊之肉酪。""居有毡帐,兼用车为营。"语言与契丹、室韦相同。

自魏晋时期见诸史乘,契丹与奚相邻而居,言语相通,习俗相近,如影随形,具有绵长的历史渊源。至 10 世纪初,奚被契丹彻底征服,在契丹—辽朝的政治、军事、经济体系中占据重要地位,发挥关键作用。辽代,契丹、渤海、奚、汉"四姓杂居,旧不通婚,谋臣韩绍芳献议,乃许婚焉"[①]。随着族内婚逐渐被打破,汉、契丹、奚、渤海、室韦等相互通婚,各民族的交流融合更为深入。辽朝灭亡前后,有为数不少的契丹人、奚人进入金朝和漠北的蒙古部落中。至元朝,契丹、奚逐步退出了历史舞台。

---

① 《武溪集》卷十七《契丹官仪》。

七、室韦

"室韦"又作"失韦",其主体应是东胡鲜卑后裔。最早见于《魏书》记载的室韦部落称乌洛侯[1],北魏太平真君四年(443)入贡北魏。东魏武定二年(544),室韦朝贡北魏,室韦一名始见于史。此后,室韦成为大兴安岭北部、呼伦贝尔草原东胡后裔诸部落的泛称。

据《魏书》记载,东魏武定二年(544),室韦同中原政权建立联系。北朝时,室韦居地在契丹以北。境内有从北向南流,宽四里有余的捺水,即今嫩江。当时,乌洛侯南界达诺敏河流域,室韦的东邻豆莫娄人活动在嫩江中下游东岸的松嫩平原上,则室韦人主要在嫩江中下游以西地区居住。

隋唐时期,室韦部落有了很大的发展,中原史家对室韦的了解也愈来愈深入[2]。

隋代,史书记载的室韦部落分成南室韦、北室韦、钵室韦、深末怛室韦和大室韦5大部,分布在嫩江流域、大兴安岭山脉、额尔古纳河和黑龙江上游地区。南室韦在契丹以北,分为25部。文献记载的南室韦的地理环境、经济生活和风俗习惯等与北朝时的室韦基本相同,可以认为南室韦相当于北朝时的室韦,分布于嫩江中下游以西地区。北室韦南距南室韦11日程,分9部落,绕吐纥山而居,约在大兴安岭北端。

---

①南北朝时期乌洛侯和室韦史实,参阅《魏书》《北史》之《乌洛侯传》和《室韦传》。
②隋唐时期室韦史实,主要参考《隋书》《旧唐书》《新唐书》等之《室韦传》和《通典》室韦条。

钵室韦南距北室韦千里,人众多于北室韦,依胡布山而住,大体在黑龙江上游以南的盘古河流域。深末怛在钵室韦西南四日行程,位于北室韦西北,因水而得名,当今额尔古纳河东岸流域。大室韦在深末怛室韦西北的望建河之南。望建河为今额尔古纳河及黑龙江,隋代大室韦已在额尔古纳河下游右岸居住。隋代室韦部落役属于突厥,由3个吐屯管领。开皇十三年(593)、大业六年(610)分别派使者出使隋朝,酋长曾随突厥启民可汗见过隋炀帝。由于地理环境略有差异,各室韦部落的经济生活和风俗稍有不同。

唐代,史书对室韦的记载较前代更为详细,有了具体名称的20多个室韦部落。史载,唐代呼伦湖周围均分布有室韦部落。乌素固部在俱轮泊(今呼伦湖)西南,西与回纥相邻,当在今克鲁伦河下游两岸。依次往东位于呼伦湖南部的还有移塞没、塞曷支、和解、乌洛侯、那礼、东室韦、黄头、达姤等部。北朝时的乌洛侯已成为唐代南部室韦的一支。在乌洛侯等部以北,还分布着山北、大如者、小如者等室韦部落,大致在呼伦贝尔草原和大兴安岭山脉之间活动。西室韦在呼伦湖北部,沿望建河(今额尔古纳河和黑龙江)上游而居。大室韦亦依傍望建河而居。史载望建河源出俱轮泊(呼伦湖),这与实际情况或有出入。今额尔古纳河上源本为海拉尔河,汛期由达兰鄂洛木河与呼伦湖相通,古人误以为源出呼伦湖。大室韦既在望建河之南,当在额尔古纳河中下游的东南岸地带。与大室韦相邻的有蒙兀室韦。"蒙兀"是"Mongkhol"(蒙古)一名见于汉文史籍记载的最早形式,首见于《旧唐书·北狄室韦传》。根据拉施特《史集》,"蒙兀"

是"质朴无力"的意思。唐代室韦有二十余部,蒙兀室韦为其中的小部落,史载望建河东向流经其北。文献所说额尔古纳河屈曲东流,就其大段而言,实为东北流。结合《史集》所载蒙古先民曾在额尔古纳河流域大山里居住过的史实,蒙兀室韦应在额尔古纳河下游东南及黑龙江上游以南地区,北隔望建河与落坦室韦相望。

这一时期,室韦地域东邻黑水靺鞨,西面相继与突厥、回纥接界,南邻契丹,各部主要分布于今霍林河南北,嫩江流域东西,大兴安岭山脉,呼伦湖周围和额尔古纳河及黑龙江上游两岸。此后,室韦活动范围逐步向南向西扩大。

室韦各部依违于突厥和唐朝之间。作为属部,室韦要在政治、经济、军事方面对突厥尽义务,突厥则提供一定的安全保证。对于唐朝,室韦更多表现的是一种名义上的臣服,通过朝贡这种方式,获得较大的经济利益。从经济层面上看,室韦等似乎更倾向于跟唐朝建立广泛的联系。唐武德年间(618~628年),室韦遣使于唐,贞观(627~649年)以后,朝贡不绝。贞观四年(630),东突厥前汗国灭亡,室韦归附唐朝。室韦与唐朝联系频繁,使者往还不断。唐朝在室韦地域内设室韦都督府,任命室韦酋长为大都督、都督等来统治部众。东突厥后汗国建立后,室韦复属突厥。在突厥文碑铭中,突厥人把他们泛称作 Tatar(达怛)。

8世纪初,室韦部落分几支向西向南迁移,有的进入漠北腹地,有的靠近了唐朝的沿边州郡。一些室韦人已经在土拉河、色楞格河及鄂尔浑河一带活动,被突厥语族部落称为九姓达怛(Toquz Tatar)。呼伦贝尔高原的室韦部落则被称为三十姓达怛（Otuz Tatar）。此后，室韦人逐步南移，与唐朝北部边界日益接近，部落庐帐已在契丹牙帐以北的百里之地。8世纪末9世纪初，部分室韦人已到达今内蒙古鄂尔多斯高原东北部、乌兰察布高原西南部及巴彦淖尔高原乌加河流域。788年，室韦与奚联合，袭击唐振武节度使（治所在今和林格尔县土城子古城）辖区，击败唐和回纥联军。唐元和年间（806~820年），室韦不断骚扰振武、天德（旧址在今乌拉特前旗乌梁素海东岸陈二壕）地界，唐朝百姓"谓之刮城门。人情骇惧，鲜有宁日"。近边的室韦部落，有时受控于回纥，骚扰唐边，劫掠财物，有时附唐互市。随着地域变迁和势力不断壮大，室韦同回纥、沙陀突厥、党项、吐浑、奚、契丹等族有了更频繁的交往，同唐、后唐的关系也更为密切。9世纪中叶回鹘汗国衰亡以后，室韦人大批涌入蒙古高原和阴山地区，中原人受突厥语族部落影响，又开始泛称室韦为达怛。汉文献中出现了黑车子达怛、阴山达怛、九族达怛、黄头达怛等具体称谓。

南北朝时期，室韦处在原始公社阶段，内分25个小部落，已出现世袭的部落首领。唐朝初年，室韦人还处在典型的原始公社阶段，"其国无君长"，"无赋额"。部落首领称为"莫贺弗"。在原始的农耕中使用人拽的木犁。盛行集体围猎。在父权家族中保留着明显的母权制遗迹：男子娶妻，要在岳丈家劳动3年，才能领回妻子。

室韦人早期主要从事牲畜饲养、渔猎、粗放农业和手工业生产。6至8世纪，室韦部落的牲畜饲养已达到一定规模，饲养物主要有猪、狗、牛、马，没有羊。渔猎业在室韦各部的经济生活中占有重要位置。由于生产能力低下,捕获物主要是獐、鹿、狐、貉、貂、青鼠和鱼鳖等小动物。渔猎工具有网、鱼叉、角弓和长箭等。南部室韦部落经营粗放农业,有粟、麦、糜子等作物。除食用,还用来酿酒。农具有木犁。手工业制品有弓箭、渔网、车、木筏、皮舟、滑雪板和马具等生产、生活用品。后来,金属冶炼和毛纺织技术也达到一定水平。主要食用猪、鱼、狗肉。夏季巢居,冬季穴居。9世纪以后,很多迁入草原地带的室韦部落,转变为以游牧业为主的经济生活,饮食起居也发生了很大变化。

室韦语与契丹语相同,也是东胡后裔诸语言的一支。6世纪中期,室韦社会形成习惯法,惩戒盗窃,盗一罚三,杀人者可以马300匹抵死罪。民俗喜爱赤珠,以多为贵,女无赤珠,甚至终身不嫁。有抢婚和不落夫家习俗。以牛马作聘礼。夫死妇人不再改嫁。唐代室韦婚俗,已不见抢婚痕迹,不落夫家习俗还保留着。又出现了服役婚,即男子要先到女方家服役三年,期满后,女家分配一定的财物,夫妇同归男家。室韦人初期实行树葬,后来有土葬。北朝时将死者尸体放置于林树之上,隋唐时改为部众共用的大棚,应是氏族或部落的公共墓葬场所。守丧三年,每年四次到葬所哭拜祭奠。

10世纪以后,室韦部落几乎遍布蒙古高原,先后附属于契丹—辽,契丹人又泛称室韦为阻卜。女真—金也沿用了契丹人对室韦的称呼。室韦部落大批进入蒙古高原,改变了自突厥以来蒙古高原的民族分布和构成,开启了东胡后裔蒙古语族部落统治蒙古高原的又一个历史时代。总体来说,室韦人是蒙古族的先民,是经历突厥化以前的蒙古人即原蒙古人。

乌桓基本史料辨析

王石雨

乌桓,也作乌丸,是中国古代北方游牧民族之一,原为东胡部落联盟中的一支。秦汉之际,东胡被匈奴冒顿单于打败,分为两部,其中的一部退保乌桓山,后来以山作为族名,即为乌桓。西汉时期,乌桓曾经活动于西拉木伦河及老哈河流域,并长期为匈奴所奴役。西汉武帝和东汉光武帝时期,也曾经两次设置护乌桓校尉对他们进行管辖。建武二十五年(49),乌桓南迁至塞内的辽东、渔阳及朔方边缘十郡,逐渐发展壮大,但是一直没形成统一的部落联盟。汉献帝建安十二年(207),曹操北征辽东、辽西、右北平三郡乌桓,乌桓首领蹋顿等人在白狼山之战中被杀,乌桓自此散落。魏晋南北朝以后,逐步消失于史书之中。

对于乌桓的研究,离不开记载乌桓历史的史料。史料是进行史学研究的基础,而承载乌桓历史信息的史料主要包括汉文文献与考古遗址遗迹、出土碑刻等实物资料。考虑到已被挖掘并证实的乌桓实物遗存数量相对较少,且有些有所争议。因此在研究其历史时,各种文献史料当尤为重要。由于这些文献史料来源各异,完成年代与编纂者立场不一,甚至出现了散佚和后人补缀的情况,故此价值也大相径庭。迄今为止，中外史学界对于记载乌桓历史的文献史料研究尚显不足，对基本史料缺少细致的比较、辨析，部分研究者甚至不能选用最为恰当、准确的史料，很多问题也因此难以达成一致。为了能够更为深入地了解乌桓历史及中国古代北方民族史，有必要分别对乌桓基本史料进行辨析，并在明确各种文献史料史源关系的基础上，准确判断它们的价值。

所谓乌桓的基本史料，是指各类体裁史书对乌桓历史的集中记载。具体而言，包括《后汉书》、王沈《魏书》、《三国志》、《通典》、《太平寰宇记》、《文献通考》、《通志》等纪传体正史、典制体史书、大型类书、地理总志中的乌桓相关传记及条目。

一、《后汉书·乌桓鲜卑列传》

《后汉书》有本纪 10 卷、列传 80 卷、志 30 卷，南朝宋人范晔于文帝元嘉初年左迁为宣城太守时开始撰写，是一部记载东汉王朝历史的纪传体断代史书。该书卷九十内有《乌桓鲜卑列传》。

实际上，在范晔以前，已经有不少人用纪传体编撰后汉一朝的历史。除属于官史性质的《东观汉记》外，私人编撰而著录于《隋书·经籍志》的，还有三国吴谢承的《后汉书》，晋薛莹的《后汉记》，晋司马彪的《续汉书》，晋华峤的《后汉书》，晋谢沈的《后汉书》，晋张莹的《后汉南记》，晋袁山松的《后汉书》等。而范晔以《东观汉记》为主要依据，参考各家的著作，自定体例，订讹考异，割繁补略后，写成了《后汉书》。由于他能够采取众家之长，所以各家关于后汉的史书后来逐渐淘汰，至今已现存无几。范晔《后汉书》却作为"正史"，跟

《史记》《汉书》《三国志》合称"前四史"①。

范晔在《后汉书》中,记载了东汉光武帝刘秀建武元年（25）至东汉献帝建安二十五年（220）之间近200年的史事,对建武元年以前,甚至西汉时期历史的回顾也有一些。卷九十《乌桓鲜卑列传》则详细地记述了乌桓的历史源流、习俗以及发展迁徙过程、与中原政权和北方草原地区各族的关系等。有益于全面、系统地研究东汉时期乌桓的历史。但由于在范晔撰写《后汉书》时,王沈所撰《魏书》业已成书。根据《三国志》裴松之注引文可知,该书同样对乌桓进行了详细记载。故一些研究者提出,《后汉书·乌桓鲜卑列传》之乌桓部分可能主要抄录自王沈《魏书》。对于这一观点的判断,应有必要先将《后汉书·乌桓鲜卑列传》与王沈《魏书》中的乌桓史料进行具体、详细的对比辨析,方能得出准确结论。

二、王沈《魏书·乌丸传》

根据《晋书·王沈传》记载,"王沈字处道,太原晋阳人也……正元中,迁散骑常侍、侍中,典著作。与荀顗、阮籍共撰《魏书》"②。《隋书·经籍志二》亦称:"《魏书》四十八卷晋司空王沈撰。"③ 由此可见,王沈《魏书》作为曹魏政权的官修

①中华书局编辑部:《〈后汉书〉出版说明》,载于1965年中华书局点校本《后汉书》第6—7页。

②（唐）房玄龄等:《晋书》卷三十九《王沈传》,北京:中华书局,1974年,第1143页。

③（唐）魏徵等:《隋书》卷三十三《经籍志二》,北京:中华书局,1973年,第955页。

史书,成书时间也早于陈寿《三国志》,应具有很高的价值。尽管该书及其目录已于唐宋间散佚,今存佚文大多仅见于刘宋裴松之《三国志注》且传名标注不详。但考虑到王沈《魏书》对乌桓记载丰富、详细且语句连贯、完整,故王沈《魏书》中无疑当包含有《乌桓传》。只不过,包括王沈《魏书》以及《三国志》《晋书》《魏书》等在内的记载魏晋南北朝历史的典籍,均将"乌桓"记作"乌丸"。事实上,根据汉语音韵学知识,无论是"乌(影模合一)桓(匣桓合一)",还是"乌(影模合一)丸(匣桓合一)",音值均可构拟为 *uɔ-ɣuan。也就是说,"乌桓"与"乌丸"实际上古音相同,并无区别①。

　　然而,正如上文所述,要想准确判断王沈《魏书·乌丸传》与《后汉书·乌桓鲜卑列传》乌桓部分之间的关系,需要详细比对这两篇传记的史文。而通过对比,则可发现它们主要存在着以下差异:

　　(一)王沈《魏书·乌丸传》对两汉时期乌桓历史的记载远远简略于《后汉书·乌桓鲜卑列传》

　　由于裴松之在注释《三国志》时所引用的王沈《魏书·乌丸传》以"至顺帝时,戎末魔率将王侯咄归、去延等从乌丸校尉耿晔出塞击鲜卑有功,还皆拜为率众王,赐束帛"一句作结②,也导致了现存王沈《魏书·乌丸传》的内容少

---

①参见张久和:《东胡系各族族名研究及其存在问题——兼谈译名研究的可行性条件》,《内蒙古大学学报(哲学社会科学版)》1996年第1期。

②(晋)陈寿撰,(刘宋)裴松之注:《三国志》卷三十《乌丸鲜卑东夷传》,北京:中华书局,1959年,第833页。

于《后汉书·乌桓鲜卑列传》。尽管如此，通过比较《后汉书·乌桓鲜卑列传》与王沈《魏书·乌丸传》对东汉顺帝以前乌桓事迹的记载，也可以发现王沈《魏书·乌丸传》远远简略于《后汉书·乌桓鲜卑列传》。一些重要的历史事件，如汉武帝派遣骠骑将军霍去病击破匈奴左地后，"徙乌桓于上谷、渔阳、右北平、辽西、辽东五郡塞外，为汉侦察匈奴动静。其大人岁一朝见，于是始置护乌桓校尉，秩二千石，拥节监领之，使不得与匈奴交通"；汉宣帝时期，乌桓的保塞与降附；王莽篡位后，大兴十二部军攻打匈奴，"使东域将严尤领乌桓、丁令兵屯代郡，皆质其妻子于郡县。乌桓不便水土，惧久屯不休，数求谒去。莽不肯遣，遂自亡畔，还为抄盗，而诸郡尽杀其质，由是结怨于莽。匈奴因诱其豪帅以为吏，余者皆羁縻属之"；东汉光武帝初年，"乌桓与匈奴连兵为寇，代郡以东尤被其害。居止近塞，朝发穹庐，暮至城郭，五郡民庶，家受其辜，至于郡县损坏，百姓流亡。其在上谷塞外白山者，最为强富"；光武帝建武二十五年（49），司徒掾班彪对于乌桓的分析，以及光武帝复置乌桓校尉于上谷宁城，开营府，并领鲜卑，赏赐质子，岁时互市；东汉顺帝阳嘉四年（135）、永和五年（140），桓帝永寿年间（155~158年）、延熹九年（166）乌桓的入寇以及同汉军的交战，均不见于王沈《魏书·乌丸传》记载 [①]。

（二）王沈《魏书·乌丸传》与《后汉书·乌桓鲜卑列传》对于相同事件的记载也存在着一定差异

───────────

[①] 本段所引《后汉书》史料，参见（刘宋）范晔：《后汉书》卷九十《乌桓鲜卑列传》，北京：中华书局，1965年，第2981页。

　　从王沈《魏书·乌丸传》与《后汉书·乌桓鲜卑列传》的内容来看,这两篇传记对于相同事件的记载也存在着一定差异。这些差异主要包括字词、语序的变换,或数字、人名的不同:如《后汉书·乌桓鲜卑列传》称乌桓人"其嫁娶则先略女通情",婚后"为妻家仆役,一二年间",且"计谋从用妇人,唯斗战之事乃自决之"。王沈《魏书·乌丸传》作"其嫁娶皆先私通,略将女去",婚后"为妻家仆役二年","故其俗从妇人计,至战斗时";《后汉书·乌桓鲜卑列传》载西汉时期,大将军霍光"遣度辽将军范明友将二万骑出辽东邀匈奴",王沈《魏书·乌丸传》则作"三万骑",且指出此时匈奴为壹衍鞮单于在位(《汉书·匈奴传》作"壶衍鞮");《后汉书·乌桓鲜卑列传》记载,东汉光武帝建武二十五年(49),"辽西乌桓大人郝旦等九百二十二人率众向化,诣阙朝贡",王沈《魏书·乌丸传》作"乌丸大人郝旦等九千余人率众诣阙";永初三年(109),渔阳、右北平、雁门乌桓与鲜卑、匈奴联合,抄掠汉缘边代、上谷、涿郡、五原等郡,汉安帝以"大司农何熙行车骑将军,左右羽林五营士,发缘边七郡黎阳营兵合二万人击之","两万人"这一数字仅见于王沈《魏书·乌丸传》。而《后汉书·乌桓鲜卑列传》称活跃于这一时期的乌桓大人名为"戎朱庑",王沈《魏书·乌丸传》作"戎末庑"。尽管此类差异在这两篇传记中不胜枚举,但它们实际上所表达的意思并没有太大的区别①。

①本段所引史料,参见(刘宋)范晔:《后汉书》卷九十《乌桓鲜卑列传》,北京:中华书局,1965年,第2979—2982页;(晋)陈寿撰,(刘宋)裴松之注:《三国志》卷三十《乌丸鲜卑东夷传》,北京:中华书局,1959年,第832—833页。

（三）王沈《魏书·乌丸传》也有一些记载不见于《后汉书·乌桓鲜卑列传》

通过对比王沈《魏书·乌丸传》与《后汉书·乌桓鲜卑列传》史文，还可以发现王沈《魏书·乌丸传》中也有一些记载不见于《后汉书·乌桓鲜卑列传》，包括了乌桓的饮食习惯，如"耕种常用布谷鸣为候""饮食必先祭""能作白酒，而不知作曲糵。米常仰中国"；丧葬习俗，如"至葬日，夜聚亲旧员坐，牵犬马历位，或歌哭者，掷肉与之。使二人口颂咒文，使死者魂神径至，历险阻，勿令横鬼遮护，达其赤山，然后杀犬马衣物烧之"；治病方法，如"有病，知以艾灸，或烧石自熨，烧地卧上，或随痛病处，以刀决脉出血，及祝天地山川之神，无针药"；法律制度，如"盗不止死"。另外，据《后汉书·乌桓鲜卑列传》可知，东汉光武帝建武二十五年（49），汉王朝封乌桓渠帅为侯王君长者八十一人，"皆居塞内，布于缘边诸郡"。而《魏书·乌丸传》则将"缘边诸郡"明确为"辽东属国、辽西、右北平、渔阳、广阳、上谷、代郡、雁门、太原、朔方诸郡界"①。

从王沈《魏书·乌丸传》与《后汉书·乌桓鲜卑列传》乌桓部分的比对结果来看，尽管两篇史文有不少相同之处，但它们在具体细节上差异过大，对两汉时期乌桓历史记载

---

①本段所引史料，参见（刘宋）范晔：《后汉书》卷九十《乌桓鲜卑列传》，北京：中华书局，1965 年，第 2982 页；（晋）陈寿撰，（刘宋）裴松之注：《三国志》卷三十《乌丸鲜卑东夷传》，北京：中华书局，1959 年，第 832—833 页。

的详略更是相距悬殊。故此本文认为,并不能因为王沈《魏书·乌丸传》成书早于《后汉书·乌桓鲜卑列传》就简单判定后者抄录自前者又有所改动,而是要对它们的史源进行具体分析、探寻。

前文已述,范晔《后汉书》是以《东观汉记》为主要依据,又对各家所著《后汉书》《续汉书》订讹考异,割繁补略后而成。陈寿在撰写《三国志·乌丸鲜卑东夷列传》时也曾经提到,"乌丸、鲜卑即古所谓东胡也。其习俗、前事,撰《汉记》者已录而载之矣"①。也就是说,《东观汉记》中已经对乌桓、鲜卑的历史进行了详细记载。此外,包括西晋司马彪《续汉书》在内的各种著作中同样设有《乌桓传》《鲜卑传》②。它们无疑是《后汉书·乌桓鲜卑列传》的史料来源。而作为迄今所能见到的,关于乌桓的最早系统记载。王沈《魏书·乌丸传》的史源及价值,前辈学者同样有所论述。马长寿先生结合王沈父王泽曾任代郡太守,伯父王柔曾任护匈奴中郎将、雁门太守的经历后认为,"王沈一门数人都通晓乌桓鲜卑情况,所以上述各条具有很大的可靠性,与一般闭门杜撰史志者不同"③。王庆宪则结合王沈、王沈之叔王昶及王沈之子王浚生平事迹后分析称,"王昶及王沈没有和乌桓鲜卑有过任何直接接触,王浚与鲜卑联婚则在王沈过世

①(晋)陈寿撰,(刘宋)裴松之注:《三国志》卷三十《乌丸鲜卑东夷传》,北京:中华书局,1959年,第832页。
②周天游辑注:《八家后汉书辑注》,上海:上海古籍出版社,1986年,第506—507页。
③马长寿:《乌桓与鲜卑》,上海:上海人民出版社,1962年,第120页。

之后,不能以其祖王柔曾任匈奴中郎将,就简单地认为王沈所记乌桓鲜卑可信与否"①。王庆宪还提出,王沈《魏书·乌丸传》仅比《后汉书·乌桓鲜卑传》的乌桓部分多了制酒、医疗、饮食等方面的内容,他们对于乌桓的很多情况的记载同样都是很混乱的,看不出前者比后者有哪些特殊之处,不由得让人想起《王沈传》说王沈"撰《魏书》多为时讳,未若陈寿之实录也"②。

上述前辈学者观点均不无道理,但实际上,王沈《魏书》是以记载曹魏史事为核心,其《乌丸传》不可能只记载到东汉顺帝年间,而是应延续到东汉末年至三国时期。只不过陈寿《三国志·乌丸鲜卑东夷传》正文已经根据王沈《魏书》、鱼豢《魏略》等材料对汉灵帝至献帝年间乌桓的发展、衰亡,尤其是魏武帝曹操北征三郡乌桓之始末进行了详细记述。故裴松之在注释《三国志·乌丸鲜卑东夷传》时只是选取了王沈《魏书·乌丸传》对乌桓习俗和汉顺帝以前乌桓历史的记载。它们不仅在内容上相较《后汉书·乌桓鲜卑列传》没有太多新颖之处,更是在细节上远远简略于《后汉书·乌桓鲜卑列传》。因此可以判定,王沈《魏书·乌丸传》的这一部分内容并没有新的史源,而是与《后汉书·乌桓鲜卑列传》一样,主要参考了《东观汉记》。又结合全书的体例问题,作

---

① 王庆宪:《王沈〈魏书〉与乌桓鲜卑》,《内蒙古大学学报》1990年第4期。
② 王庆宪:《王沈〈魏书〉与乌桓鲜卑》,《内蒙古大学学报》1990年第4期。

出了一些删减,并非是《后汉书·乌桓鲜卑列传》简单抄录了王沈《魏书·乌丸传》。但值得注意的是,由于《东观汉记》所载范围仅至汉灵帝朝,王沈《魏书·乌丸传》却很可能还记载了汉献帝时期的鲜卑史事。因而这一部分很可能如马长寿先生所述,直接与王沈家族成员的生活经历相关,其后来也被《三国志·乌丸鲜卑东夷传》采纳,具有较高的史料价值。

三、《三国志·乌丸鲜卑东夷传》

《三国志》,西晋初年陈寿著,共 65 卷,其中包括《魏书》30 卷,《蜀书》15 卷,《吴书》20 卷。比较完整记载了魏、蜀、吴三国鼎立时期,即魏文帝黄初元年(220)到晋武帝太康元年(280)间的史事,也涵盖了东汉末年的一些历史。其中卷三十为《乌丸鲜卑东夷传》。

陈寿撰写《三国志》时,魏、吴两国已先有史书,包括官修的王沈《魏书》、韦昭《吴书》,私撰的还有鱼豢《魏略》,这三种书也是陈寿所根据的基本材料。由于蜀不置史,则需要陈寿亲自搜集。尽管陈寿搜集的史料不如魏、吴官史丰富,但最终也终于完成了《蜀书》,与《魏书》《吴书》并列。总的来说,因为陈寿所见到的史料有限,故三书的内容都还不够充实,《三国志》没有志表,正是因为材料不足 [1]。

考虑到"乌丸、鲜卑即古所谓东胡也。其习俗、前事,

---

[1] 中华书局编辑部:《〈三国志〉出版说明》,点校本《三国志》,北京:中华书局,1959 年第 1—3 页。

撰《汉记》者已录而载之矣"①。故陈寿在撰写《乌丸鲜卑东夷传》的乌桓部分时,并没有详细追述东汉中期以前乌桓的历史,而是仅仅记载了汉末上谷、辽东、辽西、右北平等各郡乌桓的发展、壮大、衰亡以及魏武帝曹魏北征三郡乌桓之始末。在其史源王沈《魏书》、鱼豢《魏略》陆续散佚后,《三国志·乌丸鲜卑东夷传》的乌桓部分已经成为了迄今所能见到的,对于汉灵帝至献帝时期乌桓历史的最早系统记载,其史料价值不言而喻。

　　除《三国志·乌丸鲜卑东夷传》外,《后汉书·乌桓鲜卑列传》也对汉末各郡乌桓的历史进行了记载。由于《后汉书·乌桓鲜卑列传》的主要史源《东观汉记》所载范围为东汉光武帝至灵帝之间的历史,故此《后汉书·乌桓鲜卑列传》对汉末各部乌桓的发展、壮大、衰亡以及曹操北征三郡乌桓的记载并不是参考自《东观汉记》,而是另有来源。通过对比的相关史文,可以发现《后汉书·乌桓鲜卑列传》对这一段历史的记载与《三国志·乌丸鲜卑东夷传》基本相同。因此可以判断,《后汉书·乌桓鲜卑列传》中的这些内容基本上抄录自《三国志·乌丸鲜卑东夷传》。只不过范晔在撰写、校订史料时,发现了《三国志·乌丸鲜卑东夷传》中的一些谬误,并进行了订正。如曹操北征乌桓的时间应为汉献帝建安十二年(207),《乌丸鲜卑东夷传》误作建安十一年(206);曹操"抑军未进",《乌丸鲜卑东夷传》误作"柳军未

①(晋)陈寿撰,(刘宋)裴松之注:《三国志》卷三十《乌丸鲜卑东夷传》,北京:中华书局,1959年,第832页。

进";乌桓首领苏仆延自称"峭王",《乌丸鲜卑东夷传》误作"难峭王"。

四、《通典·边防十二·北狄三·乌桓》

《通典》200卷,杜佑著,成书于唐德宗贞元十七年(801),是我国历史上第一部体例完备的政书。记述了唐玄宗天宝(742~756年)以前历代经济、政治、礼法、兵刑等典章制度及地志、民族情况。其中,卷一九六(《边防十二·北狄三》)中列有乌桓条目。

比对《通典·边防十二·北狄三·乌桓》与《后汉书·乌桓鲜卑列传》史文,可以发现《通典·边防十二·北狄三·乌桓》所载大部分未超出《后汉书·乌桓鲜卑列传》之范畴,且相较《后汉书·乌桓鲜卑列传》作出了大量的内容删减。如《乌桓鲜卑列传》对西汉昭帝至东汉光武帝建武二十二年间乌桓事迹的记载较为详细。《通典》仅粗略概括为乌桓"后渐强盛"[1];对汉明帝至汉桓帝时期乌桓历史的记载,《乌桓鲜卑列传》同样多达数百字。《通典》概括为乌桓"至桓帝末,或降或叛";东汉末年,根据《乌桓鲜卑列传》可知,广阳人阎柔少没乌桓、鲜卑之中,与各部长期交往,并先后出仕于袁绍、曹操。《通典》则将阎柔事迹全部删除。此外,《通典·边防十二·北狄三·乌桓》还将乌桓"俗善骑射,弋猎禽兽为事。随水草放牧,居无常处。以穹庐为舍,东

---

[1]（唐）杜佑:《通典》卷一九七《边防十三·北狄四·乌桓》,北京:中华书局,1988年,第5366页。

开向日。食肉饮酪,以毛毳为衣。贵少而贱老,其性悍塞"的生活习俗简略为"俗与匈奴多同"。又删去了"虽无文字,而部众不敢违犯""大人以下,各自畜牧营产,不相徭役""其俗妻后母,报寡嫂,死则归其故夫""见鸟兽孕乳,以别四节""敛尸以棺""其约法:违大人言者,罪至死""其自杀父兄则无罪;若亡畔为大人所捕者,邑落不得受之,皆徙逐于雍狂之地,沙漠之中。其土多蝮蛇,在丁令西南,乌孙东北焉"等乌桓重要的生活习惯及政治、法律制度。上述这些删减,也使得《通典·边防十三·北狄四·乌桓》的史料价值大打折扣。

除省略、删除外,《通典·边防十二·北狄三·乌桓》也对《后汉书·乌桓鲜卑列传》中的一些内容进行了改写。如《后汉书·乌桓鲜卑列传》记载,东汉光武帝建武二十五年(49),"辽西乌桓大人郝旦等九百二十二人率众向化,诣阙朝贡",《通典·边防十二·北狄三·乌桓》则作"二十五年,大人郝旦等九百余人诣阙朝贡";在记载乌桓的婚姻习俗时,《后汉书·乌桓鲜卑列传》作"其嫁娶则先略女通情,或半岁百日,然后送牛马羊畜,以为娉币。婿随妻还家,妻家无尊卑,旦旦拜之,而不拜其父母。为妻家仆役,一二年间,妻家乃厚遣送女,居处财物一皆为办"。《通典·边防十二·北狄三·乌桓》改写为"其嫁娶先私通,掠将女或半岁百日,然后遣媒人送马牛羊,以为聘币。婿随妻至家,无尊卑,朝朝拜之,而不拜其父母。为妻家仆役一二年闲,妻家乃更厚遣送女,居处财物,一皆为办"。相比于《后汉书·乌桓鲜卑列传》,《通典·边防十二·北狄三·乌桓》中的这类改写存在多处。尽管它们在字词、语句等方面有所调整,但是却没有改变《后汉书》的本意,表达的内容没有实质上的变化。

　　然而,《通典·边防十二·北狄三·乌桓》中亦有一些内容不见于《后汉书·乌桓鲜卑列传》。如卷末交代乌桓结局时,《通典·边防十二·北狄三·乌桓》作,"其余众万余落,悉徙居中国为齐人。西晋王浚为幽州牧,有乌桓单于审登,前燕慕容儁时,有乌桓单于薛云,后燕慕容盛时,有乌桓渠帅莫贺咄科敦,并其别种,然而微弱不足云矣"①。该段内容不见于《通典》以前的任何典籍,应是杜佑本人根据各种史书记载进行的总结。在记载乌桓的生活习俗时,《通典》称乌桓"能作白酒,而不知作麹,米常仰中国。有病,以艾灸,或烧石自熨,烧地卧上,或随病痛处,以刀决脉出血,及祝天地山川之神,无针药""饮食必先祭"。

　　这些内容不见于《后汉书·乌桓鲜卑列传》却仅见于王沈《魏书·乌丸传》。在记载东汉末年三郡乌桓尤其是辽西乌桓势力的强盛时,《通典》称边长老皆将蹋顿"比之冒顿,以雄北方"。该句不见于《后汉书·乌桓鲜卑列传》而见于《三国志·乌丸鲜卑东夷传》。由此可知,《通典·边防十二·北狄三·乌桓》除抄录《后汉书》外,也对裴松之所引王沈《魏书》及《三国志·乌丸鲜卑东夷传》中的内容进行了参考。

　　综合上述分析,《通典·边防十二·北狄三·乌桓》虽然

---

①(唐)杜佑:《通典》卷一九七《边防十三·北狄四·乌桓》,北京:中华书局,1988年,第 5367 页。

对乌桓的习俗以及两汉时期乌桓的活动事迹进行了较为全面的记载。但其内容主要是抄录《后汉书·乌桓鲜卑列传》，兼又参考了王沈《魏书·乌丸传》和《三国志·乌丸鲜卑东夷传》而成，并没有太多超出这几篇专传的内容。加之《通典·边防十二·北狄三·乌桓》又进行了大量的删减、省略，故其史料价值相对有限。

五、《太平寰宇记·四夷二十一·北狄四·乌桓》

宋人乐史所撰《太平寰宇记》200卷，是一部中国古代地理志史，记述了北宋的疆域版图。全书前171卷依宋初所置十三道，收录了各地区之沿革、风俗、姓氏、人物、土产、山川湖泽、古迹要塞等。十三道之外，又设"四夷"29卷，介绍周边各族，其中卷一九二《四夷二十一·北狄四》列有乌桓条目。作为历史地理类著作，《太平寰宇记》重视对各地区民族物产、风俗的记载，《四夷二十一·北狄四·乌桓》即将相关史料择出并归于一段，置于全卷最后，此亦为该书在体例上的独到之处。

比对《太平寰宇记·四夷二十一·北狄四·乌桓》与《通典·边防十二·北狄三·乌桓》之史文，可以发现二者内容极为相近①。也就是说，《太平寰宇记·四夷二十一·北狄四·乌桓》中并没有记载乌桓的新出史料。该条目的完成，除主要参考了《通典·边防十二·北狄三·乌桓》之外，

①（北宋）乐史：《太平寰宇记》卷一九四《四夷二十三·北狄六·高车》，北京：中华书局，2001年，第3682—3684页。

又在符合全书体例的基础上,重新修改了结构。《太平寰宇记·四夷二十一·北狄四·乌桓》的主要价值在于,该条目根据《后汉书·乌桓鲜卑列传》等典籍修正了《通典·边防十二·北狄三·乌桓》在传抄过程中出现的一些疏漏。如汉武帝时期,曾派遣大将霍去病击破匈奴左地,并迁徙乌桓于上谷、渔阳、右北平、辽西、辽东五郡塞外。《通典·边防十二·北狄三·乌桓》却将辽西郡遗漏;"至后汉建武中,抄击匈奴,匈奴转北徙数千里",《通典·边防十二·北狄三·乌桓》脱漏"匈奴"和"数"三字;"省国家之边虑",《通典·边防二·北狄三·乌桓》脱漏"家"字;"西吐教城",《通典·边防十二·北狄三·乌桓》原作"西土教城";"中平四年,前中山太守张纯叛",《通典·边防十二·北狄三·乌桓》误作"熹平四年";"妇人至嫁时乃养发",《通典·边防十二·北狄三·乌桓》误作"妇人至家时乃养发"。而中华书局在点校《通典》一书时,也对《太平寰宇记·四夷二十一·北狄四·乌桓》进行了对照参考。

六、《通志·乌桓传》

《通志》,是一部由南宋人郑樵撰写的关于典章制度的政书,与《通典》及《文献通考》合称三通。全书共200卷,有帝纪18卷、皇后列传2卷、年谱4卷、略51卷、列传125卷。其中卷二〇〇《四夷传七·北国下》中列有《乌桓传》。

相比精华——"二十略"部分,《通志》之帝纪、列传多照抄自前代纪传体史书,《通志·乌桓传》同样基本上与《后汉书·乌桓鲜卑传》中的乌桓部分完全相同。仅有卷末"西晋王浚为幽州牧,有乌桓单于审登;前燕慕容隽时。有乌桓单于薛云;后燕慕容盛时,有乌桓渠帅莫贺咄、科敎,并其别种,然皆微弱不足云矣"一句除外 ①,该句应是抄录自《通典·边防十二·北狄三·乌桓》。由于对乌桓没有新的史料记载,也导致了在研究乌桓历史时,诸研究者往往对《通志·乌桓传》评价不高。

通过比对史文,可以发现《通志·乌桓传》与《后汉书·乌桓鲜卑列传》对于乌桓的记载,实际上也存在着细微的差异。这些差异大多又与人名、部族名相关。如《通志·乌桓传》根据《后汉书》帝纪等篇目,将《后汉书·乌桓鲜卑列传》中记载的雁门乌桓率众王"无何允"修正为"无何",将乌桓大人"亲汉都尉戎朱鹿"修正为"汉都尉戎末鹿",又将乌桓首领"乌延"改作"乌桓延乌"。此外,《后汉书·乌桓鲜卑列传》称,"桓帝永寿中,朔方乌桓与休著屠各并畔,中郎将张奂击平之",《通志·乌桓传》将"休著屠各"改作"休屠屠各";《后汉书·乌桓鲜卑列传》载,"延熹九年夏,乌桓复与鲜卑及南匈奴鲜卑寇缘边九郡,俱反",《通志·乌桓传》删去了南匈奴后面的"鲜卑"二字,使得语句更为通顺,又将"九郡"改为"九部";《后汉书·乌桓鲜卑列传》称"(建武)二十二年,匈奴国乱,乌桓乘弱击破之,匈奴转北徙数千里,漠南地空",《通志·乌桓传》则将"漠南地空"改为"汉南地空"。尽管上述各处《通志·乌桓传》相较《后汉

---

① (南宋)郑樵:《通志》卷二〇〇《四夷传七·北国下·乌桓》,北京:中华书局,1987年,第3200页。

书·乌桓鲜卑列传》作出了一些字词、语句上的改动,也根据
《后汉书》其余相关传记修正了《乌桓鲜卑列传》中的个别谬
误。但《通志·乌桓传》作为后出史料,整体价值依旧有限,
仅是在中华书局点校《后汉书》《三国志》的过程中被用于对
照、勘误。

七、《文献通考·四裔考十九·鲜卑》

《文献通考》,宋元之际马端临撰,是一部关于典章制度
的政书,计有田赋考、钱币考、四裔考等二十四门。除因袭
《通典》外,又兼采经史、会要、传记、奏疏等,资料远较《通
典》丰富,于宋代典章制度更是尤称详备。该书卷三四二
《四裔考十九》列有乌桓条目。

虽然《文献通考》具有一定的史学价值,但其所载唐
代以前之历史,仍主要抄录自《通典》而稍有改动,《文献
通考·四裔考十九·乌桓》也不例外。通过核校史文,
可以发现《文献通考·四裔考十九·乌桓》与《通典·边
防十三·北狄四·乌桓》非常近似。但《文献通考·四
裔考十九·乌桓》相比《通典·边防十三·北狄四·乌
桓》同样增加了一些内容。如西汉昭帝至东汉光武帝建武
二十二年(46)间乌桓的活动事迹,《通典·边防十三·北
狄四·乌桓》完全阙载。《文献通考·四裔考十九·乌
桓》则有100余字记载,即"乃发匈奴单于冢,以报冒顿之
怨。匈奴怒,东击乌桓。汉遣度辽将军范明友等邀击匈奴,
而虏已引去。明友乘乌桓新败,进击之,斩首六千余级,诛
其三王……(建武)二十二年,匈奴国乱,乌桓乘其弱击破

之"①。建武二十五年（49），汉光武帝复置护乌桓校尉于上谷宁城至汉灵帝即位以前乌桓的历史，亦不见于《通典·边防十三·北狄四·乌桓》，《文献通考·四裔考十九·乌桓》同样有100余字记载，即"开营府，并领鲜卑，赏赐质子，岁时互市焉……安帝永初三年夏，渔阳乌桓与右北平胡千余寇代郡、上谷……是后乌桓稍复亲附，拜其大人戎朱廆为亲汉都尉"②。以上两处，《文献通考》共多出《通典》300多字。通过比对后可知，这些内容当是《文献通考·四裔考十九·乌桓》自《后汉书·乌桓鲜卑列传》中补充。

除上述内容外，《文献通考·四裔考十九·乌桓》与《通典·边防十三·北狄四·乌桓》的差异只是个别字词上的细微变化，如在记载乌桓的婚姻习俗时，《文献通考》作"或半岁或百日，然后遣送马牛羊，以为聘币……居处财物一皆分办"，《通典》作"或半岁百日，然后遣媒人送马牛羊，以为聘币……居处财物一皆为办"；在记载乌桓的丧葬习俗时，《文献通考》作"俗贵兵死，有哭故之哀"，《通典》作"俗贵兵死，有哭泣之哀"；在记载汉武帝时期乌桓的历史时，《文献通考》作"霍去病击破匈奴左地，因徙乌桓为上谷、渔阳、右北平、辽东五郡塞外"，《通典》作"霍去病击破匈奴左地，因徙乌桓于上谷、渔阳、右北平、辽东五郡塞外"。但这些字词的改变，没

---

① （元）马端临：《文献通考》卷三四二《四裔考十九·乌桓》，北京：中华书局，1986年，第2681页。
② （元）马端临：《文献通考》卷三四二《四裔考十九·乌桓》，北京：中华书局，1986年，第2681页。

有影响全句或全篇史文的整体含义。总体来看,作为后出史料的《文献通考·四裔考十九·乌桓》研究价值相对有限。

经过对多种史书中的乌桓基本史料初步辨析后可知,尽管《后汉书·乌桓鲜卑列传》在成书时间上晚于王沈《魏书·乌丸传》。然其主要参考了东汉的官修史书《东观汉记》,又兼采已经散佚的诸家《后汉书》《续汉书》之长,也是记载最全面的研究两汉时期乌桓历史文化的传记,具有极高的史料价值和研究价值。王沈《魏书·乌丸传》尽管成书时间相对较早,但裴松之在注释《三国志·乌丸鲜卑东夷传》时只是选取了其对乌桓习俗及汉顺帝以前乌桓事迹的记载。而王沈《魏书·乌丸传》的这部分内容相较《后汉书·乌桓鲜卑列传》不仅没有太多新颖之处,更是远远简略于《后汉书·乌桓鲜卑列传》。事实上,无论《后汉书·乌桓鲜卑列传》还是王沈《魏书·乌丸传》,对于乌桓习俗和汉顺帝以前乌桓历史的记载均是源自《东观汉记》,并不是《后汉书·乌桓鲜卑列传》简单抄录了王沈《魏书·乌丸传》。值得注意的是,被裴松之舍弃的,也就是王沈《魏书·乌丸传》对汉末各郡乌桓的发展、壮大、衰亡以及曹操北征三郡乌桓的记载并不见于《东观汉记》,而是与王沈家族成员的生活经历相关,这部分内容后来也被《三国志·乌丸鲜卑东夷传》收录、采纳,具有较高的史料价值。南朝宋人范晔在撰写《后汉书·乌桓鲜卑列传》时,又参考了《三国志·乌丸鲜卑东夷传》等前代史料,记载了汉末乌桓的历史,以补《东观汉记》之不足。除上述三篇传记外,《通典》《文献通考》《太平寰宇记》《通志》等典籍,均为乌桓设立了专传或专条,尽管它们基本上完全抄录自《后汉书·乌桓鲜卑列传》《三国志·乌丸鲜卑东夷传》且没有新出史料,然在研究过程中,亦不可对它们完全忽视。依据上述提及的基本史料,大致可以勾勒出两汉时期乌桓历史文化的粗略框架。

秦汉三国时期鲜卑基本史料辨析

王石雨

鲜卑是继匈奴之后在蒙古高原崛起的古代游牧民族。秦汉之际,东胡被匈奴冒顿单于打败,分为两部,分别退保乌桓山和鲜卑山,他们后来均以山名作为族名,形成了乌桓和鲜卑。东汉初年,鲜卑跟随匈奴侵扰汉边,中原人开始对鲜卑有所了解。汉和帝永元三年(91),北匈奴战败西迁后,鲜卑趁机占据了蒙古草原,力量大大增强。东汉中后期,鲜卑首领檀石槐统一各部,建立了东西达一万四千余里,南北达七千余里,分为东、中、西三部的鲜卑部落大联盟。曹魏初年,另一鲜卑首领轲比能再度统一东部和中部鲜卑。轲比能死后,各部开始独立发展,与中原王朝时和时战。

对于两汉三国时期鲜卑的研究,离不开记载两汉三国时期鲜卑历史的史料。史料是进行史学研究的基础,而承载两汉三国时期鲜卑历史信息的史料主要包括汉文文献与考古遗址遗迹、出土碑刻等实物资料。考虑到已被挖掘并证实的两汉三国时期鲜卑实物遗存数量相对不多,且有些有所争议。因此在研究其历史时,各种文献史料当尤为重要。由于这些文献史料来源各异,完成年代与编纂者立场不一,甚至出现了散佚和后人补缀的情况,故此价值也大相径庭。迄今为止,中外史学界对于记载两汉三国时期鲜卑历史的文献史料研究尚显不足,对基本史料缺少细致的比较、辨析,部分研究者甚至不能选用最为恰当、准确的史料,很多问题也因此难以达成一致。为了能够更为深入地了解两汉三国时期鲜卑历史及中国古代北方民族史,有必要分别对两汉三国时期鲜卑基本史料进行辨析,并在明确各种文献史料史源关系的基础上,准确判断它们的价值。

所谓两汉三国时期鲜卑的基本史料,是指各类体裁史书对两汉三国时期鲜卑历史的集中记载。具体而言,包括《后汉书》、王沈《魏书》、《三国志》、《通典》、《太平寰宇记》、《文献通考》、《通志》等纪传体正史、典制体史书、大型类书、地理总志中的鲜卑相关传记及条目。

一、《后汉书·乌桓鲜卑列传》

《后汉书》90卷,南朝宋人范晔于文帝元嘉初年左迁为宣城太守时开始撰写,是一部记载东汉王朝历史的纪传体断代史书。该书卷九十内有《乌桓鲜卑列传》。

实际上,在范晔以前,已经有不少人用纪传体编撰后汉一朝的历史。除属于官史性质的《东观汉记》外,私人编撰而著录于《隋书·经籍志》的,还有三国吴谢承的《后汉书》,晋薛莹的《后汉记》,晋司马彪的《续汉书》,晋华峤的《后汉书》,晋谢沈的《后汉书》,晋张莹的《后汉南记》,晋袁山松的《后汉书》等。而范晔以《东观汉记》为主要依据,参考各家的著作,自定体例,订讹考异,割繁补略后,写成了《后汉书》。由于他能够采取众家之长,所以各家关于后汉的史书后来逐渐淘汰,至今已现存无几。范晔《后汉书》却作为"正史",跟《史记》《汉书》《三国志》合称"前四史"①。

范晔在《后汉书》中,记载了东汉光武帝刘秀建武元年(25)至东汉献帝建安二十五年(220)之间近 200 年的史事,对建武元年以前历史的回顾也有一些。卷九十《乌桓鲜卑列传》则详细地记述了鲜卑的历史源流、习俗以及发展迁徙过程、与中原政权和北方草原地区各族的关系等。有益于全面、系统地研究东汉时期鲜卑的历史。但由于在范晔撰写《后汉书》时,王沈所撰《魏书》业已成书,根据《三国志》裴松之注引文可知,该书同样对鲜卑进行了详细记载。故一些研究者提出,《后汉书·乌桓鲜卑列传》之鲜卑部分可能主要抄录自王沈《魏书》。对于这一观点的判断,应有必要先将《后汉书·乌桓鲜卑列传》与王沈《魏书》中的鲜卑史料进行具体、详细的对比辨析,方能得出准确结论。

二、王沈《魏书·鲜卑传》

根据《晋书·王沈传》记载,"王沈字处道,太原晋阳人也……正元中,迁散骑常侍、侍中,典著作。与荀顗、阮籍共撰《魏书》"②。《隋书·经籍志二》亦称:"《魏书》四十八卷晋

①中华书局编辑部:《〈后汉书〉出版说明》,载于 1965 年中华书局点校本《后汉书》第 6—7 页。
②(唐)房玄龄等:《晋书》卷三十九《王沈传》,北京:中华书局,1974年,第 1143 页。

司空王沈撰。"①由此可见，王沈《魏书》作为曹魏政权的官修
史书，成书时间也早于陈寿《三国志》，应具有很高的价值。
尽管该书及其目录已于唐宋间散佚，今存佚文大多仅见于刘
宋裴松之《三国志注》且传名标注不详。但考虑到王沈《魏
书》对鲜卑记载丰富、详细且语句连贯、完整，故王沈《魏书》
中无疑当包含有《鲜卑传》。

　　然而，正如上文所述，要想准确判断王沈《魏书·鲜卑
传》与《后汉书·乌桓鲜卑列传》鲜卑部分之间的关系，需要
详细比对这两篇传记的史文。而通过对比，则可发现它们主
要存在着以下差异：

　　（一）王沈《魏书·鲜卑传》对东汉时期鲜卑历史的记载
远远简略于《后汉书·乌桓鲜卑列传》。一些重要的历史事
件，如光武帝建武二十一（45），"鲜卑与匈奴入辽东，辽东太
守祭肜击破之，斩获殆尽"；建武二十五年（49），"鲜卑始通
驿使。其后都护偏何等诣祭肜求自効功，因令击北匈奴左伊
育訾部，斩首二千余级。其后偏何连岁出兵击北虏，还辄持
首级诣辽东受赏赐"；和帝永元三年（91），"大将军窦宪遣右
校尉耿夔击破匈奴，北单于逃走"；永元九年（97），"辽东鲜
卑攻肥如县，太守祭参坐沮败，下狱死"；永元十三年（101），
"辽东鲜卑寇右北平，因入渔阳，渔阳太守击破之"；汉安帝元
初二年（115）秋，"辽东鲜卑围无虑县，州郡合兵固保清野，
鲜卑无所得。复攻扶黎营，杀长吏"；元初四年（117），"辽西

────────
①（唐）魏徵等：《隋书》卷三十三《经籍志二》，北京：中华书局，1973
　年，第955页。

鲜卑连休等遂烧塞门,寇百姓。乌桓大人于秩居等与连休有宿怨,共郡兵奔击,大破之,斩首千三百级,悉获其生口牛马财物";元初五年(118)秋,"代郡鲜卑万余骑遂穿塞入寇,分攻城邑,烧官寺,杀长吏而去。乃发缘边甲卒、黎阳营兵,屯上谷以备之";汉顺帝永建三年至四年(128~129年),"鲜卑频寇渔阳、朔方";永建六年(131),"秋,耿晔遣司马将胡兵数千人,出塞击破之。冬,渔阳太守又遣乌桓兵击之,斩首八百级,获牛马生口。乌桓豪人扶漱官勇健,每与鲜卑战,辄陷敌,诏赐号'率众君'";汉桓帝永寿二年(156)秋,"檀石槐遂将三四千骑寇云中";汉灵帝熹平三年(174)冬,"鲜卑入北地,太守夏育率休着屠各追击破之。迁育为护乌桓校尉";熹平五年(176),"鲜卑寇幽州";熹平六年(177),蔡邕对出兵征伐鲜卑的长篇进谏;汉灵帝光和元年(178)冬,"又寇酒泉,缘边莫不被毒"。均不见于王沈《魏书·鲜卑传》。

(二)王沈《魏书·鲜卑传》与《后汉书·乌桓鲜卑列传》对于相同事件的记载也存在着一定差异。如在记载鲜卑人的生活习俗时,王沈《魏书·鲜卑传》作"常以季春大会,作乐水上,嫁女娶妇,髡头饮宴"。《后汉书·乌桓鲜卑列传》作"唯婚姻先髡头,以季春月大会于饶乐水上,饮宴毕,然后配合";王沈《魏书·鲜卑传》在记载汉顺帝年间史事时,追述称:"匈奴及北单于遁逃后,余种十余万落,诣辽东杂处,皆自号鲜卑兵。"而《后汉书·乌桓鲜卑列传》则将这一记载正常放置于汉和帝年间,作"和帝永元中,大将军窦宪遣右校尉耿夔击破匈奴,北单于逃走,鲜卑因此转徙据其地。匈奴余种留者尚有十余万落,皆自号鲜卑,鲜卑由此渐盛"。此外,王沈《魏书·鲜卑传》称鲜卑首领檀石槐"闻汗人善捕鱼,于是檀石槐东击汗国"。《后汉书·乌桓鲜卑列传》作"闻倭人善网捕,于是东击倭人国";汉灵帝末年,檀石槐之子和连寇钞北地,王沈《魏书·鲜卑传》称"北地庶人善弩射者射中和连,和连即死"。《后汉书·乌桓鲜卑列传》将"庶人"作"廉人"。

(三)王沈《魏书·鲜卑传》也有个别记载不见于《后汉书·乌桓鲜卑列传》。如王沈《魏书·鲜卑传》称鲜卑之地"东接辽水,西当西城",此八字《后汉书·乌桓鲜卑列传》即无;汉明帝永平年间,祭肜担任辽东太守,诱胁鲜卑,使斩叛乌丸钦志贲等首,王沈《魏书·鲜卑传》称"鲜卑自炖煌、酒泉以东邑落大人,皆诣辽东受赏赐,青、徐二人州给钱,岁二亿七千万以为常"。"自炖煌、酒泉以东邑落"数字,《后汉书·乌桓鲜卑列传》中无;汉和帝时期,王沈《魏书·鲜卑传》记载"鲜卑大都护校尉厖帅部众从乌丸校尉任尚击叛者,封校尉厖为率众王"。尽管《后汉书·乌桓鲜卑列传》对汉和帝年间鲜卑活动的记载较为丰富,但该句却不见其中;最重要的是,王沈《魏书·鲜卑传》称檀石槐军事大联盟中的东部大人包括弥加、阙机、素利、槐头;中部大人名为柯最、阙居、慕容;西部大人名为鞬落罗、日律推演、宴荔游等。《后汉书·乌桓鲜卑列传》则不载诸大人姓名。

从王沈《魏书·鲜卑传》与《后汉书·乌桓鲜卑列传》鲜卑部分的比对结果来看,尽管两篇史文有不少相同之处,但它们在具体细节上差异过大,对东汉时期鲜卑历史记载的详略更是相距悬殊。故此本文认为,并不能因为王沈《魏书·鲜卑传》成书早于《后汉书·乌桓鲜卑列传》简单判定后者抄录自前者又有所改动,而是要对它们的史源进行具体分析、探寻。

前文已述,范晔《后汉书》是以《东观汉记》为主要依据,又对各家所著《后汉书》《续汉书》订讹考异,割繁补略后而成。陈寿在撰写《三国志·乌丸鲜卑东夷列传》时也曾经提到,"乌丸、鲜卑即古所谓东胡也。其习俗、前事,撰《汉记》者已录而载之矣"①。也就是说,《东观汉记》中对乌桓、鲜卑的历史进行了详细记载。此外,包括西晋司马彪《续汉书》在内的各种著作中同样设有《乌桓传》《鲜卑传》②。它们无疑是《后汉书·乌桓鲜卑列传》的史料来源。而作为迄今所能见到的,关于鲜卑的最早系统记载。王沈《魏书·鲜卑传》的史源及价值,前辈学者同样有所论述。马长寿先生结合王昶父王泽曾任代郡太守,伯父王柔任曾任护匈奴中郎将、雁门太守的经历后认为,"王沈一门数人都通晓乌桓鲜卑情况,所以上述各条具有很大的可靠性,与一般闭门撰史志者不同"③。王庆宪则结合王沈、王沈之叔王昶及王沈之子王浚生平事迹后分析称,"王昶及王沈没有和乌桓鲜卑有过任何直接接触,王浚与鲜卑联婚则在王沈过世之后,不能以其祖王柔曾任匈奴中郎将,就简单地认为王沈所记乌桓鲜卑可

①(晋)陈寿撰,(刘宋)裴松之注:《三国志》卷三十《乌丸鲜卑东夷传》,北京:中华书局,1959年,第832页。
②周天游辑注:《八家后汉书辑注》,上海:上海古籍出版社,1986年,第506—507页。
③马长寿:《乌桓与鲜卑》,上海:上海人民出版社,1962年,第120页。

信与否"①。王庆宪还提出,王沈《魏书·乌丸传》仅比《后汉书·乌桓鲜卑传》的乌桓部分多了制酒、医疗、饮食等方面的内容,它们对于乌桓的很多情况的记载同样都是很混乱的,看不出前者比后者有哪些特殊之处,不由得让人想起《王沈传》说王沈"撰《魏书》多为时讳,未若陈寿之实录也"②。

上述前辈学者观点均不无道理,但实际上,王沈《魏书》是以记载曹魏史事为核心,其《鲜卑传》不可能只记载到东汉末年,而是延续到了三国时期。只不过陈寿《三国志·乌丸鲜卑东夷传》正文已经根据王沈《魏书》、鱼豢《魏略》等材料对曹魏政权与鲜卑的和、战、交往以及鲜卑各部之间的关系进行了详细记载。故裴松之在注释《三国志·乌丸鲜卑东夷传》时只是选取了王沈《魏书·鲜卑传》中的东汉部分以及对于鲜卑习俗的记载。它们不仅在内容上相较《后汉书·乌桓鲜卑列传》没有太多新颖之处,更是在细节上远远简略于《后汉书·乌桓鲜卑列传》。因此可以判定,王沈《魏书·鲜卑传》中的东汉时期鲜卑史事和鲜卑习俗的记载并没有新的史源,而是与《后汉书·乌桓鲜卑列传》一样,参考了《东观汉记》。又考虑到全书的体例问题,故作出了一些删减。仅凭成书时间先后即认为《后汉书·乌桓鲜卑列传》中的鲜卑史事直接抄录自王沈《魏书·鲜卑传》并不成立。但王沈《魏书·鲜卑传》还记载了三国时期的鲜卑史事,这一

①王庆宪:《王沈〈魏书〉与乌桓鲜卑》,《内蒙古大学学报》1990年第4期。
②王庆宪:《王沈〈魏书〉与乌桓鲜卑》,《内蒙古大学学报》1990年第4期。

部分很可能如马长寿先生所述直接与王沈家族成员的生活经历相关,后来也被《三国志·乌丸鲜卑东夷传》采纳,具有较高的史料价值。

三、《三国志·乌丸鲜卑东夷传》

《三国志》,西晋初年陈寿著,共 65 卷,其中包括《魏书》30 卷,《蜀书》15 卷,《吴书》20 卷。比较完整记载了魏、蜀、吴三国鼎立时期,即魏文帝黄初元年到晋武帝太康元年(220~280 年)间的史事,也涵盖了东汉末年的一些历史。其中卷三十为《乌丸鲜卑东夷传》。

陈寿撰写《三国志》时,魏、吴两国已先有史书,包括官修的王沈《魏书》、韦昭《吴书》,私撰的还有鱼豢《魏略》,这三种书也是陈寿所根据的基本材料。由于蜀不置史,则需要陈寿亲自搜集。尽管陈寿搜集的史料不如魏、吴官史丰富,但最终也终于完成了《蜀书》,与《魏书》《吴书》并列。总的来说,因为陈寿所见到的史料有限,故三书的内容都还不够充实,《三国志》没有志表,正是因为材料不足 [①]。

考虑到"乌丸、鲜卑即古所谓东胡也。其习俗、前事,撰《汉记》者已录而载之矣" [②]。故陈寿在撰写《乌丸鲜卑东夷传》的鲜卑部分时,直接延续了《后汉书·乌桓鲜卑列传》中的内容。上起步度根即位,下至魏明帝青龙三年(235),曹魏幽州

[①] 中华书局编辑部:《〈三国志〉出版说明》,载于 1959 年中华书局点校本《三国志》第 1—3 页。

[②] (晋)陈寿撰,(刘宋)裴松之注:《三国志》卷三十《乌丸鲜卑东夷传》,北京:中华书局,1959 年,第 832 页。

刺史王派雄遣勇士韩龙刺杀鲜卑首领轲比能,更立其弟。记载了公元 3 世纪初期曹魏政权与鲜卑的和、战、交往,也记载了这一时期鲜卑各部之间的关系。对于小种鲜卑首领轲比能及其所建立的部落联盟,《三国志·乌丸鲜卑东夷传》更是着墨尤多。在王沈《魏书》、鱼豢《魏略》散佚后,《三国志·乌丸鲜卑东夷传》的鲜卑部分已经成为了迄今所能见到的,对于三国时期鲜卑的最早系统记载,其史料价值不言而喻。

四、《通典·边防十二·北狄三·鲜卑》

《通典》200 卷,杜佑著,成书于唐德宗贞元十七年(801),是我国历史上第一部体例完备的政书。记述了唐玄宗天宝(742~756 年)以前历代经济、政治、礼法、兵刑等典章制度及地志、民族情况。其中,卷一九六《边防十二·北狄三》中列有鲜卑条目。

通过比对史文,可以发现《通典·边防十二·北狄三·鲜卑》中对鲜卑习俗及东汉时期鲜卑史事的记载,基本上抄自《后汉书·乌桓鲜卑列传》。但《通典》也对《乌桓鲜卑列传》中的内容进行了大量的省略。如东汉光武帝初年匈奴率鲜卑与乌桓寇抄北边;建武二十五年(49),鲜卑与东汉始通驿使;建武末年,鲜卑都督偏何助汉击匈奴、乌桓以及汉和帝永元九年(97)、永元十三年(101)、汉殇帝延平元年(106)、汉安帝元初年间、汉顺帝年间鲜卑与东汉、匈奴、乌桓的战、和、交往均不见于《通典·边防十二·北狄三·鲜卑》。而对于活跃在汉桓帝、灵帝时期,并建立部落大联盟的鲜卑首领檀石槐的记载,《通典》相较《乌桓鲜卑列传》同样删减较多。

《通典·边防十二·北狄三·鲜卑》末尾，又用100余字概述了曹魏时期檀石槐后人步度根及其所部的历史，这部分内容不见于《后汉书·乌桓鲜卑列传》，而是抄录自《三国志·乌丸鲜卑东夷传》。但《通典·边防十二·北狄三·鲜卑》并没有仿照《三国志》对杀死步度根又吞并其部的小种鲜卑轲比能进行记载，而是为轲比能另外设有专条。

总的来看，《通典·边防十二·北狄三·鲜卑》虽然对鲜卑的习俗以及东汉至三国时期鲜卑的史事进行了记载。但其内容主要是拼凑《后汉书·乌桓鲜卑列传》和《三国志·乌丸鲜卑东夷传》而成，并没有超出这两篇专传的内容。加之《通典·边防十二·北狄三·鲜卑》又进行了大量的删减、省略，故其史料价值不高。

五、《通典·边防十二·北狄三·轲比能》

除鲜卑专条外，《通典》还在卷一九六《边防十二·北狄三》中列有轲比能条目，主要记载了曹魏前期活跃于北方的小种鲜卑轲比能的事迹。《通典·边防十二·北狄三·轲比能》仅200余字，内容较为简略。

从史文来看，《通典·边防十二·北狄三·轲比能》除卷末一句"其后诸子争立，众离散，诸部大人慕容、拓跋更盛焉"[1]为杜佑所添的总结概况外，其余内容均是抄录自《三国志·乌丸鲜卑东夷传》中对轲比能的记载。然与《通典·边防

---

[1]（唐）杜佑：《通典》卷一九六《边防十二·北狄三·轲比能》，北京：中华书局，1988年，第5371页。

十二·北狄三·鲜卑》同理,《通典·边防十二·北狄三·轲
比能》也对纪传体正史中的内容大加省略。如汉献帝建安年
间至魏文帝黄初初年轲比能的兴起、发展历程以及魏明帝太
和二年(228),轲比能围曹魏护乌丸校尉田豫于马邑城;青龙
元年(233),轲比能在楼烦消灭魏将苏尚、董弼全军的历史,
均不见于《通典·边防十二·北狄三·轲比能》。

　　除轲比能生平事迹外,《通典·边防十二·北狄三·轲
比能》在末句总结概况之前,还用"更立其弟素利、弥加、厥
机皆为大人,在辽西、右北平、渔阳塞外,道远初不为边患,其
种众多于比能也"一句①,简单介绍了轲比能被刺杀后,其部
众的情况。该句同样抄录自《三国志·乌丸鲜卑东夷传》,却
又省略了对素利、弥加、厥机后人的记载。

　　总之,《通典》将轲比能单独列有专条而不将其并入鲜
卑专条,既是因为轲比能事迹取材于《三国志·乌丸鲜卑东
夷传》而非《后汉书·乌桓鲜卑列传》。也是因为轲比能另
属于"小种鲜卑",并非东汉鲜卑檀石槐直系后裔。但《通
典·边防十二·北狄三·轲比能》与《通典·边防十二·北
狄三·鲜卑》一样,均是主要抄录自纪传体正史的二手史料,
并没有太高的研究价值。

六、《通志·鲜卑传》

　　《通志》,是一部由南宋人郑樵撰写的关于典章制度的政

①(唐)杜佑:《通典》卷一九六《边防十二·北狄三·轲比能》,北京:
中华书局,1988年,第5371页。

书,与《通典》及《文献通考》合称三通。全书共 200 卷,有
帝纪 18 卷、皇后列传 2 卷、年谱 4 卷、略 51 卷、列传 125 卷。
其中卷二〇〇《四夷传七·北国下》中列有《鲜卑传》。

只不过,相比精华——"二十略"部分,《通志》之帝纪、
列传多照抄自前代纪传体史书,诸研究者往往对其评价不
高。通过比对史文,也可发现《通志·鲜卑传》实际上由《后
汉书·乌桓鲜卑列传》和《三国志·乌丸鲜卑东夷传》的部
分内容拼接而成。

具体来说,《通志·鲜卑传》的主体,即从全篇开头至首
领步度根即位,主要抄录自《后汉书·乌桓鲜卑列传》又有
所删节。尤其是汉灵帝熹平六年(177)议郎蔡邕曾经上疏对
东汉边疆形势及鲜卑所造成的威胁进行了长篇分析。这份奏
疏被《通志·鲜卑传》省略了 600 余字。包括"《书》戒猾夏,
《易》伐鬼方……况今人财并乏,事劣昔时乎! ""兵利马疾,
过于匈奴……是为耗竭诸夏,并力蛮夷。""夫专胜者未必克,
挟疑者未必败……此元帝所以发德音也。"等内容皆被郑樵
所删。而《通志·鲜卑传》的结尾部分,即从步度根即位至其
为轲比能所杀,则主要抄录自《三国志·乌丸鲜卑东夷传》。
但由于《通志》另有《轲比能传》,故《鲜卑传》并未从《三国
志·乌丸鲜卑东夷传》中抄录过多与轲比能相关的内容。

此外,《通志·鲜卑传》与其所参考的《后汉书·乌桓鲜
卑传》《三国志·乌丸鲜卑东夷传》之间也存在着一些字、词
上的差异。如《通志·鲜卑传》将"曼柏"抄作"蔓柏";"休
着屠各"抄作"休屠屠各";"东西万四千余里,南北七千余
里"抄作"东西四千余里";"戎朱魔"抄作"戎末魔";"以家

二人为郎"抄作"以家三人为郎";"积射士步骑二万人"抄作"积射士步卒二万人"等。造成这些差异的原因,主要是古时条件的落后以及传抄过程中产生的疏漏。尽管如此,它们也并没有使得史文含义发生大的变化。

七、《通志·轲比能传》

除《鲜卑传》外,《通志》也在卷二〇〇《四夷传七·北国下》中设有《轲比能传》,主要记载了曹魏前期活跃于北方的小种鲜卑轲比能的事迹。

通过对比史文,可以发现《通志·轲比能传》与《三国志·乌丸鲜卑东夷传》中对轲比能的记载基本相同。因此,《通志·轲比能传》无疑主要抄录自《三国志·乌丸鲜卑东夷传》。二者的最大差异在于,《三国志》在轲比能死后,交代了鲜卑首领素利、弥加、厥机及其子孙的情况,即"建安中,因阎柔上贡献,通市,太祖皆表宠以为王。厥机死,又立其子沙末汗为亲汉王。延康初,又各遣使献马。文帝立素利、弥加为归义王。素利与比能更相攻击。太和二年,素利死。子小,以弟成律归为王,代摄其众"[1]。但由于这段内容与轲比能并没有直接关系,故《通志·轲比能传》简略为"素利、弥加、厥机皆为大人,在辽西、右北平、渔阳塞外,道远初不为边患,然其种众多于比能也"[2]。《通志·轲比能传》还参照《边防

---

①（晋）陈寿撰,（刘宋）裴松之注:《三国志》卷三十《乌丸鲜卑东夷传》,北京:中华书局,1959年,第840页。

②（南宋）郑樵:《通志》卷二〇〇《四夷传七·北国下·轲比能》,北京:中华书局,1987年,第3202页。

十二・北狄三・轲比能》,在结尾补充了"其后诸子争立,众遂离散,诸部大人慕容、托跋更盛焉"作为结局。

　　除结尾部分的差异外,《三国志》以曹魏为正统,故称曹操为太祖,曹丕为文帝。《通志》则称曹操为魏武,曹丕为魏文帝;《三国志・乌丸鲜卑东夷传》载,"田银反河间,比能将三千余骑随柔击破银"。《通志・轲比能传》将"三千"作"二千";《三国志・乌丸鲜卑东夷传》载,"比能帅部落大人小子代郡乌丸修武卢等三千余骑,驱牛马七万余口交市"。《通志・轲比能传》将"七万"作"十万";《三国志・乌丸鲜卑东夷传》载,"建安中,因阎柔上贡献"。《通志・轲比能传》则作"建安中,因乌桓校尉阎柔上贡献"。但这些区别,并没有导致史文的实质内容发生变化。只不过,《通志・轲比能传》将"自勒万骑迎其累重于陉北"误抄作"自勒万骑迎其累重于子将";将"比能遣子将骑与尚等会战于楼烦"误抄为"比能遣陉将骑与尚等会战于楼烦",导致了语句不通,也直接影响了《通志・轲比能传》的参考价值。

　　总的来看,《通志》成书时间较晚,《通志・鲜卑传》与《通志・轲比能传》中也没有新出史料,故此这两篇史文的价值有限。但它们对《后汉书・乌桓鲜卑列传》及《三国志・乌丸鲜卑东夷传》的点校仍有勘误、补正之用,尚不可完全忽视。

八、《文献通考・四裔考十九・鲜卑》

　　《文献通考》,宋元之际马端临撰,是一部关于典章制度的政书,计有田赋考、钱币考、四裔考等二十四门。除因袭《通典》外,又兼采经史、会要、传记、奏疏等,资料远较《通

典》丰富,于宋代典章制度更是尤称详备。该书卷三四二
《四裔考十九》列有鲜卑条目。

　　虽然《文献通考》具有一定的史学价值,但其所载唐
代以前之历史,仍主要抄录自《通典》而稍有改动,《文献
通考·四裔考十九·鲜卑》也不例外。通过核校史文,可
以发现《文献通考·四裔考十九·鲜卑》与《通典·边防
十二·北狄三·鲜卑》内容大致相同,仅有个别差异。如
在记载汉桓帝时期鲜卑历史以前,《文献通考·四裔考
十九·鲜卑》称鲜卑"又与乌桓、匈奴更相攻击",《通典·边
防十二·北狄三·鲜卑》则无该句。鲜卑首领檀石槐去世
后,《通典·边防十二·北狄三·鲜卑》记载,"魁头与从父弟
骞曼争国"① ;而《文献通考·四裔考十九·鲜卑》则作,"檀
石槐死,子和连代立,贪淫不平,众叛者半。和连死,兄子魁
头与从父弟骞曼争国"②。以上两处,《文献通考》相较《通典》
多出数十字。通过比对后可知,这些内容当是抄录自《后汉
书·乌桓鲜卑列传》。

　　除上述区别外,《文献通考·四裔考十九·鲜卑》与《通
典·边防十二·北狄三·鲜卑》的差异更多只是字词上的细
微变化,如《文献通考》作"与乌桓接",《通典》作"与乌桓相
接";《文献通考》作"育等大败,奔走死者十七八",《通典》作
"育等大败奔还,死者十七八";《文献通考》作"北掠丁零",

①(唐)杜佑:《通典》卷一九六《边防十二·北狄三·鲜卑》,北京:中
　华书局,1988 年,第 5370 页。
②(元)马端临:《文献通考》卷三四二《四裔考十九·鲜卑》,北京:中
　华书局,1986 年,第 2682 页。

《通典》作"北折丁零";《文献通考》作"徙至秦水上",《通典》作"徙置秦水上";《文献通考》作"檀石槐乃自循行",《通典》作"檀石槐乃自徇行"。但这些字词的改变,没有影响全句或全篇史文的整体含义。

九、《文献通考·四裔考十九·轲比能》

除鲜卑专条外,《文献通考》也仿照《通典》,在卷三四二《四裔考十九》中列为轲比能列有条目,主要记载了曹魏前期活跃于北方的小种鲜卑轲比能的事迹。而《文献通考·四裔考十九·轲比能》的主要内容,也直接抄录自《通典·边防十二·北狄三·轲比能》。

然而,《文献通考·四裔考十九·轲比能》共 300 余字,相较《通典·边防十二·北狄三·轲比能》增加了东汉末年至曹魏初期轲比能部落发展、兴盛的历史,即"故其勒御部落,拟则中国,出入弋猎,建旌麾,以鼓节为进退。建安中,入贡。后与乌桓寇边,鄢陵侯彰北征,大破之。比能走出塞,后复通贡。魏文帝立比能为附义王。"[1] 此外,《文献通考·四裔考十九·轲比能》还增加了轲比能强大且得人心的原因,即"每钞略得财物,均平分付,终无所私,故得众死力,余部大人皆敬惮之"[2]。这两处增添的史文,均是源自《三国志·乌丸鲜卑东夷传》。

---

[1]（元）马端临:《文献通考》卷三四二《四裔考十九·轲比能》,北京:中华书局,1986 年,第 2682 页。
[2]（元）马端临:《文献通考》卷三四二《四裔考十九·轲比能》,北京:中华书局,1986 年,第 2682 页。

　　总的来看，《文献通考·四裔考十九·鲜卑》主要抄录自《通典·边防十二·北狄三·鲜卑》，又参考了《后汉书·乌桓鲜卑列传》的部分内容；《文献通考·四裔考十九·轲比能》主要抄录自《通典·边防十二·北狄三·轲比能》，又参考了《三国志·乌丸鲜卑东夷传》的部分内容。但《文献通考》对鲜卑的记载属于后出史料，并没有太高的价值。

　　除上述基本史料外，成书于宋代的《太平寰宇记》卷一九三《四夷二十二·北狄五·鲜卑》、《东汉会要》卷四十《蕃夷下·鲜卑》也记载了两汉时期鲜卑的历史及鲜卑风俗习惯。《太平寰宇记》卷一九四《四夷二十三·北狄六·轲比能》、《三国会要》卷二十二《四夷·鲜卑》则记载了活跃于东汉末年至曹魏初期小种鲜卑轲比能的历史。但这些篇目都是对前出史书的简单抄录，并未出现新的内容，因此缺乏太大的参考价值。

　　经过对多种史书中的鲜卑基本史料初步辨析后可知，尽管《后汉书·乌桓鲜卑列传》在成书时间上晚于王沈《魏书·鲜卑传》。但其主要参考了东汉的官修史书《东观汉记》，又兼采已经散佚的诸家《后汉书》《续汉书》之长，也是记载最全面的研究两汉时期鲜卑历史文化的传记，具有极高的史料价值和研究价值。王沈《魏书·鲜卑传》尽管成书时间相对较早，但裴松之在注释《三国志·乌丸鲜卑东夷传》时只是选取了其部分内容。这也导致了现存的王沈《魏书·鲜卑传》不仅在内容上相较《后汉书·乌桓鲜卑列传》没有太多新颖之处，更是在对东汉时期鲜卑历史的记载上远远简略于《后汉书·乌桓鲜卑列传》，这无疑也影响了其研究价值。不过王沈《魏书·鲜卑传》也有部分内容不见于《后汉书·乌桓鲜卑列传》,依旧可以起到查漏补缺之用。事实上,王沈《魏书·鲜卑传》的现存部分与《后汉书·乌桓鲜卑列传》的鲜卑部分均是源自于《东观汉记》,不能简单地认定后者直接抄录自前者。《三国志·乌丸鲜卑东夷传》的鲜卑部分,则直接延续了《后汉书·乌桓鲜卑列传》中的内容。记载了公元3世纪初期曹魏政权与鲜卑的和、战、交往及这一时期鲜卑各部之间的关系。在其史源王沈《魏书》、鱼豢《魏略》先后散佚的情况下,《三国志·乌丸鲜卑东夷传》已经成为了迄今所能见到的,对于汉末三国时期鲜卑的最早系统记载。除上述三篇传记外,《通典》《文献通考》《太平寰宇记》《通志》等典籍,均为鲜卑和轲比能分别设立了专传专条,尽管它们基本上完全抄录自《后汉书·乌桓鲜卑列传》《三国志·乌丸鲜卑东夷传》且没有新出史料,然在研究过程中,亦不可对它们完全忽视。依据上述提及的基本史料,大致可以勾勒出两汉三国时期鲜卑历史文化的粗略框架。

慕容鲜卑基本史料辨析

康准永

　　史料是进行史学研究的基础。史料是历史研究之本身，离开史料就无法进行历史研究，孔子曾曰："夏礼，吾能言之，杞不足征也；殷礼，吾能言之，宋不足征也。文献不足故也，足则吾能征之矣"①，足见史料的重要性。为了更好地挖掘历史真相，把握历史规律，有必要在利用史料、解读史料的过程中充分了解史料的来源，明确史料的价值，理会史家的意图②。作为鲜卑族的重要一部，"慕容"从见于史书记载到前燕政权灭亡，历时不过二百余年。然记载其历史的文献资料却较为冗杂，互相之间的关系也非常混乱。加之不同时期之史家对慕容鲜卑资料的掌握多寡不一，取舍增删有别，所以在研究慕容鲜卑历史诸问题之前，对其基本史料做出全面辨析尤为必要。

　　慕容鲜卑是鲜卑族分支的一部，有关早期鲜卑的史料当中也有慕容部时期的相关资料，或者说也能够同时反映慕容

---

①《论语》卷三《八佾》，上海：中华书局，1936年，第 2b—3a 页。
②冯科《契丹早期历史若干问题研究》，呼和浩特：内蒙古大学博士学位论文，2020年，第 17 页。

鲜卑的历史,但其内容属于整个鲜卑族历史而并不只属于慕容鲜卑。至于后燕、西燕、南燕等其他由慕容鲜卑所建立的政权,则与鲜卑慕容部没有直接的承接与演变关系。唯有慕容—前燕政权是在鲜卑慕容部的基础上直接产生并发展壮大起来的,与慕容鲜卑具有直接的传承关系。因此,本章对汉代鲜卑史料不做辨析,对后燕、西燕、南燕等史料亦不做辨析,只梳理分析文献之中有关慕容鲜卑及其建立的前燕政权的史料的状况、来源,并评价其价值。慕容鲜卑及前燕政权历史的相关内容,主要保存于《晋书》《魏书》《北史》《太平御览》《十六国春秋》《三十国春秋》《通典》《太平寰宇记》《通志》《文献通考》《燕史》等文献之中。这些典籍中留存着的关于慕容鲜卑及其所建立的前燕政权的专传、专条,构成了研究慕容鲜卑史、前燕史的基本史料,而《北堂书钞》《艺文类聚》《初学记》《册府元龟》《三国史记》等不同体裁的文献中同样存在一些对慕容鲜卑及前燕历史较为集中的记载。

在传统纪传体正史中,《晋书》《魏书》《北史》为慕容鲜卑及前燕政权设立了载记或专传,其中尤以《晋书》叙事最为详尽。虽然与《晋书》相比,《魏书》《北史》记载较为简略,但它们也是研究慕容鲜卑及前燕历史的重要史料。此外,《太平御览》对慕容鲜卑及前燕政权的记载多引自已经散佚的崔鸿《十六国春秋》或范亨《燕书》,同样具有很高的史料价值。

一、《晋书》中有关慕容鲜卑的集中记载和散见史料

　　《晋书》130 卷，题作唐太宗御撰，实际上由房玄龄、许敬宗等人集体编纂而成。从贞观二十年（646）至二十二年（648），共历时二年余编成。其中卷一○八载记第八至卷一一一载记第十一分别为集中记载慕容鲜卑—前燕史的《慕容廆载记》《慕容皝载记》《慕容儁载记》《慕容暐载记》[①]。"载记"作为记载割据政权事迹的史书体裁，东汉明帝时期班固奉命作史时始列此目。当时班固"撰功臣、平林、新市、公孙述事，作列传、载记二十八篇"[②]，"载记"被用来记述他认为是"僭伪"的人，以区分于一般"列传"。唐初房玄龄等人编纂《晋书》时，为淡化华夷思想，便沿用"载记"这一名称来记述十六国时期诸割据政权之始末。

　　关于《晋书》中慕容鲜卑人物诸载记之史源，并不难追寻。刘知几在《史通·古今正史第二》中称："前燕有《起居注》，杜辅诠录以为《燕纪》。后燕建兴元年（386），董统受诏，草创后书，著本纪并佐命功臣、王公列传，合三十卷……其后申秀、范亨各取前后二燕，合成一史。"[③] 由此可见，记载早期

① 分见《晋书》卷一○八《慕容廆载记》，北京：中华书局，1974 年，第 2803—2814 页；同书卷一○九《慕容皝载记》，第 2815—2830 页；同书卷一一○《慕容儁载记》，第 2831—2846 页；同书卷一一一《慕容暐载记》，第 2847—2865 页。
② 《后汉书》卷四十上《班固传》，北京：中华书局，1965 年，第 1334 页。
③ （唐）刘知几著，曹聚仁校注《史通》卷十二《外篇·古今正史第二》，上海：梁溪图书馆，1926 年，第 305 页。

前燕历史的典籍包括前燕《起居注》、杜辅《燕纪》、范亨《燕书》及申秀著作。而董统《后燕书》虽然主要记载后燕开国史事,但考虑到后燕政权中的人物很多也活跃于前燕时期,亦有一定参考价值。

　　另据《魏书》可知,记载前燕政权历史的典籍还包括崔逞《燕记》和封懿《燕书》。崔逞"慕容暐时,郡举上计掾,补著作郎。撰《燕记》"①,封懿"仕慕容宝,位至中书令、民部尚书"。宝败,归北魏,"除给事黄门侍郎、都坐大官、宁朔将军、章安子……撰《燕书》,颇行于世"②。张谥亦撰有《前燕录》一书③。北魏末年崔鸿编修《十六国春秋》时,《前燕录》应即以上述史籍为底本。南梁萧方等编纂的《三十国春秋》也是以它们为基础。

　　然除范亨《燕书》、崔鸿《十六国春秋》及萧方等《三十国春秋》外,上述其他史书大多未被《隋书·经籍志》收录。当是唐初编纂《隋书》时业已散佚。而刘知几又认为《晋书》是"采正典与杂说数十余部,兼引伪史十六国书"而成④,故前燕诸载记之史源主要应为《燕书》《十六国春秋》和萧方

①《魏书》卷三十二《崔逞传》,北京:中华书局,点校修订本,2017年,第843页。
②《魏书》卷三十二《封懿传》,北京:中华书局,点校修订本,2017年,第846—847页。
③(清)全祖望《鲒埼亭集·外篇》卷四十三《简帖三》,上海:商务印书馆,1936年,第1304页。
④《史通》卷十二《外篇·古今正史第二》,上海:梁溪图书馆,1926年,第298页。

等《三十国春秋》。考虑到《燕书》《十六国春秋》和萧方等《三十国春秋》在宋代或明代业已散失,今本系后人辑录而成。因此现今完整保存下来的《晋书》慕容鲜卑人物诸载记作为研究慕容鲜卑及前燕历史的第一手资料和基本史料,其价值是无可比拟的。

　　尽管如此,前燕诸载记中亦有不可靠的记载,例如关于慕容部之来源,《晋书·慕容廆载记》称"其先有熊氏之苗裔",这只不过是反映了"华夷共祖"的思想而已①。而慕容氏的族名,《慕容廆载记》记为"时燕代多冠步摇冠,莫护跋见而好之,乃敛发袭冠,诸部因呼之为步摇,其后音讹,遂为慕容焉。或云慕二仪之德,继三光之容,遂以慕容为氏"。虽然《十六国春秋》《通典》《元和姓纂》等史书均采用此种观点,但其亦为"慕容氏既得中国,其臣子从而为之辞"②。况且,《晋书》诸载记之后虽附有裴嶷、高瞻等 10 人之《列传》,但与后人辑录、补缺的《十六国春秋》《燕书》等相比,又缺少了"文明段氏""景昭可足浑氏""慕容仁""游邃""刘赞""封奕""宋该""申弼" 等 30 多人的传记。由此可见,尽管《晋书·载记》中的慕容鲜卑史料部分价值是无可比拟的,但仍存在不足之处。

---

①参阅王文光、翟国强《"五帝"世系与秦汉时期"华夷共祖"思想》,《中国边疆史地研究》2005 年第 3 期;赵震野、王俊斌《中国古代"大一统"的文化战略思维》,《江汉大学学报》(人文科学版)2009 年第 2 期;赵红梅《慕容鲜卑早期历史探论——关于慕容氏的起源及其对华夏文化的认同问题》,《学习与探索》2011 年第 3 期。
②《资治通鉴》卷八十一《晋纪三》"武帝太康二年"条胡注,北京:中华书局,1956 年,第 2576—2577 页。

　　对比《魏书·徒何慕容廆传》之前燕部分,《晋书》前燕
诸载记仅在"慕容先世"部分与其相同,其余大多数内容均
远详于《魏书》。然载记也偶有简略之处。如《晋书·慕容廆
载记》关于慕容廆祖父木延只记为"祖木延,左贤王"6字,
而《魏书》作"祖木延,从毌丘俭征高丽有功,加号左贤王"①。
不过此类差异并不影响史事的一致性。

　　除了集中史料,《晋书》的纪、传、志、载记中还保存有许
多有关慕容鲜卑的零散史料,如《晋书》卷三《武帝纪》、卷六
《元帝纪》、卷七《成帝纪、康帝纪》、卷八《穆帝纪、哀帝纪、海
西公纪》、卷十二、十三《天文志》、卷十四、十五《地理志》、卷
二十三《乐志下》、卷三十七《河间平王洪传》、卷六十三《段
匹磾传》、卷六十七《郗超传》、卷七十三《庾希传、庾翼传》、
卷七十四《桓豁传》、卷七十五《荀羡传》、卷八十一《毛穆之
传》、卷八十二《孙盛传》、卷八十六《张重华传》、卷八十九
《沈劲传》、卷九十一《王欢传》、卷九十三《褚裒传》、卷九十四
《公孙凤传》、卷九十五《佛图澄传、麻襦传、黄泓传》、卷
九十七《夫余国传、吐谷浑传》、卷九十八《桓温传》、卷一〇二
《刘聪载记》、卷一〇六《石季龙载记上》、卷一〇七《冉闵载
记》、卷一一二《苻洪载记、苻生载记》、卷一一三、一一四《苻
坚载记》、卷一二二《吕光载记》等。鉴于《本纪》和《志》皆
有编年,可有助于查明诸《载记》中模糊的年份;《列传》中不

①按:《太平御览》卷一二一《偏霸部五》"前燕慕容廆"条引崔鸿
　《十六国春秋·前燕录》"左贤王"作"大都督"(北京:中华书局,
　1960年,第583页)。

见于诸《载记》的内容，则是对《载记》的重要补充；而后赵、前秦各《载记》中主要记载了与慕容鲜卑之间的关系，有助于了解东晋十六国时期中国北方错综复杂的政治局势。研究慕容鲜卑历史，不可不关注《晋书》中的散见记载。

总之，《晋书》中的慕容鲜卑人物载记是现存研究慕容鲜卑历史最为完整的集中资料，对研究慕容鲜卑的来源、发展变迁、政治经济文化、与其他民族关系等问题，具有极其珍贵的价值。

二、《魏书·徒何慕容廆传》及其他相关记载

《魏书》是北齐人魏收在《代记》《国书》及历朝《起居注》的基础上，历时 4 年编纂而成的一部记载北魏历史的史书。至北宋初年，《魏书》已有不少残缺，后人又据《北史》《脩文殿御览》《通典》《高氏小史》等史籍补缀。尽管魏收《魏书》存在了一些缺点，也有"秽史"之称，但由于该书参考、所引的十六国旧史多已散佚，故此其在研究慕容鲜卑及前燕政权时具有独特的史料价值。加之拓跋代政权与慕容—前燕政权在时间上相交汇，所以《魏书》中多处涉及代与慕容鲜卑及前燕政权往来、和战、婚姻等史事。

《魏书》卷九十五有《徒何慕容廆传》。从该传来看，除对"慕容部先世"的记载外，该卷其余内容皆远较《晋书》为略。即使如此，《徒何慕容廆传》中所载的慕容廆与拓跋部的战和关系，慕容皝小字"万年"，339 年慕容皝和拓跋什翼犍的联姻，慕容暐时之"湘女"事件均不见于《晋书》。因此《徒何慕容廆传》具有一定的史料价值。此外，从《徒何慕容廆

传》中还可以发现拓跋鲜卑人并不想称地道的鲜卑后裔慕容部为"鲜卑"。如《晋书》称"慕容廆,字弈洛瑰,昌黎棘城鲜卑人也",《魏书》则作"徒何慕容廆,字弈洛瓌,其本出于昌黎"。这是由于拓跋鲜卑自统治北中国之后,"总是力图独占鲜卑这一光荣的名字"[①]所导致的。

除《徒何慕容廆传》外,《魏书》其它各卷中也有一些对慕容—前燕政权的零散记载,根据内容可以分为如下两部分。

(一)《序纪》。《魏书·序纪》系统记述了慕容—前燕政权与拓跋代政权之间的关系。慕容廆时期,慕容部开始以朝贡的形式同代政权进行交换贸易;慕容皝时期,开始与代政权进行政治联姻;慕容儁和慕容暐时期则沿袭了先代之策略。而上述内容大多不见于《晋书》,是对《晋书》慕容鲜卑首领诸载记的重要补充,在研究慕容鲜卑历史及中国古代民族关系史方面也具有很高的价值。

(二)《列传》。《魏书》列传所载诸人物中,有不少祖先曾任职于前燕,他们为研究慕容—前燕政权之职官制度及重要人物提供了线索。各个列传中还涉及了前燕时期的 17 个职官名,其中有未见于《晋书》者——包括上计掾、谒者仆射、殿中郎将、徐州刺史、乌丸护军、长水校尉等,弥补了《晋书》之不足。

---

①曹永年《拓跋鲜卑南迁匈奴故地时间和契机考》,《内蒙古社会科学》1987 年第 4 期;又见《古代北方民族史丛考》,上海:上海古籍出版社,2012 年,第 69 页。

总的来说,《魏书》是研究慕容—前燕政权的重要资料,亦是后出史书的主要史源之一,具有珍贵的史料价值。

三、《北史·燕慕容氏传》及其他散见记载

《北史》100 卷,是唐初李延寿"追终先志"而编撰的私家史书,完成于唐太宗贞观十七年(643),唐高宗显庆四年(659)朝廷正式批准刊行。该书在《魏书》《北齐书》《周书》和《隋书》的基础上,合并删节,记述了北魏道武帝登国元年(386)到隋恭帝义宁二年(618)之间中国北方多个朝代的历史。其中卷九十三有《燕慕容氏传》①。

仔细对比《北史·燕慕容氏传》与《魏书·徒何慕容廆传》之史文,可以发现《北史》基本是抄录《魏书》而成,仅仅删去了一些作者认为不整齐、不紧密或不重要的内容②。本文以公元 370 年前燕灭亡为界,将《北史·燕慕容氏传》划分成四部分与《魏书·徒何慕容廆传》进行比较,其主要差异在于:第一,慕容廆部分:"徒何"换"徒河";删"其本出于昌黎"之"其"和"于";"讨平公孙渊"改"讨公孙氏";"建国"改"建王府";"加号"改"始号";"徙于"换"迁于";删"穆帝之世"之"之"字;删"左贤王普根击走之"至"拒之"72字;"子元真代立"改"子晃嗣"。第二,慕容皝部分:"元真"

---

①《北史》,北京:中华书局,1974 年,第 3067—3074 页。
②《北史·燕慕容氏传》慕容廆至慕容暐四位君主的生平内容约 760字,《魏书·徒何慕容廆传》1490 余字,《北史·燕慕容氏传》慕容廆至慕容暐四位君主的生平内容约占《魏书·徒何慕容廆传》的51%。

之前加"晃字";删"小字万年"至"元真讨斩之"33字;删"乃号年"之"乃";删"置官如魏武辅汉故事"至"元真击走之"21字;"帝纳元真女为后"改"昭成纳晃女为后";删"元真袭石虎"至"而还"20字;"元真遣使朝贡,城和龙城而都焉"改"晃城和龙而都焉";删"元真征高丽"之"元真";删"并其母妻"至"掠男女五万余口"13字;"钊单马遁走,后称臣于元真"改"钊后称臣";删"又大破宇文"至"五万余家于昌黎"20字;"元真死,子儁统任"改"晃死,子儁嗣"。第三,慕容儁部分:删"凿山除道,入自卢龙"8字;"克蓟城而都之"改"徙都于蓟";删"进克中山"至"克之"31字;删"郊祀天地"4字;删"遣使朝贡"4字;删"儁自蓟迁都于邺"之"儁";删"号年为光寿"之"为";"子暐统任"改"第三子暐嗣"。第四,慕容暐部分:删"儁之第三子也。既僭立"9字;删"时人知其将灭"6字;"自称"改"曰";删"僭晋将桓温"至"奔苻坚"37字;"坚遣将王猛伐邺"改"后苻坚遣将王猛伐邺";"擒"换"禽"。

除《北史·燕慕容氏传》外,《北史》卷一《魏本纪第一》、卷九《周本纪上第九》、卷十三《昭成皇后慕容氏传》、卷二十《安同传》、卷二十一《崔宏传、崔浩传》、卷二十四《崔逞传、封懿传、封回传》、卷二十五《刘洁传、卢鲁元传》、卷二十六《宋隐传》、卷二十七《李䜣传、韩秀传》、卷三十《卢玄传、卢诞传》、卷三十二《崔鉴传》、卷四十《程骏传》、卷四十四《崔鸿传》、卷四十五《张烈传》、卷四十七《阳尼传》、卷六十一《王盟传》、卷九十二《仇洛齐传》、卷九十四《高丽传、奚传、契丹传》、卷九十六《吐谷浑传》、卷九十八《匈奴宇文莫槐传、徒何段就六眷传》等均有关于慕容——前燕政权的零散记载，且它们也直接取材于《魏书》中的对应传记。

综上所述，相较《魏书》中对于慕容鲜卑和前燕政权的记载，《北史》尽管作出了一些删字、改字和加字，但史事、行文顺序均没有变化，也没有补充新的内容。在慕容鲜卑及前燕史研究中，《北史》之史文只能作为二手史料，基本上没有太大的史料价值。

四、《太平御览·偏霸部》及其他相关记载

《太平御览》是北宋太平兴国二年（977）三月李昉、李穆、徐铉等奉太宗之命合力编修的一部大型类书，前后历时约 7 年，至太平兴国八年（983）十月而成。全书卷帙浩博，编修过程中征引、参考了 1700 余种文献资料。鉴于其中很多已经散佚，故此《太平御览》无疑具有极高的史料价值。在全书 1000 卷中，卷一二一《偏霸部五》和卷八〇一《四夷部·北狄三》有记载慕容鲜卑及前燕历史的专条①。《太平御览》的主要价值就是保留了许多已经散佚的珍贵史料，有些对慕容鲜卑历史的记载也具有很高的价值。

《太平御览》卷一二一《偏霸部五》包括了《前燕慕容廆》《慕容皝》《慕容儁》《慕容暐》条目。以上四条目之史文共约 2750 余字（含标题及小注 19 字），记述了慕容鲜卑的来源、称呼、居地变化、先世历史及慕容廆至慕容暐四世君主在位时期的史事等内容。与正史不同，《太平御览·偏霸部》

---

① 《太平御览》，北京：中华书局，1960 年，第 583—585，3554—3555 页。

直接引用了《十六国春秋·前燕录》，保留了一些《晋书》《魏书》等正史中没有的记载。

《太平御览·偏霸部五》引《十六国春秋·前燕录》称慕容鲜卑为"昔高辛氏游于海滨，留少子厌越以君北夷，世居辽左，号曰东胡"，与《晋书·慕容廆载记》所言"其先有熊氏之苗裔，世居北夷，邑于紫蒙之野，号曰东胡"有所不同，这也和政治密切相关。据《魏书·序纪》可知："昔黄帝有子二十五人……昌意少子，受封北土，国有大鲜卑山，因以为号"，这一记载表明了拓跋鲜卑先世当为"昌意少子"。从北魏人崔鸿的立场来看，自诩鲜卑嫡统的拓跋氏先世为黄帝之孙，而属于旁系甚至不属于鲜卑的慕容氏将其先世定为比昌意更上代的黄帝，是决不可以接受的。因此，很可能是崔鸿在《十六国春秋·前燕录》中将慕容鲜卑先世改为黄帝之玄孙厌越。

通过分析莫护跋至前燕灭亡之间的史事，可以发现《太平御览·偏霸部五》引用《十六国春秋·前燕录》的内容大体上在《晋书》《魏书》中也有相似记载。也就是说，《十六国春秋》的主要史料当与《晋书》《魏书》相同。即便如此，也有在《晋书》和《魏书》中看不到的记载，如慕容耐想杀害慕容廆时，慕容廆被迫逃亡的辽东徐郁家、慕容僬的小字贺赖跋等，可以弥补这两个史料之缺。

此外卷十一《天部·祈雨》、卷三十九《地部·恒山》、卷四十五《地部·房山、鲜卑山》、卷六十《地部·海》、卷一六二《州郡部·河北道中》、卷二八六《兵部·机略五》、卷三一二《兵部·决战中》、卷三一八《兵部·攻围下》、卷三三四《兵部·辎重》、卷四〇〇《人事部·凶梦》、卷四〇四《人事部·师》、卷四一六《人事部·友悌》、卷四三一《人事部·俭约》、卷四三六《人事部·勇四》、卷四四四《人事部·知人下》、卷四八七《人事部·哭》、卷五七〇《乐部·歌一》、卷五八八《文部·颂》、卷六〇五《文部·纸》、卷六一一《学部·勤学》、卷六一六《学部·读诵》、卷六五一《刑法部·禁锢》、卷六八四《服章部·总叙冠》、卷七四四《杂物部·射上》、卷八七七《咎徵部·黄云》、卷九二九《鳞介部·龙上》、卷九三一《鳞介部·龟》等卷也对《十六国春秋·前燕录》加以引用,零散记载了慕容鲜卑及前燕政权的历史,它们也具有较高史料价值。

《太平御览》卷八〇一《四夷部·北狄三》还有"慕容氏"条目。这一条目基本抄录《晋书·慕容廆载记》中的相关部分,只是在文字上稍有改动,如《太平御览》将《晋书》中的"率其诸部"后加"大人",删"迁邑于"之"邑",删"张华雅有"之"雅","廆"前加"慕容",删"华甚叹异,谓曰"之"甚叹异谓",删除"匡难济时者也"6字,删"谋于其众"之"其","能"换"宜","晋"后加"国","邪"改"耶","惭"换"慙",删"墟也"之"也",删除"虚怀引纳"4字,"流亡士庶多襁负归之"改"流亡者多归之"等。其中,"邪"改"耶","惭"换"慙"等字的区别和差异,也就是繁体字和异体字的转换,实际上并不属于内容差异,和古今用字,版本雕刻印刷等因素有关。然《太平御览·慕容氏》相比《晋书·慕容廆载记》《通典·慕容氏》等,并没有新增内容,史料价值不大,主要原因是它直接抄录自《晋书·载记》。

　　《太平御览》卷十五《天部·雾》、卷一七五《居处部·殿》、卷一九二《居处部·城上》、卷二四九《职官部·府属》、卷三六七《人事部·口》、卷四一三《人事部·孝中》、卷四一七《人事部·忠勇》、卷四二六《人事部·清廉下》、卷四二九《人事部·公平》、卷四六二《人事部·游说下》、卷四六九《人事部·忧下》、卷四七八《人事部·赠遗》、卷四九二《人事部·贪》、卷五四二《礼仪部·拜》、卷六八二《仪式部·玺》、卷六八八《服章部·簪导》、卷七〇六《服用部·床》、卷七〇九《服用部·荐席》、卷七四四《杂物部·射上》、卷七五三《杂物部·围棋》、卷七六二《器物部·杵臼》、卷八〇六《珍宝部五》、卷八二〇《布帛部·布》、卷八四八《饮食部·食中》等卷直接引用了范亨《燕书》。范亨《燕书》也是《晋书》《魏书》《十六国春秋》和萧方等《三十国春秋》等典籍中前燕部分的重要史源。由于此书现已散失，因此《太平御览》引用《燕书》的记载，对于研究慕容鲜卑及前燕历史具有重要意义。

　　此外，卷六十《地部·海》、卷六十八《地部·冰》、卷七十《地部·渊》、卷九十九《皇王部·废帝海西公》、卷一〇一《皇王部·后魏诸帝》、卷一一九《偏霸部·前赵刘元海》、卷一二〇《偏霸部·石闵》、卷一二二《偏霸部·前秦符坚》、卷一三九《皇亲部·昭成慕容皇后》、卷一五五《州郡部·叙京都上》、卷一五六《州郡部·叙京都下》、卷一六一《州郡部·河北道上》、卷一八三《居处部·门下》、卷二八六《兵部·机略五》、卷二九五《兵部·安众》、卷三〇七《兵部·誓众》、卷三二五《兵部·擒获上》、卷三二八《兵部·占候》、卷三三八《兵部·角》、卷三四一《兵部·旄》①、卷三四五《兵部·刀上》、卷三四六《兵部·刀下》、卷三五六《兵部·甲下》、卷三五七《兵部·盾下》、卷三五八《兵部·镰》、卷四三五《人事部·勇三》、卷四七八《人事部·赠遗》、卷四八三《人事部·怒》、卷五〇三《逸民部·逸民三》、卷五四九《礼仪部·尸》、卷六〇一《文部·著书上》、卷六八二《仪式部·玺》、卷六九五《服章部·襦》、卷六九八《服章部·靴》、卷七一五《服用部·步摇》、卷七一七《服用部·镜》、卷七六六《杂物部·蓬蕛》、卷七八一《四夷部·东夷二·夫余》、卷七九四《四夷部·西戎三·吐谷浑》、卷八〇六《珍宝部·璧》、卷八一五《布帛部·绣》、卷八二八《资产部·卖买》、卷八三二《资产部·猎下》、卷八五八《饮食部·酪酥》、卷八七五《咎徵部·天狗》、卷八九五《兽部·马三》、卷九〇七《兽部·兔》、卷九一九《羽族部·鹅》、卷九二二《羽族部·燕》、卷九九一《药部·人参》、卷九九三《药部·麻黄》等，均有慕容鲜卑及前燕历史的散见记载，也保存下来了其它史书中所不载的内容，亦有重要的史料价值。

尽管《太平御览》成书年代较晚，但与其它史书不同，该书直接引用了《十六国春秋·前燕录》《燕书》等诸多现已散

①按：其中引《俗说》曰："谢安小儿时便有名誉，流闻远国。慕容庵饷谢白狼旄一双，谢时年十三。一作慕容垂也"（北京：中华书局，1960年，第1566页），《北堂书钞》卷一二一《武功部九》"旄三十一·白狼、慕容饷谢安一双"条均作"慕容垂"，清光绪十四年（1888）南海孔氏三十有三万卷堂影宋刊本，第7a页。

失的史料,考证、补充《晋书》《魏书》等正史之缺。所以,对于慕容鲜卑及前燕史来说,它具有珍贵的史料价值。

五、《燕书》及其辑本

除以上三部正史与《太平御览》中的相关记载外,也有其他典籍为慕容鲜卑或前燕设立专传专条,如《燕书》《十六国春秋》《三十国春秋》《通典》《太平寰宇记》《通志》《文献通考》等。其中《燕书》《十六国春秋》和萧方等《三十国春秋》尤为特殊,它们本来是《晋书》《魏书》《太平御览》中慕容鲜卑及前燕部分史料的来源。作为史料,原本《燕书》《十六国春秋》和萧方等《三十国春秋》绝对不能算后出史料。但是现存的上述文献残篇,多是从《太平御览》等书中辑录而来,故此也将《燕书》《十六国春秋》和萧方等《三十国春秋》的辑本归入后出史书之列。而这些后出史籍,基本上是抄录自《晋书》《魏书》等而成的二手资料,价值大多有限。尽管如此,有些史料依然可以对研究慕容鲜卑及前燕历史有所帮助,因而应对它们进行比较分析。

《燕书》是范亨编撰的一部关于前燕史事的著作,共 20 卷 ①。由于作者为燕尚书,故此该书无疑具有很高的史料价值。根据现有资料可知,《燕书》为纪传体史书,包含了本纪及列传。而《晋书》《魏书》《十六国春秋》中前燕部分的历

---

①按:朱希祖在《十六国旧史考》一文认为,《隋书·经籍志》收列《燕书》是申秀、范亨二人共撰,但此说与事实不符(参见邱敏《〈十六国春秋〉史料来源述考》,《西北第二民族学院学报》(哲学社会科学版)1991 年第 1 期)。

史,可能均以该书为本。遗憾的是,《燕书》现已散佚,只能从各种类书之中翻阅到一些残篇。作为史料,成书时间最早的《燕书》绝对不能算后出史料。现存的《燕书》残篇,多是从《太平御览》等书中辑录而来,但并无人如辑录《十六国春秋》一样专门辑录《燕书》。我们可以说《十六国春秋辑补》是后出史书,但是《燕书》似乎不行。

据《隋书·经籍志》记载:"《燕书》二十卷:记慕容儁事。伪燕尚书范亨撰"①,《旧唐书·经籍志》称:"《燕书》二十卷。范亨撰"②,《新唐书·艺文志》亦载:"范亨《燕书》二十卷"③,故范书当在隋唐时期广泛流传。北宋初年,李昉等在编纂《太平御览》时多次征引此书,宋真宗年间王钦若等修撰《册府元龟》时,则以"出自伪邦"为由舍而不取④。尽管《燕书》不见于王尧臣《崇文总目》⑤,但是司马光《资治通鉴》和《资治通鉴考异》又对该书加以引用,《宋史·艺文志》

①《隋书》卷三十三《经籍志二》,北京:中华书局,1973年,第963页。
②《旧唐书》卷四十六《经籍志上》,北京:中华书局,1975年,第1993页。
③《新唐书》卷五十八《艺文志二》,北京:中华书局,1975年,第1462页。
④(宋)洪迈《容斋四笔》卷十一《册府元龟》:"真宗初,命儒臣编修君臣事迹……而编修官上言:'……《秦记》《燕书》之类,出自伪邦……尽议采取,恐成芜秽。'并从之。及书成,赐名《册府元龟》。"(载《容斋随笔》,上海:上海古籍出版社,1978年,第743页)
⑤(宋)王尧臣等编次,(清)钱东垣等辑释《崇文总目》(附补遗),北京:中华书局,1985年。

中也录有"范亨《燕书》二十卷"①。综上所述,北宋时期《燕
书》应保存较为完整。

南宋时期,虽然尤袤《遂初堂书目》录有《燕书》②,罗泌
《路史》也加以征引③,但《燕书》却不见于晁公武《郡斋读书
志》④、陈骙《中兴馆阁书目》⑤、陈振孙《直斋书录解题》⑥之
中。故可判断,此时的《燕书》可能已非全本。尽管如此,明
朝时仍有《燕书》传世的记载。例如明初人王祎在《大事记
续编》引用了此书,且提到"今检范亨《燕书》"⑦。焦竑《国史
经籍志》中也列出"《燕书》20 卷。范亨撰"⑧。此后《燕书》
便在无闻于世。

现存的《燕书》残篇,清代学者汤球从《北堂书钞》《艺
文类聚》《太平御览》类书及《资治通鉴》《资治通鉴考异》

①《宋史》卷二○四《艺文志三》,北京:中华书局,1977 年,第 5166 页。
②(宋)尤袤《遂初堂书目》,北京:中华书局,1985 年,第 7 页。
③见朱祖延《北魏佚书考》,郑州:中州古籍出版社,1985 年,第 61 页;
又见(清)汤球辑,吴振清校注《三十国春秋》,天津:天津古籍出版
社,2009 年,第 181 页。
④(宋)晁公武编,孙猛校证《郡斋读书志》,上海:上海古籍出版社,
1990 年。
⑤(宋)陈骙撰,(民国)赵士炜辑《中兴馆阁书目辑考》,国立北平图书
馆影印本,1933 年。
⑥(宋)陈振孙撰,徐小蛮、顾美华点校《直斋书录解题》,上海:上海古
籍出版社,2015 年。
⑦(明)王祎《大事记续编》卷二十九,文渊阁《四库全书》本,第
42a 页。
⑧(明)焦竑辑《国史经籍志》,上海:商务印书馆,1939 年,第 62 页。

《水经注》等书中辑录而成①。朱祖延、吴振清也曾对其加以补遗②。汤球、朱祖延和吴振清的辑录无疑对后人研究前燕历史提供了诸多方便。另魏俊杰在《汤球〈三十国春秋辑本〉补遗》中又补遗了6则③。

六、《十六国春秋》《三十国春秋》及其辑本

《十六国春秋》和萧方等《三十国春秋》严格来说不是后出史料,而《十六国春秋辑补》和屠本《十六国春秋》等辑本才是后出史料。《十六国春秋》是一部纪传体史书,详细记载了十六国时期之史事。作者崔鸿为北魏人,"弱冠便有著述之志,见晋魏前史皆成一家,无所措意……跨僭一方,各有国书,未有统一,鸿乃撰为《十六国春秋》,勒成百卷"④。其中《前燕录》专门记载了前燕时期的历史。

前文已述,《十六国春秋·前燕录》的主要史源可能为杜辅《燕纪》、范亨《燕书》、申秀著作、崔逞《燕记》、封懿《燕书》和张谘《前燕录》等。隋唐时期,随着上述史书的散佚,已有很多类书中直接或间接引用了《十六国春秋·前燕录》。在

---

①（清）汤球辑《三十国春秋》,上海：商务印书馆,1936年,第35—42页。

②分别见朱祖延《北魏佚书考》,郑州：中州古籍出版社,1985年,第53—62页;（清）汤球辑,吴振清校注《三十国春秋》,天津：天津古籍出版社,2009年,第153—181页。

③魏俊杰《汤球〈三十国春秋辑本〉补遗》,《兰台世界》2011年第13期。

④《魏书》卷六十七《崔鸿传》,北京：中华书局,点校修订本,2017年,第1632页。

编纂《晋书》前燕诸载记时,房玄龄等也以《十六国春秋·前燕录》为主要史源。此后直至北宋时期,《十六国春秋》作为十六国史事的主要史料仍然被广泛利用。实际上北宋司马光编纂《资治通鉴》的时候,《十六国春秋》已经不全,但也并未完全散佚,大约散佚于南宋时期。

　　现存有三种不同的版本,一是明代何镗所刊《汉魏丛书》中保存的 16 卷本(一般称为《十六国春秋别本》);二是明代屠乔孙、项琳所编的 100 卷本(一般称为屠本《十六国春秋》);三是清代汤球所辑的 100 卷本(一般称为《十六国春秋辑补》)。三种《十六国春秋》均非原本,其中清代汤球的《十六国春秋辑补》是最优秀的版本[1]。屠本《十六国春秋》作为研究十六国历史的重要典籍,似不可不提,今人高然有《屠本〈十六国春秋〉"四燕录"史料探源》一文可供参考[2]。屠本《十六国春秋》最大的优点在于记载史料极为丰富,有大量内容不见于纪传体正史,甚至一些内容难以探寻史源。被称为"伪书"不代表该书并无研究价值。而屠本《十六国春秋》与《十六国春秋辑补》同样具有一定差异。《十六国春秋别本》虽然内容简略,但相比本文列举的诸如《通志》《燕史》等价值尚高过不少。尽管原本《十六国春秋》已经散佚,只能从《北堂书钞》《太平御览》《资治通

---

① 关于《十六国春秋》的散佚年代和版本参见胡玉春《大夏国史研究》,呼和浩特:内蒙古大学,2014 年,第 14—16 页;又见《大夏国史研究》,呼和浩特:内蒙古大学出版社,2016 年,第 24—27 页。
② 高然《屠本〈十六国春秋〉"四燕录"史料探源》,《古籍整理研究学刊》2013 年第 3 期。

鉴》等书中间接引用。但其中仍有不少《晋书》《魏书》等
"正史"中未载的内容,在研究前燕历史中具有不可替代的
作用。

历史上《三十国春秋》共有两种,一种为南梁萧方等撰,
另一种为唐前期武敏之撰。萧方等《三十国春秋》共计 31
卷(一作 30 卷)[1],记事始于曹魏齐王嘉平元年(249),终于
东晋元熙二年(420)。此书以晋朝为主,附列二十九国的史
事,二十九国中即有前燕。刘知几曾对其评价为:"至萧方等
始存诸国名谥,僭帝者皆称之以王……变通其理,事在合宜,
小道可观,见于萧氏者矣"[2]。北宋时司马光修撰《资治通鉴》
时,也参考了此书,《资治通鉴考异》还用其对前燕史事进行
了考辨。《宋史·艺文志》《崇文总目》《中兴馆阁书目》也
均加以收录[3],吴振清认为,萧方等《三十国春秋》大约散佚
于宋末元初[4],更有可能是明初以后[5]。现存萧方等《三十国

---

[1] 按:《隋书·经籍志》记为"31 卷"(北京:中华书局,1973 年,第 958
页),而旧、新《唐书》均作"30 卷"(分见北京:中华书局,1975 年,
第 1991 页;北京:中华书局,1975 年,第 1462 页)。

[2]《史通》卷四《内篇·称谓第十四》,上海:梁溪图书馆,1926 年,第
92 页。

[3]《宋史》卷二〇四《艺文志三》,北京:中华书局,1977 年,第 5166
页;(宋)王尧臣等《崇文总目》(附补遗),北京:中华书局,1985 年,
第 48 页;(宋)陈骙《中兴馆阁书目辑考》卷三《史部下·霸史类》,
国立北平图书馆影印本,1933 年,第 31a 页。

[4] 吴振清《四种久佚史籍简介》,《古籍整理研究学刊》1986 年第 2 期。

[5] 魏俊杰《萧方等〈三十国春秋〉探析》,《兰台世界》2013 年第 6 期。

春秋》则是清人汤球辑本①,吴振清进行校注时也补充了20多则②,魏俊杰又补遗了25则③。

武敏之《三十国春秋》共计100卷④。汤球误断武敏之是刘宋时人,然其实为武则天的外甥贺兰敏之。据《旧唐书·李嗣真传》载:"时左侍极贺兰敏之受诏于东台修撰,奏嗣真弘文馆参预其事"⑤;又《新唐书·武士彟传》载:"后取贺兰敏之为士彟后……擢累左侍极、兰台太史令,与名儒李嗣真等参与刊撰"⑥。由此可知《三十国春秋》是唐高宗时武敏之等人奉敕而撰。但此书早已亡佚,其体例、内容等均不得而知,据书名判断,该书中应有前燕时期的史事。武敏之编撰的《三十国春秋》完成时间在《晋书》和《北史》之后,已经没有太大价值了。

总之,除范亨《燕书》外,崔鸿《十六国春秋》和萧方等

①（清）汤球辑《三十国春秋》,上海:商务印书馆,1936年,第1—16页。

②（清）汤球辑,吴振清校注《三十国春秋》,天津:天津古籍出版社,2009年,第11—96页。

③魏俊杰《汤球〈三十国春秋辑本〉补遗》,《兰台世界》2011年第13期。

④《旧唐书》卷四十六《经籍志上》,北京:中华书局,1975年,第1991页;《新唐书》卷五十八《艺文志二》,北京:中华书局,1975年,第1462页。

⑤《旧唐书》卷一九一《李嗣真传》,北京:中华书局,1975年,第5098页。

⑥《新唐书》卷二〇六《武士彟传》,北京:中华书局,1975年,第5836页。

《三十国春秋》本应是研究慕容鲜卑及前燕政权最为重要的
史料。但鉴于它们均已散佚，现只存有辑本，故此价值已不
如原书。尽管如此，汤球、吴振清和魏俊杰等人也为还原原
书做出了极大努力，因此其仍有史料的佐证、旁证价值。

七、《通典·慕容氏》及其他相关记载

《通典》200 卷，唐杜佑撰，是一部叙述唐玄宗天宝
（742~756 年）以前典章制度、地志以及民族的专史，共分为
食货、选举、职官、礼、乐、兵、刑、州郡、边防等九门。在撰写
《通典》时，杜佑以唐开元末刘秩所撰《政典》为基础，又充实
内容，增多条目，从唐代宗大历年间（766~779 年）开始，历
经 30 余年，至唐德宗贞元十七年（801）方才完成。其中卷
一九六《边防十二·北狄三》有慕容氏条目[①]。

《通典·慕容氏》约为 370 余字（含小注 45 字），概括记
述了慕容鲜卑的来源、称呼、居地变迁以及与吐谷浑、魏晋政
权之关系。通过对《通典·慕容氏》的审读，可以发现其史
文主要应是简约《晋书》和《十六国春秋》中的相关内容而
成，并未补充太多新的内容。

然《通典·慕容氏》在提及慕容鲜卑来源时，称"亦东
胡之后，别部鲜卑也"，且该观点并未见于前出史料。《通
典·拓跋氏》亦称拓跋鲜卑为"亦东胡之后，别部鲜卑也"，

---

① （唐）杜佑《通典》卷一九六《边防十二·北狄三》"慕容氏"条，北
　京：中华书局，1988 年，第 5372—5373 页。

这一结论应是从前代史书的记载推演出来的^①。故而《通典·慕容氏》中慕容鲜卑来源的说法也应为杜佑从对前代史册中推演而出。

此外，《通典·慕容氏》为棘城作注云："今柳城郡之地"。同书卷一七八"柳城郡"之营州条则称："汉徒河县之青山，在郡城东百九十里。棘城即颛顼之墟，在郡城东南一百七十里"，这两处记载也对棘城的位置提供了可靠的史料依据^②。虽然北魏人郦道元在《水经注》中已对"棘城"的位置加以论述，即"（渠）水又东南径棘城北""涡水又东径大棘城南，故鄢之大棘乡也"^③，但通过这些描述并不能确定棘城的详细位置。由此看来，《通典》中关于"棘城"位置的记载当具有重要的史料价值。

除卷一九六《边防十二·北狄三》外，卷四《食货四·赋税上》、卷七《食货七·历代盛衰户口》、卷一四一《乐一·历代沿革上》、卷一四六《乐六·四方乐》、卷一五三《兵六·示形在彼而攻于此》、卷一五五《兵八·致敌力疲夹攻败之》、卷一五九《兵十二·励士决战》、卷一六〇《兵十三·围师量无外救缓攻取之》《绝粮道及辎重》、卷一六一《兵十四·多方

---

①梁云《拓跋鲜卑早期历史若干问题研究》，呼和浩特：内蒙古大学博士学位论文，2013年，第19—20页。

②《通典》卷一七八《州郡八·古冀州上》"柳城郡"之营州条，北京：中华书局，1988年，第4716页。

③（北魏）郦道元著，陈桥驿校证《水经注校证》卷二十二《洧水》，北京：中华书局，2007年，第521页；同书卷二十三《阴沟水》，第551页。

误之》、卷一七一《州郡一·序目上》、卷一七八《州郡八·古
冀州上》、卷一八〇《州郡十·古青州》、卷一八五《边防
一·东夷上》、卷一八六《边防二·东夷下》、卷一九〇《边防
六·西戎二》、卷一九九《边防十五·北狄六》、卷二〇〇《边
防十六·北狄六》均有对前燕史的一些零碎记载。

八、《太平寰宇记·慕容氏》

《太平寰宇记》共计 200 卷,北宋乐史撰,是一部现存较
为完整的地理总志,始纂于宋太宗太平兴国年间(976~984
年)。乐史为弥补唐人所撰地志、图志之缺,引用了约 200 余
种历代史籍、文集、地志乃至杂说撰写此书。由于其所引诸
书大多已散佚不见,故此《太平寰宇记》对于一些问题的研
究具有重要价值。该书卷一九四《四夷二十三·北狄六》中
列有"慕容氏"专条 [①]。

《太平寰宇记·慕容氏》约为 370 余字,阐述了慕容鲜卑
的来源、名称、居地变迁、与魏晋政权关系等内容。将《太平
寰宇记·慕容氏》与相关史料对比,可以发现其内容与《通
典·慕容氏》基本一致。因此,该专条当是抄录《通典·慕
容氏》而成。但在抄录过程中,编者也进行了一些字词上的
细微调整。例如《太平寰宇记·慕容氏》将"今柳城郡"改为
"即柳城郡","乃立郡统之"改为"乃立郡以统之","其后国
号燕"改为"后国号燕"字。

---

① (宋)乐史,王文楚等点校《太平寰宇记》卷一九四《四夷二十三·北
狄六》"慕容氏"条,北京:中华书局,2007 年,第 3713—3714 页。

总的来说,《太平寰宇记·慕容氏》专条没有补充新的内容,与《通典·慕容氏》相比,二者仅有 8 处用字不同,一处《太平寰宇记》少于《通典》1 字,一处多于《通典》1 字。所以,在前出文献俱存情况下,《太平寰宇记》对慕容鲜卑及前燕的记载并没有史料价值。

九、《通志·前燕载记》

《通志》是南宋郑樵编著的纪传体通史,记事始于三皇,纪传部分下止隋朝,略部分终于北宋,南宋高宗绍兴三十一年(1161)完成。在全书 200 卷中,包括了本纪 18 卷、年谱 4 卷、略 52 卷、世家 3 卷、载记 8 卷、列传 115 卷。其卷一八八载记 3 为《前燕载记》。《通志·前燕载记》传文共约 17600 余字,系摘抄前代史文改写而成①。

通过对《通志·前燕载记》的审读,可知其内容基本来自于《晋书》卷一○八至卷一一一前燕诸载记,只是在字句上做了调整、替换、删节和避讳②,尤其是书札、上言和上疏的

---

①（宋）郑樵《通志》卷一八八《载记三·前燕》,北京:中华书局,1987 年,第 3011—3021 页。

②具体而言,改动之处主要有:改"宣帝"为"司马懿",改"尚经学,善天文"为"尚经术,达天文",改"玄菟"为"元菟",改"太半"为"大半",改"滹沱"为"滹沱",改"而进"为"而往",改"杀仁而还"为"振旅而还",改"石季龙"为"石虎",改"进銑为"为"拜为",改"距"为"攻",改"骑将"为"骁将",改"则归可不劳"为"归则不劳",改"尚玄"为"尚元",改"户二千"为"户三千",改"三万"为"二万",改"武旅"为"虎旅",改"震惊"为"震局",改"大事"为"大任",改"檀元"为"檀玄",改"及"为"又",改"士倍"为"十倍",（转下页注）

内容,《通志》大多予以省略。例如,慕容廆写给东晋太尉陶侃约 650 字的书札,《通志》仅概括为"申布忠恳词旨可观";慕容廆更写前笺,并赍其东夷校尉封抽、行辽东相韩矫等三十余人疏上侃府,《通志》省略为"欲进廆为燕王行大将军事";慕容皝闻庾亮薨,弟冰、翼继为将相后,上表约 620 字,《通志》删节为"不宜崇显舅氏";慕容皝写给庾冰约 350 字的书札,《通志》删节为"戒以负乘之累"。此外,封裕谏劝慕容皝的内容、慕容儁给事黄门侍郎申胤的上言、慕容恪进围广固时对诸将鼓励、廷尉监常炜的建议、慕容暐境内多水旱时,慕容恪、慕容评稽首归政,请逊位还第的上奏、慕容德及尚书左承申绍的上疏也被删节或省略。

　　此外,郑樵在照抄过程也出现了一些错字,如"主人"讹

(接上页注)改"众无部阵,若简精兵,乘其无备"为"众无部伍,但当伺其无备",改"因事远寄"为"因乱流寄",改"燕王"为"燕主",改"百僚"为"百寮",以"脩"换"修",以"衆"换"桒",以"彊"换"强",以"慙"换"惭",以"併"换"并",以"寍"换"宁",以"讐"换"雠",以"繋"换"系",以"泰"换"太",以"驪"换"麗",以"竝"换"并",以"于"换"於",以"擕"换"攜",以"急"换"驰",以"恆"换"恒",以"罚"换"伐",以"劒"换"劍",以"犄"换"掎",以"傍"换"旁",以"厯"换"歴",以"叙"换"敍",以"杀"换"斩",以"閒"换"间",以"悖"换"勃",以"敝"换"毙",以"論"换"谕",以"奸"还"姦",以"否"换"不",以"邱"换"丘",以"如此"换"于此",以"环"换"镮",以"甯"换"寧",以"咨"换"諮",以"敝"换"弊",以"版"换"板",以"沉"换"沈",以"悴"换"瘁",省"时往谒之"之"之"字,省"计中矣"之"中"字,省"本意也"之"也"字,省"廆使者"之"廆"字,省"宛降于暐"之"于"字,以"充"换"兖",省"修文德"之"修"字。

为"士人","三国"讹为"二国","武兴"讹为"兴国","鲜于亮"讹为"单于亮","谢万"讹为"谢方","中山王"讹"山中王","三王"讹为"二王","一十一"讹为"二十一","六十二"讹为"六十一","邑城"讹为"邑成"等。

总之,《通志·前燕载记》基本上照抄了《晋书》前燕诸载记,除了对个别字句调整、删改外,并没有补入新的内容。在慕容鲜卑和前燕历史研究中,《通志》只能作为二手资料。

十、《文献通考·慕容氏》

《文献通考》共计 348 卷,宋末元初史学家马端临撰,是记述上古至南宋宁宗嘉定(1208~1224 年) 末年的典章制度史,成书于元成宗大德十一年(1307)。共分为田赋、钱币、户口、职役、征榷、市籴、土贡、国用、选举、学校、职官、郊社、宗庙、王礼、乐、兵、刑、经籍、帝系、封建、象纬、物异、舆地、四裔等二十四门,其中除了经籍、帝系、封建、象纬、物异五门以外,其它十九门均是继承杜佑的《通典》。全书卷三四二《四裔十九》设有慕容氏专条①。

《文献通考·慕容氏》约 370 余字,其所记载的慕容鲜卑起源、族称、居住地变迁、与魏晋政权的关系等内容皆完全抄录自《通典·慕容氏》,仅个别字句略有差异。如改"今柳城郡之地"为"今柳城郡之北"。据同书卷三○六《古冀州》营州条:"汉徒河县之青山,在郡城东百九十里。棘城即

---

①(元) 马端临《文献通考》卷三四二《四裔十九·慕容氏》,北京:中华书局,1986 年,第 2683 页。

颛顼之墟,在郡城东南一百七十里"①。以此观之,棘城应在柳城郡之东南,《文献通考·慕容氏》所载"今柳城郡之北"应有错讹。

总体而言,《文献通考·慕容氏》几乎完全照抄了《通典·慕容氏》,并没有补入新的史料。在慕容鲜卑历史研究中,《文献通考》只能作为二手资料,研究价值较小。

除上文所述外,还有一些史籍对慕容鲜卑及前燕历史有所记载。如《北堂书钞》《艺文类聚》《初学记》等隋唐时期的类书中收录了部分已经散佚的前燕旧史;《册府元龟》之《僭伪部》亦有关于慕容鲜卑及前燕历史的专门记载。此外,《三国史记·高句丽本纪》则侧重于记载慕容—前燕政权与高句丽的关系。

十一、《北堂书钞》中的散见记载

《北堂书钞》,隋唐之际由虞世南编纂,与《艺文类聚》《白氏六帖》《初学记》合称唐代"四大类书"。而《北堂书钞》也是中国现存最早的类书,全书计有 19 部,852 类。其中卷四十一《政术部·贪冒四十二》、卷一二一《武功部·角二十九、眊三十一》、卷一二四《武功部·稍四十》、卷一二六《武功部·勒五十五》、卷一二七《衣冠部·簪六》、卷一二九《衣冠部·襦二十四》、卷一三一《仪饰部·玺十三》、卷一三三《服饰部·簟十七》、卷一三五《服饰部·胭脂

---

① 《文献通考》卷三〇六《舆地二·古冀州》"营州"条,北京:中华书局,1986 年,第 2483 页。

六十三》[①]、卷一三六《服饰部·靴八十三》、卷一四三《酒食
部·总篇一下》、卷一六〇《地部·石篇十六》等均有对慕容
鲜卑或前燕历史的零散记载。值得注意的是,卷一二六《武
功部·勒五十五》和卷一二九《衣冠部·襦二十四》引《述
异记》记载了慕容鲜卑先祖乾罗的传说,对研究慕容鲜卑之
祖源具有独特的价值。卷一二一、一二四、一二七、一三三、
一三五、一三六中,均收录有慕容鲜卑君主和两晋大臣的
来往书信,有助于了解慕容鲜卑和两晋政权的关系。而卷
一三一《仪饰部·玺十三》"黄雾四塞"条引《燕书》云:"元
玺六年,蒋干遣刘猗赍传国玺诣晋求救","六年"应是"元
年"之误[②]。《北堂书钞》收录的慕容鲜卑及前燕史料,主要出
自《燕书》《述异记》《三十国春秋》《十六国春秋》等,鉴于
它们基本已经散佚无存,直接引用这些书的《北堂书钞》无
疑当具有很高的史料价值。

十二、《艺文类聚》中的相关记载

　　《艺文类聚》是唐武德五年(622)欧阳询等奉高祖之命
纂修,历时 3 年,至武德七年(624)完成。全书共 100 卷,采
摭浩博,征引书目多至 1431 种,很多今已失传。其卷八《水

---

①按:此处只记为"习凿齿《与燕王书》",具体时代不详,暂列于前燕
　　时期。
②《北堂书钞》卷一三一《仪饰部》"玺十三·黄雾四塞"条,清光绪
　　十四年(1888)南海孔氏三十有三万卷堂影宋刊本,第 3a 页。按:
　　《太平御览》卷十五和卷六八二也均记为"元玺六年"(见北京:中
　　华书局,1960 年,第 76—77,3045 页)。

部上·总载水、海水》、卷二十二《人部·公平》、卷六十《军器部·稍》、卷八十五《布帛部·布》、卷八十八《木部上·桑》等皆有涉及慕容—前燕政权的内容①。而《艺文类聚》收录的慕容—前燕政权资料,大都直接引用前代史书,比如《总载水》引用了车频《秦书》②;《海水》引用了王隐《晋书》;《公平》《布》引用了《燕书》;《稍》引用了晋庾翼《与燕王书》③;《桑》引用了《三十国春秋·后燕录》④。正是因为《艺文类聚》保存了一些已经散佚且不见于前代正史的珍贵史料,所以该书具有很高的史料价值。

十三、《初学记》中的相关记载

《初学记》是由唐初徐坚等人编纂的一部官修类书,唐玄宗开元“十五年(727)五月一日,集贤学士徐坚等,纂经史文章之要,以类相从。上制名曰《初学记》。至是上之”⑤。全书计 30 卷,分 23 部,313 个子目,“其所采摭,皆隋以前古书,而去取谨严,多可应用。在唐人类书中,博不及《艺文

---

① (唐)欧阳询撰,汪绍楹校《艺文类聚》,北京:中华书局,1965 年。

② 按:原文作“车颖”(北京:中华书局,1965 年,第 149 页)。

③ 按:原文作“朱漆锄三十张”(北京:中华书局,1965 年,第 1092 页),《太平御览》卷三四一“眊”条记为“二十张”(北京:中华书局,1960 年,第 1566 页)。

④ 按:原文作“崔晃《三十国春秋·后燕录》”(《艺文类聚》,北京:中华书局,1965 年,第 1521 页)。“崔晃”是“崔鸿”之误。据文献记载崔鸿未编纂过《三十国春秋》,故《三十国春秋》可能是《十六国春秋》之误,或是南梁萧方等的《三十国春秋》。

⑤ (宋)王溥《唐会要》,上海:商务印书馆,1935 年,第 658 页。

类聚》,而精则胜之。若《北堂书钞》及《六帖》,则出此书下远矣"①。其卷五《地理上·恒山第六》、卷七《地部下·冰第五》、卷八《州郡部·河北道第五》、卷十八《人部中·师第一》、卷二十一《文部·纸第七》、卷二十二《武部·甲第六》、卷二十四《居处部·都邑第一》、卷二十五《器物部上·床第五》、卷二十六《器物部下·冠第一》等,均有与慕容—前燕政权相关的记载②。由于《初学记》直接引用了崔鸿《十六国春秋·前燕录》、王隐《晋书》、范亨《燕书》以及晋庚翼《与慕容皝铠书》,在一定程度上弥补了《晋书》《魏书》等正史之疏略,故此具有重要意义。

需要指出的是,虽然上述类书中与慕容—前燕政权有关的大部分内容后来也被收入《太平御览》《资治通鉴》和其它史料中,但上述类书里的记载仍是现存最为原始的。因此,慕容鲜卑及前燕历史研究中,《北堂书钞》《艺文类聚》《初学记》可作为一手资料,并用以补充、考证其它史书之缺。

十四、《册府元龟·僭伪部》中的记载

《册府元龟》共 1000 卷,是北宋四大类书之一,由王钦若、杨亿等奉敕编撰,成书于大中祥符六年(1013)。该书卷二一九至二三四《僭伪部》中记有慕容—前燕的历史。在《册府元龟》的编修过程中,虽然有范亨《燕书》可供参考,但

①(清)永瑢等《四库全书总目》,北京:中华书局,1965 年,第 1142 页。
②(唐)徐坚等《初学记》,北京:中华书局,1962 年。

王钦若等以"出自伪邦"为由不取此书①,而是参照"正史"为主。

　　通过核对史文,也可发现《册府元龟·僭伪部》中有关慕容—前燕的史文照抄《晋书》的痕迹非常明显,如卷二一九《姓系》中对慕容部先世的记载与《晋书·慕容廆载记》几乎完全相同。但《册府元龟》在抄录《晋书》的过程中,也产生了不少脱文或漏误,如《僭伪部》中将"曾祖"作"鲁祖"②,"燕王"讹为"天王","太子"讹为"大子","青山"讹为"青上","名"讹为"繇","高句丽"讹为"高句酈","都督"讹为"都","丸都"讹为"凡都","文明皇帝"讹为"文皇帝","蒲池"讹为"沟池","李绩"讹为"李绪","雅悦"讹为"雅说","西方虔"讹为"西方度"等。另外卷二二二《勋伐第二》中慕容翰称为"庶长子",而在卷二二七《谋略》中则称为"次子",可以猜测,《僭伪部》的撰者并非一人,成书之后也没有进行细致核对,以至于出现了上述情况。

　　总体来看,《册府元龟·僭伪部》中关于慕容—前燕的记载均源出自《晋书》,并没有新的内容。由于《晋书》前燕诸载记的存在,《册府元龟·僭伪部》对于研究慕容—前燕历史的价值不大。

十五、《三国史记》中的相关记载

　　《三国史记》是高丽仁宗二十年（1142）金富轼奉命修撰，前后用时约 4 年，至仁宗二十三年（1145）十二月而成。全书共 50 卷，是韩国现存最早的一部官修正史，金富轼认为中国正史中的列传"详内略外，不以具载。又其古记，文字芜拙，事迹阙亡"①，故此编撰了此书。撰修过程中所援引的文献，既有大量的韩中史书和"子""经"等典籍，也有《鸾郎碑文》《金庾信碑文》《庄义寺齐碑文》等碑铭资料。其中卷十七《高句丽本纪五》、卷十八《高句丽本纪六》集中记载了慕容—前燕政权与高句丽的关系。

　　《三国史记》卷十七《高句丽本纪五》烽上王二年（293）秋八月和五年（296）秋八月条均有慕容廆攻击高句丽的事迹②，这些史料不见于中国的史书，但对研究慕容鲜卑与高句

---

① 《进〈三国史记〉表》，载《三国史记》，城南：韩国学中央研究院出版社，2011 年，第 83 页。

② 《三国史记》卷十七《高句丽本纪五》"烽上王二年秋八月"条："慕容廆来侵。王欲往新城避贼，行至鹄林，慕容廆知王出，引兵追之。将及，王惧。时，新城宰北部小兄高奴子，领五百骑迎王，逢贼奋击之，廆军败退。王喜，加高奴子爵为大兄，兼赐鹄林为食邑"（城南：韩国学中央研究院出版社，2011 年，第 281 页）；"烽上王五年秋八月""慕容廆来侵，至故国原，见西川王墓，使人发之，役者有暴死者，亦闻圹内有乐声，恐有神乃引退。王谓群臣曰：'慕容氏，兵马精强，屡犯我疆场，为之奈何？'国相仓助利对曰：'北部大兄高奴子，贤且勇。大王若欲御寇安民，非高奴子，无可用者。'王以高奴子为新城太守。善政有威声，慕容廆不复来寇"（同书，第 282 页）。

丽的和战关系来说,具有极高的价值。而卷十七美川王二十年(319)冬十二月和二十一年(320)冬十二月条,卷十八《高句丽本纪六》故国原王九年(339)、十年(340)、十二年(342)冬十月、十三年(343)春二月、十五年(345)冬十月、十九年(349)、二十五年(355)冬十二月、四十年(370)条也均有慕容鲜卑与高句丽关系的记载,但它们基本上是抄录、改写了《资治通鉴》中的内容,唯删削较多[1]。

　　尽管《三国史记·高句丽本纪》中对慕容——前燕政权与高句丽关系的记载主要源自于《资治通鉴》,但也保留了一些高句丽人自己的观点,可以弥补中国文献之不足,更具有史料价值。

　　通过对上述纪传体、典志体、地理总志、类书等诸种体裁文献当中记载的慕容鲜卑——前燕集中史料的细致辨析和散见史料的挖掘排比,基本理清了相关文献史料之间的史源传承关系,判断评价了各自的史料价值,从而为进行慕容鲜卑历史若干问题的研究奠定了较为扎实的史料基础。需要指出的是,除上述诸部史料外,《水经注》《元和郡县图志》《元和姓纂》等典籍中还存有不少关于慕容鲜卑及前燕政权的散见记载,这里不予一一探讨。

---

[1] 李大龙《〈三国史记·高句丽本纪〉研究》,北京:中央民族大学博士学位论文,2009年。

宇文鲜卑基本史料辨析

王石雨

宇文鲜卑本出自于匈奴,最晚东汉末年时即已形成。其后繁荣兴盛,一直延续至十六国前期为止。其鼎盛时期,驻扎在濡源以东,柳城以西。他们与同时期存在的慕容鲜卑、段部鲜卑,皆属东部鲜卑的一支。

对于宇文鲜卑的研究,离不开记载宇文鲜卑历史的史料。史料是进行史学研究的基础,而承载宇文鲜卑历史信息的史料主要包括汉文文献与考古遗址遗迹、出土碑刻等实物资料。考虑到已被挖掘并证实的宇文鲜卑实物遗存相对较少,因此在研究其历史时,各种文献史料当尤为重要。由于这些文献史料来源各异,完成年代与编纂者立场不一,甚至出现了散佚和后人补缀的情况,故此价值也大相径庭。迄今为止,中外史学界对于记载宇文鲜卑历史的文献史料研究尚显不足,对基本史料缺少细致的比较、辨析,部分研究者甚至不能选用最为恰当、准确的史料,很多问题也因此难以达成一致。为了能够更为深入的了解宇文鲜卑历史及中国古代北方民族史,有必要分别对宇文鲜卑基本史料进行辨析,并在明确各种文献史料史源关系的基础上,准确判断它们的价值。

所谓宇文鲜卑基本史料,是指各类体裁史书对宇文鲜卑历史的集中记载。具体而言,包括《魏书》《北史》《周书》《新唐书》《通典》《太平寰宇记》《文献通考》《通志》等纪传体正史、典制体史书、大型类书、地理总志中的宇文鲜卑相关传记及条目。

一、《魏书·匈奴宇文莫槐传》

《魏书》114 卷(如包含子卷,则为 130 卷),北齐人魏收于文宣帝天保五年(554)撰成,是一部记载北魏王朝历史的纪传体断代史书。该书卷一〇三内有《匈奴宇文莫槐传》。

事实上,《魏书·匈奴宇文莫槐传》并非是宇文莫槐之个人传记,而是上起活跃于公元 3 世纪中后期的宇文莫槐,下至东晋康帝建元二年(344)前燕文明帝慕容皝灭亡宇文部,其首领逸豆归北逃。概括了宇文部的族属、起源、语言、风俗习惯、发展历史、与拓跋和慕容等部的关系。尤其是在族源问题上,《魏书·匈奴宇文莫槐传》称宇文莫槐为辽东塞外匈奴,并且其先为南单于远属。在叙述宇文部发展历史的过程中,《魏书·匈奴宇文莫槐传》明确记载了从宇文莫槐起的宇文部首领姓名,分别为宇文莫槐、宇文普拔、宇文丘不勤、宇文莫廆(珪)、宇文逊昵延、宇文乞得龟、宇文逸豆归。考虑到活跃于公元 3 世纪末期至 4 世纪初期的拓跋鲜卑首领拓跋绰、拓跋禄官均曾与宇文部联姻。故北魏早期国史中,应当有一些关于宇文部的记载。而《魏书·匈奴宇文莫槐传》的写作,又对北魏早期国史进行了参照①。此外,《魏书》成书

---

① 北魏早期国史与《魏书》的关系,参见王石雨:《今本〈魏书·高车传〉史源探析》,《内蒙古社会科学》2020 年第 6 期。

以前,便已有一些记载两晋十六国历史的典籍,如北魏崔鸿所撰《十六国春秋》中即包含了丰富的宇文部历史资料。而《魏书·匈奴宇文莫槐传》的完成,也应参考了此类典籍。尽管《魏书·匈奴宇文莫槐传》在很多问题的记载上稍显简略,但它仍然是最早全面、系统记录宇文部历史的材料,对于研究魏晋南北朝史和中国古代民族史均具有较高价值。

　　然最晚至北宋初年,魏收《魏书》已经残缺不全。《匈奴宇文莫槐传》即在全阙各卷之中,宋人曾在该卷卷末留有校语,称"魏收书列传第九十一亡。"[1] 武英殿本《魏书·匈奴宇文莫槐传》卷末考证亦云,"魏收书亡,后人所补。"[2] 结合今本《魏书·匈奴宇文莫槐传》中存在"为翰所虏"主语指代不清[3];宇文部首领丘不勤"尚平帝女"被误作为"尚平文女"[4]等问题,该传无疑已为史家后补而成。

二、《北史·匈奴宇文莫槐传》

　　《北史》共 100 卷,是一部由李延寿私修的史书,成书于唐太宗贞观十七年(643),该书卷九十八内有《匈奴宇文莫槐传》。

　　主流观点认为,《北史》是对《魏书》《北齐书》《周书》

---

① (北齐)魏收:《魏书》卷一〇三《宇文莫槐传》校勘记,北京:中华书局,1974 年,第 2314 页。

② (北齐)魏收:《武英殿本魏书》卷一〇三《宇文莫槐传》,台北:艺文印书馆,1960 年,第 1143 页。

③ 《魏书》卷一〇三《宇文莫槐传》校勘记,第 2317 页。

④ 《魏书》卷一〇三《宇文莫槐传》校勘记,第 2316 页。

《隋书》诸史汇总改编而成。中华书局点校本《北史》即在出版说明中称,李延寿"改用《史记》纪传的体裁,删节宋、南齐、梁、陈、魏、北齐、周、隋八书,又补充了一些史料,写成《南史》和《北史》。"[1] 中华书局点校修订本《魏书》在修订前言中亦称,《北史》中魏史部分主要是删削《魏书》而成[2]。周一良在《魏收之史学》一文中也谈到,"李延寿修《北史》多本魏收之书,略有删削。"[3]

对比《北史》与原本《魏书》相同传记,也可印证这一结论,如与《北史·匈奴宇文莫槐传》同为民族类传记的《北史·乌洛侯传》《北史·奚传》即是分别抄录了《魏书·乌洛侯传》《魏书·库莫奚传》[4]。因此,《北史·匈奴宇文莫槐传》之史源主体,当为原本《魏书·匈奴宇文莫槐传》无疑。而随着原本《魏书·匈奴宇文莫槐传》的散佚,《北史·匈奴宇文莫槐传》也成为了现存最早的记载宇文部历史的专传。

---

①中华书局编辑部:《北史出版说明》,载于 1974 年中华书局点校本《北史》第 2 页。

②点校本魏书修订组:《魏书修订前言》,载于 1974 年中华书局点校修订本《魏书》第 7 页。

③周一良:《魏晋南北朝史论集》,北京:中华书局,1963 年,第 242 页。

④《北史·乌洛侯传》与《魏书·乌洛侯传》相比,除 7 处用字不同,2 处少于《魏书》1 字,1 处 1 字错讹,1 处 2 字顺序颠倒,1 处多于《魏书》1 字外,其余均同。参见张久和:《室韦基本史料辨析》,《北方文物》1998 年第 4 期。此外,《北史·奚传》第一节除节首和节尾两句外,其余部分均直接来源于《魏书·库莫奚传》,计加 3 字,改 16 字或词,减 38 字,异文 3 处。参见张文平、张久和:《库莫奚基本史料的初步比较研究》,《内蒙古大学学报(人文社会科学版)》2007 年第 1 期。

正是由于《北史·匈奴宇文莫槐传》源自原本《魏书·匈奴宇文莫槐传》，故一些研究者认为，今本《魏书·匈奴宇文莫槐传》即是根据《北史·匈奴宇文莫槐传》所补。如中华书局点校本《魏书·匈奴宇文莫槐传》卷末校勘记作，"按此卷以《北史》卷九八补"①。《柔然资料辑录》称，今本《魏书》卷一〇三系"刘恕等转采《北史》、《高氏小史》和《脩文殿御览》补撰。"② 日本学者内田吟风认为，今本《魏书》卷一〇三之史论全由《北史》卷九十八转录而成③。尽管上述研究者明确提出了观点，但均未能进行详细论述。

通过比对《北史·匈奴宇文莫槐传》与今本《魏书·匈奴宇文莫槐传》之史文，可以发现两篇传记在内容上基本完全相同，甚至《北史·匈奴宇文莫槐传》中的一些谬误，也被今本《魏书·匈奴宇文莫槐传》沿袭。如它们都记载宇文部首领丘不勤即位后，娶了北魏平文帝之女。但实际上根据《魏书·序纪》，以女妻丘不勤的是平帝拓跋绰，并非平文

---

① 《魏书》卷一〇三《宇文莫槐传》校勘记，第 2314 页。
② 中国科学院历史研究所史料编纂组编：《柔然资料辑录》，北京：中华书局，1962 年，第 3 页。
③ 内田氏认为，今本《魏书·蠕蠕传》卷首载，"蠕蠕，东胡之苗裔也，姓郁久闾氏。"卷末史论则作，"至如蠕蠕者，匈奴之裔，根本莫寻"，柔然究竟源于东胡抑或匈奴，本卷前后观点似乎互相矛盾。而《北史·蠕蠕传》卷首无"东胡之苗裔"数字，卷末史论则基本与《魏书》同，并不存在前后矛盾问题。故此今本《魏书》卷一〇三之史论全由《北史》卷九十八转录而成。参见刘俊文主编，辛德勇、黄舒眉、刘韶军等译：《日本学者研究中国史论著选译》第九卷《民族交通》，北京：中华书局，1993 年，第 73—74 页。

帝拓跋郁律。另外,两篇史文起初称逊昵延为鲜卑慕容部大将慕容翰所虏,但后文又称逊昵延"兵败逃还",出现了前后互相矛盾的情况。而《北史·匈奴宇文莫槐传》与今本《魏书·匈奴宇文莫槐传》的差异仅为一些字、词的增减或细微改变。具体来说:今本《魏书·匈奴宇文莫槐传》相比《北史·匈奴宇文莫槐传》共有 2 处增字,具体为《魏书》作"出于辽东塞外",《北史》无"于"字;《魏书》作"塞外诸部咸畏惮之。",《北史》无"畏"字。相比《北史·匈奴宇文莫槐传》,今本《魏书·匈奴宇文莫槐传》也有 5 处减字,包括:《北史》作"其先南单于之远属也",《魏书》无"之"字;《北史》作"尚平文帝女",《魏书》无"帝"字;《北史》作"率众逆击战",《魏书》无"击"字;《北史》作"与慕容晃迭相攻击。",《魏书》无"迭"字。《北史》作"翰闻之",《魏书》无"翰"字。除增减字外,今本《魏书·匈奴宇文莫槐传》与《北史·匈奴宇文莫槐传》相比,还有 7 处对文字进行了细微改动,如《魏书》作"莫槐虐用其民",《北史》作"莫槐虐用其人";《魏书》作"为部人所杀",《北史》作"为部下所杀";《魏书》作"本名犯太祖讳",《北史》作"本名犯道武讳";《魏书》作"遣使朝献",《北史》作"遣使朝贡";《魏书》作"乞得龟屯保浇水",《北史》作"乞得龟屯堡浇水";《魏书》作"徙部民数万户以归",《北史》作"徙部人数万户以归";《魏书》作"自此散灭矣",《北史》作"自是散灭矣"。

　　通过总结两篇传记中字、词的增减及文字的细微改动。可以发现这些差异并没有导致史文含义发生任何实质改变。造成差异的原因,主要和史书作者写作习惯的不同有关,譬如对"于""之"等虚词的删减。而《魏书》"莫槐虐用其民"
与《北史》"莫槐虐用其人"、《魏书》"徙部民数万户以归"与
《北史》"徙部人数万户以归"不同是因为《北史》最终成书
于唐高宗时期,需要避唐太宗李世民讳。《魏书》"本名犯太
祖讳"与《北史》"本名犯道武讳"不同则是因为《魏书》编
纂于北齐时期,北齐承接东魏,作者魏收亦曾仕北魏、东魏、
北齐三朝,故使用"追尊祖宗之号,皆为褒扬之词"的庙号。
"太祖""世祖""高祖"等既反映了魏收对北魏帝王的尊崇,
也反映了北齐朝廷以北魏、东魏为正统,并继其绍统的态度。
而《北史》称"北魏"为"魏",记载北魏君主时皆用谥号,如
"道武""太武""孝文"等,概因作者李延寿生活于唐代,已
无需将北魏视为正统,而是将南北并立,体现了其在大一统
形势下编撰《南史》《北史》的宗旨。《魏书》《北史》成书时
代不同,编纂宗旨亦不同,因而对北魏朝廷及皇帝的称呼也
产生了差异。尽管今本《魏书·匈奴宇文莫槐传》很可能补
自《北史·匈奴宇文莫槐传》,但却可以在补阙后遵循原本
《魏书》全书体例,使用魏诸君主庙号且无需避讳唐太宗李
世民。

　　综合上述分析,可以认定今本《魏书·匈奴宇文莫槐传》
确实补阙自《北史·匈奴宇文莫槐传》。故在选择基本史料
进行研究时,应当选用成书年代更早的《北史·匈奴宇文莫
槐传》作为一手史料,而今本《魏书·匈奴宇文莫槐传》只能
作为二手资料。

三、《周书·文帝纪上》

《周书》共 50 卷,唐朝令狐德棻主编,是一部记载北周历史的纪传体史书。该书卷一《文帝纪上》追述了宇文部早期历史。

相比《宇文莫槐传》,《周书·文帝纪上》对于"宇文"一词的含义进行了解释,即"其俗谓天曰宇,谓君曰文,因号宇文国"[1]。但通过比对史文,却发现《周书·文帝纪上》所载宇文部早期历史与《北史·匈奴宇文莫槐传》内容差异较大,具体表现为:

第一、《周书·文帝纪上》与《北史·匈奴宇文莫槐传》对于宇文部族源的记载不同。

根据《周书·文帝纪上》记载,"(宇文部)其先出自炎帝神农氏,为黄帝所灭,子孙遁居朔野。有葛乌菟者,雄武多算略,鲜卑慕之,奉以为主,遂总十二部落,世为大人。"[2]尽管宇文部为炎帝神农氏后裔的说法,大概率是北周政权为了美化其祖先而进行的伪托。但"鲜卑慕之,奉以为主,遂总十二部落,世为大人"却证明了宇文部祖先曾经担任过鲜卑大人一职。至少可以说,宇文部在形成、壮大的过程中与鲜卑密切相关,不排除其实际族源即为鲜卑之可能。《北史·宇文莫槐传》则称,"匈奴宇文莫槐,出辽东塞外,其先南单于之远属

---

① (唐)令狐德棻:《周书》卷一《文帝纪上》,北京:中华书局,1971 年,第 1 页。
② 《周书》卷一《文帝纪上》,第 1 页。

也,世为东部大人。其语与鲜卑颇异。"①也就是说,该传明确认定了宇文部出自匈奴,且为南单于远属之后裔,在语言上又和鲜卑有所差别。从字面来看,《北史·宇文莫槐传》所载宇文部族源与《周书·文帝纪上》似乎完全不同。

实际上,以上两种记载并非绝对矛盾,而是宇文部本身经历了一个自匈奴远属转向鲜卑化的过程。公元1世纪时,北匈奴被东汉军队打败后西迁。而留在漠北的匈奴人尚有10余万落,他们逐渐东迁至辽东地区,开始与鲜卑杂处、融合。而原居阴山东部,与匈奴密切相关的宇文部也在其中。东汉中后期,鲜卑檀石槐建立了部落军事大联盟,宇文部首领则成为了联盟的东部大人②,这也标志着宇文部鲜卑化的加速。但在北魏初期,宇文部实力并不强大,作为鲜卑一支的北魏皇族拓跋氏很可能也不喜欢将其冠以"鲜卑"之名,便在史书中溯其本源,对宇文部族源的记载为"匈奴南单于远属",该记载后来为《魏书·宇文莫槐传》《北史·宇文莫槐传》所采纳。而西魏—北周时期,宇文氏贵族不仅早已完成了鲜卑化,更是权倾朝野,掌握了史书记载的话语权。故这一时期的史书除将宇文氏美化为炎帝神农氏后裔外,也将其与鲜卑关联。由于《周书》的主要蓝本即为西魏史官柳虬

①(唐)李延寿:《北史》卷九十八《宇文莫槐传》,北京:中华书局,1974年,第3267页。
②根据姚薇元考证,檀石槐联盟的东部大人槐头即位宇文部首领宇文莫槐,"莫槐"为"莫槐头"的简译。
　参见姚薇元:《北朝胡姓考》(修订本),北京:中华书局,2007年,182—183页。

撰写的《周史》①,故《周书·文帝纪上》也将此说法沿袭。

第二、《周书·文帝纪上》与《北史·匈奴宇文莫槐传》对于诸宇文部首领姓名的记载不同。

《北史·匈奴宇文莫槐传》中所载的宇文部诸首领上起宇文莫槐,下至宇文逸豆归,共包括:宇文莫槐、莫槐之弟宇文普拔、普拔之子宇文丘不勤、丘不勤之子宇文莫廆(珪)、莫廆之子宇文逊昵延、逊昵延之子宇文乞得龟、乞得龟别部人宇文逸豆归,共计7人。而《周书·文帝纪上》记载的宇文部首领包括:葛乌菟、葛乌菟后人宇文普回(自普回起始以宇文为氏)、普回子宇文莫那、莫那九世孙宇文侯豆归,共计4人。而早已注意到这一情况的清人钱大昕在《廿二史考异》中即称,"按后周之先,出自匈奴宇文,而纪所述世系与《匈奴宇文莫槐传》互异……两篇所述人名、世系无一同者"②。但由于相关史料匮乏,该问题学界至今仍莫衷一是,这也给宇文部早期历史的研究带来了极大困难。

然结合《周书·文帝纪上》与《北史·匈奴宇文莫槐传》两篇史文的具体内容分析,《周书·文帝纪上》称,"侯豆归,为慕容晃所灭。"③《北史·匈奴宇文莫槐传》则称,"逸豆归远遁漠北,遂奔高丽。(慕容)晃徙其部众五千余落于昌

①中华书局编辑部编:《周书出版说明》,北京:中华书局,1999年,第3页。

②(清)钱大昕:《廿二史考异》,上海:上海古籍出版社,2004年,第610页。

③《周书》卷一《文帝纪上》,第1页。

黎,自是散灭矣。"① 显然,《周书·文帝纪上》中的宇文侯豆归即为《北史·匈奴宇文莫槐传》中的宇文逸豆归。而《北史·宇文莫槐传》又称宇文逸豆归为宇文莫槐后裔宇文乞得龟别部,"别部"往往指代一个部族的旁系、分支。故《北史·宇文莫槐传》中的宇文逸豆归及《周书·文帝纪上》中的宇文侯豆归并不是宇文莫槐的直系后裔,《周书·文帝纪上》只是记载了宇文侯豆归一脉的发展、变迁,自然与《北史·宇文莫槐传》中重点记载宇文莫槐一系不同,二者也并非互相矛盾。只不过《周书》为了对宇文泰的祖先加以美化,将《北史·匈奴宇文莫槐传》中宇文莫廆与宇文逊昵延父子"得玉玺三纽,自言为天所相,每自夸大"的故事修改、加工后,移植到了普回名下,并称,

"(普回)因狩得玉玺三纽,有文曰皇帝玺,普回心异之,以为天授。其俗谓天曰宇,谓君曰文,因号宇文国,并以为氏焉。"② 而一些研究者又简单地将《北史·匈奴宇文莫槐传》中的莫廆等同于《周书·文帝纪上》中的普回,这样就混淆了两个不同的族系,在分析问题时也造成了严重混乱。

综上所述,尽管《北史》与《周书》均成书于唐代,但《北史·匈奴宇文莫槐传》与《周书·文帝纪上》两篇传记主要依据的史料完成时间并不相同。由于政治因素影响,各个时期对宇文部族源的判定标准也存在着差异,因此造成宇文部族源出现了不同说法。而《北史·匈奴宇文莫槐传》主要记

①《北史》卷九十八《匈奴宇文莫槐传》,第 3268 页。
②《周书》卷一《文帝纪上》,第 1 页。

载了宇文莫槐一系,仅在传末附有其别部首领宇文逸豆归事迹。宇文逸豆归在《周书·文帝纪上》中又作"宇文侯豆归",也是建立北周的宇文氏之直系祖先。考虑到《周书》的总纂人令狐德棻祖父为北周大将军令狐整,其他两个编写人也在不同程度上和宇文政权有着千丝万缕的联系。加之唐朝皇室在内的唐初当权人物,多半也是西魏、北周骨干人物的嫡派子孙。这样就使得《周书》难免要竭力歌颂北周皇室及其祖先,甚至不惜歪曲事实[①]。《周书·文帝纪上》即舍弃了记载逸(侯)豆归杀死宇文乞得龟后篡位的史料,又将宇文莫廆与宇文逊昵延父子得玉玺三纽,自言为天所相的故事,移植至普回之上并加以美化。故此,在研究宇文部早期历史时,应对《周书·文帝纪上》中的内容加以细致辨析。

四、《通典·边防十二·北狄三·宇文莫槐》

《通典》200卷,杜佑著,成书于唐德宗贞元十七年(801),是我国历史上第一部体例完备的政书。记述了唐玄宗天宝(742~756年)以前历代经济、政治、礼法、兵刑等典章制度及地志、民族情况。其中,卷一九六《边防十二·北狄三》中列有宇文莫槐条目。

比对《通典·边防十二·北狄三·宇文莫槐》与《北史·匈奴宇文莫槐传》史文,可以发现《通典·边防十二·北狄三·宇文莫槐》所载大部分未超出《北史·匈奴宇文莫槐传》之范畴,只是个别内容相较《北史·匈奴宇文莫槐传》作

---

①《周书出版说明》,第2页。

出了一定的删改。如记载宇文部族源时,《通典》删去了"匈奴宇文莫槐,出于辽东塞外"中的"匈奴"二字,以及"其先南单于之远属也",并用小字标注称,"《晋史》谓之鲜卑。《后魏史》云'其先匈奴南单于之远属'。又按《后周书》云:'出自炎帝,为黄帝所灭,子孙逃漠北,鲜卑奉以为主。'今考诸家所说,其鲜卑之别部。"① 也就是说,《通典》在综合多部史书后,明确提出宇文部源于鲜卑别部而非匈奴,这一结论与《北史·匈奴宇文莫槐传》不同。此外,《通典》对宇文部各首领事迹的记载以及宇文部与慕容鲜卑的交战,相较《北史》也简略不少。《北史·匈奴宇文莫槐传》传中的"秋收乌头为毒药,以射禽兽。莫槐虐用其人,为部下所杀,更立其弟普拨为大人。普拨死,子丘不勤立,尚平文帝女。丘不勤死""本名犯道武讳。莫廆遣弟屈云攻慕容廆,慕容廆击破之。又遣别部素延伐慕容廆于棘城,复为慕容廆所破。时莫廆""莫廆死,子逊昵延立……逊昵延单马奔还,悉俘其众。逊昵延父子世雄漠北"等句皆被《通典》删去。这些删减,也使得《通典·边防十二·北狄三·宇文莫槐》内容显得非常单薄。同时,《通典·边防十二·北狄三·宇文莫槐》中也出现了个别谬误,如将逸豆归"为慕容皝所败"记载成"为慕容皝所败杀",衍一"杀"字;慕容皝迁逸豆归部众五千余落于昌黎,又误作"五万余落"。

除上述问题外,《通典·边防十二·北狄三·宇文莫槐》

---

①（唐）杜佑:《通典》卷一九六《边防十二·北狄三·宇文莫槐》,北京:中华书局,1988 年,第 5371 页。

亦有个别内容不见于《北史·匈奴宇文莫槐》。如在叙述宇文莫廆、逊昵延父子"世雄漠北，又先得玉玺三纽，自言为天所相"时，《通典》又根据《周书·文帝纪上》增加了"俗谓天曰宇，故自号宇文"[①]，对"宇文"的含义进行了解释。而在全卷末尾，杜佑又补充了"后周宇文氏源出于此"[②]，将北周宇文氏和宇文逸豆归进行了关联。尽管如此，考虑到《通典·边防十二·北狄三·宇文莫槐》所载，基本上没有超出《北史·匈奴宇文莫槐传》的范畴，还对《北史·匈奴宇文莫槐传》的内容进行了大量删减、省略，故其史料价值不宜估计过高。

五、《新唐书·宰相世系表一下》

《新唐书》共 225 卷，包括本纪 10 卷，志 50 卷，表 15 卷，列传 150 卷。是北宋时期宋祁、欧阳修等人合撰的一部记载唐朝历史的纪传体史书。全书的撰写前后历经 17 年，最后于宋仁宗嘉祐五年（1060）完成。其中卷七十一下《表第十一下·宰相世系一下》对宇文部早期历史有所记载。

通过史文比对可以发现，在宇文部的族源、族称问题上，《新唐书·宰相世系表一下》博采诸说。既收录了《北史·匈奴宇文莫槐传》中的"出自匈奴南单于之裔"，也保留了《周

① （唐）杜佑：《通典》卷一九六《边防十二·北狄三·宇文莫槐》，北京：中华书局，1988 年，第 5371 页。
② （唐）杜佑：《通典》卷一九六《边防十二·北狄三·宇文莫槐》，北京：中华书局，1988 年，第 5371 页。

书·文帝纪》中的"神农氏后裔""葛乌兔为鲜卑君长,世袭大人""俗谓'天子'为'宇文',因号宇文氏"。还根据《元和姓纂》卷六《九麌》,称"或云以远系炎帝神农有尝草之功,俗呼草为'俟汾',音转为'宇文'。"[①] 而在宇文部早期诸首领姓名的问题上,《新唐书·宰相世系表一下》收录有:葛乌兔、普回、莫那、可地汗、普拨、丘不勤、莫珪、逊昵延、佚豆归。其中普拨、丘不勤、莫珪、逊昵延见于《北史·匈奴宇文莫槐传》;而葛乌兔、普回、莫那见于《周书·文帝纪上》;"佚豆归",则与《北史·匈奴宇文莫槐传》中的"逸豆归"及《周书·文帝纪上》的"侯豆归"应为一人。显然,在这一问题上,《新唐书》的作者发现了《周书·文帝纪上》与《匈奴宇文莫槐传》两篇所述宇文部首领人名、世系"无一相同",故将两篇史文中的内容进行了杂糅。但《新唐书·宰相世系表一下》也对《周书·文帝纪上》及《北史·匈奴宇文莫槐传》中的内容有所增改。如《新唐书·宰相世系表一下》称莫那之子为可地汗,可地汗"号莫何单于,辟地西出玉门,东踰辽水"[②]。此句内容即不见于《周书·文帝纪上》。《新唐书》在此处的补充,大概是另有新史源。而《北史·匈奴宇文莫槐传》称逊昵延之子为宇文乞得龟,本为别部的宇文逸豆归又篡夺了宇文乞得龟的首领之位。《新唐书·宰相世系

---

① (唐) 林宝:《元和姓纂》卷六《九麌》,北京:中华书局,1994 年,第899 页。

② (北宋) 宋祁、欧阳修:《新唐书》卷七十一下《表第十一下·宰相世系一下》,北京:中华书局,1975 年,第 2403 页。

表一下》却删去了宇文乞得龟及其事迹,将宇文逸(佚)豆归称作逊昵延之子。此处改动的本意在于否定《北史·宇文莫槐传》中的宇文逸豆归是"宇文氏别部"这一事实,将北周宇文氏祖先与宇文莫槐一系直接关联,但却存在着一定的主观性。

综上,《新唐书》卷七十一下《表第十一下·宰相世系一下》中对宇文部早期历史的记载,实际上是杂糅了《周书·文帝纪上》《北史·匈奴宇文莫槐传》《元和姓纂·九麌》等诸书中的内容而成。而在个别细微之处,作者也进行了主观的删改。

六、《太平寰宇记·四夷二十三·北狄六·宇文莫槐》

宋人乐史所撰《太平寰宇记》200卷,是一部中国古代地理志史,记述了北宋的疆域版图。全书前171卷依宋初所置十三道,收录了各地区之沿革、风俗、姓氏、人物、土产、山川湖泽、古迹要塞等。十三道之外,又设"四夷"29卷,介绍周边各族,其中卷一九四《四夷二十三·北狄六》列有宇文莫槐条目。作为历史地理类著作,《太平寰宇记》重视对各地区民族物产、风俗的记载,《四夷二十三·北狄六·宇文莫槐》即将相关史料择出并归于一段,置于全卷最后,此亦为该书在体例上的独到之处。

比对《太平寰宇记·四夷二十三·北狄六·宇文莫槐》与《通典·边防十二·北狄三·宇文莫槐》之史文,可以发现二者内容极为相近,但《太平寰宇记·四夷二十三·北狄六·宇文莫槐》也根据《北史·匈奴宇文莫槐传》等史料修正了《通典·边防十二·北狄三·宇文莫槐》中的一些错误。如《通典·边防十二·北狄三·宇文莫槐》作逸豆归为"慕容皝所败杀",语意不通,《太平寰宇记·四夷二十三·北狄六·宇文莫槐》去掉了"杀"字;《通典·边防十二·北狄三·宇文莫槐》称慕容皝迁逸豆归部众五万余落于昌黎,《太平寰宇记·四夷二十三·北狄六·宇文莫槐》改作"五千余落"。

　　然而《太平寰宇记·四夷二十三·北狄六·宇文莫槐》也有个别细节不同于《通典·边防十二·北狄三·宇文莫槐》。如《通典·边防十二·北狄三·宇文莫槐》作"其语与鲜卑颇异",《太平寰宇记·四夷二十三·北狄六·宇文莫槐》则作"言语并与鲜卑同"。《通典·边防十二·北狄三·宇文莫槐》作"妇人被长襦及足",《太平寰宇记·四夷二十三·北狄六·宇文莫槐》则作"妇人被长褐及足"[1]。从以上两例可以看出,虽然《太平寰宇记》与《通典》之宇文莫槐条目内容相近,但在完成的过程中,《太平寰宇记》的编纂者也加入了自己的思考。

　　总之,可以认为,《太平寰宇记·四夷二十三·北狄六·宇文莫槐》的完成,是在符合全书体例的基础上,主要抄录自《通典·边防十二·北狄三·宇文莫槐》。同时该卷也根据《北史·匈奴宇文莫槐传》等补充了一些内容,并修正了《通典·边防十二·北狄三·宇文莫槐》中出现的一些

---

① (北宋)乐史:《太平寰宇记》卷一九四《四夷二十三·北狄六·宇文莫槐》,北京:中华书局,2001年,第3712页。

讹误。但《太平寰宇记·四夷二十三·北狄六·宇文莫槐》不是研究宇文部历史的一手史料,全篇中没有任何超出《北史·匈奴宇文莫槐传》及今本《魏书·匈奴宇文莫槐传》的内容,故此其研究价值不大。

七、《文献通考·四裔考十九·宇文莫槐》

《文献通考》,宋元之际马端临撰,是一部关于典章制度的政书,计有田赋考、钱币考、四裔考等二十四门。除因袭《通典》外,又兼采经史、会要、传记、奏疏等,资料远较《通典》丰富,于宋代典章制度更是尤称详备。该书卷三四二《四裔考十九》列有宇文莫槐条目。

虽然《文献通考》具有一定的史学价值,但其所载唐代以前之历史,仍主要抄录自《通典》等前代史书而稍有改动,《文献通考·四裔考十九·宇文莫槐》也不例外。通过核校史文,可以发现《文献通考·四裔考十九·宇文莫槐》所载内容并没有超出《北史·匈奴宇文莫槐传》和《通典·边防十二·北狄三·宇文莫槐》之范畴。

《文献通考·四裔考十九·宇文莫槐》与前出宇文部专传专条的差异之处,主要是一些字词、语句的微调或删减,如《北史·匈奴宇文莫槐传》作"丘不勤立,尚平文帝女",《文献通考·四裔考十九·宇文莫槐》改为"尚魏文帝女"。《通典·边防十二·北狄三·宇文莫槐》作逸豆归为乞得龟"别部",慕容皝徙逸豆归"部众五万余落于昌黎,自是散灭矣。"《文献通考·四裔考十九·宇文莫槐》改作逸豆归为乞得龟"部人","其部众五万余落,皝徙之于昌黎,自是散

灭。"① 而莫廆自称单于后,"塞外诸部咸惮之"以及"得玉玺
三纽,自言为天所相,俗谓天曰宇,故自号宇文"等句,《文献
通考·四裔考十九·宇文莫槐》均予以删除。但这些细节的
改变,没有影响全篇史文的整体含义。

总的来看,作为后出史料且主要抄录自《北史·匈奴宇
文莫槐传》《通典·边防十二·北狄三·宇文莫槐》的《文献
通考·四裔考十九·宇文莫槐》,并没有太高的史料价值。

八、《通志·宇文莫槐传》

《通志》,是一部由南宋人郑樵撰写的关于典章制度的政
书,与《通典》及《文献通考》合称三通。全书共 200 卷,有
帝纪 18 卷、皇后列传 2 卷、年谱 4 卷、略 51 卷、列传 125 卷。
其中卷二○○《四夷传七·北国下》中列有《宇文莫槐传》。

相比精华——"二十略"部分,《通志》之帝纪、列传多
照抄自前代纪传体史书,诸研究者往往对其评价不高。通过
比对史文,也可发现《通志·宇文莫槐传》基本上抄录自《北
史·匈奴宇文莫槐传》和今本《魏书·匈奴宇文莫槐传》。甚
至《北史·匈奴宇文莫槐传》和《魏书·匈奴宇文莫槐传》中
的一些谬误之处,如《北史》称宇文部首领丘不勤尚平文帝
拓跋郁律女(实际上应为平帝拓跋绰女),也被《通志》照搬,
这也说明了《通志·宇文莫槐传》在抄录《北史·匈奴宇文
莫槐传》时的草率。

---

① (元)马端临:《文献通考》卷三四二《四裔考十九·宇文莫槐》,北
　京:中华书局,1986 年,第 2683 页。

　　然而,郑樵在撰写《通志·宇文莫槐传》的过程中,也对《北史·匈奴宇文莫槐传》进行了一些内容上的改动。如将逊昵延为慕容翰所虏,改为为慕容翰所败,这样就避免了与后文逊昵延领兵撤退出现矛盾;在《宇文莫槐传》卷末,《通志》参考《通典》,添加了"后周宇文氏之源盖出于此"一句。可以说,《通志·宇文莫槐传》中的这两处史文也具有一定价值①。但郑樵也将嫁女于宇文部首领逊昵延的北魏昭帝拓跋禄官误改为代王什翼健(什翼犍为昭成帝),犯下了低级失误。

　　此外《通志·宇文莫槐传》与《北史·匈奴宇文莫槐传》之间也有一些字、词、句上的细微差异。如《通志·宇文莫槐传》去掉了《北史·匈奴宇文莫槐传》中的"(莫庾)本名犯道武讳";将"建国八年"改作"其后";"丘不勤"改作"邱不勤";"悉跋堆"改作"悉跋惟";"慕容晃"改作"慕容皝";"玉玺三纽"改作"玉玺二纽"等。这些差异,有的可能是《通志》在抄录过程中出现了谬误,有的是同音、同意字词的换用。但它们并没有造成内容上的实际变化。总之,《通志·宇文莫槐传》作为后出史料,虽然价值有限,却仍有勘误、补正之用,也不可完全忽视。

　　除上述基本史料外,《北史》卷九《周本纪上》、《太平御览》卷一五〇《皇王部三〇·后周太祖文皇帝》、《册府元龟》卷一《帝王部·帝系》、《通志》卷十七《后周纪第十七·周太

①(南宋)郑樵:《通志》卷二〇〇《四夷传七·北国下·宇文莫槐》,北京:中华书局,1987年,第3202—3203页。

祖文皇帝》、《通志》卷二十九《氏族略五·宇文氏》等篇目也
都记载了早期宇文部的历史，但这些篇目基本上都抄自《周
书·文帝纪上》，并未出现前代史书中没有的内容，因此缺乏
太大参考价值。

　　经过对多种史书中的宇文鲜卑基本史料初步辨析后可
知，原本《魏书·匈奴宇文莫槐传》散佚后，《北史·匈奴宇
文莫槐传》成为了现存最早、记载最全面的研究宇文鲜卑
历史文化的传记。《周书·文帝纪上》中所载的宇文部早期
历史虽然与《北史·匈奴宇文莫槐传》大相径庭，也包含了
一定的美化成分，但同样具有较高的参考价值。而《新唐
书·宰相世系表一下》《通典》《文献通考》《太平寰宇记》
《通志》等书中的宇文鲜卑专传专条，价值又低于《北史·匈
奴宇文莫槐传》、今本《魏书·匈奴宇文莫槐传》《周书·文
帝纪上》，然在研究过程中，亦不可对它们完全忽视。依据上
述提及的基本史料，大致可以勾勒出两晋南北朝时期宇文鲜
卑历史文化的粗略框架。

段部鲜卑基本史料辨析

王石雨

段部鲜卑与慕容鲜卑、宇文鲜卑同属东部鲜卑的一个分支。两晋十六国前期,他们曾经活跃于辽西等地区,与北方各政权、民族交往频繁。东晋穆帝升平元年(357),前燕名将慕容恪灭亡段部在广固所建立的齐政权,齐公段龛被擒杀。此后,段部鲜卑便不再以一个独立的部族存在于历史舞台。

对于段部鲜卑的研究,离不开记载段部鲜卑历史的史料。史料是进行史学研究的基础,而承载段部鲜卑历史信息的史料主要包括汉文文献与考古遗址遗迹、出土碑刻等实物资料。考虑到已被挖掘并证实的段部鲜卑实物遗存相对较少,因此在研究其历史时,各种文献史料当尤为重要。由于这些文献史料来源各异,完成年代与编纂者立场不一,甚至出现了散佚和后人补缀的情况,故此价值也大相径庭。迄今为止,中外史学界对于记载段部鲜卑历史的文献史料研究尚显不足,对基本史料缺少细致的比较、辨析,部分研究者甚至不能选用最为恰当、准确的史料,很多问题也因此难以达成一致。为了能够更为深入地了解段部鲜卑历史及中国古代北方民族史,有必要分别对段部鲜卑基本史料进行辨析,并在明确各种文献史料史源关系的基础上,准确判断它们的价值。

所谓段部鲜卑基本史料,是指各类体裁史书对段部鲜卑历史的集中记载。具体而言,包括《魏书》《北史》《晋书》《通典》《太平寰宇记》《文献通考》《通志》等纪传体正史、典制体史书、大型类书、地理总志中的段部鲜卑相关传记及条目。

一、《魏书·徒何段就六眷传》

《魏书》114 卷(如包含子卷,则为 130 卷),北齐人魏收于文宣帝天保五年(554)撰成,是一部官修史书。

早在北魏建国伊始,道武帝就已经开始组织国史编纂工作。起初邓渊奉命撰写《代记》十余卷,太武帝时,崔浩、高允等继续沿用编年体编写。直到孝文帝太和十一年(487),才由李彪改为纪传体。北魏后期,邢峦、崔鸿等先后编写了孝文(高祖)、宣武(世宗)、孝明(肃宗)三朝起居注。北齐天保二年(551),文宣帝高洋设置修史局,命中书令兼著作郎魏收编纂魏史。由于北魏末年魏收就已经参加过国史和起居注的编写,修史长期是他的专职,大量的前人成果也为其提供了丰富的素材。故在《代记》、北魏国史、起居注等相继散佚后,魏收《魏书》便成为了记载北魏一朝历史最为原始、全面的材料。该书卷一〇三内有《徒何段就六眷传》。

实际上,《魏书·徒何段就六眷传》并非是段就六眷个人传记,该传叙事上起段就六眷伯祖段日陆眷,下至东晋穆帝升平元年(357)前燕名将慕容恪灭亡段部鲜卑建立的齐政权,齐公段龛被擒杀。概括介绍了段部鲜卑的发展历程及与东晋、后赵、前燕之间的和战关系。尽管段部鲜卑的活动时间距离魏收编纂《魏书》已有上百年之久，但在《魏书》成书前，即已有一些记载两晋十六国历史的典籍问世，其中具有代表性的《十六国春秋》内即包含了丰富的段部鲜卑历史资料。而《魏书·徒何段就六眷传》的完成，很可能主要参考了《十六国春秋》等典籍。此外，考虑到拓跋鲜卑早期曾与段部有所交往，其首领拓跋郁律（后追尊为北魏平文帝）曾以精骑进攻段匹磾。故北魏早期国史中，也应有和段部鲜卑相关的记载。《魏书》各卷在成书过程中，也对国史进行了充分参考①。尽管《魏书·徒何段就六眷传》仍有不够完善之处，如只偏重对政治、军事的记载而忽视了经济、文化、习俗等方面，但它仍然是现存最早全面、系统记录段部鲜卑历史的材料，对研究两晋十六国至南北朝历史、中国古代民族关系史均具有较高价值。

然最晚至北宋初年，魏收原书已经残缺不全。嘉祐六年（1061），仁宗皇帝曾命馆阁官员刘恕、刘攽、范祖禹、安焘等校勘宋、齐、梁、陈、魏、北齐、周书。二刘及范祖禹都是宋代著名史学家，曾经跟随司马光编写《资治通鉴》，刘恕尤其擅长南北朝历史。他们在对比了《北史》《修文殿御览》和唐人各种史钞、史目后，考证出了《魏书》残阙各卷。由于这些残卷大多已为后人补齐，刘恕等便将补阙各卷的来源标于各卷之末，目录中也注明了哪些卷"阙"或不全。总计《魏书》全

---

① 北魏早期国史与《魏书》的关系，参见王石雨：《今本〈魏书·高车传〉史源探析》，《内蒙古社会科学》2020年第6期。

阙 26 卷,不全 3 卷,卷一〇三《徒何段就六眷传》即在全阙
各卷之中,该卷目录中注"阙"字,卷末宋人校语为"魏收书
列传第九十一亡"[①]。武英殿本《魏书·徒何段就六眷传》卷
末考证亦云:"魏收书亡,后人所补。"[②] 故此,今本《魏书·徒
何段就六眷传》已非魏收书之原貌,而是由史家后补而成。

二、《北史·徒何段就六眷传》

由于原本《魏书·徒何段就六眷传》已经散佚,也使得
后人所补的今本《魏书·徒何段就六眷传》之史源被诸多研
究者关注[③]。而作为现存最早的记载段部鲜卑历史的专传,
《北史·徒何段就六眷传》应是今本《魏书·徒何段就六眷
传》的史源之一。

《北史》共 100 卷,是一部由李延寿私修的史书,成于唐
太宗贞观十七年(643),该书卷九十八内有《徒何段就六眷
传》。主流观点认为,《北史》是对《魏书》《北齐书》《周书》
《隋书》诸史汇总改编而成。中华书局点校本《北史》在出版
说明中称,李延寿"改用《史记》纪传的体裁,删节宋、南齐、
梁、陈、魏、北齐、周、隋八书,又补充了一些史料,写成《南史》

---

① (北齐)魏收:《魏书》卷一〇三《徒何段就六眷传》校勘记,北京:中
　 华书局,1974 年,第 2314 页。
② (北齐)魏收:《武英殿本魏书》卷一〇三《徒何段就六眷传》,台北:
　 艺文印书馆,1960 年,第 1143 页。
③ 除《徒何段就六眷传》外,《魏书》卷一〇三中还包括《蠕蠕传》《匈
　 奴宇文莫槐传》《高车传》。故此一些学者在研究该卷的散佚问题
　 时,常常以顺序最前的《蠕蠕传》为例。

和《北史》"①。中华书局点校修订本《魏书》在修订前言中亦称,《北史》中魏史部分主要是删削《魏书》而成②。周一良在《魏收之史学》一文中也谈到,"李延寿修《北史》多本魏收之书,略有删削"③。对比《北史》与原本《魏书》相同传记,可印证这一结论,如与《北史·徒何段就六眷传》同为民族类传记的《北史·乌洛侯传》《北史·奚传》即是分别抄录了《魏书·乌洛侯传》《魏书·库莫奚传》④。因此,《北史·徒何段就六眷传》之史源主体,当为原本《魏书·徒何段就六眷传》无疑。

正是由于《北史·徒何段就六眷传》源自原本《魏书·徒何段就六眷传》,故一些研究者认为,今本《魏书·徒何段就六眷传》即是根据《北史·徒何段就六眷传》所补。如中华书局点校本《魏书·徒何段就六眷传》校勘记作"按

①中华书局编辑部:《北史出版说明》,载于 1974 年中华书局点校本《北史》第 2 页。
②点校本魏书修订组:《魏书修订前言》,载于 1974 年中华书局点校修订本《魏书》第 7 页。
③周一良:《魏晋南北朝史论集》,北京:中华书局,1963 年,第 242 页。
④《北史·乌洛侯传》与《魏书·乌洛侯传》相比,除 7 处用字不同,2 处少于《魏书》1 字,1 处 1 字错讹,1 处 2 字顺序颠倒,1 处多于《魏书》1 字外,其余均同。参见张久和:《室韦基本史料辨析》,《北方文物》1998 年第 4 期。此外,《北史·奚传》第一节除节首和节尾两句外,其余部分均直接来源于《魏书·库莫奚传》,计加 3 字,改 16 字或词,减 38 字,异文 3 处。参见张文平、张久和:《库莫奚基本史料的初步比较研究》,《内蒙古大学学报(人文社会科学版)》2007 年第 1 期。

此卷以《北史》卷九八补"①。《柔然资料辑录》称,今本《魏书》卷一〇三系"刘恕等转采《北史》、《高氏小史》和《脩文殿御览》补撰"②。日本学者内田吟风认为,今本《魏书》卷一〇三之史论全由《北史》卷九十八转录而成③。尽管上述研究者明确提出了观点,但均未能进行详细论述。本文通过比对今本《魏书·徒何段就六眷传》与《北史·徒何段就六眷传》,发现两篇史文内容大致相同而略有差异,今本《魏书·徒何段就六眷传》在补阙过程中很有可能参考了《北史·徒何段就六眷传》。两篇史文的主要差异在于:

第一,今本《魏书·徒何段就六眷传》相比《北史·徒何段就六眷传》进行了个别增字或文字细微改动。

具体来说,今本《魏书·徒何段就六眷传》相比《北史·徒何段就六眷传》共有 2 处增字,分别是:《魏书》作"徒何段就六眷,本出于辽西",《北史》无"本"字;《魏书》作"据有辽西之地,而臣于晋",《北史》无"有"字。除增字外,今本

①《魏书》卷一〇三《徒何段就六眷传》校勘记,第 2314 页。
②中国科学院历史研究所史料编纂组编:《柔然资料辑录》,北京:中华书局,1962 年,第 3 页。
③内田氏认为,今本《魏书·蠕蠕传》卷首载:"蠕蠕,东胡之苗裔也,姓郁久闾氏。"卷末史论则作"至如蠕蠕者,匈奴之裔,根本莫寻",柔然究竟源于东胡抑或匈奴,本卷前后观点似乎互相矛盾。而《北史·蠕蠕传》卷首无"东胡之苗裔"数字,卷末史论则基本与《魏书》同,并不存在前后矛盾问题。故此今本《魏书》卷一〇三之史论由《北史》卷九十八转录而成。参见刘俊文主编,辛德勇、黄舒眉、刘韶军等译:《日本学者研究中国史论著选译》第九卷《民族交通》,北京:中华书局,1993 年,第 73—74 页。

《魏书·徒何段就六眷传》对《北史·徒何段就六眷传》还作出了6处文字细微改动，如《魏书》作"唯库辱官独无"，《北史》作"唯库辱官犹无"；《魏书》作"使将之诣辽西逐食"，《北史》作"使将人诣辽西逐食"；《魏书》作"以拒末波等"，《北史》作"以距末波等"；《魏书》作"烈帝特假护辽骠骑大将军、幽州刺史"，《北史》作"烈帝时，假护辽骠骑大将军、幽州刺史"；《魏书》作"后石勒遣石虎击段文鸯于乐陵"，"石虎征护辽于辽西"，《北史》作"后石勒遣石季龙击段文鸯于乐陵"，"石季龙征护辽于辽西"。然而，这些差异并没有导致史文的含义发生任何实质改变。造成差异的原因，有的和史书作者写作习惯的不同有关。如删去"有"，将"距"改为"拒"等。也有的和史书作者的时代背景有关。如成书于唐代的《北史》需要避讳唐高祖李渊的祖父李虎名讳，将"石虎"改作"石季龙"。今本《魏书·徒何段就六眷传》尽管很可能补自《北史》，但却可以遵照《魏书》全书体例而无需避讳。总之，这些差异并不影响今本《魏书·徒何段就六眷传》在补阙过程中参考了《北史·徒何段就六眷传》这一结论。

第二，今本《魏书·徒何段就六眷传》与《北史·徒何段就六眷传》个别内容存在差异。

除增字或文字的细微改动外，今本《魏书·徒何段就六眷传》与《北史·徒何段就六眷传》中个别内容也存在差异，如记载段就六眷伯祖日陆眷出身时，《北史·徒何段就六眷传》称日陆眷"因乱被卖为渔阳乌丸子大库辱官家奴"，今本《魏书·徒何段就六眷传》则作"因乱被卖为渔阳乌丸太库辱官家奴"。从现代汉语角度分析，无论"子大"或"太"

含义均难以理解。有鉴于此,《通典》卷一九六、《通志》卷二〇〇将"子大"改作"大人"。但实际上,根据中华书局点校修订本《魏书·徒何段就六眷传》校勘记解释:"统领众多部落者称'大人',邑落小帅即单称'大',或称'子大'。此处'太'必是'大'字之讹。"若以此论之,《北史·徒何段就六眷传》当记载无误,并不能擅加改动①。又如《北史·徒何段就六眷传》称"穆帝时,幽州刺史王浚以段氏数为己用,深德之,乃表封务目尘为辽西公,假大单于印绶"。百衲、南、汲、局四本《魏书·徒何段就六眷传》作"晋穆帝幽州刺史王浚以段氏数为己用,深德之,乃表封务目尘为辽西公,假大单于印绶"②。然本处史料之"穆帝"实际上指鲜卑拓跋部首领,后被尊为北魏穆帝的拓跋猗卢。加之根据《晋书》可知,晋穆帝司马聃即位于公元344年,王浚死于公元314年,王浚决不可能被晋穆帝任命为幽州刺史。故各本《魏书·徒何段就六眷传》中存在谬误。但如以《北史·徒何段就六眷传》为准,则容易理解成王浚是北魏穆帝拓跋猗卢所授之幽州刺史,与史实不符。故此处当按中华书局点校本《北史·徒何段就六眷传》校勘记所述,在"幽"上添一"晋"字③。再如《北史·徒何段就六眷传》称"末波死,国人因立陆眷弟护辽

①（北齐）魏收:《魏书》卷一〇三《徒何段就六眷传》校勘记,北京:中华书局,2017年,第2518页。
②（北齐）魏收:《魏书》卷一〇三《徒何段就六眷传》,北京:国家图书馆出版社,2014年,第1338页。
③（唐）李延寿:《北史》卷九十八《徒何段就六眷传》校勘记,北京:中华书局,1974年,第3281页。

为主"。今本《魏书·徒何段就六眷传》作"国人立日陆眷弟护辽为主"。尽管此处今本《魏书·徒何段就六眷传》仅多一"日"字，但段末波伯祖即名段日陆眷，如护辽为段日陆眷之弟，则其同样为末波从祖，不大可能继承末波之位。显然，今本《魏书·徒何段就六眷传》此处文字有误。然段部首领中，却无名为"段陆眷"者。实际上，"陆眷弟护辽"应是"就六眷弟护辽"之简称，段就六眷、段护辽二人与段末波为同族兄弟。

　　尽管在上述诸例中，《北史·徒何段就六眷传》同今本《魏书·徒何段就六眷传》出现了内容上的差异，今本《魏书·徒何段就六眷传》也存在着多处谬误。但这些谬误的根源并不是因为今本《魏书·徒何段就六眷传》另有史源，而是因为在该卷的补阙过程中，补阙者在没有完全遵循《北史·徒何段就六眷传》的情况下，又根据自身的理解进行了一些细节上的改动。其中有些改动修正了《北史》传抄过程中的疏漏，如将"使屯合支"改为"使屯令支"；有些改动却使得内容与史实发生了偏差。尽管如此，仍不能否认今本《魏书·徒何段就六眷传》在补阙过程中，将《北史·徒何段就六眷传》作为史源进行参照这一结论。

　　综合上述分析，在选择段部鲜卑基本史料进行研究时，应当选用成书年代更早的《北史·徒何段就六眷传》作为一手史料，今本《魏书·徒何段就六眷传》只能作为二手资料。

三、《晋书·段匹磾传》

《晋书》，唐初房玄龄等撰，内容上起三国末年，下至东晋恭帝元熙二年（420）刘裕代晋。全书分为帝纪 10 卷，志 20 卷，列传 70 卷，载记 30 卷，共计 130 卷。（原有叙例、目录各一卷，现均已散佚。）其中卷九十七《四夷传》介绍了被称为东夷、西戎、南蛮、北狄各族的概况。30 卷载记部分详细记述了两晋十六国时期，各个少数民族所建政权的发展变迁。它们对于研究中国古代民族关系史及北方民族史均具有很高的价值。但《晋书》有关段部鲜卑的记载，却主要集中于卷六十三《段匹磾传》。

尽管同为与段部鲜卑历史相关的传记，但《晋书·段匹磾传》与《北史·徒何段就六眷传》、今本《魏书·徒何段就六眷传》却有一定差异。首先，《北史·徒何段就六眷传》、今本《魏书·徒何段就六眷传》上起段日陆眷，下至段部鲜卑建立的齐政权灭亡，概括介绍了段部鲜卑的发展历程及与东晋、后赵、前燕的和战关系，段匹磾事迹同样包含于其中。该传的定位实际上是民族类传记而非段就六眷个人传记。而《晋书·段匹磾传》虽然在卷首明确称"段匹磾，东部鲜卑人也"[1]，但由于段匹磾一生名义上忠于晋室，被石勒俘虏后宁死不降，"著朝服，持节"。故《晋书》在编纂段匹磾传记时，将其列入晋诸臣之中，并称赞为"匹磾劲烈，殒身全节"。显

---

[1]（唐）房玄龄等:《晋书》卷六十三《段匹磾传》，北京：中华书局，1974 年，第 1710 页。

然，《晋书·段匹磾传》是个人传记，该传对段匹磾经历的记载很多也未见于《徒何段就六眷传》。其次，比对《晋书·段匹磾传》与《北史·徒何段就六眷传》所载段部鲜卑世系，可以发现两篇史文中记载的段部鲜卑首领姓名也略有区别。如《北史·徒何段就六眷传》中的段日陆眷、段勿目尘、段就六眷、段匹磾、段文鸯、段末波、段护辽，在《晋书·段匹磾传》中作段就陆眷、段勿务尘、段疾陆眷、段匹磾、段文鸯、段末杯、段辽；见于《北史·徒何段就六眷传》不见于《晋书·段匹磾传》的有段乞珍、段郁兰、段龛；见于《晋书·段匹磾传》不见于《北史·徒何段就六眷传》的有段牙、段勤；而《北史·徒何段就六眷传》中的段羽鳞，根据身份推测应为《晋书·段匹磾传》中的段涉复辰。

以上差异的造成，实际上主要与《晋书·段匹磾传》《北史·徒何段就六眷传》的史源不同有关。上文已述，《北史·徒何段就六眷传》源于原本《魏书·徒何段就六眷传》。原本《魏书·徒何段就六眷传》的成书，不仅参考了《十六国春秋》等典籍，也可能吸取了北魏早期国史中对段部鲜卑的记载。而《晋书》尽管成书时间相较《魏书》为晚，但其以南朝齐人臧荣绪所写的《晋书》为蓝本，同时又参考了其他诸家晋史和有关著作，（在唐朝以前，即有十八家晋史传世，实际上多达二十余家，其中沈约、郑忠、庾铣三家晋书已亡佚外，其余都还存在。）即"采正典与杂说数十部"，又兼引十六国所撰史籍。可以说，《晋书》的史源相较于《魏书》中的晋史部分远远更为丰富。故此《晋书·段匹磾传》《北史·徒何段就六眷传》存有差异实属难免。

综合上述分析,尽管《晋书·段匹磾传》属于个人传记,成书也晚于原本《魏书·徒何段就六眷传》,但由于《晋书》史源更为丰富,因此也有不少内容,尤其是与段匹磾相关的内容并不见于《徒何段就六眷传》。在研究段部鲜卑历史时,《晋书·段匹磾》同样具有难以替代的价值。

四、《通典·边防十二·北狄三·徒何段》

《通典》200 卷,杜佑著,成书于唐德宗贞元十七年(801),是我国历史上第一部体例完备的政书。记述了唐玄宗天宝(742~756 年)以前历代经济、政治、礼法、兵刑等典章制度及地志、民族情况。其中,卷一九六《边防十二·北狄三》中列有徒何段条目,记载了段部鲜卑史事。

比对《通典·边防十二·北狄三·徒何段》与《北史·徒何段就六眷传》史文,可以发现《通典·边防十二·北狄三·徒何段》所载内容并未超出《北史·徒何段就六眷传》之范畴,且相较《北史·徒何段就六眷传》作出了一定的删减。如《北史·徒何段就六眷传》中的"穆帝时,幽州刺史王浚以段氏数为己用,深德之","自此以后,末波常不敢南向溲焉……其感勒不害己也如此。""其子幼弱,疋磾与刘琨世子群奔丧……疋磾遂率其属及诸坞壁降于石勒。"等句即不见于《通典·边防十二·北狄三·徒何段》。而"弟乞珍代立。乞珍死,子务目尘代立,即就六眷父也。"则简略为"后至姪务勿尘";"勒登城望之,见将士皆释仗寝卧,无警备之意。勒因其懈怠,选募勇健,穿城突出,直冲末波,生禽之。置之座上,与饮宴尽欢,约为父子,盟誓而遣之。末波即得免"简略为"为勒所破,擒末波而舍之";"烈帝时,假护辽骠骑大将军、幽州刺史、大单于、北平公,弟郁兰抚军将军、冀州刺史、勃海公。建国元年,石季龙征护辽于辽西,护辽奔于平冈山,遂投慕容晃,晃杀之。"简略为"后为慕容皝所破杀之"。除删减外,《通典·边防十二·北狄三·徒何段》也对《北史·徒何段就六眷传》中一些不通顺的语句进行了修改,使得如将"因乱被卖为渔阳乌丸子大库辱官家奴"改为"因乱被卖为渔阳乌丸大人库辱官家奴";"乃唾曰陆眷口中。曰陆眷因咽之"改为"乃唾曰陆眷口中。曰陆眷含出因咽之";"使将人诣辽西逐食"改为"使将人众诣辽西逐食";"郁兰奔石季龙,以所徙鲜卑五千人配之"改为"郁兰奔石季龙,以所略鲜卑五千人配之"①。

综上所述,《通典·边防十二·北狄三·徒何段》所载,在内容上完全没有超出《北史·徒何段就六眷传》之范畴。加之《通典·边防十二·北狄三·徒何段》大量对《北史·徒何段就六眷传》内容进行删减、省略,也使得其价值大大降低。

五、《太平寰宇记·四夷二十三·北狄六·徒何段》

宋人乐史所撰《太平寰宇记》200卷,是一部中国古代地理志史,记述了北宋的疆域版图。全书前171卷依宋初所置十三道,收录了各地区之沿革、风俗、姓氏、人物、土产、山川湖

①(唐)杜佑:《通典》卷一九六《边防十二·北狄三·徒何段》,北京:中华书局,1988年,第5371—5372页。

泽、古迹要塞等。十三道之外，又设"四夷"29卷，介绍周边各族，其中卷一九四《四夷二十三·北狄六》列有徒何段条目。

　　比对史文，可以发现《太平寰宇记·四夷二十三·北狄六·徒何段》与《通典·边防十二·北狄三·徒何段》基本相同，绝大多数差异仅是个别字词的变化。如《通典·边防十二·北狄三·徒何段》作"诸大人集会幽州"，《太平寰宇记·四夷二十三·北狄六·徒何段》作"诸大人会集幽州"；《通典·边防十二·北狄三·徒何段》作"日陆眷含出因咽之，西向拜天"，《太平寰宇记·四夷二十三·北狄六·徒何段》作"日陆眷因咽之，西向拜"；《通典·边防十二·北狄三·徒何段》作"愿使主君之智慧禄相"，《太平寰宇记·四夷二十三·北狄六·徒何段》作"愿使主之智慧禄相"；《通典·边防十二·北狄三·徒何段》作"遂招诱亡叛，以至强盛"，《太平寰宇记·四夷二十三·北狄六·徒何段》作"招诱亡叛，遂至强盛"；《通典·边防十二·北狄三·徒何段》作"据辽西之地而臣于晋"，《太平寰宇记·四夷二十三·北狄六·徒何段》作"据有辽西之地而臣于晋"；《通典·边防十二·北狄三·徒何段》作"后就陆眷立"，《太平寰宇记·四夷二十三·北狄六·徒何段》作"就陆眷立"；《通典·边防十二·北狄三·徒何段》作"就陆眷遂摄军而还，不复报"，《太平寰宇记·四夷二十三·北狄六·徒何段》作"就陆眷遂摄军而还"；《通典·边防十二·北狄三·徒何段》作"后为慕容皝所破杀之"，《太平寰宇记·四夷二十三·北狄六·徒何段》作"后为慕容皝所杀"；《通典·边防十二·北狄三·徒何段》作"以所略鲜卑五千人配之",《太平寰宇记·四夷二十三·北狄六·徒何段》作"以所从鲜卑五千人配之"。除字词的变化外,《太平寰宇记·四夷二十三·北狄六·徒何段》对《通典·边防十二·北狄三·徒何段》也进行了几处内容上的改动,如称"徒何段一名曰陆眷",删去了"浚使勿尘率万余骑伐石勒于常山封龙山下,大破之"。全卷末尾加上"遂灭"二字。但这些改动,除"徒何段一名曰陆眷"这一说法似有谬误外,其余同样属于《太平寰宇记》作者在《通典·边防十二·北狄三·徒何段》的基础上进行的细微调整①。

总之,可以认为,《太平寰宇记·四夷二十三·北狄六·徒何段》的完成,基本上抄录自《通典·边防十二·北狄三·徒何段》。但《太平寰宇记·四夷二十三·北狄六·徒何段》不是研究段部鲜卑的一手史料,全篇中几乎没有超出《北史·徒何段就六眷传》及今本《魏书·徒何段就六眷传》的内容,故此其研究价值不大。

六、《文献通考·四裔考十九·徒何段》

《文献通考》,宋元之际马端临撰,是一部关于典章制度的政书,计有田赋考、钱币考、四裔考等二十四门。除因袭《通典》外,又兼采经史、会要、传记、奏疏等,资料远较《通典》丰富,于宋代典章制度更是尤称详备。该书卷三四二《四裔考十九》列有徒何段条目。

①(北宋)乐史:《太平寰宇记》卷一九四《四夷二十三·北狄六·徒何段》,北京:中华书局,2001年,第3712—3713页。

　　虽然《文献通考》具有一定的史学价值,但其所载唐代以前历史,仍主要抄录自《通典》而稍有改动,《文献通考·四裔考十九·徒何段》也不例外。通过核校史文,可以发现《文献通考·四裔考十九·徒何段》与《通典·边防十二·北狄三·徒何段》内容几乎完全相同,仅有个别字词的差异。如《通典·边防十二·北狄三·徒何段》作"郁兰奔石季龙,以所略鲜卑五千人配之",《文献通考·四裔考十九·徒何段》作"郁兰奔石季龙,以所从鲜卑五千人配之";《通典·边防十二·北狄三·徒何段》作"慕容儁使弟恪帅众伐龛于广固",《文献通考·四裔考十九·徒何段》作"慕容儁使弟恪率众伐龛于广固"[①]。但这些细节的改变,没有影响全篇史文的整体含义。

　　总的来看,作为后出史料且主要抄录自《通典·边防十二·北狄三·徒何段》的《文献通考·四裔考十九·徒何段》并没有太高的史料价值。

七、《通志·徒何段传》

　　《通志》,是一部由南宋人郑樵撰写的关于典章制度的政书,与《通典》及《文献通考》合称三通。全书共 200 卷,有帝纪 18 卷、皇后列传 2 卷、年谱 4 卷、略 51 卷、列传 125 卷。其中卷二○○《四夷传七·北国下》中列有《徒何段传》。

　　相比精华——"二十略"部分,《通志》之帝纪、列传多

---

① (元) 马端临 :《文献通考》卷三四二《四裔考十九·徒何段》,北京 : 中华书局,1986 年,第 2683 页。

照抄自前代纪传体史书,史学界往往对其评价不高。通过比对史文,即可发现《通志·徒何段传》基本上抄录自《北史·徒何段就六眷传》和今本《魏书·徒何段就六眷传》。然而郑樵在撰写《通志·徒何段传》的过程中,也根据自身理解,对前出史料作出了一些内容上的改动。如将《北史·徒何段就六眷传》中的"因乱被卖为渔阳乌丸子大库辱官家奴"改作"因乱被卖为渔阳乌丸大人库辱官家奴";将"穆帝时,幽州刺史王浚以段氏数为己用"改作"晋惠帝时,幽州刺史王浚以段氏数为己用"①。尽管郑樵的修改,并非是魏收在撰写《魏书·徒何段就六眷传》时的本意,但也反映了郑樵在编纂《通志·徒何段传》时进行了思考。

　　除此以外,《通志·徒何段传》与《北史·徒何段就六眷传》之间也有一些字、词、句上的细微差异。如《通志·徒何段传》将《北史·徒何段就六眷传》中的"使将人诣辽西逐食"改作"使将人众诣辽西逐食";"务目尘"改作"务勿尘";"常山"改作"恒山";"平文帝"改作"代王郁律";"屯辽西"改作"于辽西";"烈帝"改作"代王翳槐";"征护辽于辽西"改作"后败护辽于辽西";"慕容晃"改作"慕容皝";"慕容玄恭"改作"慕容恪";"率众伐龛于广固"改作"帅众伐龛于广固";"坑其徒三千余人"改作"阮其徒三千余人"等。又删去了"建国元年"与"执龛送之蓟"。但这些差异,并没有造成实际的内容变化。更多的是同音、同意字词的换用,也和《通

---

① (南宋) 郑樵:《通志》卷二〇〇《四夷传七·北国下·徒何段》,北京:中华书局,1987 年,第 3203 页。

志》的体例特点有关（如不尊称拓跋鲜卑早期君主为帝）。总之，《通志·徒何段传》作为后出史料，其价值虽然有限，却仍有勘误、补正之用，尚不可完全忽视。

八、《通志·段匹磾传》

由于《通志》中的帝纪、列传多是抄撮自前代纪传体史书而成，故除《徒何段传》外，《通志》卷一二五又收录有《段匹磾传》。

相比《晋书·段匹磾传》，《通志·段匹磾传》仅有一些字、词的细微改动。如将《晋书·段匹磾传》中的"遣军助东海王越征讨"改作"遣军助东海王越"；"匹磾推刘琨为大都督，结盟讨勒"改作"推刘琨为盟主，讨石勒"；"以候众军"改作"以俟众军"；"至于右北平"改作"至右北平"；"刘琨自并州依之"改作"刘琨自并州往依之"；"与吾进讨"改作"与吾追讨"；"文鸯以其亲兵数百人"改作"文鸯以亲兵数百人"；"执刀力战不已"改作"用刀力战不已"；"勒及季龙素与匹磾结为兄弟，季龙起而拜之。匹磾到襄国，又不为勒礼"改作"勒及石虎素与匹磾约为兄弟，故虎起而拜之。及到襄国，又不为勒礼"（"季龙"皆改为"石虎"）；"慕容儁"改作"慕容隽"[1]。与《通志·徒何段传》基本上抄录自《北史·徒何段就六眷传》和今本《魏书·徒何段就六眷传》同理，《通志·段匹磾传》基本抄录自《晋书·段匹磾传》，这些差异同样没有造成实际的内容变化。

---

[1]《通志》卷一二五《段匹磾传》，第1956页。

经过对多种史书中的段部鲜卑基本史料初步辨析后可知，原本《魏书·徒何段就六眷传》散佚后，《北史·徒何段就六眷传》成为了现存最早、记载最全面的研究段部鲜卑历史文化的传记。《晋书·段匹磾传》尽管属于个人传记，成书也晚于原本《魏书·徒何段就六眷传》，但由于史源更为丰富，有些内容并不见于《徒何段就六眷传》，同样具有难以替代的价值。而《通典》《文献通考》《太平寰宇记》《通志》等书中的段部鲜卑专传专条，价值又低于《北史·徒何段就六眷传》、今本《魏书·徒何段就六眷传》《晋书·段匹磾传》，在研究过程中，只能主要起校正、勘误之用。依据上述提及的基本史料，大致可以勾勒出两晋南北朝时期段部鲜卑历史文化的粗略框架。

拓跋鲜卑基本史料辨析

梁　云

拓跋鲜卑是东胡系统的古代民族,是诸支鲜卑中活动地域最为东北的一支。完整地说,拓跋鲜卑"应当包括北魏建国以前的拓跋部、建国之后的拓跋魏,还有建立南凉的秃发部,一称河西鲜卑等等"[①]。学界习惯上将自拓跋部先世在"大鲜卑山"的活动始至拓跋代衰亡北魏建立的这段历史称为早期拓跋鲜卑,可划分为"大鲜卑山""大泽""匈奴故地""盛乐"四个历史时期。本文对早期拓跋鲜卑史料进行辨析。

所谓早期拓跋鲜卑基本史料是指各类体例史书对北魏建国以前拓跋鲜卑历史的集中记载。具体而言,主要包括《宋书》《南齐书》《魏书》《晋书》《北史》《通典》《资治通鉴》《文献通考》《读史方舆纪要》等纪传体正史、典志体史书、编年体史书、地理类史籍中关于拓跋鲜卑专传专条或相关记述。其中,《魏书·序纪》最早系统地记述了拓跋鲜卑早期历史,是研究拓跋鲜卑早期历史的基本史料。《北史·魏本纪·拓跋部》《通典·拓跋氏》《文献通考·托跋氏》是

[①]马长寿:《乌桓与鲜卑》,上海:上海人民出版社,1962年,第237页。

以《魏书·序纪》为蓝本的后代史家记述,或原文照搬或摘录删削改写而成,构成了二手资料。在《宋书·索虏传》《南齐书·魏虏传》《晋书》《资治通鉴》《读史方舆纪要·历代州域形势四》等不同时代的历史文献中,也有对早期拓跋鲜卑详略不同的记载,或可作有益的补充,或具有一定的参考价值。

一、《宋书·索虏传》

《宋书》共计 100 卷,南朝梁沈约撰,是根据南朝刘宋何承天、徐爱原有的宋史著作进行整理和删削而成。纪传部分于南朝齐永明六年(488)完成。记载拓跋鲜卑历史的《索虏传》位列卷九十五列传第五十五。

《宋书·索虏传》成书于南齐,时间早于《魏书》66 年,其史料来源大抵是南朝宋、齐史官撰述的文字记录。今天,南朝宋、齐文献已亡佚殆尽,难以稽考其所从出,但从《宋书·索虏传》记事是依据西晋帝号顺序安排拓跋鲜卑历史的内容来看①,这部分史料应该来源于两晋史官的记述。

在正史中,为拓跋鲜卑立传者首推《宋书》。《宋书》设《索虏传》记述拓跋鲜卑的历史,文字虽然不多,且采用蔑称"索虏"作为列传之名,但却是至今所见最早记述拓跋鲜卑早期历史的文字材料。

---

① 在《宋书》卷九十五《索虏传》中,以晋初、惠帝、怀帝、愍帝为时间标志记述猗㐌、猗卢时期拓跋鲜卑的历史。在记述什翼犍时期史事时,则未标注东晋帝号。

《宋书·索虏传》内容大致可划分为四个部分。第一,记述拓跋鲜卑起源。"索头虏姓讬跋氏,其先汉将李陵后也。"将拓跋鲜卑族源追述为李陵之后"只是代表南朝士大夫一种臆想"[①];第二,记述拓跋鲜卑西晋初期的规模。"晋初,索头种有部落数万家在云中。"该记载其他史籍中未见;第三,惠帝、怀帝、愍帝时期拓跋鲜卑状况及其与西晋的关系。包括猗㐌助晋抗击匈奴,猗卢被晋封为代公、代王的历史;第四,什翼犍时期拓跋鲜卑的发展。"北有沙漠,南据阴山,众数十万。"这样的记述只在《资治通鉴》《读史方舆纪要》中出现[②],在其他史籍中未见该条记载。

　　作为至今所能见到的最早设立专传记录拓跋鲜卑早期历史的正史,《宋书》中一些字的写法与后世相异。例如,后来诸史中写作托跋、托拔或拓跋,《宋书》记作讬跋;猗㐌写作猗驒;什翼犍写作什翼鞬。从所记述拓跋鲜卑历史的内容来看,起自西晋初年,中经惠帝、怀帝、愍帝至东晋十六国时期拓跋珪立,近100年拓跋鲜卑的历史概况。虽然记述简略,但提及猗㐌(㐌原文写作驒)、猗卢、什翼犍(犍原文写作鞬)等人的事迹,与《魏书》《北史》《通典》《文献通考》相比较,有些内容为《魏书》等诸书所无,例如"陵降匈奴,有数百千种,各立名号,索头亦其一也";"晋初,索头种有部落数万家在云中";"并州刺史刘琨上言及表封卢为代郡公";什

①马长寿:《乌桓与鲜卑》,上海:上海人民出版社,1962年,第238页。
②《资治通鉴》记载为"南距阴山,北尽沙漠,率皆归服,有众数十万人";《读史方舆纪要》记述为"南距阴山,北尽沙漠,悉皆归服"。

翼犍"号上洛公";统治地域"北有沙漠,南据阴山";部众规模"众数十万";"为苻坚所破,执还长安,后听北归"等内容。这些异于其他史料的内容,补充了《魏书》等史籍记载的不足,更全面反映了拓跋鲜卑早期历史的一些细节。《宋书》与《魏书》等其他诸书可相互参证。

《宋书》为南朝史家所撰,对北魏政权不免有中伤抵触之意,但它记述拓跋鲜卑早期历史情形时没有必要予以歪曲否定。《宋书·索虏传》所记拓跋鲜卑早期历史的绝大部分内容可以作为有价值的史料加以使用。

二、《南齐书·魏虏传》

《南齐书》共计59卷,南朝梁萧子显撰,成书时间约在天监八年至十八年(509~519年),至少早于《魏书》35年成书。萧子显依据过去有关齐史的著作,如南齐檀超、江淹的国史,沈约的《齐纪》和吴均的《齐春秋》等书编撰而成。卷五十七列传第三十八《魏虏传》记述有早期拓跋鲜卑的历史。

萧子显著《南齐书》系当代人记当代事,故书中保存了一些珍贵的史料。但如同《宋书》一样,《南齐书》亦为南朝史学家记述与之并存的拓跋魏政权的史书,称谓上亦带有歧视贬低之痕迹,书中对北魏采用了"魏虏""索虏"等蔑称。与《宋书·索虏传》对照,《南齐书·魏虏传》有很大变化。二书记述的侧重点、用语均相差甚远,应该有不同的史源。

《南齐书·魏虏传》简约记述了拓跋鲜卑的族属,猗卢、什翼犍时期的状况,有一些未见其他史籍的新提法:第一,将拓跋族属归于匈奴或鲜卑。"魏虏，匈奴种也……亦谓鲜卑"；第二，介绍拓跋鲜卑的习俗"被发左衽"；第三，采用两晋年号记述猗卢、什翼犍时期历史，且记载较成书于它之前的《宋书》更为详细。如"晋永嘉六年，并州刺史刘琨为屠各胡刘聪所攻，索头猗卢遣子曰利孙将兵救琨于太原，猗卢入居代郡"，"猗卢孙什翼犍，字郁律旃，后还阴山为单于，领匈奴诸部。太元元年，苻坚遣伪并州刺史苻洛伐犍，破龙庭，禽犍还长安，为立宅，教犍书学。分其部党居云中等四郡，诸部主帅岁终入朝，并得见犍，差税诸部以给之"等。上面列举诸多内容均为《宋书·索虏传》及其他史书中所无。《南齐书·魏虏传》为后人研究拓跋鲜卑历史提供了其他史籍不见的内容，可与其他史书相互参证，有一定的史料价值，同样是我们研究早期拓跋鲜卑历史的重要史籍之一。

三、《魏书·序纪》

《魏书》共计 130 卷（如不分子卷为 114 卷），北齐魏收于文宣帝天保五年（554）撰成。《魏书》是现存最早系统全面著录拓跋鲜卑早期历史的史籍，是考察鲜卑拓跋部早期历史的珍贵史料。《魏书》帝纪共 12 卷，《序纪》立于卷首①，用以追述道武帝拓跋珪建立魏国以前的历史，即拓跋鲜卑先祖

---

①《魏书》于帝纪之前另立《序纪》，记载道武帝拓跋珪建立魏国以前的世系情况，追述至拓跋珪二十八代以前的成帝毛。从成帝毛至献明帝寔共二十八君，在拓跋珪称帝后都被追尊为帝。立《序纪》记载他们的情况，有利于后人了解魏之先世源流。

"载籍无闻"的"六十七世",以及被北魏道武帝拓跋珪追尊为二十八君 [①] 的成帝毛至献明帝寔时期拓跋部史事。包括拓跋鲜卑的族源、地理方位、自然环境、经济生活、社会状况、风俗习惯、发展壮大的历程,拓跋鲜卑与曹魏两晋、十六国的关系,拓跋部与鲜卑其他诸部的关系,拓跋与高车及乌孙等诸北族的关系等内容。

为了便于理解,我们以始祖神元帝力微为界 [②] ,将《序纪》分为前、后两部分进行分析。从起始"昔黄帝有子二十五人"至"力微皇帝无舅家"为前半部分,记述拓跋鲜卑起源"积六十七世"及诘汾之前十四君的历史,字数只占《序纪》的10%,内容包括两个方面。第一,早期拓跋鲜卑概况。包括拓跋族源及发祥地的记载;拓跋鲜卑的经济生活、社会状况等内容的记述;部族名称来源"国有大鲜卑山,因以为号……黄帝以土德王,北俗谓土为托,谓后为跋,故以为氏"等内容。《序记》对"自始均以后至于成帝"这一部分史实的记述含混不清,因为"其间世数久远,是以史弗能传"。第二,毛至诘汾之前十四君世系。有事迹记载的只有毛、推寅、邻、诘汾四君,且为概括性记述,极为简单:毛凭借聪明武略,被远近所推举,"统国三十六,大姓九十九",建立威振北方的部落联盟;推寅、邻及子诘汾时期,拓跋部两次迁徙的原因及大致经过

---

① 王鸣盛:《十七史商榷》卷六十六《追尊二十八帝》,上海:上海古籍出版社,2013年,第877—878页。

② 在《魏书》等文献中所列道武帝拓跋珪以前的所谓帝、后,还只是部落酋帅及其妻室,为叙述方便,本文袭用《魏书》称谓。

等。其他十君只列举名号而无事迹。《序记》作者之所以采用这种详近略远的写作方法,当然与"不为文字"及"爰历三代"这样没有文字记载依据和世代久远、史事湮没等因素有关。从"始祖神元皇帝讳力微立"至《序纪》篇章末尾"其原固有由矣"为后半部分,即神元帝力微起讫代国衰败156年间(220~376年)十四君的历史,文字占《序纪》的90%。在这部分内容中,有关于拓跋鲜卑从力微开始不断强大,到什翼犍时期建国立号历史的记述;有拓跋鲜卑与曹魏、两晋政权关系的记述;此外,还有拓跋鲜卑与十六国的和战交往,拓跋部与宇文部、贺兰部、白部、独孤部的疏密关系,拓跋鲜卑与高车、乌孙、勿吉、乌桓、匈奴、徒何诸北族的交往和战等内容的记载。相比前半部分,后半部分内容要详实具体得多。

　　《魏书》所依据的史料来源应当是可靠的。第一,《魏书·序纪》前半部分内容所叙述的有关拓跋鲜卑起源地及两次迁徙的历史,在同书其他志传中亦有所记载,如《官氏志》《礼志》《乌洛侯传》等多有涉及[1],可以作为史料间的互证;大量考古资料的发布,为文献的可靠性提供了重要佐证和支撑[2]。因此,《魏书·序纪》所记拓跋鲜卑起源、迁徙、发展壮大的情况基本是可靠可信的,这部分内容有相当成分

---

[1]《魏书·官氏志》记载有献帝"七分国人"的内容,为我们提供了拓跋邻对部落结构进行调整的情况。在《礼志》和《乌洛侯传》中有关于拓跋部起源地"旧墟石室"和"祖宗之庙"内容的记载。

[2] 包括"嘎仙洞"居址遗存,满洲里蘑菇山古墓群、扎赉诺尔古墓群、完工古墓、南杨家营子墓葬群考古成果等。

的历史真实含在其中,不失为研究拓跋鲜卑早期历史诸问题
(如起源、地域、迁徙、经济生活、社会状况和风俗习惯等)的
有价值史料。《魏书·序纪》后半部分内容,从力微、猗㐌、猗
卢之名均见于《晋书》的情况[①]来看,有一定的史实依据。此
外,1956年,在内蒙古乌兰察布市凉城县小坝子滩发现了刻
有"猗㐌金"的兽形金牌饰,"小坝子滩窖藏所在地恰与(《魏
书·序记》所记载的)猗㐌部的地域相符","应是西晋时期拓
跋鲜卑所遗留的"[②]。相关考古成果也对文献记载的可信性提
供了有力支撑。

　　第二,早期拓跋鲜卑虽然"不为文字",但史事"人相传
授",以世代口耳相传的方式保存了历史。北魏建立后,各史
家纷纷将这些长期积累的素材加以整理剪裁,著述魏史。道
武帝时诏邓渊撰《代记》十余篇;太武帝时,崔浩等撰《国书》
30卷;文成帝和平元年(460),诏高允、刘模依照崔浩史书的
方法及内容,续修成《国记》。这些史书均为编年体。孝文帝
时,李彪、崔光等撰纪传体魏史。宣武帝时,邢峦撰《孝文起
居注》,后又命崔鸿等补续,纪事更为详悉。另外还有温子升
作《庄帝纪》3卷,王晖业撰《辨宗室录》30卷。魏收参酌上
述史书撰写《魏书》,素材亦应大致采自以上北魏时期编写的
纪传体、编年体诸书,所记内容绝大部分应是可信的。当然,

①《晋书》中的《武帝纪》《孝怀帝纪》《愍帝纪》《卫瓘传》《刘琨传》
　《卢谌传》《李矩传》《刘聪载记》《赫连勃勃载记》等均有关于拓跋
　部历史的记载。
②张景明:《内蒙古凉城县小坝子滩金银器窖藏》,《文物》2002年第
　8期。

古人以口耳相传的方式传述历史,不可避免地会掺杂相互矛盾、抵牾以及流传中不断有所妄加的内容。例如,关于拓跋鲜卑族源族称的记述,"昔黄帝有子二十五人,或内列诸华,或外分荒服。昌意少子,受封北土"和"黄帝以土德王,北俗谓土为托,谓后为跋,故以为氏",反映了拓跋鲜卑统治者有别"蛮夷"、自视正统的封建史观。

总之,《魏书·序纪》较全面地记载了拓跋鲜卑的起源、迁徙以及发展壮大的历史,成为后出史书记载早期拓跋鲜卑相关历史的主要依据,是研究拓跋鲜卑早期历史的基本史料。李延寿等后代修史者在编撰拓跋专传或专条时,或对《魏书·序纪》原文照搬,或摘录删削改写而成,构成了第二手资料,研究者在使用时要注意仔细甄别。

四、《晋书》关于拓跋部的记载

《晋书》共计130卷,唐房玄龄等奉敕集体编修。唐太宗因为不满意何法盛等十八家《晋书》,命房玄龄等重修。唐初修撰《晋书》能见到很多晋代文献,除各专史外,还有大量的诏令、仪注、起居注以及文集。编修者可以同时参考其他诸家晋史和有关著作,兼引十六国所撰史籍。贞观二十二年(648)成书。《晋书》虽以"载记"形式记述十六国政权状况,但非常遗憾,或因拓跋代未被崔鸿列入十六国之列,《晋书·载记》中没有关于拓跋鲜卑早期历史的系统记载。拓跋部历史被分散记录在了《晋书》的《武帝纪》《孝怀帝纪》《愍帝纪》《卫瓘传》《刘琨传》《卢谌传》《李矩传》《刘聪载记》

《赫连勃勃载记》等纪、传、载记相关内容中①。

　　《晋书》关于拓跋部早期历史的记载具有如下特征。第一,时间具体。有的内容记述到某日,如《孝怀帝纪》"永嘉

①《晋书》有几处关于力微、猗㐌、猗卢等人历史活动的记载。关于力
　微的记载:1.《晋书·武帝纪》咸宁元年"鲜卑力微遣子来献"。咸
　宁三年"使征北大将军卫瓘讨鲜卑力微"。2.《晋书·卫瓘传》"于
　时幽并东有务桓,西有力微,并为边害。瓘离间二虏,遂致嫌隙,于
　是务桓降而力微以忧死"。关于猗㐌的记载:《晋书·刘琨传》"初,
　单于猗㐌以救东嬴公腾之功,琨表其弟猗卢为代郡公"。关于猗卢
　记载:1.《晋书·孝怀帝纪》永嘉五年"猗卢寇太原,平北将军刘
　琨不能制,徙五县百姓于新兴,以其地居之"。六年"八月庚戌……
　刘琨乞师于猗卢,表为代公。九月己卯,猗卢使子利孙赴琨,不
　得进……冬十月,猗卢自将六万骑次于盂城。"2.《晋书·孝愍帝
　纪》建兴二年"单于代公猗卢遣使献马"。三年"进封代公猗卢为
　代王"。四年"代王猗卢薨,其众归于刘琨"。3.《晋书·卢谌传》
　"琨收散卒,引猗卢骑还攻粲。粲败走,谌得赴琨。"4.《晋书·刘
　琨传》"琨引猗卢并力攻粲,大败之,死者十五六……猗卢以为聪
　未可灭,遗琨牛羊车马而去""臣前表当与鲜卑猗卢克今年三月都
　会平阳,会匈羯石勒以三月三日径掩蓟城……又猗卢国内欲生奸
　谋,幸卢警虑,寻皆诛灭""琨上表让司空,受都督,克期与猗卢讨
　刘聪。寻猗卢父子相图,卢及兄子根皆病死,部落四散。琨子遵
　先质于卢,众皆附之""卢谌、崔悦等上表理琨曰'及猗卢败乱,
　晋人归奔琨于平城'"。5.《晋书·李矩传》"去年东平曹嶷,西
　宾猗卢,矩如牛角,何不归命"。6.《晋书·刘聪载记》"先是,琨与
　代王猗卢结为兄弟,乃告败于猗卢,且乞师。猗卢遣子曰利孙、宾六
　须及将军卫雄、姬澹等率众数万攻晋阳,琨收散卒千余为之乡导,猗
　卢率众六万至于狼猛……猗卢率骑追之,战于蓝谷……猗卢戍之而
　还"。7.《晋书·赫连勃勃载记》"曾祖武……为代王猗卢所败,遂
　出塞表"等。

六年八月乙亥,刘琨乞师于猗卢,表卢为代公。九月己卯,猗卢使子利孙赴琨,不得进";《孝愍帝纪》"建兴二年九月丙戌,单于代公猗卢遣使献马"等。第二,在主要记述拓跋鲜卑与晋关系的同时,也有涉及拓跋鲜卑与其他政权的关系。如《赫连勃勃载记》"曾祖武……为代王猗卢所败,遂出塞表"。第三,内容翔实,事件的前因后果交代清晰。第四,在力微、猗卢名字前面用"鲜卑"二字修饰而不见拓跋字样,可以看出,作者在记述有关早期拓跋部历史史实时,拓跋的势力还没有强大到以自己部族名称呈现于世的程度。

《晋书》关于拓跋鲜卑早期历史内容虽未集中记述,但不能抵消《晋书》所记拓跋鲜卑内容的史料价值。《晋书》虽然成书于唐初,时间晚于《宋书》《南齐书》《魏书》,但关于拓跋鲜卑的内容未受到这些史书的影响,仍然主要参照晋代史家关于拓跋鲜卑历史的记载,采取尊重历史史料的态度,保持了所记拓跋鲜卑史实的原始性。《晋书》作为研究拓跋鲜卑早期历史的史料依据,可与其他史料相比较对照使用。

五、《北史·魏本纪·拓跋部》

《北史》共计100卷,唐朝李延寿于高宗显庆四年(659)撰成。李延寿改编已经流传于世的《魏书》《北齐书》《周书》《隋书》四书而成《北史》。卷一《魏本纪》记载有拓跋鲜卑历史[①]。

---

①《北史》卷一《魏本纪》含拓跋部、太祖道武帝、太宗明元帝三部分,这里仅就拓跋部内容而言。

　　详细对照《北史·魏本纪·拓跋部》和《魏书·序纪》可知,《北史》基本上是抄录、删节《魏书》而成,二者内容及行文顺序基本未作改动。《北史》抄改《魏书》相关部分,史料皆直接来源于《魏书》,同时删略了近一半认为与拓跋鲜卑历史关联不紧密或不重要的内容①。

　　这里我们同样以力微为界,分两部分,将《北史》与《魏书》的差异作一比较。先分段比较前半部分。第一,首段拓跋鲜卑起源部分。《北史》篇首句"魏之先,出自黄帝轩辕氏。黄帝子曰昌意"是依据《魏书》篇首句"昔黄帝有子二十五人,或内列诸华,或外分荒服。昌意少子"重新组织的语言。此句之后内容一致,只是词句上做了简单修改。如《魏书·序纪》所记"受封北土,国有大鲜卑山,因以为号",《北史》修改为"受封北国,有大鲜卑山,因以为号";"刻木纪契而已"修改为"刻木结绳而已";"入仕尧世"改为"仕尧时";"逐女魃于弱水之北"改为"逐女魃于弱水北";"帝舜嘉之,命为田祖。爰历三代,以及至秦、汉"改为"舜命为田祖。历三代至秦、汉";"累代残暴,作害中州"改为"累代作害中州"。第二,成帝毛至威帝俭的部分。"毛立"的后面删除"聪明武略,远近所推""莫不率服"等语句;节帝、庄帝、明帝、安帝、宣帝、景帝、元帝、和帝、定帝、僖帝、威帝、献帝前的"讳"字均被删除,在"崩"字前面加上诸帝帝号名称②。宣帝推寅

────────

① 《北史·魏本纪》拓跋部内容约3100字,《魏书·序纪》5500余字,《北史·魏本纪》拓跋部内容约占《魏书·序纪》的55%。
② 例如《北史》改《魏书》中的"崩"为"成帝崩""节帝崩""庄帝崩"等。

时期的内容未作任何改动。第三,献帝邻部分。"时有神人言于国曰,此土荒遐,未足以建都邑,宜复徙居"删减为"时有神人,言此土荒遐,宜徙建都邑";"帝时年衰老,乃以位授子"改写为"献帝年老,乃以位授于圣武皇帝",删除"时"、"衰"二字,增加"献帝""于",以"圣武皇帝"替代"子",所指更为明确;"有神兽,其形似马"改为"有神兽,似马",删除"其形"二字;"先行导引,历年乃出,始居匈奴之故地"改为"导引历年乃出,始居匈奴故地",删除"先行""之"等修饰词。第四,圣武帝诘汾部分。"尝率数万骑田于山泽"改为"尝田于山泽",删除含数字内容的"率数万骑";"见美妇人"后面删除"侍卫甚盛";"帝异而问之,对曰:'我天女也'"改为"自称天女";"受命相偶"后面删除"遂同寝宿。"旦,请还"改为"旦日请还";"曰:'明年周时复会于此'"改为"期年周时复会于此",删除"曰"字,用"期"代替"明"字;"言终而别"后面删除"去如风雨";"帝至先所田处"改为"帝至先田处",删除"所"字;"果复相见"改为"果见天女";"此君之子也,善养视之,子孙相承,当世为帝王"改为"此君之子也,当世为帝王",删除"善养视之,子孙相承";"子即始祖也"改为"即始祖神元皇帝也",删除"子"字,增加"神元皇帝"四字。可以看出,前半部分关于拓跋鲜卑起源以及毛、推寅、邻、诘汾四君历史内容,《北史·魏本纪·拓跋部》的编著者均按照加字、删字、改字、重新组织语句等办法,对《魏书·序记》原文做了很多文字上的变动,但实际内容未作任何改动,没有增加新的史料。

后半部分即力微以后有关内容删改变动的地方更多,方法多与前半部分相似,限于篇幅,此处不一一赘述。这里我们只分析被李延寿删除的内容。《北史》删除了很多代表人数和时间的数字①;删除了作者认为不重要或与拓跋鲜卑历史关联不大的内容②,部分"春""夏""秋""冬"及月份字样被删除③;删除内容最多的是昭成帝什翼犍时期的内容④。后十四帝部分,《魏书》约1655字,《北史》缩减到约763字,删除字数达一半以上。这种做法虽然使内容变得较为简略,但也造成了时间概念不清晰、一些重要事件被删略、史实间因果关系不明确等弊端。

此外,《北史》还有几点变动值得注意。第一,《魏书》禄官七年"桓帝至自西略,诸降附者二十余国,凡积五岁,今始东还",《北史》记作"桓帝度漠北巡,因西略诸国,凡积五岁,诸部降附者三十余国",《北史》所记降附者由"二十余国"变为"三十余国",《资治通鉴》亦采用"三十余国"之说。《北

---

① 1.重要的时间被删改,导致时间概念模糊不清。如力微元年"积十数岁"改为"积数年",删除"十"字,时间概念发生变化;"二十九年"的时间标志被删除。2.重要的数字被删除。如禄官时"控弦骑士四十余万"句子的删除,使禄官时期军事力量情况含糊不清。

② 穆帝与刘琨往来的一些内容被删除(含四年、五年、七年所记述的内容)。九年"卫雄、姬澹率晋人及乌丸三百余家,随刘遵南奔并州"内容被删除。烈帝翳槐二年所记十六国石勒、慕容廆、石虎、李雄等人嬗位内容被删除等。

③ 如昭成帝什翼犍"二年夏五月"删除夏字,"四年秋九月"删除"秋九月"等。

④ 昭成帝什翼犍时期被删除的包括"五年夏五月幸参合陂"至"三十八年卫辰求援于苻坚"之间的很多内容。

史》《资治通鉴》所采用的"三十余国"之说,是抄录时出现
的差错还是另有史源,因为没有其他证据,目前尚无法考证。
第二,"英特"改为"英崎"、"悬远"改为"县远"应为《北史》
抄写错误①,司马光、顾祖禹已经察觉,在《资治通鉴》《读
史方舆纪要》中改回为"悬远"。第三,"烈帝复立,城新盛
乐城"改为"烈帝复立,城盛乐城",去掉"新"字。《资治通
鉴》记作翳槐"城盛乐而居之",《读史方舆纪要》记作"纥那
国乱,翳槐有其地,乃复城盛乐而居之",均没有再加上"新"
字,司马光、顾祖禹此处似乎受了《北史》的影响。《北史》
为了避讳唐太宗、唐高祖之名,把文中出现的"世"或改为
"代",更多的改为"时","民"均改为"人",刘渊的"渊"字用
刘渊的字"元海"代替②。此可证明《北史》抄录《魏书》时对
《魏书》进行过修改。

　　通览全篇,虽然《北史·魏本纪·拓跋部》中的增字、改
换字词、删减字等变动情况随处可见,贯穿全文,但没有增加
任何新内容。《北史·魏本纪·拓跋部》与《魏书·序纪》出
现的不一致,只是作者为使行文流畅,采取了不同的表述方

---

① 穆帝"天姿英特"改为"天姿英崎","特"改为"崎"、穆帝"以封邑
　去国悬远"改为"以封邑去国县远","悬"改为"县",均导致句子含
　义不明。此两处应为抄写时的笔误。
② "积六七十世"改为"积六七十代","世事远近"改为"时事远近",
　"入仕尧世"改为"仕尧时","民赖其勋"改为"人赖其勋","旧部
　民"改为"旧部人","奇术绝世"改为"奇术绝人"。"刘渊"改为"刘
　元海"(3处)(刘渊字元海),"五县之民"改为"五县人","诸部民"
　改为"诸部人","阏头部民"改为"阏头部人",共计12处。

式或将词语的位置先后进行调换①。

　　总之，唐代李延寿《北史·魏本纪·拓跋部》是抄录《魏书·序纪》而成，除了对个别字词的增删改动以外，并没有补充新的史料。从文献学角度看，在拓跋鲜卑早期历史研究中，《北史》的记载只能作为第二手资料，没有特殊史料价值。但它的简约为后世史家所认可，诸多内容被后世史书转抄。

六、《通典·边防典·拓跋氏》

　　《通典》共计200卷，唐朝杜佑撰，是记述唐玄宗天宝末年以前典章制度沿革变迁的史书。杜佑在代宗大历初年（约766年）始撰，在刘秩《政典》的基础上增多条目，充实内容，至德宗贞元十七年（801）上表书成。卷一九六《边防十二·北狄三》有拓跋氏条目，仅用约310余字简要概述了早期拓跋鲜卑历史。二十八君中，只粗略地记述了毛、诘汾、力微、禄官、猗㐌、猗卢、什翼犍七君时期的史事。

　　与以前成书的诸史比对②，《通典·边防典·拓跋氏》条的

---

①以昭帝禄官元年分国为三部内容的变动较具代表性，《序纪》"帝自以一部居东，在上谷北，濡源之西，东接宇文部；以文帝之长子桓皇帝讳猗㐌统一部，居代郡之参合陂北；以桓帝之弟穆皇帝讳猗卢统一部，居定襄之盛乐故城。"《北史》修改为"一居上谷北，濡源西，东接宇文部，自统之；一居代郡之参合陂北，使文帝长子桓帝讳猗㐌统之；一居定襄之盛乐故城，使桓帝弟穆帝猗卢统之"。行文含义更为流畅清晰。

②记载有拓跋部历史的《宋书》《南齐书》《魏书》《北史》《晋书》均成书于《通典》之前。

遣词用字及逻辑关系等与《魏书》《北史》相关内容最为接近，可证《通典》中关于拓跋鲜卑史料系抄引自《魏书》《北史》，或者说《通典》拓跋鲜卑史料与《魏书》《北史》有相同的来源。

仔细比较《通典》与《魏书》《北史》拓跋鲜卑史文，总的看来，《通典》有关拓跋鲜卑早期历史内容绝大部分抄自《北史·魏本纪·拓跋部》，极个别地方参考了《魏书·序纪》。《北史》抄录《魏书》时删掉的内容，《通典》同样没有记载。不仅如此，还在《北史》的基础上做了进一步的删削，《通典·边防典·拓跋氏》只占《北史·魏本纪·拓跋部》字数的约 10%，不到《魏书·序纪》的 6%。

杜佑根据自己的理解，对《北史·魏本纪·拓跋部》和《魏书·序纪》有些字词作了删改。《通典》有关拓跋鲜卑早期历史的新增内容只有一句话，即开头约 13 字"拓跋氏亦东胡之后，别部鲜卑也"。杜佑明确指出拓跋氏源出东胡，为鲜卑别部，该提法为前史所无，是此前未见的新记载。这一结论应该是杜佑根据唐以前史籍相关记载，如《后汉书》"鲜卑者，亦东胡之支也。别依鲜卑山，故因以为号焉"，《三国志》裴松之注"鲜卑亦东胡之余也，别保鲜卑山，因号焉"，《魏书》"昌意少子，受封北土，国有大鲜卑山，因以为号……北俗谓土为托，谓后为跋，故以为氏"等关于鲜卑及拓跋部族源的记载，同时或许结合一些史书记载拓跋人物时前面冠以鲜卑字样的情况推演概括得出的 [1]，并非一定另有根据。《通典》

---

[1]《晋书·武帝纪》《晋书·刘琨传》中关于力微、猗卢诸人物记载时，人名前以"鲜卑"二字修饰。

较重要的变动有两点：第一，以"拓跋"二字作为部族名称用字，代替了以前诸史中的"讬跋"或"托跋"字样，并为后世史书所沿用①；第二，段首句《北史》作"魏之先"，《通典》直接改为"拓跋氏"，概念所指更为明确。

　　《通典》拓跋条史文除族源内容外，其余均沿袭《北史·魏本纪·拓跋部》，极少字词参考《魏书·序纪》②。将三种史书的相关内容进行比较，《北史》抄录《魏书》时删掉的字句语句，《通典》完全依照《北史》，未作任何增补。《北史》为避李世民名讳，将《魏书》中的"民"改写作"人"，"世"改写作"时"或"代"，《通典》一如《北史》，未作任何变动。从整篇行文用语也可以看出，《通典》拓跋条主要抄录了《北史·魏本纪·拓跋部》的内容。但《通典》誊录《北史·魏本纪·拓跋部》时并不是全盘照抄，在删除一些内容的同时③，对个别语句做了改写④，使文章内容更加通俗易懂，世系关

①《宋书》写作"讬跋"，《魏书》《北史》《南齐书》写作"托跋"。胡三省《资治通鉴音注》引魏收语时，写作"托拔"，解释其意时"自谓托天而生，拔地而长，故谓托拔氏"，写作"托拔"。《文献通考》《读史方舆纪要》《资治通鉴》诸书均沿用《通典》条目"拓跋"字样。《通典》条目采用"拓跋"字样，在征引先前史文"或云黄帝之苗允，以黄帝土德，谓土为讬，后为跋，故以为氏"中，使用了《宋书》写法"讬跋"。

②"天命相偶"前的"曰"字，《北史》中删除，《魏书》中有该字。

③《通典·拓跋氏》删除《北史·拓跋部》90%的内容，删除《魏书·序记》95%的内容。

④将《北史》"魏之先，出自黄帝轩辕氏。黄帝子曰昌意，昌意之少子受封北国"内容改写为"或云黄帝之苗允"。将"黄帝以土德王"修改为"以黄帝土德"。"北俗谓土为托"的"托"字改成"讬"。（转下页注）

系交代更为清晰①。但出现两处错误。第一,在调整行文顺序时未作认真斟酌,导致出现时间上的错误②;第二,个别字词误改、误写,即拓跋鲜卑重要人物成帝"毛"字改写成了"屯"字。这两处错误均为《文献通考》所沿用,这或许是杜佑抄录时的错误,而马端临引用时则未作史料核实所致。

　　《通典·边防典·拓跋氏》记事过于简略,没有新增内容,只是根据作者的理解进行了稍许加工,在《魏书·序记》《北史·魏本纪·拓跋部》现存的情况下,可以说《通典》所记录的拓跋鲜卑内容史料价值不大。

———————————

(接上页注)"人赖其勋,舜命为田祖"改为"人赖其勋,命为田祖",删
　　除"舜"字。"历三代至秦、汉"改为"历三代至秦"删除"汉"字。
　　"积六七十代,至成皇帝讳毛立"改写成"六七十代裔孙屯""圣武
　　皇帝讳诘汾"后面因为删除了一些语句,为使文意贯通,《通典》改
　　写成"其后至诘汾"。"受命相偶"改为"天命相偶","旦日请还"改
　　为"明日请还"。"期年周时复会于此"改为"期明年复会于此"。
　　"此君之子也"改为"此是君之子"。"一居上谷北濡源西"改为"一
　　居上谷北之濡源西"。
①"以所生男授帝"改为"以所生男授诘汾","帝"直接指明为"诘
　　汾"。"使文帝长子桓帝讳猗㐌统之"简略为"兄子猗㐌统之",以禄
　　官与猗㐌的血缘关系即"兄子"替代原文。同样,"使桓帝猗㐌弟穆
　　帝猗卢统之"简略为"使猗㐌弟猗卢统之",在"封为代王"前面增
　　加"后晋"二字。"昭成皇帝讳什翼犍,平文皇帝之次子也",《通典》
　　中因为记述在猗卢时期之后,改写成"猗卢侄孙什翼犍"。
②记录在《魏书》《北史》昭帝禄官元年(295)"是岁,穆帝始出并州,
　　迁杂胡北徙云中、五原、朔方。又西度河,击匈奴、乌丸诸部。自
　　杏城以北八十里,迄长城原,夹道立碣,与晋分界"的内容,被《通
　　典》放在猗卢被晋封猗卢为代王(316)置官属内容之后,时间错位
　　21年。

七、《资治通鉴》及《资治通鉴音注》关于拓跋部的记载

《资治通鉴》正文共 294 卷,北宋司马光主持编写。记事起自战国周威烈王二十三年(前 403),下迄五代后周世宗显德六年(959),共计 1362 年间错综复杂的历史,元丰七年(1084)书成。拓跋鲜卑早期历史内容分散记述在卷七十七魏纪九景元二年(261)至卷一〇六晋纪二十八烈宗孝武皇帝太元十年(385)之中。

依据以力微为界划分拓跋鲜卑历史为两部分来看,前半部分(卷七十七、七十九、八十)涉及拓跋先世"世居北荒",毛"始强大",推寅"南迁大泽",邻"以位授其子诘汾,使南迁"①,诘汾"遂居匈奴故地"的历史。这部分内容记述同于《魏书》且更为简略。另外,《资治通鉴》将"七分国人"这一重要事件直接记述在拓跋邻时期的内容之中,是司马光的创举②,《北史》《通典》等其他史籍均未做到。这部分内容没有增加新的史料,只对《魏书》等先前史籍所记拓跋鲜卑内容加以概括整理而成。

---

①《通鉴》在这里删除了《魏书》"时有神人言于国曰:'此土荒遐,未足以建都邑,宜复徙居'";《北史》"时有神人,言此土荒遐,宜徙建都邑"的"神人之言",体现了《通鉴》对历史上的符瑞、灾变和荒诞无稽的传说,几乎不加记载的叙事特点。

②"使其兄弟七人及族人乙旃氏、车焜氏分统部众为十族"是将《魏书·官氏志》的相关内容加以总结概括,重新组织语言后,安排在邻时期。这里司马光很好地运用了编年体的一种纪事方法,即将纪传体列传、书志中的内容安排在帝纪的相应内容中,以便叙事更加明晰。

　　后半部分内容除悉鹿、绰、弗三帝外,其他诸帝记述较为详细,尤其以猗卢(卷八十五～八十九均有记载)、什翼犍(卷九十六、九十七、一〇〇、一〇一、一〇三、一〇四有记载)时期的史实记述更为翔实。与其他史籍比较,一些人物增加了前史未见的事迹,如猗卢子六修[①]。很明显,《资治通鉴》或参考到更新的资料;或虽然依据相同史料,但叙述记载更为详细。

　　通览全篇,与记述拓跋鲜卑早期历史最为详细的《魏书》比对,《资治通鉴》增补相当多的史实,一些史事前因后果交代更为清晰。《资治通鉴》是继《魏书》之后研究拓跋鲜卑早期历史最重要的参考资料。唯一缺憾之处是编年体纪事"一事隔越数卷"以致"首尾难稽"的写作模式,将拓跋鲜卑早期历史散记在卷七十七至一〇六总计 23 卷之内、261~385 年之间数百千事件之中,带来翻检之劳。

　　宋末元初胡三省依据《资治通鉴》对拓跋鲜卑的记载,增补了新的史料,汇集了前人关于拓跋鲜卑的研究成果。胡三省悉心注释《资治通鉴》历时 30 余载,于至元二十二年(1285)完成。对应拓跋鲜卑早期历史内容,胡氏对《资治通

---

① "猗卢遣其子六修将兵助琨戍新兴,琨牙门将邢延以碧石献琨,琨以与六修,六修复就延求之,不得,执延妻子。延怒,以所部兵袭六修,六修走"(卷八十七);猗卢与六修矛盾根源"代王猗卢爱其少子比延,欲以为嗣,使长子六修出居新平城,而黜其母。六修有骏马,日行五百里,猗卢夺之,以与比延。六修来朝,猗卢使拜比延,六修不从。猗卢乃坐比延于其步辇,使人导从出游。六修望见,以为猗卢,伏谒路左;至,乃比延,六修惭怒而去"(卷八十九)。

鉴》关于拓跋鲜卑的记述内容作校勘、解释、考证,对旧释文作辨误①、注音②、注地名③、注人名④。对于《资治通鉴》这样一部叙事庞繁的巨著,遇有某些延续多年的历史事件,就会

---

① 如《通鉴》卷八十八"代公猗卢遣其子六修及兄子普根、将军卫雄、范班、箕澹帅众数万为前锋以攻晋阳",《音注》"考异曰:《十六国春秋》云'遣其子利孙、宥六须',《载记》云'宾六须'。刘琨集云'左、右贤王',又云'右贤王扑速根'。今从《后魏书》。《考异》又曰:'箕澹',《十六国春秋》《后魏书》作'姬澹'。今从刘琨传"(校勘、解释)。《通鉴》卷八十"务桓降而力微死",《音注》"《考异》曰:魏收《后魏书》:'铁弗刘虎,匈奴去卑之孙,昭成四年死,子务桓立。'按昭成四年,晋成帝咸康七年也,务桓不应与瓘同时,盖二人皆名务桓耳"(考证、辨误)等。
② 《通鉴》卷七十七"鲜卑索头部大人拓跋力微始遣其子沙漠汗入贡,因留为质",《音注》"索,昔各翻。汗,音寒。质,音致"等。
③ 《通鉴》卷八十八"代公猗卢城盛乐以为北都,治故平城为南都;又作新平城于灅水之阳,使右贤王六修镇之,统领南部",《音注》"盛乐县,前汉属定襄郡,后汉属云中郡。平城,汉属雁门郡。《括地志》曰:朔州定襄县,本汉平城县。拓拔魏之盛也,置朔州于盛乐,置恒州于平城;平城,谓之代都。自高祖迁洛,其后破六韩拔陵作乱,故都为墟,恒州寄治肆州秀容郡城,云州寄治并州界。魏收《地形志》,自陉岭以北,所记略矣。隋之盛也,北逐突厥,复汉故塞,省并后魏所置郡县,盛乐盖在定襄郡大利县界,平城在马邑郡云内县界。唐破突厥,北尽魏、隋之略:朔州善阳县,则汉定襄、魏桑干之地;单于都护府金河县,则后魏道武所都也;云州云中县,则后魏所都平城也……"等。
④ 《通鉴》卷八十七"猗卢遣其子六修将兵助琨戌新兴",《音注》"《考异》曰:《晋春秋》作'利孙'。按利孙即六修也,胡语讹转耳。余按孔颖达曰:声相近者,声转字异"。《通鉴》卷八十九"普根母惟氏立之",《音注》"惟氏,猗㐌之妻"等。

被其他事件隔绝,同一事件出现在不同的历史年份之中,胡三省都注意到事件的前后呼应,凡有涉及前事处,便注明"见某卷、某纪、某年"①,凡与后事有关联处,便注明"为某人、某事张本"②。胡三省对于拓跋鲜卑早期历史注释体现了上述特点,具有极高的学术价值,同样是我们研究拓跋鲜卑历史不可或缺的依据。

八、《文献通考·四裔考·托跋氏》

《文献通考》总计 348 卷,宋末元初马端临撰,是继唐杜佑《通典》之后规模最大的一部记述历代典章制度的专著。《文献通考》于元世祖至元二十二年(1285)开始正式撰写,到元成宗大德十一年(1307)全书撰成。卷三四二《四裔考十九》有"托跋氏"专条。

《文献通考》沿袭《通典》体例的同时,发展了《通典》,史料六倍于《通典》,分类更加详细。《文献通考》创立了独特的编著方法,眉目清楚。在"文"的方面,依据经、史、百家传记,并"信而有征",显示了辨别史料的功夫;在"献"的方面,把历代名人对历史现象、历史事件、历史人物的批判和意见都附录在具体史实之下,使人们容易认识历史真相;在"通考"方面,从历史事实出发,经过审慎思虑得出的结论,有许

---

① 《通鉴》卷八十"鲜卑拓跋力微复遣其子沙漠汗入贡",《音注》"沙漠汗初入贡,见七十八卷元帝景元二年"等。
② 《通鉴》卷八十"将还,幽州刺史卫瓘表请留之,又密以金赂其诸部大人离间之",《音注》"为力微信谮杀沙漠汗张本"等。

多是发前人所未发的特见，开创了后世历史考证学的先河，影响非常深远。

但单就拓跋鲜卑的内容而言，《文献通考·托跋氏》没有征引新的史籍，没有补入新的史料，作者不外援引和遵循《魏书》《北史》和《通典》的内容而已。其中，作者主要依据《通典·拓跋氏》的内容，稍加增削改写，未做大的变动，字数仍为310余字。增削改写共五处。第一，将《通典》征引先前史文时写作的"谓土为讬，后为跋"改为"谓土为托，后为拔"，以"托拔"二字替代"讬跋"。胡三省在《资治通鉴音注》中，将"托拔"二字的含义作为解释族称来源依据之一，"或曰：'自谓托天而生，拔地而长，故为托拔氏'"。第二，将"期明年复会于此"改为"期明年复会此"，删除介词"于"字。第三，"力微立，诸部大人悉服"改为"力微立，诸郡大人悉服"，以"郡"字替代"部"字，似应为抄写时笔误。第四，"至其孙珪，即后魏道武帝也"改为"至其孙涉珪，即后魏道武皇帝也"增加"涉""皇"二字。第五，"夹道碣石，与晋分界"，依据《魏书》《北史》改回为"夹道立碣，与晋分界"，以"立碣"替代"碣石"。另外，前文已经交代的《通典》对个别字、词的误写以及在调整行文顺序时所导致的两处错误，马端临没有加以辨析而直接沿用。司马光则避免了这个错误，《资治通鉴》将猗卢"西击匈奴、乌桓诸部，皆破之"事件的时间安排在惠帝元康五年（295）之下，与《魏书》昭帝禄官元年时间相一致。

《文献通考》对拓跋鲜卑早期历史的记载主要抄录了《通典》，个别语句则参考引用了《魏书》《北史》。除对一些字句作增删改动以外,没有新的史料来源,在《魏书》《北史》《通典》俱存的情况下,《文献通考》有关拓跋鲜卑的记载史料价值并不大,只能作为二手资料使用。

九、《读史方舆纪要·历代州域形势四》关于拓跋鲜卑的记载

《读史方舆纪要》共 130 卷,明末清初顾祖禹撰。从清顺治十六年(1659)起著述,历时 30 余年,成书于康熙中叶。顾祖禹参考二十一史、百余种地方志和其他大量文献,编著成 280 万字的《读史方舆纪要》。本书首列历代州域形势,凡 9 卷,写法是自撰纲要,再为作注。作者态度严谨,对以往那些专著袭伪踵谬、名实乖错的地方,根据正史考订修正,增强了该书的史料价值。卷四《历代州域形势四·南北朝》"后魏起自北荒"条目,有关于拓跋鲜卑早期历史的记载。

《读史方舆纪要》是诸系统记载拓跋鲜卑的专传中成书较晚的,作者可以看到先前诸史家之作,也有可能看到他们所参考的资料。将《读史方舆纪要·历代州域形势四·南北朝·后魏起自北荒》与先前成书的诸史对拓跋鲜卑的记载比勘对读可以发现,《读史方舆纪要》编选的拓跋鲜卑资料大都出自前代诸史,即抄录改写《宋书》《南齐书》《魏书》《北史》《资治通鉴》等诸书的相关内容。《读史方舆纪要·后魏起自北荒》文字上多与前史不尽相同,这应该是编写者根据对前代史料的理解,将诸史关于拓跋鲜卑早期历史融会贯通,加以连缀编排,再用叙述的语言概括而成的书写特点所致,显示了本书特有的语言特色。如段首句"后魏之先,为鲜

卑索头部,世居北荒,后渐徙而南,居匈奴故地"是将《宋书》《南齐书》的拓跋部族名称部分和《魏书》《资治通鉴》拓跋鲜卑起源、迁徙内容进行调整改写而成。

　　从字面上看,《读史方舆纪要》似乎有一些与以前不同的记载,实际上,这是对先前史料的删改。如"至拓跋力微,遂徙居定襄之盛乐,四传至禄官"的记载是对《魏书》相关内容的概述;使用的"拓跋力微"称呼,盖源于《资治通鉴》①。《读史方舆纪要》的一些内容是对《资治通鉴》《魏书·序纪》和《通典·拓跋氏》的摘录抄写。如"禄官分其国为三部:一居上谷之北、濡源之西,自统之;一居代郡参合陂之北"同《资治通鉴》;"使兄子猗㐌统之"同《通典》,记述加"使"字;"一居盛乐"为顾祖禹撰写时删改简略而成,以前诸史均记述为"一居定襄之盛乐故城";"使猗㐌弟猗卢统之"同《通典》《文献通考》《资治通鉴》等。

　　《读史方舆纪要》与《南齐书》《晋书》一样,采用了晋代帝号纪年②,语句上多同于《通典》《资治通鉴》等先前文献,说明《读史方舆纪要·后魏起自北荒》可能采用了与《南齐书·魏虏传》《晋书》《通典·拓跋氏》《资治通鉴》相同的史源,或《读史方舆纪要》史料来源于这些先前诸史。

　　《读史方舆纪要》是将历史和地理有机结合的史籍,写作

①在《资治通鉴》中有"鲜卑索头部大人拓跋力微""鲜卑拓跋沙漠汗""鲜卑拓跋悉鹿""拓跋绰""拓跋弗""拓跋禄官""拓跋猗㐌""拓跋猗卢""拓跋普根""拓跋郁律""拓跋翳槐"等用语,之前史籍中未见在力微等人名前用部族名称"拓跋"修饰的写法。
②永嘉四年、建兴二年、咸康六年、太元九年。

特点是以古今之地理来论述历史,又以古今之历史来说明地理。在记述拓跋部历史时,突出交代了各统治者在位时期的地理位置、疆域形势,与作者的写作目的相一致。《读史方舆纪要》为研究者直观地提供了早期拓跋鲜卑各阶段的统治中心或疆域四至①。

　　以上就各史学家在不同历史时期以不同体裁记载拓跋鲜卑早期历史的基本史料作了初步辨析。概括说来,《魏书·序纪》是研究拓跋鲜卑早期历史的基本史料,对拓跋鲜卑早期历史的记载最系统最全面,史料价值最大;《宋书·索虏传》《南齐书·魏虏传》《晋书》《资治通鉴》等相关记载,收录或补入了一些新材料,为《魏书》所未载,是其价值的独有体现;成书于清初的《读史方舆纪要·后魏起自北荒》参考了前代史书,以记述拓跋鲜卑早期历史地理为主。需要指出的是,在以上诸种史书和一些未提到的各种体裁的史籍中,还存有不少有关拓跋鲜卑早期历史的散见史料,兹不赘述。

---

① 如禄官"分其国为三部:一居上谷之北、濡源之西,自统之;一居代郡参合陂之北,使兄子猗㐌统之;一居盛乐,使猗㐌弟猗卢统之";猗卢"帅部落自云中入雁门,从琨求陉北地";郁律"筑城于东木根山,徙居之";纥那"徙都大宁",翳槐"乃复城盛乐而居之";什翼犍"东自濊貊,西及破落那,南距阴山,北尽沙漠,悉皆归服……始都云中之盛乐宫"等。

秃发鲜卑基本史料辨析

林　睿

秃发鲜卑与建立北魏的拓跋鲜卑同出一源,并且与乞伏鲜卑同属西部鲜卑。3世纪初,南凉开国君主秃发乌孤的八世祖匹孤率部由塞北迁徙至西北河湟地区,十六国时期,秃发鲜卑建立了南凉政权。最盛时,其领地东至麦田、牵屯,西至湿罗,南到浇河,北接大漠。

秃发鲜卑历史的研究建立在其历史资料基础上,史料是史学研究的基础和前提,对于秃发鲜卑的研究同样如此,只有详尽地占有秃发鲜卑的史料,才能更加深入地开展秃发鲜卑历史的研究。关于秃发鲜卑史料主要包括传世文献史料和考古实物资料,前者主要是以正史为主,历代史家记录的文字史料;后者则是包括秃发鲜卑碑刻、出土文书和考古遗址遗迹等资料。目前来看,鲜有关于秃发鲜卑的考古资料,而碑刻文书也相对匮乏,所以传世文献史料就显得尤为重要。我们知道,由于文献史料的成书年代、编撰者立场不同,其形成的史料价值也大相径庭,其中亦不乏因五厄散轶不存,后人托古补缀的史料。所以辨析、比较,对这些传世史料去伪存真是使用他们进行历史研究的前提。目前而言,当今学界对秃发鲜卑的一些看法存在争议和分歧,大多是由于对史料的选取不同,部分研究者缺乏对史料的辨析意识,往往选取不恰当,甚至是错误的史料,是造成该问题的重要原因。所以,对基本史料的辨析,是研究秃发鲜卑的前提,只有在梳理清秃发鲜卑基本史料的基础上,才能准确判断其价值,并合理用于秃发鲜卑的历史研究。

秃发鲜卑基本史料,是以正史为主的,各类体裁史书对秃发鲜卑的集中记载。主要包括《晋书》《魏书》《通典》《太平御览》《太平寰宇记》《文献通考》《通志》等纪传体正史、典志体史书、大型类书、地理总志中关于秃发鲜卑相关专传专条。

一、《晋书·载记第二十六》

《晋书》130卷,唐房玄龄领衔编撰(因唐太宗为宣帝、武帝二纪和陆机、王羲之两传作论,又题"御撰"),于贞观二十二年(648)成书。记事起于司马懿,止于刘裕建立刘宋,共约141年历史,其中卷一二六有《秃发乌孤载记》《秃发利鹿孤载记》和《秃发傉檀载记》3篇。

《晋书》以"载记"的形式记述了十六国的各割据政权,其中记录"南凉"政权的载记分为3篇,即《秃发乌孤载记》《秃发利鹿孤载记》和《秃发傉檀载记》。虽然记述"南凉"政权的载记被分为3篇,但却一以贯之,是起于公元3世纪左右,秃发匹孤迁至河西,止于东晋安帝义熙十年(414)南凉为乞伏炽磐所灭,秃发傉檀投降西秦。叙述了秃发鲜卑的族名、族属、世系、发展历史、十六国时期西北鲜卑各部与诸割据政权之间关系。特别是族源上,特意强调了"其先与后魏同出"①，后南凉为乞伏炽磐所灭，秃发傉檀之子破羌投奔北魏，拓跋焘亦称"卿与朕源同，因事分姓，今可为源氏"②。《秃发乌孤载记》明确记载了秃发鲜卑世系及发展过程，其自秃发匹孤迁至河西后，先后经历秃发寿阗、秃发树机能、秃发务丸、秃发推斤、秃发思复鞬、秃发乌孤七人，加上秃发利鹿孤和秃发傉檀，共计八代九人。据唐人刘知几《史通》记载，唐太宗以前代各家晋史未能尽善，便令史官"采正典与杂说数十余部，兼引伪史《十六国书》，为纪十、志二十、列传七十、载记三十"③。此处所说"《十六国书》"即北魏崔鸿所撰《十六国春秋》，故一般认为，崔鸿《十六国春秋·南凉录》当是《晋书·载记第二十六》的史料来源之一。

正因如此，《晋书》卷一二六《秃发乌孤载记》《秃发利鹿孤载记》和《秃发傉檀载记》成为了现存史料中记录秃发鲜卑历史最早，也最全面的史料，对于研究秃发鲜卑的发展、同周边民族交往融合的历史，以及魏晋南北朝史和中国古代北方民族有着重要意义。

二、《魏书·秃发乌孤传》

《魏书》130 卷(如不分子卷，当为 114 卷)④，其中本纪

---

① (唐) 房玄龄等 :《晋书》卷一二六《载记第二十六·秃发乌孤》，北京 :中华书局，1974 年，第 3134 页。

② (北齐) 魏收 :《魏书》卷四十一《源贺传》，北京 :中华书局，1974 年，第 919 页。

③ (唐) 刘知几著，(清) 浦起龙通释 :《史通通释》卷十二《外篇·古今正史第二》，上海 :上海古籍出版社，1978 年，第 350 页。

④《魏书·出版说明》，第 1 页。

12 卷、列传 98 卷、志 20 卷。北齐魏收修撰,成书于文宣帝天保五年(554),为纪传体断代史史书。是书记录了公元四世纪末到六世纪中叶,约 160 年北魏至东魏历史。其中卷九十九有《秃发乌孤传》。

　　《魏书》主要取材于北魏所修国史和北魏使节、商贩同周边民族或外国交往过程中产生的记录和口述材料①。北魏建立初期,拓跋珪就曾命邓渊撰《代记》十余卷,记录拓跋鲜卑自部落时代到北魏政权建立之间历史,今本《魏书·序纪》即为其梗概。太武帝拓跋焘时,令崔浩领衔续写国史,成编年体史书 30 卷,称《国书》,后崔浩因“国史案”被诛,国史修撰遂停。后虽有高允兼掌史职,但由于国史之狱,“东观中圮,册勋有缺”②,还是基本沿袭了崔浩《国书》体例。孝文帝太和十一年(487),命李彪、崔光以纪传体改写《国书》,其内容大致截至拓跋弘时期(466—471 年)。之后又有邢峦、崔鸿等人先后编撰高祖、世祖和肃宗三朝起居注,这些材料在魏收编修《魏书》时,成为了重要史料来源。《隋书·经籍志》称:“后魏克平诸国,据有嵩、华,使命司徒崔浩,博采旧闻,缀述国史。诸国记注,尽集秘阁”③,也就是说,崔浩编修《国史》时就有十六国各国国史参考。另据《北史·魏收传》记载,魏收修史时,还“搜采亡遗,缀叙后事,备一代史籍”④,这

---

① 《魏书·出版说明》,第 5 页。
② 《魏书》卷六十二《李彪传》,第 1394 页。
③ (唐)魏徵:《隋书》卷三十三《经籍志二》,北京:中华书局,1973 年,第 964 页。
④ (唐)李延寿:《北史》卷五十六《魏收传》,北京:中华书局,1974 年,第 2030 页。

里所说"亡遗",应包括散落民间的部分十六国国史。

　　《魏书·秃发乌孤传》主要记录了秃发匹孤至秃发傉檀八代九人之事迹,其中秃发利鹿孤和秃发傉檀传记附于其后。对比《魏书·秃发乌孤传》和《晋书·载记第二十六》,可以发现,后者记述内容远较前者丰富。这应是崔鸿、魏收二人修史角度、立场不尽相同,对史料取舍多少所造成。

　　但二者关于秃发鲜卑先世的内容大致相同,仅存在部分差别。如两篇传文均记载秃发鲜卑在秃发匹孤时自塞北迁至河西,领地四至分别是"东至麦田,牵屯,西至湿罗,南至浇河,北接大漠"①;另外,两篇传文均将"秃发"释为被子②,并记西晋泰始时秃发树机能起义之事③。其后涉及秃发乌孤兄弟建立南凉政权、同周边政权往来和战的内容,《晋书·载记第二十六》要远详于《魏书·秃发乌孤传》。两篇传文记载秃发先世时,差别在于《晋书》记载了"(秃发)其先与后魏同出"④、秃发寿阗之母为胡掖氏⑤;《魏书》多"(树机能)又斩凉州刺史杨欣于丹岭"⑥之记载。其余就是二者因书写习惯不同导致的差异,并不影响传文含义,如《魏书》作"鲜卑秃

①《魏书》卷九十九《秃发乌孤传》,第 2200 页;《晋书》卷一二六《载记第二十六·秃发乌孤》,第 3141 页。
②《魏书》卷九十九《秃发乌孤传》,第 2200 页;《晋书》卷一二六《载记第二十六·秃发乌孤》,第 3141 页。
③《魏书》卷九十九《秃发乌孤传》,第 2200 页;《晋书》卷一二六《载记第二十六·秃发乌孤》,第 3141 页。
④《晋书》卷一二六《载记第二十六·秃发乌孤》,第 3141 页。
⑤《晋书》卷一二六《载记第二十六·秃发乌孤》,第 3141 页。
⑥《魏书》卷九十九《秃发乌孤传》,第 2200 页。

发乌孤"，《晋书》作"秃发乌孤，河西鲜卑人也"；《魏书》作
"匹孤死，子寿阗统任"，《晋书》作"匹孤卒，子寿阗立"等。

　　《魏书》虽成书早于《晋书》，但据前文所述，《晋书》30
篇《载记》大量取材于崔鸿所著《十六国春秋》，《魏书·崔
鸿附崔光传》记崔鸿著《十六国春秋》事，可见魏收纂修《魏
书》时，是书已"颇相传读"①。但魏收对是书评价不高，认为
其"经综既广，多有违谬"②。如此看来，《魏书·秃发乌孤载
记》与《晋书·载记第二十六》在传文上虽基本一致，但并非
同出于《十六国春秋》。根据《魏书·崔鸿附崔光传》所载：
"以刘渊、石勒、慕容儁……冯跋等，并因事故，跨僭一方，各
有国书，未有统一，鸿乃撰为《十六国春秋》"③，可知《十六国
春秋》是缀录十六国国书而成，《魏书》关于十六国内容也取
材于各国国书。《隋书·经籍志》"霸史"部分录有十六国各
国国史，其中有《托跋凉录》十卷，亡轶不存④，这极大可能
是《十六国春秋·南凉录》和《魏书·秃发乌孤传》主要史料
来源。

　　综上所述，可以认定今本《魏书·秃发乌孤传》应是同
《十六国春秋》一样，改写自南凉国史《托跋凉录》。但由于
修史角度不同，魏收对其进行了大量删削，导致《魏书·秃
发乌孤传》无法还原《托跋凉录》原貌。而《晋书·载记第

①《魏书》卷六十七《崔鸿附崔光传》，第1505页。
②《魏书》卷六十七《崔鸿附崔光传》，第1505页。
③《魏书》卷六十七《崔鸿附崔光传》，第1504页。
④《隋书》卷三十三《经籍志二》，第964页。

二十六》则是以《十六国春秋·南凉录》为主要史源，所以在使用基本史料进行研究时，还应以《晋书·载记第二十六》作为主要基本史料，《魏书·秃发乌孤传》则是重要参考材料。

三、屠本《十六国春秋·南凉录》

《十六国春秋》100卷，北魏崔鸿所著，北宋以降，散轶不存。根据《魏书·崔鸿附崔光传》，崔鸿所著《十六国春秋》共百卷，此外崔鸿还另作序例一卷、年表一卷。今本所见《十六国春秋》为明代屠乔孙假托崔鸿之名所著，但其内容基本辑录自《晋书》《资治通鉴》《太平御览》《魏书》《北史》《水经注》《古今刀剑录》《小名录》和《北堂书钞》诸书。其中卷八十八至九十三卷为《南凉录》，集中辑录了秃发鲜卑的历史。除此之外，现存还有《别本十六国春秋》和《十六国春秋辑补》两种版本。

屠本《十六国春秋·南凉录》主要辑佚自《晋书·载记第二十六》和《资治通鉴》两部史书，兼以补缀《古今刀剑录》等其他史籍。前文所述，《晋书·载记第二十六》主要史料来源是原本《十六国春秋》，以其作为辑佚主要史源可以最大程度恢复原本史籍容貌。《资治通鉴》中有不少史料不见于诸书，翻检《资治通鉴考异》，可知司马光时，原本《十六国春秋》未完全散轶，所以这些史料或为《晋书》未抄录原本《十六国春秋》部分。

比对屠本《十六国春秋·南凉录》和《晋书·载记第二十六》，可以发现，前者近一半材料出自后者。但屠本

《十六国春秋》并非完全原文移录,而是为了行文流畅和清晰,对部分语句进行了修改,并且在其中不时插入其他史籍材料,形成了与《晋书·载记第二十六》有所出入的文字叙述。如传文开篇介绍秃发鲜卑族源一句,《晋书·载记第二十六》作"秃发乌孤,河西鲜卑人也。其先与后魏同出"①,而屠本《十六国春秋·南凉录》则删掉"也""后"二字,变作"秃发乌孤,河西鲜卑人。其先与魏同出"②。此类不影响文意的改写,整篇共计 70 余处 ③。

　　屠本《十六国春秋》卷八十八和八十九集中记载了秃发乌孤、秃发利鹿孤和秃发傉檀兄弟事迹,卷九十则是记载了南凉政权其他较为重要的人物,其中秃发文支、秃发樊尼、秃发破羌三人为秃发宗室;折掘氏为秃发傉檀之妻;杨桓、宗敞、孟祎等人均为南凉重要文臣。这些人物相关史料是通过《晋书·载记第二十六》和《晋书》中其他相关散见史料缀补而成,这就造成了屠本《十六国春秋·南凉录》和《晋书·载记第二十六》史料位置存在差异的现象。如公元 406 年(东

---

① 《晋书》卷一二六《载记第二十六·秃发乌孤》,第 3134 页。

② 屠乔孙:《十六国春秋》卷八十八《南凉录一》,明屠氏兰晖堂本,明万历三十七年(1609),第 28 册卷八十八页 1 正。

③ 如《晋书》作"壮果多谋略",屠本作"壮果雄健,兼多谋略";《晋书》"乌孤即思复鞬之子也"一句,屠本则将"子"改为"长子"等等。屠本这种将原文增改,或出于完善原文之意,但导致文字冗长,不免有画蛇添足之嫌。另外,如《晋书》"吕隆为沮渠蒙逊所伐,遣使乞师"一句,屠本则作"吕隆为沮渠蒙逊所逼,遣使乞师",其中"伐"作"逼";《晋书》"乞伏乾归之在晋兴也",屠本作"乞伏乾归之归晋兴也","在"作"归"等例,应是屠氏根据文意所改。

晋义熙二年)①,秃发傉檀于宣德堂大宴群臣事,《晋书》记作"傉檀宴群僚于宣德堂,仰视而叹曰:'古人言作者不居,居者不作,信矣。'孟祎进曰:'张文王筑城苑,缮宗庙,为贻厥之资,万世之业,秦师济河,灌然瓦解。梁熙据全州之地,拥十万之众,军败于酒泉,身死于彭济。吕氏以排山之势,王有西夏,率土崩离,衔璧秦雍。宽饶有言:富贵无常,忽辄易人。此堂之建,年垂百载,十有二主,唯信顺可以久安,仁义可以永固,愿大王勉之。'傉檀曰:'非君无以闻谠言也。'"②而屠本则记为"傉檀宴群臣于宣德堂,酒酣,仰视而叹。孟祎极言切谏,傉檀嘉纳之"③。秃发傉檀和孟祎之间对话,则被缀入卷九十《南凉录三·孟祎》部分中,这就客观造成了对《晋书》史料的割裂。

　　屠本《十六国春秋·南凉录》除近二分之一材料来自《晋书·载记第二十六》外,另外二分之一则是由《资治通鉴》相关散见史料缀补而成。学界主流观点认为《通鉴》在隋以前因文献缺乏,其主要是改写删削自《史记》至《隋书》这些纪传体史料,所以研究者在进行历史研究时应着重引用纪传体史料,而不宜使用《通鉴》④。但通过对二者史文对读可知,情况并非如此。屠本《十六国春秋·南凉录》3 卷缀补自《通鉴》的史料不见于他处,为《通鉴》独有,因此这些史料对研

---

①南凉弘昌三年(404),秃发傉檀因畏惧后秦势力,去年号,408 年复称凉王,改元嘉平,故此时南凉无国号。

②《晋书》卷一二六《载记第二十六》,第 3150 页。

③《十六国春秋》卷八十九《南凉录二》,第 28 册卷八十九页 4 正。

④黄永年:《古文献学四讲》,厦门:鹭江出版社,2003 年,第 55 页。

究秃发鲜卑建立的南凉政权是十分重要的。陈勇通过研究，推测"《通鉴》独家保存的大量十六国资料，或源于司马光等人当日所见而今已残缺、散轶的十六国国别史文献"①。另外，《通鉴》中对南凉政权中职官介绍尤为具体，如公元406年，对秃发文支的记载，《晋书》记作"傉檀遣其将文支讨南羌、西虏，大破之"②；而《通鉴》则记为"秃发傉檀以兴城侯文支镇姑臧"③，这种差别在《通鉴》中俯首皆是。虽然陈勇也无法断言《通鉴》中十六国史料具体来源，但可以肯定的是，这些保留下来的史料，对于十六国史研究，几乎是有同《三国志》裴注类似的"补缺"作用④。

　　屠氏将散见于《通鉴》当中的这些史料，补充入《晋书》载记中，补缀形成今本屠本《十六国春秋·南凉录》的主体。同《晋书》一样，屠氏在摘录《通鉴》相关史料时，对部分原文进行了改动。如公元394年（晋孝武帝太元十九年），秃发乌孤继任秃发鲜卑首领后，与手下大将纷陀对话，此段材料仅见于《通鉴》。《通鉴》记作"秃发思复鞬卒，子乌孤立。乌孤雄勇有大志，与大将纷陀谋取凉州。纷陀曰：'公必欲得凉州，宜先务农讲武，礼俊贤，修政刑，然后可也。'乌孤从

---

① 陈勇：《〈资治通鉴〉十六国资料释证——汉赵、后赵、前燕部分》，北京：中国社会科学出版社，2010年，第1页。

② 《晋书》卷一二六《载记第二十六》，第3149页。

③ 司马光：《资治通鉴》卷一一四《晋纪三十六》"安帝二年"条，北京：中华书局，1957年，第3591页。

④ 《〈资治通鉴〉十六国资料释证——汉赵、后赵、前燕部分》，第11页。

之"①;屠本则作"思复鞬死,乌孤嗣立,雄勇有大志,与大将纷陀谋,复欲规取凉州。纷陀曰:'明公必欲得凉州,宜先务农桑,修邻好,礼贤俊,明政刑,然后乃可。'乌孤从之"②。可以看出,屠本除将原文"公"改作"明公"外,还对原文进行了修改。值得注意的是,屠本《南凉录》以南凉年号系年,在秃发乌孤建元前则统一采用两晋年号。特别是在秃发傉檀去"弘昌"年号(404)至重新建元"嘉平"(408)3年间,屠本《南凉录》仍以"弘昌"年号系年,故而多出"弘昌四年""弘昌五年"和"弘昌六年"3个不见于史籍的年号。可以说,屠本对处理《通鉴》相关史料相对成功,将原本散落于各年的史料缀补成篇,并与《晋书》载记结合,大大丰富了史料内容。

　　除《晋书》和《通鉴》外,屠本《南凉录》还零星存有抄录自其他史籍的材料,如"造刀一口,狭小,长二尺五寸,青色。匠人云:'当作之时,梦见一老人,朱衣被髪,云:吾是太乙神,故来看尔作刀。且云:若有敌至,刀必自鸣。'"③一条来自《古今刀剑录》;"其母胡掖氏梦一老父,被发左衽,乘白马,谓曰:'尔夫虽西移,终当东返,至凉必生贵男。言终,胎动而寤。'"等等。但都以传说轶事为主,史料价值不大,故不再赘述。

-----

①司马光:《资治通鉴》卷一〇八《晋纪三十》"孝武帝十九年"条,第3412页。

②《十六国春秋》卷八十八《南凉录一》,第28册卷八十八页2正。

③(南朝)陶弘景:《古今刀剑录》,影印文渊阁四库全书本。

　　屠本《十六国春秋·南凉录》内容虽抄录自《晋书·载记第二十六》和《通鉴》相关史料,只是二手史料。但将《晋书》和《通鉴》中有关秃发鲜卑的史料缀合为一,自成传记,最大程度地展现出秃发鲜卑的历史进程。可以说,屠本《十六国春秋·南凉录》是研究秃发鲜卑及其建立的南凉政权重要的参考史料。

四、《通志·南凉载记》

　　《通志》,典志体史书,作者南宋郑樵,同《通典》和《文献通考》合称"三通"。其中有帝纪 18 卷、皇后列传 2 卷、年谱 4 卷、略 51 卷、列传 125 卷,合计共 200 卷。其中卷一九二有《载记第七·南凉》,为专门记录秃发鲜卑的史料。

　　学界一般认为,《通志》最具价值的是其"二十略"部分,清季徐仁铸就有"《通志》之纪传,与正史出入,可无读,其学术心得皆在二十略,读略足矣"① 之言。通过对比可以发现,《通志·南凉载记》基本原文抄录自《晋书·载记第二十六》。但是,《通志·南凉载记》和《晋书·载记第二十六》间存在着一些字词和语句上的差别,有些甚至明显是错字。如将"从弟务丸立"抄录成"从弟务凡直","乌孤将从之"抄录成"乌狐将从之","意云鲜卑"作"息云鲜卑","谢其使而遣之"作"谢使其而遣之",等等。此外,《通志·南凉载记》还对《晋书·载记第二十六》部分语句进行了删削。如"傉檀曰:

────────
① 尹飞舟编:《湖南维新运动史料》(湖湘文库),长沙:岳麓书社,2013年,第 83 页。

'卿忠臣也!'以为左司马。利鹿孤谓其群下曰:'吾无经济
之才,忝承业统,自负乘在位,三载于兹。虽夙夜惟寅,思弘
道化,而刑政未能允中,风俗尚多凋弊;戎车屡驾,无辟境之
功;务进贤彦,而下犹蓄滞。岂所任非才,将吾不明所致也?
二三君子其极言无讳,吾将览焉。'"① 一段对话,《通志·南凉
载记》只记有秃发傉檀之语,秃发利鹿孤对群臣之言则全部
删除,此类删削在《通志·南凉载记》中达 10 余处之多。这
些抄写错误和语句省略、删削,对理解文意造成了一定困扰,
在研究时需要细致甄别。

综上,《通志·南凉载记》既是后出史料,又存在部分词
句谬误和删削情况,整体并未有超出《晋书·载记第二十六》
的内容,所以并没有太大史料价值。

五、《文献通考·四裔考十九·秃发》

《文献通考》348 卷,作者马端临,生于宋季,成书于元
初。是书为典志体史书,分为 24 门,其中田赋、钱币、户口、
职役、征榷、市籴、土贡、国用、选举、学校、职官、郊社、宗庙、
王礼、乐、兵、刑、舆地、四裔等 19 门沿袭《通典》所成,而经
籍、帝系、封建、象纬和物异 5 门则为《文献通考》新设。其
中沿袭《通典》19 门的内容,天宝以前内容主要来自《通
典》;天宝以后至宋宁宗嘉定末年部分则为《文献通考》新
增,广采经史、奏疏,资料极为丰富。是书卷三四二有《四裔
考十九·秃发》。

---

① 《晋书》卷一二六《载记第二十六》,第 3145—3146 页。

　　《文献通考》虽是自上古论述至宋末,但其有关宋代内容占到全书一半以上,是全书主干部分。其之前史料大部分是抄录自《通典》及其他前代史料,清人徐仁铸在《輶轩今语》中有论:"《通典》之精华,大半为《文献通考》所采入。"[1] 翻检《通典》可知,《通典·边防典》中并未给秃发鲜卑设立专门条目,与其相涉民族条目也对其提及较少,所以《文献通考·四裔考十九·秃发》并非抄录自《通典》,应是马氏改写自其他前代史籍。

　　通过对比,可以发现《文献通考·四裔考十九·秃发》是马氏根据《晋书·载记第二十六》改写而成。二者之间主要差异是篇幅不同,马氏将《晋书·载记第二十六》缩减至319字,大量删减、缩略原史文内容。如将"泰始中,杀秦州刺史胡烈于万斛堆,败凉州刺史苏愉于金山,尽有凉州之地,武帝为之旰食。后为马隆所败,部下杀之以降。"[2] 一句,删削为"泰始中,入寇,杀秦州刺史胡烈,又败凉州之师,尽有凉州之地。武帝遣马隆击破之,为部下所杀"[3];《晋书·载记第二十六》"利鹿孤以隆安三年即伪位……弟傉檀嗣"[4] 一段,约2000字,《文献通考·四裔考十九·秃发》缩略为"乌孤死,弟利鹿孤立,徙居西平。隆安五年,称河南王。三年卒,

①《湖南维新运动史料》(湖湘文库),第 94 页。
②《晋书》卷一二六《载记第二十六》,第 3141 页。
③(元)马端临著,上海师范大学古籍研究所等点校:《文献通考》卷三四二《四裔考十九·秃发》,北京:中华书局,2011 年,第 9475 页。
④《晋书》卷一二六《载记第二十六》,第 3144—3147 页。

弟僳檀嗣"①。

　　因此,《文献通考·四裔考十九·秃发》不但是后出史料,而且对《晋书·载记第二十六》史文进行了大量删削,并无什么史料价值可言。

六、《太平御览·偏霸部十·南凉》

　　《太平御览》,1000卷,李昉领衔所著,是北宋初期官修4部大书之一,共分50门,4558个子目,子目之下则是以时代先后对所引条目进行排列,引文之前署以书名。南宋洪迈称:"太平兴国中编次《御览》,引用书一千六百九十种,其纲目并载于首卷,而杂书诗赋又不能具录,以今考之,不传者十七八。"②可见,及至南宋时,《太平御览》中所著书目已散轶十之七八,其中所保存的材料就愈显珍贵。《太平御览》中崔鸿原本《十六国春秋》至北宋中期就已亡佚不存,今人所见诸本皆为明清学者假托崔鸿之名辑佚而来③。而《太平御览》其中引用崔鸿《十六国春秋》文字达四百八十余条④,其中包括记录秃发鲜卑的《南凉录》部分文字。

①《文献通考》卷三四二《四裔考十九·秃发》,第9476页。
②(南宋)洪迈撰,孔繁礼点校:《容斋随笔》卷七《国初文籍》,北京:中华书局,2005年,第908页。
③今人所见《十六国春秋》主要有三个版本,分别是明人屠乔孙、项琳所辑屠本《十六国春秋》,《汉魏丛书》中,有明人辑佚的《十六国春秋》十六卷本,以及清人汤球辑补的《十六国春秋辑补》。
④(北宋)李昉等:《太平御览》重印前言,北京:中华书局,1960年,第1页。

　　从研究秃发鲜卑和南凉的角度来说,《太平御览》的史料价值有二:其一是可以作为《晋书·载记第二十六》《十六国春秋·南凉录》等基本史料的重要参考材料,如现行中华书局点校本《晋书》,就以《太平御览》作为主要校勘材料,其中《载记第二十六》中有 3 条校勘记引自《太平御览》①。其二,《太平御览》还可钩稽早已散轶的秃发鲜卑相关史料,屠本《十六国春秋》、汤球《十六国春秋辑补》在补缀时,均或多或少取材、参考了《太平御览》当中相关史料。是书卷一二六《偏霸部十》有《南凉》。

　　《偏霸部十·南凉》分《南凉秃发乌孤》《秃发利鹿孤》和《秃发傉檀》三部分,主要节录自崔鸿《十六国春秋·南凉录》和《晋书·载记第二十六》。由于崔鸿《十六国春秋》早已亡轶,故《太平御览》中保留的《十六国春秋》文字成为一手史料之一。此外,是书所节录的《晋书·载记第二十六》中文字基本和今本无异,故《太平御览》作为核订、补充其他秃发鲜卑史料,仍具有较大价值。

　　经过对记载秃发鲜卑主要史料辨析后可以发现,《晋书·载记第二十六》是现存相对最早且最为全面记载秃发鲜卑的史料。《魏书·秃发乌孤传》虽传文简略且与《晋书·载记第二十六》记载内容大致相当,但其成书早于《晋书·载记第二十六》,同样具有重要参考价值。屠本《十六国春秋》虽为明人辑补而成,但其将《晋书》《资治通鉴》中记载秃发鲜卑重要史料连缀成文,形成不同于《晋书·载记第二十六》

---

①《晋书》卷一二六《载记第二十六》,第 3159 页。

的传记，对研究秃发鲜卑历史具有较高参考价值。《通志》《文献通考》《太平御览》等书中涉及的秃发鲜卑专传专条，价值虽相较上述三种史料价值较低，但却不可完全忽视。根据这些基本史料记载，大致可以勾勒出十六国时期秃发鲜卑历史发展进程。

乞伏鲜卑基本史料辨析

林 睿

乞伏鲜卑是陇西鲜卑中的一部,和秃发鲜卑同属西部鲜卑。乞伏祐邻时期迁徙至夏缘。乞伏司繁时期,归附前秦,被苻坚封为南单于、镇西将军,驻于勇士川(即苑川,今甘肃榆中)。十六国时期,建立西秦政权,431年为赫连夏所灭。

乞伏鲜卑历史的研究,是建立在其历史资料基础上的,史料是史学研究的基础和前提,对于乞伏鲜卑的研究同样如此,只有详尽地占有乞伏鲜卑的史料,才能更加深入地开展乞伏鲜卑历史的研究。关于乞伏鲜卑史料主要包括传世文献史料和考古实物资料,前者主要是以正史为主,历代史家记录的文字史料;后者则是包括乞伏鲜卑碑刻、出土文书和考古遗址遗迹等资料。目前来看,鲜有关于乞伏鲜卑的考古资料,而碑刻文书也相对匮乏,所以传世文献史料就显得尤为重要。我们知道,由于文献史料的成书年代、编撰者立场不同,其形成的史料价值也大相径庭,其中亦不乏因五厄散轶不存,后人托古补缀的史料。所以辨析、比较,对这些传世史料去伪存真是使用他们进行历史研究的前提。目前而言,当今学界对乞伏鲜卑的一些看法存在争议和分歧,大多是由于对史料的选取不同,部分研究者缺乏对史料的辨析意识,往往选取不恰当,甚至是错误的史料,是造成该问题的重要原因。所以,对基本史料的辨析,是研究乞伏鲜卑的前提,只有在梳理清乞伏鲜卑基本史料的基础上,才能准确判断其价值,并合理用于乞伏鲜卑的历史研究。

乞伏鲜卑基本史料,是以正史为主的,各类体裁史书对乞伏鲜卑的集中记载。除《晋书》《魏书》《北史》等纪传体正史外,还包括《通典》《通志》《文献通考》《太平御览》《太平寰宇记》等典志体史书、大型类书、地理总志以及辑本《十六国春秋》中关于乞伏鲜卑相关专传专条。

一、《晋书·载记第二十五》中乞伏氏载记

《晋书》130 卷,唐房玄龄领衔编撰(因唐太宗为宣帝、武帝二纪和陆机、王羲之两传作论,又题"御撰"),于贞观二十二年(648)成书。纪事起于司马懿,止于刘裕建立刘宋,共约 141 年历史。《晋书》中设有载记 30 篇,专门用来记载十六国时期北方各割据政权,其中卷一二五《载记第二十五》中有记载乞伏鲜卑建立的西秦政权载记 3 篇,分别是《乞伏国仁载记》《乞伏乾归载记》和《乞伏炽磐载记》。

《晋书》通过西秦 3 位国君载记来记述乞伏鲜卑自迁徙至陇西,至 431 年西秦政权为赫连夏所灭的历史,其中包括乞伏鲜卑族名、族属、世系、发展历史和乞伏鲜卑同十六国时期各割据势力之间的往来关系等内容。根据《晋书·载记第二十五·乞伏国仁载记》记载,乞伏鲜卑原本驻牧于漠北大阴山周边,传说其部自大阴山南迁时,遇到一小儿,长大后被推举为乞伏可汗托铎莫何,这是乞伏部有记载以来第

一位首领。之后乞伏祐邻时期,乞伏鲜卑迁徙至夏缘,后经乞伏结权、乞伏利那、乞伏祁泥、乞伏述延、乞伏大寒和乞伏司繁六位首领对周边鲜卑部落兼并吸收,乞伏国仁继任首领时,乞伏鲜卑已经是陇西鲜卑中最为强大的一部了。一般认为,《晋书》30 篇载记主要史料来源是北魏崔鸿所撰《十六国春秋》,其中《载记第二十五》中乞伏鲜卑 3 篇载记应是由《十六国春秋·西秦录》改写而成,所以目前学界主流观点仍是"因崔鸿的《十六国春秋》已经亡轶,三十卷载记成为了解十六国汉族、少数民族之间的阶级斗争、民族斗争和民族融合的重要史料"[1]。正因如此,《晋书》卷一二五《载记第二十五》中《乞伏国仁载记》《乞伏乾归载记》和《乞伏炽磐载记》是现存记录乞伏鲜卑历史最早和最全面的史料,对于研究乞伏鲜卑的发展、同周边民族交往融合的历史,以及魏晋南北朝史和中国古代北方民族有着重要意义。

二、《魏书》卷九十九《乞伏国仁传》

《魏书》130 卷(如不分子卷,当为 114 卷)[2],其中本纪12 卷、列传 98 卷、志 20 卷。北齐魏收修撰,成书于文宣帝天保五年(554),为纪传体断代史史书。是书记录了公元四世纪末到六世纪中叶,约 160 年北魏至东魏历史。其中卷九十九有《乞伏国仁传》。

---

①(唐)房玄龄等:《晋书·出版说明》,北京:中华书局,1974 年,第7 页。
②(北齐)魏收:《魏书·出版说明》,北京:中华书局,1974 年,第1 页。

　　《魏书》主要取材于北魏所修国史和北魏使节、商贩同周边民族或外国交往过程中产生的记录和口述材料①。北魏建立初期,拓跋珪就曾命邓渊撰《代记》十余卷,记录拓跋鲜卑自部落时代到北魏政权建立之间历史,今本《魏书·序纪》即为其梗概。太武帝拓跋焘时,令崔浩领衔续写国史,成编年体史书 30 卷,称《国书》,后崔浩因"国史案"被诛,国史修撰遂停。孝文帝太和十一年(487),命李彪、崔光以纪传体改写《国书》,其内容大致截至拓跋弘时期。之后又有邢峦、崔鸿等人先后编撰高祖、世祖和肃宗三朝起居注,这些材料在魏收编修《魏书》时,成为了重要史料来源。《隋书·经籍志》称:"后魏克平诸国,据有嵩、华,使命司徒崔浩,博采旧闻,缀述国史。诸国记注,尽集秘阁"②,也就是说,崔浩编修《国史》时就有十六国各国国史参考。另据《北史·魏收传》记载,魏收修史时,还"搜采亡遗,缀叙后事,备一代史籍"③,这里所说"亡遗",应包括散落民间的部分十六国国史。

　　《魏书·乞伏国仁传》主要记载乞伏鲜卑自漠北南出至陇西,逐步兼并周边鲜卑部落,发展为陇西鲜卑中最强大的一部,建立西秦政权。乞伏乾归、乞伏炽磐和乞伏暮末传记则附于乞伏国仁之后。对比《魏书·乞伏国仁传》和《晋书·载记第二十五》,可以发现,前者文字远少于后者,只是对乞伏鲜

---

① 《魏书·出版说明》,第 5 页。

② (唐)魏徵等:《隋书》卷三十三《经籍志二》,北京 : 中华书局,1973年,第 964 页。

③ (唐)李延寿:《北史》卷五十六《魏收传》,北京 : 中华书局,1974 年,第 2030 页。

卑发展脉络的简要介绍,并没有像《晋书》那样详细记载。或
是因为《晋书·载记第二十五》主要是依据崔鸿《十六国春
秋》改写而来,而崔鸿和魏收虽为同时代人,但二人修史角度
和立场不尽相同,这就导致在史料取舍方面存在差异。

　　《魏书·乞伏国仁传》中关于乞伏鲜卑先世内容介绍要
远逊于《晋书·载记第二十五》中相关内容。如对乞伏鲜卑
南出大阴山之事记载,《魏书·乞伏国仁传》只称"其先如弗
自漠北南出"①;《晋书·载记第二十五》则记为"在昔有如
弗、出连、叱卢三部,自漠北南出大阴山,遇一巨虫于路,状若
神龟,大如陵阜,乃杀马而祭之,祝曰:'若善神也,便开路;恶
神也,遂塞不通。'俄而不见,乃有一小儿在焉。时又有乞伏
部有老父无子者,请养为子,众咸许之。老父欣然自以有所
依凭,字之曰纥干。纥干者,夏言依倚也。年十岁,骁勇善骑
射,弯弓五百斤。四部服其雄武,推为统主,号之曰乞伏可汗
托铎莫何。托铎者,言非神非人之称也"②。另外,关于乞伏祐
邻兼并诸部过程,《魏书·乞伏国仁传》也只是简单描述为
"五代祖祐邻并兼诸部,部众渐盛"③;《晋书·载记第二十五》
则对此过程记载较为详细,"其后有祐邻者,即国仁五世祖
也。泰始初,率户五千迁于夏缘,部众稍盛。鲜卑鹿结七万
余落,屯于高平川,与祐邻迭相攻击。鹿结败,南奔略阳,祐
邻尽并其众,因居高平川"④。

①《魏书》卷九十九《乞伏国仁传》,第 2198 页。
②《晋书》卷一二五《载记第二十五》,第 3113 页。
③《魏书》卷九十九《乞伏国仁传》,第 2198 页。
④《晋书》卷一二五《载记第二十五》,第 3113 页。

总体来看,《魏书·乞伏国仁传》文字虽远较《晋书·载记第二十五》中乞伏鲜卑相关内容少,但是乞伏鲜卑发展过程中重要事件并未遗漏,而且《魏书》成书早于《晋书》。据前文可知,《晋书》载记主要史源应为崔鸿所著《十六国春秋》,另据《魏书·崔光附崔鸿传》可知,魏收修撰《魏书》时,该书已传于世,但魏收评价其为"经综既广,多有违谬"[1],是传中还收录有崔鸿上表一封,其中提到"始自景明之初,搜集诸国旧史……考诸旧志,删正差谬,定为实录"[2],这里"旧史""旧志"应包括西秦国史,极有可能是《魏书·乞伏国仁传》的主要史源。

综上可知,今本《魏书·乞伏国仁传》或改写自西秦国史,但由于其内容较为简略,所以在研究过程中,还应以《晋书·载记第二十五》中乞伏鲜卑3篇载记作为基本史料,《魏书·乞伏国仁传》可作为重要参考史料。

三、《北史》卷九十三《乞伏国仁传》

《北史》共100卷,是一部由李延寿私修的史书,成书于唐太宗贞观十七年(643),该书卷九十三内有《乞伏国仁传》。

一般而言,《北史》是删削《魏书》《北齐书》《周书》《隋书》诸书而成,总体改动较少。中华书局在点校本《北史》出版说明中亦称:"改用《史记》纪传的体裁,删节宋、南齐、梁、

---

[1]《魏书》卷六十七《崔鸿传》,第1505页。
[2]《魏书》卷六十七《崔鸿传》,第1505页。

陈、魏、北齐、周、隋八书,又补充了一些史料,写成《南史》和
《北史》。"周一良在《魏收之史学》一文中也注意到,"李延寿
修《北史》多本魏收之书,略有删削"。

通过对比《北史·乞伏国仁传》和《魏书·乞伏国仁
传》传文,可以发现确如上诸家所言,《北史·乞伏国仁传》
史文是由《魏书·乞伏国仁传》删削而成。不同于《魏书》
卷一〇三《蠕蠕传》《匈奴宇文莫槐传》和《高车传》,《魏
书·乞伏国仁传》并未存在散轶情况,故李延寿对《魏书》删
削修改之处一目了然。

比对《北史·乞伏国仁传》和《魏书·乞伏国仁传》可发
现,两篇传文在内容上基本一致,其差异仅是一些字词增减、
改变;另外,《北史·乞伏国仁传》对《魏书·乞伏国仁传》中
一些细节进行了概括,如《魏书·乞伏国仁传》"慕末字安石
跋。既立,改年为永弘。其尚书陇西辛进尝随炽盘游后园,
进弹鸟,丸误伤慕末母面,至是杀进五族二十七人"[1]。《北史》
则记为"暮末,字安石跋。既立,改年为永洪。其尚书陇西辛
进曾随炽磐游于后园,进弹鸟丸,误伤暮末母面,至是,诛进
五族二十七人"[2]。显然,李延寿在不影响文意理解情况下,对
魏收文进行了处理。另外,其中二者对于个别专有名词用字
不同,如上引文乞伏暮末年号,《魏书》作"永洪",《北史》则
作"永弘";《魏书》作"乞伏炽盘",《北史》作"乞伏炽磐",
等等。其中二者对北魏诸帝称谓不同,《北史》多用谥号,如

---

①《魏书》卷九十九《乞伏国仁传》,第 2199 页。
②《北史》卷九十三《乞伏国仁传》,第 3081 页。

是文中对拓跋焘称"太武",而《魏书》多称庙号,即拓跋焘作"世祖"。这是因为《魏书》成书于北齐,北齐为接续东魏而来,而魏收更是历仕北魏、东魏、北齐三朝,其使用庙号是出于"追尊祖宗之号,皆为褒扬之词"之故,反映了其对北齐和东魏政权正统性的承认。《北史》作者李延寿则为唐人,在唐朝大一统的环境下,已无需争论东魏、西魏何者为正统,故而只称谥号,不用庙号。《魏书》《北史》由于成书时代不一,所以对北魏诸帝称呼不尽相同。

综上所述,可以明晰《北史·乞伏国仁传》确系删削改写自《魏书·乞伏国仁传》,所以我们在研究选用基本史料时,应当重视成书年代更早的《魏书·乞伏国仁传》,《北史·乞伏国仁传》只能作为二手参考史料使用。

四、屠本《十六国春秋·西秦录》

《十六国春秋》100卷,北魏崔鸿所著,北宋以降,散轶不存。根据《魏书·崔鸿附崔光传》,崔鸿所著《十六国春秋》共百卷,此外崔鸿还另作序例一卷、年表一卷。今本所见《十六国春秋》为明代屠乔孙假托崔鸿之名所著,但其内容基本辑录自《晋书》《资治通鉴》《太平御览》《魏书》《北史》《水经注》《古今刀剑录》《小名录》和《北堂书钞》诸书。其中卷八十五至八十七三卷为《西秦》,集中辑录了乞伏鲜卑的历史。除此之外,现存还有《别本十六国春秋》和《十六国春秋辑补》两种版本。

屠本《十六国春秋·西秦录》主要辑佚自《晋书·载记第二十五》和《资治通鉴》两部史书,兼以补缀《古今刀剑录》

等其他史籍。前文所述，《晋书·载记第二十五》主要史料来源是原本《十六国春秋》，以其作为辑佚主要史源可以最大程度恢复原本史籍容貌。《资治通鉴》中有不少史料不见于诸书，翻检《资治通鉴考异》，可知司马光时，原本《十六国春秋》未完全散轶，所以这些史料或为《晋书》未抄录原本《十六国春秋》部分。

比对屠本《十六国春秋·南凉录》和《晋书·载记第二十五》，可以发现，前者近一半材料出自后者。但屠本《十六国春秋》并非完全原文移录，而是对部分语句进行了修改，并且在其中不时插入其他史籍材料，形成了与《晋书·载记第二十五》有所出入的文字叙述。如传文开篇介绍乞伏鲜卑族源一句，《晋书·载记第二十五》作"乞伏国仁，陇西鲜卑人也。在昔有如弗斯、出连、叱卢三部，自漠北南出大阴山，遇一巨虫于路，状若神龟，大如陵阜，乃杀马而祭之"[1]，而屠本《十六国春秋·西秦录》则改"在昔"为"其先"，"弗斯"作"弗斯引"，变作"乞伏国仁，陇西鲜卑人也。其先有如弗斯引、出连、叱卢三部，自漠北南出大阴山，遇一巨虫于路，状若神，大如陵阜，乃杀马而祭之"[2]。其中"弗斯"作"弗斯引"，概因"弗斯"当为鲜卑语音译而来，其鲜卑语词后是以"-n"结尾的入声词[3]，故《十六国春秋》后加"引"字，从该角度来

---

① 《晋书》卷一二五《载记第二十五·秃发乌孤》，第3113页。

② 屠乔孙：《十六国春秋》卷八十五《西秦录一》，明屠氏兰晖堂本，明万历三十七年（1609），第27册，页31正。

③ 中华书局点校本《晋书·载记第二十五》校勘记认为，是句为"在昔有如弗与斯引"，诸本脱去"与""引"二字。

说,显然是屠本《十六国春秋》更为准确。为此类不影响文意的改写,整篇共计80余处。

屠本《十六国春秋》卷八十五至八十七,除记载乞伏国仁事迹外,还集中记载了乞伏乾归、乞伏炽磐、乞伏暮末、乞伏益州、乞伏昙达、乞伏乾归妻边氏、乞伏炽磐王后秃发氏、左夫人秃发氏,西秦大臣段晖、常垣、翟瑥、焦遗和辛进诸人。这些人物相关史料是通过《晋书·载记第二十五》和《晋书》《魏书》中其他相关散见史料缀补而成,但《十六国春秋》所记传文和《晋书》《魏书》史文存在明显差异、如上文所引乞伏暮末与辛进事,《魏书》记为"其尚书陇西辛进尝随炽盘游后园,进弹鸟,丸误伤慕末母面,至是杀进五族二十七人";而《十六国春秋》则记为"仕炽磐至尚书。初为散骑常侍,从炽磐游于后园凌霄观,进弹飞鸟,误中暮末之母,伤其面。及暮末即位,问伤母面之由,母以状告。暮末大怒,即日收进杀之,并其五族二十七人"①。显然,《十六国春秋》所记内容细节更为丰富,对此事发生具体地点和过程始因均有详细描述,可见,屠本《十六国春秋·西秦录》可补部分正史之缺。

屠本《十六国春秋·西秦录》除近二分之一材料来自《晋书·载记第二十五》和《魏书·乞伏国仁传》外,另外二分之一则是由《资治通鉴》相关散见史料缀补而成。学界主流观点认为《通鉴》在隋以前因文献缺乏,其主要是改写删削自《史记》至《隋书》这些纪传体史料,所以研究者在进行

①《十六国春秋》卷八十七《西秦录三》,明屠氏兰晖堂本,明万历三十七年(1609),第27册,页53背。

历史研究时应着重引用纪传体史料,而不宜使用《通鉴》①。
但通过对二者史文对读可知,情况并非如此。屠本《十六国
春秋·西秦录》3卷缀补自《通鉴》的史料不见于他处,为
《通鉴》独有,因此这些史料对研究秃发鲜卑建立的南凉政
权是十分重要的。陈勇通过研究,推测"《通鉴》独家保存的
大量十六国资料,或源于司马光等人当日所见而今已残缺、
散轶的十六国国别史文献"②。另外,《通鉴》中对西秦政权中
职官介绍尤为具体,如公元413年(东晋义熙九年),乞伏鲜
卑征讨周边部落,《晋书》记作"遣其镇东昙达与松寿率骑
一万,东讨破休官权小郎、吕破胡于白石川"③;而《通鉴》则
记为"遣镇东将军昙达与平东将军王松寿率骑一万,东讨休
官权小郎、吕破胡于白石川"④,这种差别在《通鉴》中俯拾皆
是。虽然陈勇也无法断言《通鉴》中十六国史料具体来源,
但可以肯定的是,这些保留下来的史料,对于十六国史研究,
几乎是有同《三国志》裴注类似的"补缺"作用⑤。

　　屠氏将散见于《通鉴》当中的这些史料,补充入《晋书》
《魏书》载记中,补缀形成今本屠本《十六国春秋·西秦录》
的主体。可以说,屠本对处理《通鉴》相关史料相对成功,将

①黄永年:《古文献学四讲》,厦门:鹭江出版社,2003年,第55页。
②陈勇:《〈资治通鉴〉十六国资料释证——汉赵、后赵、前燕部分》,北
　京:中国社会科学出版社,2010年,第1页。
③《晋书》卷一二五《载记第二十五》,第3116页。
④(北宋)司马光:《资治通鉴》卷一一四《晋纪三十六》"安帝二年"
　条,北京:中华书局,1957年,第3591页。
⑤《〈资治通鉴〉十六国资料释证——汉赵、后赵、前燕部分》,第
　11页。

原本散落于各年的史料缀补成篇,并与《晋书》载记结合,大大丰富了史料内容。

总之,屠本《十六国春秋·西秦录》内容系抄录自《晋书·载记第二十五》《魏书·乞伏国仁传》和《通鉴》相关史料而成,是二手史料。但从将《晋书》和《通鉴》中有关乞伏鲜卑的史料缀合为一自成传记角度看,其最大程度地展现出乞伏鲜卑的历史发展脉络。可以说,屠本《十六国春秋·南凉录》是研究乞伏鲜卑及其建立的西秦政权重要的参考史料。

五、《通志·西秦载记》

《通志》,典志体史书,作者南宋郑樵,同《通典》和《文献通考》合称"三通"。其中有帝纪 18 卷、皇后列传 2 卷、年谱 4 卷、略 51 卷、列传 125 卷,合计共 200 卷。其中卷一九一有《载记第六·西秦》,为专门记录乞伏鲜卑的史料。

学界一般认为,《通志》最具价值的是其"二十略"部分,清季徐仁铸就有"《通志》之纪传,与正史出入,可无读,其学术心得皆在二十略,读略足矣"[1] 之言。通过对比可以发现,《通志·西秦载记》基本原文抄录自《晋书》。但是,《通志·西秦载记》和《晋书》《魏书》间存在着一些字词和语句上的差别,有些甚至明显是错字。如将"麦田无孤山"抄录成"麦田旡孤山","鲜卑没奕于"抄录成"鲜卑没弈于","南

---

[1] 尹飞舟编:《湖南维新运动史料》(湖湘文库),长沙:岳麓书社,2013年,第 83 页。

丘鹿结"作"南邱鹿结",等等。这些抄写错误对理解文意造成了一定困扰,在研究时需要细致甄别。

综上,《通志·西秦载记》既是后出史料,又存在部分词句谬误和删削情况,整体并未有超出《晋书》《魏书》的内容,所以并没有太大史料价值。

六、《文献通考·四裔考十九·乞伏》

《文献通考》348 卷,作者马端临,生于宋季,成书于元初。是书为典志体史书,分为 24 门,其中田赋、钱币、户口、职役、征榷、市籴、土贡、国用、选举、学校、职官、郊社、宗庙、王礼、乐、兵、刑、舆地、四裔等 19 门沿袭《通典》所成,而经籍、帝系、封建、象纬和物异 5 门则为《文献通考》新设。其中沿袭《通典》19 门的内容,天宝以前内容主要来自《通典》;天宝以后至宋宁宗嘉定末年部分则为《文献通考》新增,广采经史、奏疏,资料极为丰富。是书卷三四二有《四裔考十九·乞伏》。

《文献通考》虽是自上古论述至宋末,但其有关宋代内容占到全书一半以上,是全书主干部分。其之前史料大部分是抄录自《通典》及其他前代史料,清人徐仁铸在《輶轩今语》中有论:"《通典》之精华,大半为《文献通考》所采入。"[1] 翻检《通典》可知,《通典·边防典》中并未给乞伏鲜卑设立专门条目,与其相涉民族条目也对其提及较少,所以《文献通考·四裔考十九·乞伏》并非抄录自《通典》,应是马氏改写

---

[1]《湖南维新运动史料》(湖湘文库),第 94 页。

自其他前代史籍。

通过对比,可以发现《文献通考·四裔考十九·乞伏》是马氏根据《晋书·载记第二十五》改写而成。二者之间主要差异是篇幅不同,马氏将《晋书·载记第二十五》缩减至430字,大量删减、缩略原史文内容。只保留有乞伏鲜卑族源传说及建立西秦大致脉络部分,其余尽皆删去,如"大寒死,子司繁立,始迁于度坚山。寻为苻坚将王统所袭,部众叛降于统。司繁叹谓左右曰:'智不距敌,德不抚众,剑骑未交而本根已败,见众分散,势亦难全。若奔诸部,必不我容,吾将为呼韩邪之计矣。'乃诣统降于坚。坚大悦,署为南单于,留之长安。以司繁叔父吐雷为勇士护军,抚其部众。俄而鲜卑勃寒侵斥陇右,坚以司繁为使持节、都督讨西胡诸军事、镇西将军以讨之。勃寒惧而请降,司繁遂镇勇士川,甚有威惠"一段,《文献通考》删削为"司繁立,为苻坚所破,率部众悉降于坚,坚署为南单于、都督讨西胡诸军事,镇勇士川"。

因此,《文献通考·四裔考十九·乞伏》不但是后出史料,而且对《晋书·载记第二十五》史文进行了大量删削,并无什么史料价值可言。

七、《太平御览·偏霸部十·南凉》

《太平御览》,1000卷,李昉领衔所著,是北宋初期官修4部大书之一,共分50门,4558个子目,子目之下则是以时代先后对所引条目进行排列,引文之前署以书名。南宋洪迈称:"太平兴国中编次《御览》,引用书一千六百九十种,其纲目并载于首卷,而杂书诗赋又不能具录,以今考之,不传者十七八。"① 可见,及至南宋时,《太平御览》中所著书目已散轶十之七八,其中所保存的材料就愈显珍贵。《太平御览》中崔鸿原本《十六国春秋》至北宋中期就已亡佚不存,今人所见诸本皆为明清学者假托崔鸿之名辑佚而来②。而《太平御览》其中引用崔鸿《十六国春秋》文字达四百八十余条③,其中包括记录乞伏鲜卑的《南凉录》部分文字。

　　从研究乞伏鲜卑和西秦的角度来说,《太平御览》的史料价值有二:其一是可以作为《晋书·载记第二十五》《十六国春秋·西秦录》等基本史料的重要参考材料,如现行中华书局点校本《晋书》,就以《太平御览》作为主要校勘材料,其中《载记第二十五》中有 2 条校勘记引自《太平御览》④。其二,《太平御览》还可钩稽早已散轶的乞伏鲜卑相关史料,屠本《十六国春秋》、汤球《十六国春秋辑补》在补缀时,均或多或少取材、参考了《太平御览》当中相关史料。是书卷一二六《偏霸部十一》有《西秦》。

　　《偏霸部十一·西秦》分《西秦乞伏国仁》《乞伏乾归》《乞伏炽磐》和《乞伏暮末》四部分,主要节录自崔鸿《十六国

①（南宋）洪迈撰,孔繁礼点校:《容斋随笔》卷七《国初文籍》,北京:中华书局,2005 年,第 908 页。

②今人所见《十六国春秋》主要有三个版本,分别是明人屠乔孙、项琳所辑屠本《十六国春秋》,《汉魏丛书》中,有明人辑佚的《十六国春秋》16 卷本,以及清人汤球辑补的《十六国春秋辑补》。

③（北宋）李昉等:《太平御览》重印前言,北京:中华书局,1960 年,第 1 页。

④《晋书》卷一二五《载记第二十五》,第 3115 页。

春秋·西秦录》和《晋书·载记第二十五》。由于崔鸿《十六国春秋》早已亡轶，故《太平御览》中保留的《十六国春秋》文字成为一手史料之一。此外，是书所节录的《晋书·载记第二十五》中文字基本和今本无异，故《太平御览》作为核订、补充其他乞伏鲜卑史料，仍具有较大价值。

　　通过对乞伏鲜卑基本史料的系统辨析可以确认，《晋书·载记第二十五》是现存相对最早且最为全面记载乞伏鲜卑的史料。《魏书·乞伏国仁传》与《晋书·载记第二十五》相比，补充了部分乞伏鲜卑末期史料，且成书早于《晋书·载记第二十五》，同样具有重要参考价值。屠本《十六国春秋》虽为明人辑补而成，但其将《晋书》《资治通鉴》中记载乞伏鲜卑重要史料连缀成文，形成不同于《晋书·载记第二十五》和《魏书·乞伏国仁载记》的传记，对研究乞伏鲜卑历史具有较高参考价值。《通志》《文献通考》《太平御览》等书中涉及的乞伏鲜卑专传专条，价值虽相较上述三种史料价值较低，但却不可完全忽视。上述史料，是研究十六国时期乞伏鲜卑历史的基本史料，依据这些基本史料，能够大体勾勒出乞伏鲜卑的历史发展进程。

吐谷浑基本史料辨析

曹　磊

"历史研究是一切社会科学的基础"[1]，史料则是历史研究的重要基础和前提。充分地占有史料，在历史唯物主义的指导下，对史料进行爬梳、辨析，得出科学的结论，这是历史研究的基本方法。

所谓吐谷浑基本史料，指以各类史书中的吐谷浑专传专条为主的史料。具体而言，包括《宋书》《南齐书》《魏书》《梁书》《周书》《隋书》《晋书》《北史》《南史》《旧唐书》《新唐书》《新五代史》等正史[2]当中的吐谷浑专传和《建康实录》《通典》《唐会要》《五代会要》《太平御览》《太平寰宇记》《册府元龟》《通志》《文献通考》等典志体、会要体和大型类书等史书中的吐谷浑专条。由于这些史料的题材各

---

① 《习近平致信祝贺中国社会科学院中国历史研究院成立强调：总结历史经验，揭示历史规律，把握历史趋势，加快构建中国特色历史学学科体系学术体系话语体系》，《人民日报》2019年1月4日第一版。

② 所谓"正史"，自隋代以来，一般指代纪传体史书。清乾隆年间，清高宗钦定"二十四史"，此后所称"正史"大多谓此，这也是目前被学术界广泛接受的"正史"概念。参阅（清）纪昀总纂：《四库全书总目提要》卷四十五《史部一·正史类一》，河北人民出版社，2000年，第1228页。

异、史源不一,其史料价值不可等量齐观。从史源关系来看,《宋书·鲜卑吐谷浑传》《南齐书·河南传》《魏书·吐谷浑传》《梁书·河南传》《周书·吐谷浑传》《隋书·吐谷浑传》《晋书·吐谷浑传》《北史·吐谷浑传》《旧唐书·吐谷浑传》《新唐书·吐谷浑传》《新五代史·吐谷浑传》属于研究相应历史时期吐谷浑史的一手史料,其余吐谷浑专传专条则大多属于沿袭前史的二手史料。因此,对于这些吐谷浑基本史料进行详细辨析,辨明史源关系,明确史料价值,对于进一步深入研究和探讨吐谷浑历史以及边疆史、北方民族史、中国古代史的相关问题,均有着重要意义。

　　南北朝时期是中国传统史学的大发展时期。这一时期,官方对修史日益重视,私人著史之风盛行。因此,该时期史著众多,对吐谷浑的历史情况亦不乏记载。留存到现在的史书中,以正史当中的《宋书》《南齐书》《魏书》对吐谷浑历史情况的记载最为详尽。在这些正史当中,既有集中记载吐谷浑历史的专传,又存在着大量涉及吐谷浑史事的散见史料。其中,《宋书·鲜卑吐谷浑传》《南齐书·河南传》《魏书·吐谷浑传》为吐谷浑基本史料。

一、《宋书·鲜卑吐谷浑传》

　　《宋书》,南齐官修史书,沈约奉敕撰,纪传部分成书于南齐永明六年(488)①,最终成书当在梁武帝天监元年(502)之

---

① (南朝梁)沈约:《宋书》卷一〇〇《自序》,中华书局点校修订本,2018年,第2705页。

后①。沈约修史之时,已有刘宋何承天、苏宝生、徐爰等人接续著成的《宋书》存世,南齐人孙严亦著有《宋书》65卷。此外,还有《宋中兴伐逆事》《晋宋旧事》②以及大量的刘宋起居注存世,这些丰富的刘宋史料无疑为沈约修《宋书》提供了便利。《宋书》的纪传,正是沈约在何、徐等人旧书的基础上著成的③。因急于成书,沈约在许多内容上"遂全抄旧文,而不暇订正耳"④,可以说是保存了何、徐旧书的基本面貌。是书卷九十六列传第五十六为《鲜卑吐谷浑传》,记述了从吐谷浑至拾寅时期吐谷浑的历史变迁、政治军事、经济文化、地理方位、自然环境、与周边诸政权及各民族间的关系等情况,是撰成时代最早的吐谷浑专传。

察吐谷浑与刘宋通使始于宋少帝景平元年(423)的阿豺⑤

①《宋书点校本修订前言一》,中华书局点校修订本,2018年,第3页。

②(唐)魏徵等:《隋书》卷三十三《经籍二》,中华书局点校修订本,2019年,第1089、1095页。

③《宋书》卷一〇〇《自序》,第2706页。

④(清)赵翼著,王树民校证:《廿二史札记校证》卷九《宋书书晋宋革易之际》,北京:中华书局,2013年,第190页。

⑤阿豺,《魏书·吐谷浑传》《梁书·河南传》《北史·吐谷浑传》《南史·河南传》《通典·吐谷浑》《册府元龟·吐谷浑》等专传、专条作"阿豺",《资治通鉴》作"阿柴"。"豺"同"犲"(士皆切,床皆开二),其魏晋南北朝音值可构拟作 *dʒɐɐi,"柴"(士佳切,床佳合二)的魏晋南北朝音值可构拟作 *dʒɔɐi,二者同纽,音值相近,故"阿豺""阿犲"即"阿柴",译音无定字。需要说明的是,我们对于汉字古音的构拟采用的是王力的拟音系统,以《宋本广韵》和王力的《汉语音韵学》《汉语语音史》为依据。文中所见汉字古音音值,均按照王力拟音系统构拟,不再赘述。参阅《宋本广韵》,中国书店(转下页注)

遣使贡献①,此后,吐谷浑先后向刘宋遣使达二十次②,双方使节往来频繁。刘宋政权对吐谷浑的情况应是较为熟悉的,肯定不乏官方记载。《宋书》的纪传部分主要是沿袭何、徐旧书,何、徐旧书的记事讫于宋孝武帝大明末年(约464)③,《宋书·鲜卑吐谷浑传》的纪事讫于宋后废帝元徽三年(475)④,期间十余年的史事为沈约所续⑤。何承天、徐爰本就是刘宋朝的著作郎,属于当朝人著当朝事,沈约先后仕于宋、齐,亦属当时人述当时事,可以认为,《宋书·鲜卑吐谷浑传》所记吐谷浑的情况基本是可靠可信的,不失为研究3世纪80年代至5世纪60年代吐谷浑历史诸问题的有价值史料。

　　《宋书·鲜卑吐谷浑传》所记吐谷浑史事较为详细,对吐谷浑与慕容廆的"马斗",吐谷浑西迁,吐延被姜聪刺杀,吐延托孤绝拔渥,叶延的孝行,叶延命姓吐谷浑氏以及碎奚、视连、视罴、乌纥提、树洛干等先后即位的经过,阿豺、慕璝遣使

(接上页注)影印张氏泽存堂本,1982年;王力:《汉语音韵学》,中华书局,1956年;王力:《汉语语音史》,中华书局,2014年。

①《宋书》卷四《少帝纪》,第70页;《宋书》卷九十六《鲜卑吐谷浑传》,第2603页。

②据周伟洲统计,吐谷浑先后向刘宋遣使达20次,仅在元嘉年间就有11次,参阅周伟洲:《吐谷浑史》,广西师范大学出版社,2006年,第60页。

③《宋书》卷一○○《自序》,第2706页。

④《宋书·鲜卑吐谷浑传》记事讫于"后废帝又进号车骑大将军",《宋书·后废帝纪》系此事于元徽三年(457)。参阅《宋书》卷九十六《鲜卑吐谷浑传》,第2605页;《宋书》卷九《后废帝纪》,第2605页。

⑤《宋书》卷一○○《自序》,第2706页。

通宋,慕璝击乞伏茂蔓、擒赫连定,慕延 ① 奉表臣宋、攻于阗、
遣使贡献并求赐牵车,拾寅进献善舞马、四角羊等史事皆有
较为详实的记载 ②。且对慕璝和慕延呈送刘宋的表文,宋文帝
赐给阿豺和慕璝的诏文,授予阿豺、慕璝及吐谷浑贵族的官
职和爵位皆进行了完整收录。这些传文应源于刘宋朝廷的
官方记载。

　　需要指出的是,有证据表明,《宋书·鲜卑吐谷浑传》中
的部分传文还源自早已亡佚的《沙州记》。《宋书·鲜卑吐谷
浑传》在介绍吐谷浑的自然地理环境时,称"其国西有黄沙,
南北一百二十里,东西七十里,不生草木,沙州因此为号",并
称其境内有雀鼠同穴山,其文曰:"甘谷岭北有雀鼠同穴,或
在山岭,或在平地,雀色白,鼠色黄,地生黄紫花草,便有雀
鼠穴。" ③ 查阅现存史料,可知,《水经注》《太平御览》和《太
平寰宇记》中皆有类似记载。《水经注》引《沙州记》云:"浇
河西南百七十里有黄沙,沙南北二十里,东西七十里,西极大
杨川。望黄沙,犹若人委干糒于地,都不生草木,荡然黄沙,
周回数百里,沙州于是取号焉" ④;《太平御览》引《沙州记》
曰:"浇河西有黄沙,沙南北一百二十里,东西七里,西极大杨

①慕延,《魏书·吐谷浑传》《北史·吐谷浑传》作"慕利延",《梁
　书·河南传》《南史·河南传》《通典·吐谷浑》同《宋书》,皆作
　"慕延"。
②《宋书》卷九十六《鲜卑吐谷浑传》,第 2601—2605 页。
③《宋书》卷九十六《鲜卑吐谷浑传》,第 2605 页。
④(北魏)郦道元著,陈桥驿校证:《水经注校证》卷二《河水二》,中华
　书局,2007 年,第 42—43 页。

川。望黄沙,犹人委干糒,地不生草木,黄沙荡然,沙州取号焉。"①"鸟鼠同穴山,鸟如家雀,色小白,鼠小黄而无尾。凡同穴地皆肥沃,壤尽软熟如人耕,多生黄花紫草"②;《太平寰宇记》引《沙州记》曰:"山有鸟鼠同穴者,鸟如家雀而小白,鼠小黄而无尾。凡同穴之地皆肥沃,壤尽软熟如人耕,多生黄花紫草"③。可以看出,《宋书》对于"沙州"及"雀鼠同穴山"的记载明显系删简《沙州记》相关内容而成。《沙州记》虽早已亡佚,但《水经注》《北堂书钞》《艺文类聚》《初学记》《太平御览》《太平寰宇记》等传世文献对其多有征引。根据分散于各类典籍中的《沙州记》残留条目可以推断,《沙州记》为记录刘宋时期吐谷浑境内及周边山川地貌、河流分布、气候物产及风土人情等内容的地志类著作,作者为段国。段国其人生平不详,只知其为刘宋新亭侯,还撰有《吐谷浑记》二卷(详见本章第九《晋书·吐谷浑传》)。

从内容上来看,《宋书·鲜卑吐谷浑传》对于吐谷浑至树洛干时期的史事及慕延向刘宋遣使贡献并求赐牵车、拾寅向刘宋进献善舞马、四角羊等记载与《魏书·吐谷浑传》《北史·吐谷浑传》基本相同,虽在若干字句上有所差异,但大意不改。如《宋书》中"父弈洛韩,有二子,长曰吐谷浑,

---

① (北宋)李昉等:《太平御览》卷七十四《地部三九·沙》,中华书局,1960年,第348页。

②《太平御览》卷四十《地部五·鸟鼠山》,第193页。

③ (北宋)乐史撰,王文楚等点校:《太平寰宇记》卷一五三《陇右道四·沙州》,北京:中华书局,2007年,第2956页。

少曰若洛虞"①,《魏书》与《北史》皆作"涉归一名弈洛韩,有二子,庶长曰吐谷浑,少曰若洛虞"②;"碎奚忧哀不复摄事,遂立子视连为世子,委之事,号曰'莫贺郎'。'莫贺',宋言父也"③,《魏书》《北史》皆作"奚忧哀不复摄事,遂立子视连为世子,委之事,号曰'莫贺郎',华言父也"④;"并求牵车,献乌丸帽、女国金酒器、胡王金钏等物。太祖赐以牵车"⑤,《魏书》作"献乌丸帽、女国金酒器、胡王金钏等物,义隆赐以牵车"⑥,《北史》作"献乌丸帽、女国金酒器、胡王金钏等物,宋文帝赐以牵车"⑦。由于《宋书》成书在前,这种现象表明《魏书·吐谷浑传》《北史·吐谷浑传》对于吐谷浑早期众多史事的记载可能是以《宋书·鲜卑吐谷浑传》为史源。

　　同时,《宋书·鲜卑吐谷浑传》也是现存吐谷浑专传专条中最早记载吐谷浑地理位置、生活方式和自然环境的吐谷浑专传专条,其中有关吐谷浑迁徙路线、疆域四至、游牧式生产生活方式的传文应为《魏书·吐谷浑传》《北史·吐谷浑传》

①《宋书》卷九十六《鲜卑吐谷浑传》,第 2601 页。
②(北齐)魏收:《魏书》卷一〇一《吐谷浑传》,中华书局点校修订本,2017 年,第 2419 页;(唐)李延寿:《北史》卷九十六《吐谷浑传》,中华书局点校本,1974 年,第 3178 页。
③《宋书》卷九十六《鲜卑吐谷浑传》,第 2603 页。
④《魏书》卷一〇一《吐谷浑传》,第 2420 页;《北史》卷九十六《吐谷浑传》,第 3179 页。
⑤《宋书》卷九十六《鲜卑吐谷浑传》,第 2605 页。
⑥《魏书》卷一〇一《吐谷浑传》,第 2423 页。
⑦《北史》卷九十六《吐谷浑传》,第 3183 页。

《通典·吐谷浑》中对应内容的史源。具体而言，《宋书·鲜卑吐谷浑传》中的"浑既上陇，出罕开、西零。西零，今之西平郡，罕开，今枹罕县。自枹罕以东千余里，暨甘松，西至河南，南界昂城、龙涸。自洮水西南，极白兰，数千里中，逐水草，庐帐居，以肉酪为粮。西北诸杂种谓之为阿柴虏"①，《魏书·吐谷浑传》作"吐谷浑遂徙上陇，止於枹罕暨甘松，南界昂城、龙涸，从洮水西南极白兰数千里中，逐水草，庐帐而居，以肉酪为粮。西北诸种谓之阿柴虏"②，《北史·吐谷浑传》作"吐谷浑遂从上陇，止於枹罕。自枹罕暨甘松，南界昂城、龙涸，从洮水西南极白兰，数千里中，逐水草，庐帐而居，以肉酪为粮。西北诸杂种谓之阿柴虏"③，《通典·吐谷浑》作"始度陇西，至于枹罕，而后子孙据有甘松之南，洮水之西，南极於白兰"④。不难看出，《魏书·吐谷浑传》《北史·吐谷浑传》《通典·吐谷浑》中的上述传文明显皆是据《宋书·鲜卑吐谷浑传》的传文删简、改写而成。

此外，《宋书·鲜卑吐谷浑传》亦有一些内容为其他吐谷浑专传所未载，如阿豺乘谯纵乱蜀之机，遣其从子西强公吐谷浑敕来泥拓土至龙涸、平康的史事；刘宋赐给吐谷浑可汗及其子弟的官爵封号，吐谷浑可汗上表刘宋的表文、刘宋赐给吐谷浑可汗的诏文等。这些记载弥足珍贵，可补他史之

①《宋书》卷九十六《鲜卑吐谷浑传》，第2602页。
②《魏书》卷一〇一《吐谷浑传》，第2420页。
③《北史》卷九十六《吐谷浑传》，第3179页。
④（唐）杜佑撰，王文锦等点校：《通典》卷一九〇《边防六·西戎二·吐谷浑》，北京：中华书局，1988年，第5164页。

不足。

　　总体而言,刘宋人记录的吐谷浑历史情况,在整个吐谷浑历史文献史中占有重要地位,后世史家在介绍吐谷浑早期历史时,大多据之增删或改写。可以认为,《宋书·鲜卑吐谷浑传》是研究3世纪80年代至5世纪60年代吐谷浑历史状况及其与刘宋关系史的一手史料和主要依据。

二、《南齐书·河南传》

　　《南齐书》,南梁萧子显撰,约成书于南梁普通年间(520~527年)[1]。在萧氏《南齐书》著成之前,已有檀超、江淹所著《齐史》、刘陟《齐纪》、沈约《齐纪》、王逸《齐典》等南齐旧史流传于世,此外,南齐诸帝的起居注也保存完好。萧子显修《南齐书》,大体以檀超、江淹《齐史》为本[2],对前人所著其他齐史及历代齐帝起居注皆有参考吸收。是书卷五十九列传第四十内有《河南传》,主要记载了拾寅至休留茂[3]时期(452~490年)吐谷浑的史事,对吐谷浑的族源、地理方位、自然环境、经济生活、与宋、齐两朝的关系等情况作了记述。从内容上来看,《南齐书·河南传》除少部分沿袭《宋书·鲜卑吐谷浑传》和《沙洲记》外,大部分传文皆系南齐时的新增内容。

---

①《点校本南齐书修订前言二》,中华书局点校修订本,2017年,第3页。

②(清)赵翼著:《陔余丛考》卷七《〈齐书〉原本》,乾隆庚戌寿考堂本。

③休留茂即《魏书》《北史》中之伏连筹,参阅周伟洲:《吐谷浑资料辑录》(增订本),北京:商务印书馆,2017年,第29页。

在族源方面,《南齐书·河南传》将吐谷浑与匈奴"赀虏"混为一谈,进而认为其为匈奴种,这种观点是不正确的。对于吐谷浑的族源,通过对《宋书》《魏书》《梁书》《周书》《隋书》《北史》《南史》《通典》等史书记载的对比分析,可知,其源于慕容鲜卑这一点是非常明确的。

在地理方位方面,《南齐书·河南传》《宋书·鲜卑吐谷浑传》的视角不同,《宋书》直接介绍吐谷浑的疆域四至,《南齐书》则以南齐控制下的益州为基点,言其"土在益州西北,亘数千里。其南界龙涸城、去成都千余里"[1]。并在《宋书》"其国虽随水草,大抵治慕贺川"[2]的基础上新增了一些内容,言吐谷浑"大戍有四,一在清水川,一在赤水,一在浇河,一在吐屈真川,皆子弟所治。其王治慕驾川"[3],这表明南齐时期南朝人对吐谷浑的情况有了更进一步的了解[4]。

在经济生活方面,《南齐书·河南传》增加了"后稍为宫屋,而人民犹以毡庐百子帐为行屋"[5],表明南齐时吐谷浑可汗已经营建了宫室,但普通民众仍然过着游牧生活,与"其王治慕贺川"相呼应。

在自然环境方面,《南齐书·河南传》同《宋书·鲜卑吐

①（南朝梁）萧子显:《南齐书》卷五十九《河南传》,中华书局点校修订本,2017年,第1136页。
②《宋书》卷九十六《鲜卑吐谷浑传》,第2605页。
③"驾"当为"贺"之讹,参阅《南齐书》卷五十九《河南传》,第1136页,《南齐书》卷五十九《校勘记》〔八〕,第1144页。
④周伟洲:《吐谷浑史》,第58页。
⑤《南齐书》卷五十九《河南传》,第1136页。

谷浑传》一样,沿袭了《沙洲记》的说法。"肥地则有雀鼠同穴,生黄紫花"明显由《沙洲记》中的"山有鸟鼠同穴者,鸟如家雀而小白,鼠小黄而无尾。凡同穴之地皆肥沃,壤尽软熟如人耕,多生黄花紫草"[①]删简改写而成。但"地常风寒,人行平沙中,砂砾飞起,行迹皆灭","瘦地辄有鄣气,使人断气,牛马得之,疲汗不能行"[②],则系《南齐书》新增内容,前者描述的为吐谷浑境内的沙漠地带,后者记载的似乎是吐谷浑境内的高原环境。

在对刘宋所授拾寅官职和爵位的记载上,《南齐书·河南传》与《宋书·鲜卑吐谷浑传》略有不同,增加了"散骑常侍",而无"安西将军"。据《宋书》记载,刘宋曾先后授予拾寅安西将军、镇西大将军[③]、征西大将军等职,所授职级越到后期越高,直至元徽三年(457),进号车骑大将军[④],《南齐书·河南传》所记为宋末之事,此时,拾寅已为车骑大将军,故该传不提其他封号,只记车骑大将军。至于"散骑常侍"一职,明确载于齐高帝赐予拾寅的诏书之中,且刘宋曾先后授此职予慕璝、慕利延[⑤],不应不授予拾寅,故此应系《宋书·鲜卑吐谷浑传》漏载或脱文,《南齐书·河南传》正可补其不足。

----

①《太平寰宇记》卷一五三《陇右道四·沙州》,第 2956 页。
②《南齐书》卷五十九《河南传》,第 1136 页。
③《宋书》卷六《孝武帝纪》,第 122 页。
④《宋书》卷九《后废帝纪》,第 202 页。
⑤《宋书》卷九十六《鲜卑吐谷浑传》,第 2604 页。

从"建元元年"至传末"赐钱十万,布三十四"① 系《南齐
书·河南传》的新增内容,记载了吐谷浑与南齐之间的交往
情况,是《南齐书·河南传》中最有价值的部分。其中齐高
帝赐予拾寅的诏文、齐武帝赐予易度侯② 的诏文、齐高帝遣王
世武经河南道出使柔然事、齐使丘冠先于吊唁易度侯期间为
休留茂③ 所杀事涉及当时南北对立的局面下吐谷浑与南齐、
北魏和柔然之间的复杂关系,不但是研究吐谷浑与南齐关系
史的一手史料,也是研究南北朝史的重要资料。

整体来看,《南齐书·河南传》相较前史增加了许多南齐
时吐谷浑的新资料,是研究 5 世纪 70 年代至 90 年代吐谷浑
历史状况及其与南齐关系史的一手史料和主要依据。

三、《魏书·吐谷浑传》

《魏书》,北齐官修史书,秘书监魏收奉敕撰,成书于天保
五年(554)。在魏收之前,已有邓渊《代记》、崔浩《国书》、李
彪、崔光《国史》、《孝文起居注》《孝庄帝纪》《辩宗室录》等
多部记录北魏历史的国史、起居注等史著存世。这些国史和
起居注都是记录北魏历史的宝贵资料,魏收正是在北魏国史
和起居注的基础上,"辨定名称,随条甄举,又搜采亡遗,缀续

①《南齐书》卷五十九《河南传》,第 1136—1137 页。
②易度侯,《南齐书》《建康实录》作"易度侯",《魏书》《北史》《梁
　书》作"度易侯"。
③休留茂,《南齐书·武帝纪》作"休留成",《梁书·河南传》作"休留
　代"。

后事"①,撰成的《魏书》。《魏书》成书后,宋人称魏收"悉焚崔、李旧书"②。这种说法虽有待商榷③,但至隋文帝命魏澹更撰《魏书》之时,魏澹也只是抄录魏收书,仅能在义例、史论上进行更改,以西魏为正统④,至于"年月件系事实,则固不能舍收书而别有所取也"⑤。表明无论魏收焚书与否,至晚在隋代,北魏国史及诸帝起居注已经湮没不存。因此,自隋代开始,魏收所著《魏书》便已成为记录北魏及东魏历史最为原始和全面的资料,后世记述北魏及东魏历史的文献多以之为史源。是书卷一百一列传第八十九内有《吐谷浑传》,主要记载了吐谷浑至夸吕时期的吐谷浑历史资料,对吐谷浑的来源、3 世纪 80 年代至 6 世纪 40 年代的历史变迁、可汗世系、经济生活、制度文化及与周边政权或民族的关系等内容有较为详实的叙述。

---

①《点校本魏书修订前言一》,中华书局点校修订本,2017 年,第 2 页;《魏书》卷一〇四《自序》,第 2529 页。

②(北宋)刘攽等:《旧本魏书目录叙》,见《魏书》"附录",中华书局点校修订本,第 3327 页。

③周一良认为"然每当新史修成,所根据史料往往自然湮灭,收书亦不外斯例,故不必尽焚旧史也。卢张诸家犹在澹后,其书盖亦本诸魏收,惟不如《北史》之删繁就简耳。由是知魏澹以下书皆亡,而收书独存者,固其书确能树立,前人评论未得其实;亦以其网罗事迹远校详备,势有所不能废,即在唐朝'称魏史者犹以收本为主'也"。周一良:《魏收之史学》,见《魏晋南北朝史论集》,中华书局,1963 年,第 271 页。

④《点校本魏书修订前言二》,第 4 页。

⑤《廿二史札记校证》卷十三《北史魏书多以魏收书为本》,第 286 页。

　　然据《旧本魏书目录叙》,《魏书》至晚于北宋中期已经有多卷亡逸。嘉祐六年(1061),宋仁宗命刘攽、刘恕等人校勘《魏书》,大约在治平四年至熙宁三年(1067~1070年)间校勘完毕[1],徽宗政和年间(1111~1118年)刻印并颁之官学[2]。今本《魏书》即是在此官校本的基础上形成的[3]。刘攽等仔细校勘核实后,发现《魏书》"亡逸不完者,无虑三十卷"[4],于是于目录相应各卷处注明"阙"或"不全"字样,并将残缺且已为后人所补各卷的来源"各疏于诸篇之末"[5],此即中华书局点校本及其修订本《魏书》"校勘记"中的"宋人校语"。今本《魏书》卷一百一目录下方有宋人所注"阙"字(中华书局点校本及其修订本均已改为"补"字),表明包括《吐谷浑》传在内的《魏书》卷一百一诸传在北宋中叶已残缺。中华书局点校本及其修订本《魏书》卷一百一"校勘记"〔一〕中"宋人校语"云:"魏收书列传第八十九亡,史臣论盖略北史"[6]。将《魏书》卷一百一诸传与《北史》相对比,可知宋人所言非虚,今本《魏书·吐谷浑传》确由后人据《北史·吐谷浑传》补缀并删去东魏以后史事而成,其余诸传情况亦同,皆由《北史》相同各传补缀并删减而成。

---

① 《点校本魏书修订前言四》,第7页。
② (南宋)晁公武:《昭德先生郡斋读书志》卷二上《正史类·宋书》,《四部丛刊三编》影宋淳祐袁州本,第5a页。
③ 《点校本魏书修订前言五》,第9页。
④ 《旧本魏书目录叙》,见《魏书》"附录",第3329页。
⑤ 《点校本魏书修订前言四》,第7页。
⑥ 《魏书》卷一〇一《校勘记》〔一〕,中华书局点校本,第2251页;中华书局点校修订本,第2437页。

　　具体而言，今本《魏书·吐谷浑传》与《北史·吐谷浑传》相较，从传首"吐谷浑，本辽东鲜卑徒河涉归子也"至"此后朝贡不绝"处，总计改一百零六字，增二十一字，删十八字，六字次序颠倒，其余部分均相同。且其中绝大部分改动为对刘宋及北魏皇帝称呼的变动。如《北史》中"太武""文成""献文""孝文""宣武"，今本《魏书》分别作"世祖""高宗""显祖""高祖""世宗"。至于"宋少帝""宋文帝""宋明帝"，今本《魏书》皆直呼其名，分别称"刘义符""刘义隆""刘彧"。众所周知，《魏书》以北魏、东魏和北齐为正统，故对北魏、东魏和北齐诸帝皆称庙号，称东晋则为"僭晋"，呼南朝皆为"岛夷"，在没有散佚的卷九十六至卷九十八诸传中，对东晋及南朝皇帝皆直呼其名，此系《魏书》的行文特点。因此，后人在以《北史》补缀《魏书》之时，按照《魏书》的行文特点，对东晋及南朝皇帝亦直呼其名。

　　但对比今本《魏书》《北史》内《吐谷浑传》与《宋书·鲜卑吐谷浑传》，却发现今本《魏书·吐谷浑传》中的少量传文有同于《宋书·鲜卑吐谷浑传》而异于《北史·吐谷浑传》的现象。如《北史·吐谷浑传》中"是为慕容氏""马食草饮水"[1]，今本《魏书·吐谷浑传》分别作"别为慕容氏""马是畜耳，食草饮水"[2]，与《宋书·鲜卑吐谷浑传》的"别为慕容氏""马是畜生，食草饮水"仅有一字之差[3]。如前

---

[1]《北史》卷九十六《吐谷浑传》，第 3178 页。
[2]《魏书》卷一〇一《吐谷浑传》，第 2419 页。
[3]《宋书》卷九十六《鲜卑吐谷浑传》，第 2601 页。

文所述,《魏书·吐谷浑传》与《北史·吐谷浑传》对于吐谷浑早期众多史事的记载应皆是以《宋书·鲜卑吐谷浑传》为史源。查魏收曾于东魏兴和元年(539)与王昕一起出使过南梁,且备受梁朝君臣礼敬①。是时《宋书》早已成书,魏收是有条件看到《宋书》的。在之后其撰写《魏书·吐谷浑传》时,对于"马斗"事件等吐谷浑早期史事的记述很有可能参考了《宋书·鲜卑吐谷浑传》的记载。今本《魏书·吐谷浑传》中的少量传文同于《宋书·鲜卑吐谷浑传》而异于《北史·吐谷浑传》的现象,表明今本《魏书·吐谷浑传》中可能残存有魏收书《吐谷浑传》散佚前的原文。

此外,成书于唐代的《史通》中亦存有魏收书原文。《史通·断限》引《魏书·吐谷浑传》亦作"若洛廆别为慕容氏""马,畜也"②。根据《史通·断限》所引《后汉书·南蛮传》《魏书·高句丽传》与《晋书·贾充传》的部分传文③可知,《史通》所引诸史之文皆删繁就简,存其大意而已。对比《史通·断限》引《魏书·吐谷浑传》与《宋书·鲜卑吐谷浑传》不难看出,《史通·断限》引《魏书·吐谷浑传》中的"若洛廆别为慕容氏""马,畜也"由《宋书·鲜卑吐谷浑传》中的"若洛廆别为慕容氏""马是畜生,食草饮水"删简而成。其文虽简,但仍能反映魏收书《吐谷浑传》的部分原貌。

---

① (唐)李百药:《北齐书》卷三十七《魏收传》,中华书局点校本,1972年,第484—485页;《资治通鉴》卷一五八《梁纪十四》武帝大同五年,第4903页。
②《史通通释》卷四《断限》,第101页。
③《史通通释》卷四《断限》,第100—101页。

　　《太平御览·吐谷浑》条所引《后魏书》的一些内容,则可证实至北宋初年仍尚有反映魏收书原貌的《吐谷浑传》残篇存世。《太平御览·四夷部一五·吐谷浑》引《后魏书》曰:"别为慕容氏""马是畜耳"①,可以看出,《太平御览》中的部分引文同于《宋书》《史通》与今本《魏书》,而异于《北史》。《太平御览》成书于太平兴国八年(984),比北宋官校本早80余年,书中所引《后魏书》系南北朝至唐宋以来辗转抄录的写本②,虽然《四库全书总目提要》称《太平御览》引诸史之文有删无增,又称《太平御览》所引《后魏书》实不专取一家③。但宋人修撰《太平御览》之时,魏收之前的后魏史早已不存,之后的魏澹书等又多以魏收书为本,且魏澹等史家不必对与正统之争无关的边疆民族专传进行大幅更改,故《太平御览》所引《后魏书》的传文大体能够反映魏收书的原貌。

　　由是可知,今本《魏书》的部分内容与《宋书》《史通》《太平御览》相同而异于《北史》的现象,表明今本《魏书·吐谷浑传》中可能仍残存有魏收书原文。

　　总而言之,魏收所著《魏书·吐谷浑传》至晚于北宋中期即已散佚,今本《魏书·吐谷浑传》的传文由《北史》补缀而成,史料价值不如《北史·吐谷浑传》。故二者相较,大部分

---

①《太平御览》卷七九四《四夷部一五·西戎三·吐谷浑》,第3525页。
②参阅陈爽:《〈太平御览〉所引〈后魏书〉研究》,见中国社会科学院历史研究所学刊编委会:《中国社会科学院历史研究所学刊》(第九集),商务印书馆,2015年,第240页。
③《四库全书总目提要》卷四十五《史部一·正史类一·魏书》,第1255页。

传文应以《北史·吐谷浑传》为准,《魏书·吐谷浑传》只能
是作为参考。但是,《魏书·吐谷浑传》与《北史·吐谷浑传》
的异文保留了《魏书》散佚前的部分原貌,是今本《魏书·吐
谷浑传》中最具价值的内容,引述相关史事则应以此为据。

唐初是官修"正史"的兴盛时期。贞观三年(629),唐
太宗将史馆从秘书省中分离出来,置于禁中门下省北,并确
立了宰相监修制度,史馆自此成为独立的修史机构。同年,
唐太宗下诏续修周、隋、梁、陈、齐五代史,贞观十年(636)成
书 ①。又于贞观二十年(646)下诏修《晋书》,两年后书成 ②。
在唐修"正史"中,《梁书》《周书》《隋书》《晋书》内皆有吐
谷浑专传,这些专传皆为研究所述时代吐谷浑历史情况的基
本史料。此外,符玺郎李延寿私撰,于高宗显庆年间成书的
《南史》《北史》中亦存有吐谷浑专传,此二传也属于吐谷浑
基本史料。

四、《梁书·河南传》

《梁书》,唐代官修史书,姚思廉奉敕撰,成书于贞观十年
(636)。《梁书》主要以南梁史官所修国史为本 ③,对前人所
著梁史及梁代起居注等相关史著亦有吸收 ④。是书卷五十四
列传第四十八《诸夷传》之《西北诸戎传》内有《河南传》。

---

① (北宋)王溥等:《唐会要》卷六十三《史馆上·修前代史》,上海古籍
出版社,2006年,第1287—1288页。
② 《晋书出版说明一》,中华书局点校本,1974年,第1页。
③ 《廿二史札记校证》卷九《梁书悉据国史立传》,第201—202页。
④ 《点校本梁书修订前言二》,中华书局点校修订本,2020年,第6页。

《梁书·河南传》主要记述了梁代关于吐谷浑的地理方位、自然环境、经济生活、文化习俗及其与宋、齐、梁的关系。

　　《梁书·河南传》所涉吐谷浑、叶延、阿豺、易度侯（度易侯）、休留代事迹的传文为抄录、删简《宋书·鲜卑吐谷浑传》《南齐书·河南传》而成。如对吐谷浑族源的记载，《梁书·河南传》采用了《宋书·鲜卑吐谷浑传》的观点，言"其先出自鲜卑慕容氏"，将《宋书》中的"父弈洛韩，有二子，长曰吐谷浑，少曰若洛廆。若洛廆别为慕容氏。浑庶长，廆正嫡"删简、改写为"初，慕容弈洛干有二子，庶长曰吐谷浑，嫡曰廆"[①]。对于吐谷浑的迁徙原因，将《宋书》中关于"马斗"事件的记载简化为"洛干卒，廆嗣位，吐谷浑避之西徙。廆追留之，而牛马皆西走，不肯还"。对于吐谷浑的迁徙路线，将《宋书》中的"于是遂西附阴山。遭晋乱，遂得上陇"删简为"因遂西上陇"，"浑既上陇，出罕开、西零。西零，今之西平郡，罕开，今枹罕县"则改写为"度枹罕，出凉州西南，至赤水而居之"。在记述叶延以"吐谷浑"为氏并同时为国号事上，将《宋书》中的"颇视书传"改为"颇识书记"；"自谓曾祖弈洛韩始封昌黎公，曰：'吾为公孙之子。案礼，公孙之子，得氏王父字。'命姓为吐谷浑氏"则改写为"自谓曾祖弈洛干始封昌黎公，吾盖公孙之子也，礼以王父字为国氏，因姓吐谷浑，亦为国

_____

① （唐）姚思廉：《梁书》卷五十四《诸夷传·西北诸戎传·河南传》，中华书局点校修订本，2020年，第894页。因韩（胡安切，匣寒开一）、干（古寒切，见寒开一）二字的魏晋南北朝音值可分别构拟作 *ɣan 与 *kan，二者同韵，音值相近，故"弈洛韩"即"弈洛干"，译音无定字。

号"。将阿豺受刘宋官爵事,删简为"至其末孙阿豺,始受中国官爵"。南齐赐予休留代的官职封号,较之《南齐书·河南传》则于"都督西秦、河、沙三州"后删减"诸军事"三字①。

同时,《梁书·河南传》较之《宋书·鲜卑吐谷浑传》《南齐书·河南传》,在吐谷浑的地理方位、疆域四至、气候环境、资源物产方面有不少新的变化,还增加了物质生活、宗教文化、商业贸易等内容。地理方位方面,称"其地则张掖之南,陇西之西,在河之南,故以为号";疆域四至方面,言"其界东至叠川,西邻与阗,北接高昌,东北通秦岭";气候环境方面,称其"四时恒有冰雪,唯六七月雨雹甚盛";资源物产方面,言"其地有麦无谷",多"龙种""赤舞龙驹"等善马;物质生活方面,称吐谷浑人从拾寅时期开始使用书契,修建城池,筑造宫殿,服饰为小袖袍、小口裤和大头长裙帽,并且女子披发为辫;宗教文化上,称吐谷浑国内存在佛教;商业贸易上,谓吐谷浑与益州相邻,常通商贾②。

此外,《梁书·河南传》对吐谷浑可汗世系的记载与《北史》有异,《北史》云度易侯死之后子伏连筹立,伏连筹死后子夸吕继位。而《梁书·河南传》称度易侯死后子休留代立,休留代死后子伏连筹继位,伏连筹之后子呵罗真立,呵罗真死后子佛辅继位。据《北史·吐谷浑传》,度易侯、伏连筹皆曾朝贡于北魏③,表文诏书俱在,所载史事也远详于《梁

①《梁书》卷五十四《诸夷传·西北诸戎传·河南传》,第895页。
②《梁书》卷五十四《诸夷传·西北诸戎传·河南传》,第894—895页。
③《北史》卷九十六《吐谷浑传》,第3184—3185页。

书》，可见其时吐谷浑与北魏关系较为密切，应从《北史》之说。且《周书·吐谷浑传》称自吐谷浑至伏连筹共一十四世[1]，而《梁书》所记伏连筹为第十五代可汗，与之不符。又伏（房六切，并屋开三）连（力延切，来仙开三）筹（直由切，澄尤合三）的魏晋南北朝音值可构拟作 *bɪok-lɪæn-dɪu，休（许尤切，晓尤合三）留（力求切，来尤合三）代（徒耐切，定代开一）的魏晋南北朝音值可构拟作 *xɪu-lɪu-dɐi，二者音值接近，应为对同一人名的不同译称。故伏连筹与休留代应为同一人，《梁书》应是误增一人[2]。成（是征切，禅清开三）、茂（莫候切，明候合一）二字的音值则分别可构拟为 *zɪeŋ 和 *mu，与"筹"的音值差异较大，无法勘同，皆应系"代"字之讹。至于《梁书·河南传》所载之呵罗真、佛辅，为《北史》《周书》所无，这可能与 524 年莫折念生起义后北魏与吐谷浑"关檄不通，贡献遂绝"[3]，无法获知吐谷浑的情况有关。等到北朝政权再与吐谷浑恢复通使关系，已是西魏大统初年（535 年之后），此时夸吕已经继位，故北朝史书记载伏连筹死后继位者为夸吕。而伏连筹死至夸吕继位的这段时期吐谷浑与南梁仍然保持着朝贡往来，故而《梁书》对呵罗真、佛辅的记载是可信的，可补北朝史籍之不足[4]。

　　总体而言，《梁书·河南传》在删简、改写《宋书·鲜卑

---

① （唐）令狐德棻等：《周书》卷五十《异域下·吐谷浑传》，中华书局点校本，1971 年，第 912 页。

② 参阅周伟洲：《吐谷浑史》，第 60 页。

③ 《北史》卷九十六《吐谷浑传》，第 3185 页。

④ 参阅周伟洲：《吐谷浑史》，第 47 页。

吐谷浑传》与《南齐书·河南传》的基础上又增加了不少梁代的吐谷浑资料,其沿袭前史之内容当以《宋书·鲜卑吐谷浑传》与《南齐书·河南传》为一手史料,自身只能作为二手史料。但其新增内容是研究 6 世纪前期吐谷浑历史情况的一手史料,尤其对于吐谷浑可汗世系及其与南梁关系史的研究具有无可替代的价值。

五、《南史·河南传》

《南史》,唐代李延寿私撰史书,记述了自刘宋永初元年(420)至陈祯明三年(589)一百七十年的史事,涉及刘宋、南齐、梁、陈四朝历史,显庆四年(659)呈进后正式被官方批准流传①。李延寿修史之时,《宋书》《南齐书》《梁书》《陈书》均已成书,《南史》主要以此四书为基础,并参以他史,删补、改写而成②。是书卷七十九列传第六十九《夷貊下》之《西戎传》中有《河南传》。《南史·河南传》主要记述了梁代关于吐谷浑的地理方位、自然环境、经济生活、文化习俗及其与宋、齐、梁的关系。

《南史·河南传》除个别字句外,传文大体与《梁书·河南传》相同,且少了一些字句,显系抄录、删简、改写《梁书·河南传》而成。与《梁书》相较,于"吐谷浑避之西徙"后删"庬追留之,而牛马皆西走,不肯还,因遂西";"至赤水而居之"后删"其地则张掖之南,陇西之西";改"在河之南"

---

①《唐会要》卷六十三《史馆上·修前代史》,第 1288 页。
②《北史》卷一〇〇《序传》,第 3343—3345 页。

作"地在河南";"故以为号"后增"事详北史";改"自谓曾
祖奕洛干始封昌黎公"之"奕"为"弈";删"礼以王父字为
国氏"中之"国"字;"至其末孙阿豺,始受中国官爵"句,于
"始"字后增"通江左"三字,"受"字后删"中国"二字[①];"其
地与益州邻,常通商贾"句后删"民慕其利,多往从之,教其
书记,为之辞译,稍桀黠矣";"普通元年,又奉献方物"句,
于"奉"后增一"表"字。其余传文则一字不易,完全与《梁
书·河南传》相同。总计删五十字,增八字,改五字。

　　通篇来看,《南史·河南传》为抄录、删简、改写《梁
书·河南传》而成,应被视为二手史料,当以《梁书·河南
传》为一手史料。但《梁书·河南传》的许多内容本就系删
简、改写《宋书·鲜卑吐谷浑传》与《南齐书·河南传》而成,
故引述这类史事应以《宋书·鲜卑吐谷浑传》《南齐书·河
南传》为一手史料。

六、《北史·吐谷浑传》

　　《北史》,唐代李延寿私撰史书,记述了自北魏登国元年
(386)至隋义宁二年(618)二百四十四年的北朝史事,涉及
北魏、东魏、西魏、北周、北齐及隋六朝历史,显庆四年(659),
经唐廷批准后始流传于世[②]。是书卷九十六列传第八十四内
有《吐谷浑传》,该传对吐谷浑早期迁移的原因及过程,3 世

---

①（唐）李延寿:《南史》卷七十九《吐浑传》,中华书局点校本,1975
　年,第 1977—1978 页。
②《唐会要》卷六十三《史馆上·修前代史》,第 1288 页。

纪末至 7 世纪初吐谷浑汗国的历史变迁、政治军事情况、经济生活、文化习俗、与周边诸政权及民族间的关系等问题作了较为全面、系统的记述，是现存内容较为完整、资料相对比较原始的吐谷浑专传。

李延寿修《南史》《北史》之时，沈约的《宋书》、萧子显的《南齐书》、魏收的《魏书》皆传世已久，魏澹的《魏书》也已流传日久，唐修《梁书》《陈书》《北齐书》《周书》《隋书》的纪传部分均已成书，但因十志①未成，尚未公开。李延寿在太宗朝本就受诏参与《晋书》与十志的编写，故而能够接触并抄录这些史籍②，《南史》《北史》正是以上述正史为基础，参考杂史，增删、改写而成③。可见，李延寿在编写《北史·吐谷浑传》时，对《宋书》《南齐书》、魏收《魏书》、魏澹《魏书》《梁书》《周书》《隋书》中的吐谷浑专传皆有条件进行参考。

而通过对现存史料的对比辨析，可以证实，《北史·吐谷浑传》主要为李延寿增删、改写魏收书《吐谷浑传》《宋书·鲜卑吐谷浑传》《周书·吐谷浑传》和《隋书·吐谷浑传》而成。

首先，"马斗"事件及树洛干之后的传文大多源于魏收书《吐谷浑传》。将《北史·吐谷浑传》《宋书·鲜卑吐谷浑传》中关于"马斗"事件的传文与《太平御览·吐谷浑》条所引《后魏书》内容进行对比，可知三者叙事大体相同，但在

①十志也称《五代史志》，即《隋》十志。
②《北史》卷一〇〇《序传》，第 3345 页。
③《北史》卷一〇〇《序传》，第 3344 页。

文字表述上，《北史·吐谷浑传》的少部分传文与《太平御览·吐谷浑》条所引《后魏书》近似，与《宋书·鲜卑吐谷浑传》则差异较大。如《北史·吐谷浑传》中的"涉归之在也，分户七百以给吐谷浑""与若洛廆二部。马斗相伤""即令从骑拥马令回"① 近似于《太平御览·吐谷浑》条所引《后魏书》中的"步 ② 归之存，贫分户百以给吐谷浑""浑与洛廆二部马斗相伤""即命拥马"③，与《宋书·鲜卑吐谷浑传》中的"父在时，分七百户与浑""浑与廆二部俱牧马，马斗相伤""即使所从二千骑共遮马令回"④ 相较，则差异明显。此外，《太平御览·吐谷浑》条所引《后魏书》中的"徙河步归""若洛廆代统部落""豺立，自号沙州刺史，部内有黄沙，周回数百里，不生草木，因号沙州"⑤ 等内容皆不见于《宋书》，在《北史》中则对应为"徙河涉归""若洛廆代统部落""弟阿豺立，自号骠骑将军、沙州刺史。部内有黄沙，周回数百里，不生草木，因号沙州"⑥。由是可以推断出，《北史·吐谷浑传》中的上述传文大抵是以魏收书《吐谷浑传》为本的。尤为值得注意的是，从"树洛干死，弟阿豺立"至"此后朝贡不绝"⑦，约占整个《北史·吐谷浑传》60% 篇幅的传文记载的主要是北魏及东

①《北史》卷九十六《吐谷浑传》，第 3178 页。
②"步"当为"涉"之讹。
③《太平御览》卷七九四《四夷部一五·西戎三·吐谷浑》，第 3525 页。
④《宋书》卷九十六《鲜卑吐谷浑传》，第 2602 页。
⑤《太平御览》卷七九四《四夷部一五·西戎三·吐谷浑》，第 3525 页。
⑥《北史》卷九十六《吐谷浑传》，第 3178、3180 页。
⑦《北史》卷九十六《吐谷浑传》，第 3180—3187 页。

魏与吐谷浑之间的交聘、封贡与战争情况,完整地收录了吐谷浑可汗呈进北魏朝廷的表文、北魏大臣的朝议内容、北魏皇帝赐给吐谷浑可汗的诏文。这些表文、朝议内容和诏文,显然系北魏方面的官方记载。如前文所述,在李延寿修《北史》之时,已无较魏收书更为全面和原始的北魏及东魏资料存世,故《北史·吐谷浑传》中的这些内容大概率系抄录、增删、改写魏收书《吐谷浑传》而成。

其次,从吐谷浑至树洛干的绝大部分传文都清晰地表明其源于《宋书·鲜卑吐谷浑传》。通过对比辨析可知,《北史·吐谷浑传》中的这些传文大体可归为三类。第一类,直接抄录《宋书·鲜卑吐谷浑传》。如"我兄弟子孙并应昌盛,庶当传子及曾玄孙,其间可百余年;我乃玄孙间始当显耳",《北史》与《宋书》相较,除"曾孙玄孙"处脱一"孙"字外,一字不差,显系抄录《宋书》原文。第二类,改写《宋书·鲜卑吐谷浑传》。如"死,树洛干立,自号车骑将军。是岁,晋义熙初也"句与"未及拜受,宋文帝元嘉三年,又诏加除命"句①,《宋书》分别作"视罴子树洛干立,自称车骑将军,义熙初也""未及拜受,太祖元嘉三年,又诏加除命"②。《北史》相较《宋书》,第一句删"死"而增"视罴子",改"称"为"号",增"是岁"与"晋";第二句除对宋文帝的称呼不同外,其余文字完全相同。显然,《北史·吐谷浑传》中的这两句传文系改写《宋书·鲜卑吐谷浑传》而成。至于增"晋"字以及

---

①《北史》卷九十六《吐谷浑传》,第 3180 页。
②《宋书》卷九十六《鲜卑吐谷浑传》,第 2603 页。

对宋文帝的称呼有异,则是由《宋书》与《北史》不同的政治
立场决定的。《宋书》以东晋、刘宋为正统,对刘宋诸帝以庙
号相称,自然称宋文帝为太祖;记录东晋时期发生的事件,只
用东晋年号,故不用在"义熙"之前再加"晋"字以强调。而
李延寿站在唐代大一统的立场上视南朝与北朝皆为正统,对
南北诸帝皆以谥号相称,故称宋文帝;在纪年上,南朝与北朝
年号并用,东晋义熙初即北魏天赐二年①,为了强调其时除东
晋"义熙"年号外,还存在北魏"天赐"年号,故加"晋"字以
区别。第三类,删简《宋书·鲜卑吐谷浑传》。如"叶延少而
勇果,年十岁,缚草为人,号曰姜聪,每旦辄射之,射中则噪叫
泣涕"②,《宋书·鲜卑吐谷浑传》作"叶延少而勇果,年十岁,
缚草为人,号曰姜聪,每旦辄射之,射中则喜,不中则号叫泣
涕"③,"射中则噪叫泣涕"明显是对《宋书》"射中则喜,不中
则号叫泣涕"的删简。故《北史》卷九十六"校勘记"〔二九〕
称这句话本出《宋书》,当脱"则喜不中"四字④。统而观之,
《北史·吐谷浑传》中记述吐谷浑、吐延、叶延、碎奚、视连、
树洛干诸可汗事迹的大部分传文皆为抄录、改写、删简《宋
书·鲜卑吐谷浑传》而成,所述史事与《宋书》相同。唯有在
视罴的事迹上,称视罴为视连之弟;在乌纥提的事迹上,增加

---

① 《资治通鉴》系树洛干继位事于晋安帝义熙元年(405),即北魏道武
　帝天赐二年。参阅《资治通鉴》卷一一四《晋纪三十六》安帝义熙
　元年,第3580页。
② 《北史》卷九十六《吐谷浑传》,第3179页。
③ 《宋书》卷九十六《鲜卑吐谷浑传》,第2602页。
④ 《北史》卷九十六《吐谷浑传》,第3179页。

了其一名"大孩",并娶树洛干之母,生慕璝、慕利延的内容,
这些增加的内容应是源自魏收书《吐谷浑传》。

再次,从"西魏大统初"至"自是,朝献遂绝"①处的
传文大体为抄录、增删、改写《周书·吐谷浑传》而成,
主要记述了夸吕时期吐谷浑与西魏及北周的交聘与战
争情况。如改"太祖"作"周文","高祖"作"武帝",删
"犹""魏""氏""大""诏""众""率轻骑""语在史宁
传""军渡青海"等字句。增"西魏""于是""能"等字。总
计改九字,增十八字,删十九字②。其中,"周文遣仪同潘潘
喻以逆顺之理"句为《周书》所无,应系李延寿据其他资料
增补。

最后,从"及隋开皇初"至传尾"郡县不能制"③为删简、
改写《隋书·吐谷浑传》而成,主要记载了夸吕至伏允时期
的吐谷浑历史变迁,着重记录了吐谷浑与隋之间的交聘、封
贡、和亲及战争情况。《北史·吐谷浑传》删减《隋书·吐谷
浑传》内容颇多,尤其是对隋文帝的诏令及伏允战败遁逃的
史事等内容进行了大幅度的删减。"上谓侍臣曰……受不孝
之名""上谓滕王曰:'此非至诚,但急计耳'""朕知浑主欲
令女事朕"等《隋书》中的诏令内容《北史》皆无。应该指出
的是,《北史》该部分内容虽源于《隋书》,在对吐谷浑可汗夸
吕的称谓上,却没有按照《隋书》的记载,称其为"吕夸",而

①《北史》卷九十六《吐谷浑传》,第 3187 页。
②《周书》卷五十《异域下·吐谷浑传》,第 913—914 页。
③《隋书》卷八十三《吐谷浑传》,第 2073—2075 页。

是沿用了《周书》的说法,仍称其为"夸吕"。对夸吕之子"世伏"的称谓也仍作"世伏",没有按照《隋书》避唐太宗讳的做法,称其为"伏"。

总之,《北史·吐谷浑传》主要为李延寿抄录、增删、改写魏收书《吐谷浑传》《宋书·鲜卑吐谷浑传》《周书·吐谷浑传》和《隋书·吐谷浑传》而成。故其所载吐谷浑史料,传文与魏收书《吐谷浑传》《宋书·鲜卑吐谷浑传》《周书·吐谷浑传》和《隋书·吐谷浑传》相同或相似者,应以散落在《史通》《太平御览》中的魏收书《吐谷浑传》残文和《宋书·鲜卑吐谷浑传》《周书·吐谷浑传》《隋书·吐谷浑传》为一手史料,《北史·吐谷浑传》只能作为参考的二手史料。不见于魏收书《吐谷浑传》残文及《宋书》《周书》《隋书》的内容,则当以《北史·吐谷浑传》为一手史料。

七、《周书·吐谷浑传》

《周书》,唐代官修史书,令狐德棻等奉敕撰,成书于贞观十年(636)[1]。记述了自534年东、西魏分裂至581年隋代周四十八年的西魏、北周史事。《周书》主要以隋牛弘所撰《周纪》为蓝本[2],对于西魏史官柳虬所著官史及唐初为修史而征集的西魏、北周资料亦有参考[3]。是书卷五十列传第四十二《异域下》内有《吐谷浑传》。

---

① 《唐会要》卷六十三《史馆上·修前代史》,第1287—1288页。
② 《史通通释》卷十二《古今正史》,第369—370页。
③ 《周书出版说明三》,中华书局点校本,1971年,第5—6页。

　　《周书·吐谷浑传》对吐谷浑的族源和族名只做了简要介绍,吐谷浑至伏连筹期间的历史亦一笔带过,将主要内容都放在了对夸吕时期吐谷浑政治军事、经济生活、文化习俗情况及其与西魏、北齐、突厥和北周之间关系的记载上。

　　从文字上来看,《周书·吐谷浑传》从"伏连筹死,子夸吕立"至"鸟多鹦鹉"①处的传文与今本《魏书·吐谷浑传》《北史·吐谷浑传》大体相同,且较二传略有删简。如今本《魏书》《北史》中的"妇人皆贯珠贝,束发",《周书》无"贝"字;"余则征物以赎罪,亦量事决杖",《周书》无"以赎罪"三字;"土出犛牛"后《周书》缺"马、骡"二字。《周书·吐谷浑传》上述传文较今本《魏书·吐谷浑传》《北史·吐谷浑传》为简的现象表明,今本《魏书·吐谷浑传》《北史·吐谷浑传》中的上述传文不可能源于《周书·吐谷浑传》。又《周书》先于《北史》成书,《周书》卷五十诸传也从未散佚,没有据它史补缀的记录②,故《周书·吐谷浑传》中的上述传文也不可能源于《北史·吐谷浑传》。至于今本《魏书·吐谷浑传》,系由《北史·吐谷浑传》补缀而成,成文时间尚在《北史·吐谷浑传》之后,故而《周书·吐谷浑传》更不可能源于今本《魏书·吐谷浑传》。由是可以推断,《周书·吐谷浑传》中的上述传文应是据魏收书《吐谷浑传》删简、改写而成。

　　从"大统中,夸吕再遣使献马及羊牛等"至传尾"自是朝

————————

①《周书》卷五十《异域下·吐谷浑传》,第912—913页。
②《周书出版说明四》,第8页。

贡遂绝"①处之传文主要记载了吐谷浑与西魏、突厥、北周之间战争及其与西魏、北齐、北周之间的朝贡情况。其所载吐谷浑朝贡西魏、北周事,史宁与木汗②可汗合击夸吕事,贺兰祥、宇文贵、宇文赟率兵讨吐谷浑事,龙涸王莫昌、赵王他娄屯降北周事亦见载于周书中的《文帝纪》③、《武帝纪》④、《史宁传》⑤、《突厥传》⑥、《宇文贵传》⑦、《贺兰祥传》⑧等纪传,这些史事皆为《周书》所新增,大抵应源于牛弘《周纪》。

　　总的看,《周书·吐谷浑传》中西魏之前的内容为删简、改写魏收书《吐谷浑传》而成。"大统中"之后的传文为《周书》新增的西魏至北周时期的吐谷浑资料。因此,其沿袭魏收书之内容当以《北史·吐谷浑传》为一手史料,但其新增内容是研究6世纪50年代至70年代末吐谷浑与西魏及北周关系史的一手史料。

八、《隋书·吐谷浑传》

　　《隋书》,唐代官修史书,全书八十五卷,其中纪传部分五十五卷,魏徵等奉敕撰,成书于贞观十年(636)⑨。志三十

①《周书》卷五十《异域下·吐谷浑传》,第913—914页。
②"木汗",《隋书·突厥传》作"木杆"。
③《周书》卷二《文帝纪下》,第34页。
④《周书》卷五《武帝纪上》,第74页;《武帝纪下》,第94页、105页。
⑤《周书》卷二十八《史宁传》,第468页。
⑥《周书》卷五十《突厥传》,第910页。
⑦《周书》卷十九《宇文贵传》,第313页。
⑧《周书》卷二十《贺兰祥传》,第337—338页。
⑨《唐会要》卷六十三《史馆上·修前代史》,第1287—1288页。

卷,长孙无忌等奉敕撰,涵括南梁、南陈、北齐、北周、隋五代内容,故又称《五代史志》,成书于显庆元年(656)[①]。《隋书》的纪传记载了有隋一代的史事。因隋国祚短暂,《隋书》的修撰者皆为由隋入唐之人,属于当时人书当时事。又《隋开皇起居注》《西域道里记》《诸蕃国记》等[②]隋代史料皆存,这些资料都为修书时可资参考的材料。故《隋书》的记载较为原始,可信度高[③]。是书卷八十三列传第四十八《西域传》内有《吐谷浑传》。

《隋书·吐谷浑传》中记载吐谷浑"马斗"事件、职官制度、经济生活、风俗习惯、资源物产、自然环境的传文皆沿袭前史。入隋以后的传文为新增内容,记载了夸吕至伏允时期吐谷浑的历史变迁,着重记录了吐谷浑与隋之间的交聘、封贡、和亲及战争情况。

具体说来,"庶长曰吐谷浑,少曰若洛廆"同于《史通·断限》所引《魏书·吐谷浑传》[④]。"本辽西鲜卑徒何涉归子也""若洛廆代统部落""遂西度陇""止于甘松之南"同于《太平御览》所引《后魏书》[⑤]。

"当魏周之际,始称可汗。都伏俟城,在青海西十五里"

---

① (后晋)刘昫等:《旧唐书》卷四《高宗纪上》,中华书局点校本,1975年,第75页。

② 《隋书》卷三十三《经籍二》,第1094页、1115—1116页。

③ 《点校本隋书修订前言三》,中华书局点校修订本,2019年,第8页。

④ 《史通通释》卷四《断限》,第101页。

⑤ 《太平御览》卷七九四《四夷部一五·西戎三·吐谷浑》,第3525页。

至"地兼鄯善、且末"①处的传文与《北史·吐谷浑传》②大体相同，且较之为简。如《隋书·吐谷浑传》在《北史·吐谷浑传》中的"有城郭而不居"后删"恒处穹庐"，改"随水草畜牧"为"随逐水草"，删"其地，东西三千里，南北千余里"。因《隋书》成书时代早于《北史》，故《隋书·吐谷浑传》中的该部分传文不可能源于《北史·吐谷浑传》。如前所述，《北史·吐谷浑传》中的这些内容大概率系源出魏收书《吐谷浑传》，这表明《隋书·吐谷浑传》中的上述传文大体应系由魏收书《吐谷浑传》删简而来。

　　"西北有流沙数百里"至"以毡拥蔽口鼻而避其患"③处的传文与今本《魏书·且末传》《北史·且末传》④大体相同。中华书局点校本及其修订本《魏书》卷一百二"校勘记"〔一〕曰："目录此卷注'阙'，卷末有宋人校语云：'魏收书《西域传》亡，此卷全写《北史·西域传》，而不录安国以后。'"⑤可知包括《且末传》在内的魏收书《西域传》至晚于北宋中叶已经亡佚。今本《魏书·西域传》乃后人据《北史·西域传》补缀并删去安国及其以后传文而成。因此，今本《魏书·且末传》中的传文系抄录、改写《北史·且末

---

① 《隋书》卷八十三《吐谷浑传》，第 2072 页。
② 《北史》卷九十六《吐谷浑传》，第 3179 页。
③ 《隋书》卷八十三《吐谷浑传》，第 2072 页。
④ 《魏书》卷一〇二《且末传》，第 2452 页；《北史》卷九十六《吐谷浑传》，第 3209 页。
⑤ 《魏书》卷一〇二《校勘记》〔一〕，中华书局点校本，第 2282 页；中华书局点校修订本，第 2476—2477 页。

传》而成,应以《北史·且末传》为准。单从文字上来看,《隋书·吐谷浑传》中的上述传文较《北史·且末传》为简,应是据《北史·且末传》相应传文删简、改写而成。但是《隋书》先于《北史》成书,且从未散佚,没有据它史补缀的记录,故《隋书·吐谷浑传》中的上述传文不可能源于《北史·且末传》。根据"去代八千三百二十里。真君三年"等传文可知,《北史·且末传》中"大统八年"之前的传文应是抄录魏收书《且末传》而成。据此可以推断,《隋书·吐谷浑传》中的上述传文大抵应是据魏收书《且末传》删简、改写而成。

从"其主吕夸,在周数为边寇"至传尾"大业末,天下乱,伏允复其故地,屡寇河右,郡县不能御焉"处的传文主要记载了夸吕至伏允时期吐谷浑的历史变迁,着重记录了吐谷浑与隋之间的交聘、封贡、和亲及战争情况。其所载元谐击破吐谷浑、旭州刺史皮子信战死、汶州总管梁远败吐谷浑、隋文帝以光化公主妻世伏①、世伏死后弟伏允继位、裴矩说铁勒击吐谷浑、观王杨雄、许公宇文述击灭吐谷浑、隋炀帝在吐谷浑故地设置郡县等史事皆为吐谷浑历史上的重大事件,亦见载于《隋书》中的《高祖纪上》②、《炀帝纪上》③、元谐传》④、《裴矩

<hr />

①世伏,《隋书·吐谷浑传》作"伏",《北史·吐谷浑传》《册府元龟·吐谷浑》均作"世伏",《隋书》应是避唐太宗讳,阙"世"字。参阅《隋书》卷八十三"校勘记"〔四〕,第2091页。
②《隋书》卷一《高祖纪上》,第15、19页。
③《隋书》卷三《炀帝纪上》,第80—82页。
④《隋书》卷四十《元谐传》,第1325—1326页。

传》①、《柳机附謇之传》②、《宇文述传》③ 等纪传,可互相印证。
与前史相较,这些内容皆为《隋书·吐谷浑传》所新增。通
过其对隋文帝诏谕的详细记载来看,《隋书·吐谷浑传》应参
考了《隋开皇起居注》等隋代官方记载。

　　值得注意的是,《隋书·吐谷浑传》记载观王杨雄和许
公宇文述曾大破吐谷浑,致使伏允遁逃,部众降者十余万口,
其地皆为隋有。于是隋在吐谷浑故地设置郡县镇戍。但据
同书的《宇文述传》记载,杨雄和宇文述征吐谷浑之役发生
于大业四年(608),此役攻占了吐谷浑的曼头城和赤水城,并
俘虏其王公、尚书、将军二百人,男女四千口,使得吐谷浑元
气大伤,故地皆空,伏允南逃雪山④。《炀帝纪上》记载,大业
五年(609),炀帝亲征吐谷浑,命内史元寿、兵部尚书段文振、
太仆卿杨义臣、将军张寿合围伏允于覆袁川,伏允率数十骑
遁出。吐谷浑仙头王突围无望,率男女十余万口降隋。于是
炀帝在吐谷浑故地上设置西海、河源、鄯善、且末四郡。相关
记载亦见于同书《段文振传》《元寿传》《杨义臣传》及《隋
书·地理上》⑤。对比分析可知,《隋书·吐谷浑传》将发生于
大业四年和大业五年的两场战役混为一谈,并且漏载了大业

---

① 《隋书》卷四十《裴矩传》,第 1774 页。
② 《隋书》卷四十七《柳机附謇之传》,第 1437 页。
③ 《隋书》卷六十一《宇文述传》,第 1643 页。
④ 《隋书》卷六十一《宇文述传》,第 1643 页。
⑤ 《隋书》卷六十《段文振传》,第 1637 页;卷六十三《元寿传》,第 1678
　　页;卷六十三《杨义臣传》,第 1681 页;卷二十九《地理上》,第 900、
　　909 页。

五年炀帝亲征吐谷浑的史事,故其记载有误,应以同书的《炀帝纪上》《宇文述传》《段文振传》《元寿传》《杨义臣传》等纪传的记载为准。

整体来看,《隋书·吐谷浑传》在抄录、删简魏收书《吐谷浑传》《且末传》的基础上补充了隋代关于吐谷浑的新资料,记载了夸吕至伏允时期吐谷浑的一系列重大历史事件,是研究6世纪末至7世纪初吐谷浑史及吐谷浑与隋关系的一手史料。

九、《晋书·吐谷浑传》

《晋书》,唐代官修史书,房玄龄、褚遂良、许敬宗、令狐德棻等人奉敕修撰,成书于贞观二十二年(648)[1]。根据史乘记载,唐人在修撰《晋书》过程中,"以臧荣绪《晋书》为揩本,摭诸家传记而附益之,爰及晋代文集,罔不毕记"[2]。安史之乱后,随着两晋诏令、起居注、文集等晋代史料的湮废和各家旧晋史的相继散佚,《晋书》成为记录两晋时期历史最为全面和原始的材料[3]。是书卷九十七列传第六十七《四夷传》内有《吐谷浑传》,该传主要记述了吐谷浑的起源,3世纪末

---

①《晋书出版说明一》,第1页。

②《册府元龟》卷五五六《国史部·采撰二》,第6682页。参阅《旧唐书》卷六十六《房玄龄传》,第2463页;《唐会要》卷六十三《史馆上》,第1091页。

③"迨安史陷两京,故籍散亡,唯存贞观新撰书,后世遂不知有《新晋》之名矣",参阅(清)钱大昕:《十驾斋养新录》卷六《新晋书》,陈文和主编:《嘉定钱大昕全集》(增订本)第七册,凤凰出版社,2016年,第181页。

至 5 世纪初的历史变迁,地理方位,自然环境,经济生活,政治军事和文化状况,与中原政权、周边政权及民族间的关系等内容。虽然在现存的吐谷浑专传专条中,《晋书·吐谷浑传》的成书年代并不是最早的,但从其叙事时代来看,却较为久远,而且其中许多内容为前代所修史书中的吐谷浑专传所未载。

　　据《晋书》的编修过程可知,其虽成书于唐初,但是主要内容应是沿袭臧本《晋书》而来,同时又兼采了两晋时期其他史料编纂而成。臧本《晋书》的成书年代虽已不可考,但《南齐书·臧荣绪传》却明确记载其作者臧荣绪卒于南齐永明六年(488),并载其"纯笃好学,括东西晋为一书,纪、录、志、传、百一十卷。隐居京口教授"①。据此可知,臧本《晋书》于臧荣绪在世时便已著成,其成书年代肯定早于永明六年(488)。因而其中有关吐谷浑的史料与唐人撰修《晋书》时所能搜集到的其他吐谷浑史料相较,当是较为原始的,沿袭自臧本《晋书》的唐修《晋书》中的吐谷浑资料,自然也是较为原始的。唐人在修撰《晋书·吐谷浑传》时,除臧本《晋书》中有关吐谷浑的记载外,能见到的吐谷浑专传还有《宋书·鲜卑吐谷浑传》《南齐书·河南传》和魏收书《吐谷浑传》等。将这些吐谷浑专传与《晋书·吐谷浑传》进行对比可知,《晋书·吐谷浑传》中的一些内容为其他吐谷浑专传所未载。如羌人将吐延比作项羽;吐延对自己生不逢时,无法像高帝时期的韩信、彭越和光武帝时期的吴汉、邓禹等汉代名将那样建功立

① 《南齐书》卷五十四《臧荣绪传》,第 1032 页。

业、名垂竹帛的感慨；叶延与司马薄洛邻之间关于天地造化、帝王年历的问答；长史钟恶地、司马乞宿云等人共谋诛碎奚①三弟事的详细经过；视罴回绝乞伏乾归使者的慷慨陈词；视罴、乌纥堤、树洛干先后败于乞伏鲜卑的史事等。

以上记载虽不见于成书时间早于《晋书》的《宋书》《南齐书》和魏收书中的吐谷浑专传，但是视连通聘于乞伏乾归的史事，视罴、乌纥堤、树洛干先后败于西秦的史事，既载于《晋书·吐谷浑传》②，亦载于《晋书》中的《乞伏乾归载记》和《乞伏炽磐载记》③。如对于视连通聘于乾归事，《晋书·吐谷浑传》载为"视连既立，通聘于乞伏乾归，拜为白兰王"，《乞伏乾归载记》则作"吐谷浑大人视连遣使贡方物"。可知，《晋书·吐谷浑传》的部分记载可与《晋书》中的《乞伏乾归载记》和《乞伏炽磐载记》相互印证，虽然详略不一，但事情无大的出入者多，其记载或是有所依据的。《晋书·吐谷浑传》的这一特点表明其与《宋书》《南齐书》、今本《魏书》中的《吐谷浑传》相较，或是采集于当时不同的史源。其独载的一些史料可能是因袭自臧本《晋书》，也可能是唐人抄录、

---

① 《晋书·吐谷浑传》作"辟奚"，然同书《苻坚载记》作"碎奚"，《宋书·鲜卑吐谷浑传》《北史·吐谷浑传》亦作"碎奚"，"辟奚"应为"碎奚"之讹。参阅（唐）房玄龄等：《晋书》卷九十七《吐谷浑传》，中华书局点校本，1974年，第2539页；《宋书》卷九十六《鲜卑吐谷浑传》，第2371页；《北史》卷九十六《吐谷浑传》，第3179页。

② 《晋书》卷九十七《吐谷浑传》，第2540—2542页。

③ 《晋书》卷一二五《乞伏乾归载记》，第3116、3119、3122页；《晋书》卷一二五《乞伏炽磐载记》，第3123页。

借鉴了当时尚存的其他两晋时期的吐谷浑资料,抑或是两种
情况兼而有之。

　　除上述史料外,成书于北宋时期的《资治通鉴》也保留
了一部分吐谷浑的资料,将之与《晋书·吐谷浑传》及现存
其他史籍中的吐谷浑专传和专条相对比可以发现,《资治通
鉴》中记载的吐谷浑史料有两个特征值得注意。

　　一是一些记载仅与《晋书·吐谷浑传》相同,与其他吐
谷浑专传和专条皆不同。如慕容廆因"马斗"事件责备吐谷
浑之语,《资治通鉴》作"先公分建有别,奈何不相远异,而
令马有斗伤"①,《晋书·吐谷浑传》为"先公分建有别,奈何
不相远离,而令马斗"②,二者语意相同,仅有三字之差。《宋
书》、今本《魏书》《北史》《通典》的记载与二者相较则差异
明显,自成一系。《宋书·鲜卑吐谷浑传》作"先公处分,与
兄异部,牧马何不相远,而致斗争相伤"③,今本《魏书·吐谷
浑传》作"先公处分,与兄异部,何不相远,而马斗相伤"④,
《北史·吐谷浑传》的记载与《魏书·吐谷浑传》一致⑤,《通
典·吐谷浑》为"先公处分,与兄异部,牧马何不相远,而令
马斗"⑥,三者相较,语义相同,仅有个别字、词不同。如前文
所述,《宋书》成书在前,今本《魏书》《北史》《通典》中关于

①《资治通鉴》卷九十《晋纪十二》元帝建武元年,第 2852 页。
②《晋书》卷九十七《吐谷浑传》,第 2537 页。
③《宋书》卷九十六《鲜卑吐谷浑传》,第 2601 页。
④《魏书》卷一〇一《吐谷浑传》,第 2419 页。
⑤《北史》卷九十六《吐谷浑传》,第 3178 页。
⑥《通典》卷第一九〇《边防六·西戎二·吐谷浑》,第 5163 页。

这段话的记载从史源上来看都是源出《宋书》。还有长史钟恶地、司马乞宿云等人共谋诛碎奚三弟事件的详细过程、碎奚去世前对视连的嘱托、视连即位后连续七年不饮酒游田的史事、钟恶地对视连不知政事的劝谏、视连对钟恶地的哭诉等内容，亦仅见于《资治通鉴》和《晋书·吐谷浑传》①。

二是一些史料为《资治通鉴》独载，并不见于包括《晋书·吐谷浑传》在内的吐谷浑专传和专条及散见史料。如长史钟恶地为西羌羌豪②的记载，钟恶地劝说乞宿云共诛碎奚三弟时对于诛杀时机、具体行动方案的详细阐述③，乞伏干归拜视连为沙州牧④，阿柴谥树洛干曰武王⑤，阿柴降于西秦，被炽磐封为征西将军、开府仪同三司、安州牧、白兰王⑥等史事。

通过对《晋书·吐谷浑传》和《资治通鉴》所载吐谷浑史料的对比分析可知，《资治通鉴》中的一部分吐谷浑史料仅与《晋书·吐谷浑传》的记载相同或相似。这种现象说明司马光等人在编修《资治通鉴》时可能抄录、改写了《晋书·吐谷浑传》中的内容。《资治通鉴》作为成书于北宋时期的编年体通史，根据编纂需要抄录、改写、借鉴大量前代史书中的史

① 参阅《资治通鉴》卷一○三《晋纪二十五》简文帝咸安元年，第3245—3246页；《晋书》卷九十七《吐谷浑传》，第2540页。
② 《资治通鉴》卷一○三《晋纪二十五》简文帝咸安元年，第3245页。
③ "诘朝月望，文武并会，吾将讨焉。王之左右皆吾羌子，转目一顾，立可擒也"，参阅《资治通鉴》卷一○三《晋纪二十五》简文帝咸安元年，第3245—3246页。
④ 《资治通鉴》卷一○七《晋纪二十九》孝武帝太元十五年，第3396页。
⑤ 《资治通鉴》卷一一八《晋纪四十》安帝义熙十三年，第3700页。
⑥ 《资治通鉴》卷一一九《宋纪一》武帝永初二年，第3740页。

料,这属于正常现象,不足为奇。但是,对于《资治通鉴》中独载的一些吐谷浑史料却值得分析。在魏晋南北朝诸史俱存的情况下,《资治通鉴》中关于这一时期吐谷浑的史料只能作为第二手材料,但在这些二手史料中竟然保留着一些不载于其他史书的独有内容,拓展了研究吐谷浑可资参考史料的范围。这清楚地表明,《资治通鉴》在编纂过程中既抄录、借鉴了一些当时尚存的文献资料,也掌握一定数量的、可供选择的其他史籍未载或在历史变迁中散佚的吐谷浑史料。通过查阅现存的"艺文志"及"经籍志"资料可以发现,传世史书中仍有关于吐谷浑传记的条目。《隋书·经籍志》云:"《吐谷浑记》二卷,宋新亭侯段国撰"①,《册府元龟》亦载:"段国为新亭侯撰吐谷浑记二卷。"② 这两条记载均表明刘宋时期的新亭侯段国曾著有《吐谷浑记》两卷,《册府元龟》的记载还表明直到北宋时期,该书可能依旧存世,这也就为司马光等人修纂《资治通鉴》时抄录、借鉴该书提供了可能性。

　　由于《吐谷浑记》早已亡佚,在现存史书中也未见源于《吐谷浑记》的引文,故其内容已无从考证。但从唐代史臣将之归于"霸史"③,在《隋书·经籍志》中与《敦煌实录》

①《隋书》卷三十三《经籍二》,第 1092 页。
②《册府元龟》卷五五六《国史部·采撰一》,第 6671 页。
③"自晋永嘉之乱,皇纲失驭,九州君长,据有中原者甚众。或推奉正朔,或假名窃号,然其君臣忠义之节,经国字民之务,盖亦勤矣。而当时臣子,亦各记录。后魏克平诸国,据有嵩、华,始命司徒崔浩,博采旧闻,缀述国史。诸国记注,尽集秘阁。尒朱之乱,并皆散亡。今举其见在,谓之霸史",载《隋书》卷三十三《经籍二》,第 1092 页。

《十六国春秋》《汉赵记》《翟辽书》《段业传》《天启记》等
"霸史"并列的情况来看，《吐谷浑记》可能就是记载吐谷浑
可汗事迹的史书。段国生平不详，《吐谷浑记》的成书年代也
无史证，但段国生活在刘宋时期是明确的。如前文所述，吐
谷浑与刘宋通使始于宋少帝景平元年（423）的阿犲遣使贡
献 ①，此后，双方使节往来频繁。刘宋政权对吐谷浑的情况应
是较为熟悉的，肯定不乏官方记载。段国的身份是刘宋新亭
侯，这为他接触官方档案及吐谷浑使者提供了便利，甚至曾
以宋廷使者的身份出使过吐谷浑也是不无可能的。因此，段
国生活的时代和他的身份为其撰写《吐谷浑记》提供了便利
条件。

　　《隋书·经籍志》中尚存有《吐谷浑记》条目，且未注明
该书已亡佚，表明至晚于唐初，《吐谷浑记》依旧是存世的。
这样，无论是臧荣绪编纂《晋书》还是唐人修《晋书》时都有
可能抄录、借鉴了其中的内容，因此《吐谷浑记》极有可能便
是《晋书·吐谷浑传》的史源之一。《册府元龟》中亦载有
《吐谷浑记》条目，但由于《旧唐书·经籍志》和《新唐书·艺
文志》中皆无《吐谷浑记》条目，因此北宋时该书是否存世已
不能确定。但是从《资治通鉴》记载的一些关于吐谷浑的不
见于其他史书的独有内容来看，《吐谷浑记》或《吐谷浑记》
的某些内容以某种形式在北宋时依旧存世也是有可能的。
《资治通鉴》所载的部分吐谷浑史料仅与《晋书·吐谷浑传》

---

①《宋书》卷四《少帝纪》，第 70 页；《宋书》卷九十六《鲜卑吐谷浑
　传》，第 2603 页。

的记载相同或相似,而且二者又都有一些史料为独载,表明二者所载的一些史料皆可能源自《吐谷浑记》,只是在材料取舍上的侧重点有所不同。

总的来看,《晋书·吐谷浑传》的形成时间虽较晚,但却是现存吐谷浑专传和专条中史源较为原始的吐谷浑专传之一。《晋书·吐谷浑传》的叙事起于涉归卒,终于树洛干卒,即晋武帝太康四年(283)至晋安帝义熙十三年(417),基本涵盖了东西两晋,是全面记述两晋时期吐谷浑历史的基本史料,对于研究吐谷浑早期历史诸问题具有宝贵的史料价值。

五代及北宋时期,官修正史的编纂工作继续进行。后晋时,刘昫、张昭远等著《旧唐书》。北宋太祖年间,薛居正等撰《旧五代史》。仁宗时,宋祁、欧阳修等撰《新唐书》。此外,欧阳修还私撰有《新五代史》。其中,《旧唐书》《新唐书》及《新五代史》内皆有吐谷浑专传,《旧唐书·吐谷浑传》《新唐书·吐谷浑传》系研究唐代吐谷浑历史状况的基本史料,《新五代史·吐浑传》为研究晚唐五代时期吐谷浑历史情况的基本史料。

十、《旧唐书·吐谷浑传》

《旧唐书》,后晋官修史书,刘昫、张昭远等奉敕撰,成书于开运二年(945)。《旧唐书》其名本为《唐书》,北宋嘉祐年间新修《唐书》问世后,后人为了加以区别,始称其为《旧唐书》。从唐高祖至唐武宗的历代唐帝皆有实录,在实录的基础上,吴兢、韦述、柳芳、令狐峘等唐代史官还接续撰有国史。《旧唐书》正是在唐代实录、国史的基础上,补以后梁、后唐、后晋各朝所搜集的晚唐史料,编缀而成①。是书卷一百九十八列传第一百四十八《西戎传》内有《吐谷浑传》。

《旧唐书·吐谷浑传》对吐谷浑的迁徙历史、职官制度、经济生活、风俗习惯、资源物产、自然环境等情况作了简要记述,重点记载了伏允至诺曷钵时期吐谷浑与唐之间的战争、交聘、和亲和封贡情况,对于诺曷钵内属后吐谷浑的历史情况亦有提及②。

从内容上来看,《旧唐书·吐谷浑传》中记载吐谷浑迁徙历史、职官制度、经济生活、风俗习惯、资源物产、自然环境及其与隋之间关系等情况的传文皆沿袭自前史,并无新增资料。如"吐谷浑,其先居于徒河之清山"句源于《十六国春秋·前燕录》中的"太康十年,又还于徒河之青山"句③。太康十年(289),慕容部迁徙至徒河青山,其时,慕容廆与吐谷浑尚未分背④,故《旧唐书》云吐谷浑其先居于徒河之清山。"属晋乱,始度陇""有城郭而不居,随逐水草,庐帐为室,肉酪为粮。其官初有长史、司马、将军""其俗颇识文字……颇有菽粟"系抄录、删简、改写《晋书·吐谷浑传》中"属永嘉之乱,始度陇而西""然有城郭不居,随逐水草,庐帐为屋,以肉酪为粮。其官置长史、司马、将军""颇识文字……颇有菽粟"

①《四库全书总目提要》卷四十六《史部二·正史类二·旧唐书》,第1264页。

②《旧唐书》卷一九八《吐谷浑传》,第5297—5301页。

③《太平御览》引《十六国春秋·前燕录》,见《太平御览》卷一二一《偏霸部五·前燕慕容廆》,第583页。

④李文学:《吐谷浑史研究》,北京:科学出版社,2020年,第19页。

等句而成①。"隋炀帝时,其王伏允来犯塞,炀帝亲总六军以讨
之,伏允以数十骑潜于泥岭而遁,其仙头王率男女十余万口
来降"句源于《隋书·炀帝纪上》②。

"高祖受禅,顺自江都来归长安"③至"未几,卒,其封袭
遂绝"处的传文主要记载了伏允至诺曷钵时期吐谷浑与唐
之间的战争、交聘、和亲和封贡情况,对于诺曷钵后的忠、宣、
赵、曦皓、兆、慕容复等可汗亦有简要记述。其所载左骁卫大
将军段志玄并契苾、党项之众击吐谷浑,李靖、侯君集、李道
宗、李大亮、李道彦、高甑生等将领大破吐谷浑,唐朝扶持慕
容顺继位,诺曷钵娶弘化公主,吐蕃灭吐谷浑后唐朝将其余
众安置安乐州、吐蕃陷安乐州后吐谷浑部众东迁于朔方、河
东等史事皆为吐谷浑晚期历史上的重大事件,亦载于《旧唐
书》中的《太宗纪》④、《高宗记》⑤以及《太平御览》《册府元
龟》《资治通鉴》等文献,可互相印证。与前史相较,这些内
容皆为《旧唐书·吐谷浑传》所新增。通过传文中的"拘我
行人""民部尚书""陷我安乐州"等句来看,此部分内容皆
取自唐人所修实录或国史。

传末"吐谷浑自晋永嘉之末,始西渡洮水,建国于群羌之
故地,至龙朔三年为吐蕃所灭,凡三百五十年"句应系史家总
结概括之语,为《旧唐书》编修者自撰。

---

①《晋书》卷九十七《吐谷浑传》,第 2537—2538 页。
②《隋书》卷三《炀帝纪上》,第 81 页。
③《旧唐书》卷一九八《吐谷浑传》,第 5298—5301 页。
④《旧唐书》卷三《太宗纪下》,第 44—46、51 页。
⑤《旧唐书》卷五《高宗纪下》,第 94 页。

总体而言,《旧唐书·吐谷浑传》在抄录、删简《十六国春秋》《晋书·吐谷浑传》《周书·吐谷浑传》《隋书·吐谷浑传》等前史传记的基础上增加了许多唐代吐谷浑的资料,记载了伏允至诺曷钵时期的一系列重大历史事件及诺曷钵至慕容复的历代可汗世系,是研究 7 世纪初至 8 世纪末吐谷浑史及吐谷浑与唐关系的一手史料。

十一、《新唐书·吐谷浑传》

《新唐书》,北宋官修史书,宋祁、欧阳修等奉敕撰,成书于嘉祐五年(1060)。《新唐书》基本是删削、改写《旧唐书》而成,但也增加了一些新的资料。是书卷二百二十一上列传第一百四十六上《西域传上》内有《吐谷浑传》①。

将《新唐书·吐谷浑传》与以前诸史中的吐谷浑专传比勘对读,可以发现《新唐书·吐谷浑传》主要为抄录、删简、改写《旧唐书·吐谷浑传》②而成,但同时也新增了一些史料,其传文大体可归为四类。

第一类,直接抄录《旧唐书·吐谷浑传》。《新唐书·吐谷浑传》直接抄录《旧唐书·吐谷浑传》的传文极少,仅有“西北有流沙数百里,夏有热风”“盛夏降霜”“大臣争权”“拜驸马都尉”等数语。

第二类,单纯删简、改写《旧唐书·吐谷浑传》。如将《旧唐书·吐谷浑传》中的“随逐水草”删作“随水草”;“伤

---

① 《新唐书》卷二二一上《吐谷浑传》,第 6224—6228 页。
② 《旧唐书》卷一九八《吐谷浑传》,第 5297—5301 页。

弊行旅"删简为"伤行人";"太宗即位,伏允遣其洛阳公来朝,使未返,大掠鄯州而去"删简、改写为"太宗时,伏允遣使者入朝,未还,即寇鄯州"等等。值得注意的是,虽然史家对新唐书的评价一贯是"事增文省"①,《新唐书·吐谷浑传》却将《旧唐书·吐谷浑传》中的隋炀帝亲征吐谷浑之事完全删去,只字未提。将如此重要的史事删减掉,是非常不妥的。

第三类,在删简、改写《旧唐书·吐谷浑传》的同时,根据修撰者对其中史料的理解,增加一些推演的或前史中的内容,连缀编排成文。如因山南为阳,便根据《旧唐书·吐谷浑传》中的"止于甘松之南",推演出"居甘松山之阳";对吐谷浑前期与后期的官职不加分辨,笼统记作"其官有长史、司马、将军、王、公、仆射、尚书、郎中",并加以发挥,在其后增"盖慕诸华为之";改"男子通服长裙缯帽,或戴羃䍦"为"男子服长裙缯冒,或冠羃䍦",并在其前加据《北史·吐谷浑传》中"夸吕椎髻毦珠,以皂为帽,坐金狮子床。号其妻为母尊,衣织成裙,披锦大袍"②句删简而成的"其王椎髻黑冒,妻锦袍织裙",将"妇人以金花为首饰,辫发萦后,缀以珠贝"中的"以金花为首饰"删简为"金花饰首",并将之置于"男子服长裙缯冒,或冠羃䍦"之前,"妇人"二字则与"辫发萦后"连缀成文,删"缀以珠贝"为"缀珠贝"等等。

第四类,增加新的史料。如"都督李道彦击走之,执名王二,斩级七百""连岁遣名王朝""十一月,及诸曷钵至京

①《进唐书表》,见《新唐书》,第6472页。
②《北史》卷九十六《吐谷浑传》,第3186页。

师,帝又以宗室女金城县主妻其长子苏度摸末,拜左领军卫大将军""吐谷浑大臣素和贵奔吐蕃,引数言其情,吐蕃出兵捣虚,破其众黄河上,诺曷钵不支,与公主千帐走凉州"以及李道宗、侯君集与李靖之间关于进攻路线的讨论、凉州都督郭元振关于安置归降吐谷浑的建议等重要记载皆为《旧唐书·吐谷浑传》所无。这部分传文是《新唐书·吐谷浑传》中最有价值的内容。《资治通鉴》卷一九四胡注引《考异》中存有唐实录原文①,将之与《新唐书·吐谷浑传》中李道宗、侯君集与李靖之间的讨论进行对比,可知,《新唐书·吐谷浑传》中的"柏海近河源,古未有至者。伏允西走,未知其在,方马瘰粮乏,难远入,不如按军鄯州,须马壮更图之"系改写唐实录中的"柏海近河源,古来罕有至者。贼既西走,未知的处,今段之行,实资马力。今马疲粮少,远入为难,未若且向鄯州,待马肥之后,更图进取"而成。"不然。向者段志玄至鄯州,吐谷浑兵辄傅城,彼国方完,逆众用命也。今虏大败,斥候无在,君臣相失,我乘其困,可以得志。柏海虽远,可鼓而至也"为删简、改写唐实录中的"不然。段志玄曩者才至鄯州,贼众便到城下,良由彼国尚完,凶徒阻命。今者一败以后,斥候亦绝,君臣相失,父子携离,乘其追惧,取同俯拾,柏海虽遥,便可鼓行而至也"而成。由此可见,《新唐书·吐谷浑传》所新增的史料应大体源于唐代帝王实录。

总的来看,《新唐书·吐谷浑传》主要为抄录、删简、改写《旧唐书·吐谷浑传》而成,虽然删减掉了一些史事,但也增

①《资治通鉴》卷一九四《唐纪十》太宗贞观九年,第6111页。

加了不少新的史料,还补充了《北史·吐谷浑传》等前史中的一些内容。《新唐书·吐谷浑传》新增史料主要来源于唐代帝王实录,与《旧唐书·吐谷浑传》中唐代吐谷浑资料的来源相同,只是在材料的选取上各有侧重,可以互为补充。

十二、《新五代史·吐浑传》

《新五代史》,北宋欧阳修私撰史书。《新五代史》的列传部分主要以《旧五代史》为蓝本,并博采五代帝王实录、《唐余录》《开皇纪》《五代春秋》《纪年录》等史籍[①]以及野史、笔记、故老口述等加以充实而成[②]。是书卷七十四《四夷附录第三》内有《吐浑传》,主要记载了唐末至五代时期内迁吐谷浑与唐、后唐、后晋、后汉政权的关系。

从《新五代史》的编修过程可知,其主要内容沿袭自《旧五代史》。但《旧五代史》于明初流传已罕[③],今本《旧五代史》为清高宗主持修《四库全书》时,邵晋涵据《永乐大典》辑佚而成[④]。今本《旧五代史》中并无《吐浑传》,薛史中有无《吐浑传》则已无法确知。但将《新五代史·吐浑传》与《旧

---

① 《廿二史札记校正》卷二十一《欧史不专据薛史旧本》,第484—485页。
② 《点校本新五代史修订前言三》,中华书局点校修订本,2015年,第8页。
③ 《点校本旧五代史修订前言二》,中华书局点校修订本,2015年,第6页。
④ 《点校本旧五代史修订前言三》,中华书局点校修订本,2015年,第7页。

唐书》《旧五代史》《册府元龟》比勘对读，可以发现《新五代史·吐浑传》的大部分内容与《五代会要》《旧五代史》《册府元龟》《资治通鉴》中的相关内容近似，虽然详略不一，但在叙事上并无大的出入。

如李存勖为白承福置宁朔、奉化两府，并赐姓名李绍鲁事。《新五代史·吐浑传》作"庄宗时，有首领白承福者，依中山北石门为栅，庄宗为置宁朔、奉化两府，以承福为都督，赐其姓名为李绍鲁"①，《五代会要》作"有白承福者，自同光初代为都督，依中山北石门为栅。庄宗赐其额为宁朔、奉化两府，以都督为节度使，仍赐承福姓李，名绍鲁"②，《册府元龟》作"后唐庄宗同光元年，赐阴山府都督白承福于中山北石门为栅，号宁朔、奉化两府，以都督为节度使。赐姓李，名绍鲁"③，三者记载近似。白承福出兵助后晋出帝讨契丹事，《新五代史·吐浑传》作"后出帝与契丹绝盟，召承福入朝，拜大同军节度使，待之甚厚。契丹与晋相距于河，承福以其兵从出帝御虏。是岁大热，吐浑多疾死，乃遣承福归太原，居之岚石之间"④，《五代会要》作"少主嗣位，绝契丹之好，数召其酋长入朝，厚加宴赐，每大谶会，皆命列坐于勋臣之次。至开运中，捍虏于澶州，召承福等率其部众从行，属岁多暑热，

①（北宋）欧阳修：《新五代史》卷七十四《吐浑传》，中华书局点校修订本，2015年，第1030页。
②（北宋）王溥：《五代会要》卷二十八《吐浑》，上海古籍出版社，1978年，450页。
③《册府元龟》卷九六五《外臣部·册封三》，第11355页。
④《新五代史》卷七十四《吐浑传》，第1031页。

部下多死,复遣归太原,移帐于岚石州界"①,《资治通鉴》作
"帝既与契丹绝好,数召吐谷浑酋长白承福入朝,宴赐甚厚。
承福从帝与契丹战澶州,又与张从恩成滑州。属岁大热,遣
其部落还太原,畜牧於岚、石之境"②,三者记载相近。

　　可以发现,《新五代史·吐浑传》中所载史事,大多都能
在《五代会要》《旧五代史》《册府元龟》《资治通鉴》等史
籍中找到对应记载,且诸书对事件的起因、经过和结果的记
载基本一致,只是详略不一,在文字的选择和编排上有所差
异。这种现象表明,这些史料应有着相同的史源,只是在选
材上各有侧重。研究表明,五代历朝实录在司马光修《资治
通鉴》之时尚保存完好③,《五代会要》《旧五代史》《册府元
龟》《新五代史》《资治通鉴》中所涉五代史料大多源自实
录。《新五代史·吐浑传》亦应是抄录、删简、改写《旧五代
史》及五代实录而成。因今本《旧五代史》中无《吐浑传》,五
代实录又早已散佚,《新五代史·吐浑传》便成为了研究五代
时期吐谷浑历史情况及其与五代诸政权关系的一手史料。

　　在7世纪以后的文献中,除了"正史"中的吐谷浑专传
之外,一些典志体、会要体、地理总志和大型类书中的吐谷
浑专条亦属于吐谷浑基本史料。此类条目主要包括《建康
实录·河南国》《通典·吐谷浑》《唐会要·吐谷浑》《五代
会要·吐浑》《太平御览·吐谷浑》《太平寰宇记·吐谷浑》

①《五代会要》卷二十八《吐浑》,第451页。
②《资治通鉴》卷二八五《后晋纪六》齐王开运三年,第9306页。
③《廿二史札记校正》卷二十一《欧史不专据薛史旧本》,第484页。

《册府元龟·吐谷浑》《通志·吐谷浑》《文献通考·吐谷浑》
等。虽然这些专条为抄录、删简、改写"正史"及实录而成，
皆为二手史料，大多价值不大，但因魏收书、薛史等正史的散
佚和历代实录的湮灭，其保留的一些内容却能够在一定程度
上反映出已经散佚史籍的原貌，对于研究一些问题及校勘正
史吐谷浑专传都具有一定的参考价值，因而仍有必要对其进
行比勘辨析。

十三、《建康实录·河南国》

《建康实录》，唐许嵩撰，是一部记录东吴至南陈六朝史
事的史籍，大约成书于唐肃宗时期。是书卷第十六《魏虏》
内附有《河南国》条①。

与前史比勘对读，可知《建康实录·河南国》为大幅度
删减《南齐书·河南传》而成。与《南齐书》相较，于"河南"
后加"国"字；改"赀虏"为"资虏"；"鲜卑慕容廆庶兄吐谷
浑"后加"与廆分争子孙，领其部落，以吐浑"；"在益州西北"
前删"土"字；误改"大戍"作"犬戎"；改"清水川"作"青
水"；"慕驾川"作"慕贺川"；删"多畜""无城郭"，"逐水草"
前加"初字"。"后稍为宫室"后"人民犹以毡庐百子帐为行
屋"至"疲汗不能行"处等介绍吐谷浑自然环境的传文全部
删去，"宋初始受爵命"至"赐钱十万，布三十匹"处等介绍吐
谷浑与刘宋、南齐之间交往情况的史文则为全文删简幅度最

---

① (唐) 许嵩撰，张忱石点校:《建康实录》下卷十六《魏虏》附《河南
国》，北京:中华书局，1986 年第 651—652 页。

大的部分,齐高帝赐予拾寅的诏文、易度侯求星书事、齐武帝
赐予易度侯的诏文、齐高帝遣王世武经河南道出使柔然等史
事皆被删去。

通篇来看,《建康实录·河南国》条系大幅度删减《南
齐书·河南传》而成,并没有增加新的史料。因删去了许多
重要史事,其篇幅仅为《南齐书·河南传》的三分之一,故而
《建康实录·河南国》价值不大,只能作为可资参考的二手史
料以及校勘《南齐书·河南传》之用。

十四、《通典·边防》内《吐谷浑》条

《通典》,唐杜佑撰,成书于贞元十七年(801),是中国现
存最早的典志体史书。《通典》记事起自上古时期,止于唐
天宝年间(742~756年),是杜佑在刘秩《政典》的基础上,博
取五经群史及汉魏至唐代的私人文集修撰而成[1]。因其中存
有大量的地志及古代民族资料,可以校勘正史,补阙拾遗,历
来为史家所重。是书卷第一百九十《边防六·西戎二》内有
《吐谷浑》条。《通典·吐谷浑》主要记述了西晋至武周时期
吐谷浑的历史变迁,地理方位、自然环境、经济生活、文化习
俗及其与北魏、后周、隋、唐之间的关系[2]。

校对《通典·吐谷浑》条与其他吐谷浑专传专条,可以
看出《通典·吐谷浑》条与《宋书》《南齐书》《梁书》《魏书》

---

[1]《四库全书总目提要》卷八十《史部三十七·政书类一·通典》,第
2114—2115页。
[2]《通典》卷一九〇《边防六·西戎二·吐谷浑》,第5163—5167页。

《北史》《周书》《隋书》《旧唐书》《新唐书》吐谷浑传史文有相同或相似之处。

具体来说,其一,从"吐谷浑,本辽东鲜卑也"至"极于白兰"处的史文与《宋书·鲜卑吐谷浑传》中"阿柴虏吐谷浑,辽东鲜卑也"至"极白兰"处的传文大体相同,且较之为简,显然为删简、改写《宋书·鲜卑吐谷浑传》而成;自"遣军击乞伏茷蔓"到"攻破于阗国"处的史文则节选自《宋书·鲜卑吐谷浑传》中从"慕璝前后屡遣军击"至"慕延率部落西奔白兰,攻破于阗国"处的传文;"阿豺死,弟慕璝立""其西北诸杂种谓之阿赀虏""西有黄沙,南北百二十里,东西七十里,不生草木"等句,为抄录、改写《宋书·鲜卑吐谷浑传》中的"未至而阿豺死,弟慕璝立""西北诸杂种谓之为阿柴虏""其国西有黄沙,南北一百二十里,东西七十里,不生草木"而成①。

其二,"在益州西北""其南界龙涸城,去成都千余里。大成有四,一在清水川,一在赤水,一在浇河,一在吐屈真川,皆子弟所理。其主理慕贺川"等句系抄录、改写《南齐书·河南传》中的"土在益州西北""其南界龙涸城,去成都千余里。大成有四,一在清水川,一在赤水,一在浇河,一在吐屈真川,皆子弟所治。其王治慕驾川"而成②。

其三,"其地四时常有冰雪,唯六七月雨雹甚盛。若晴,则风飘沙砾。有麦,无谷"为抄录、删简、改写《梁书·河南

①《宋书》卷九十六《鲜卑吐谷浑传》,第2601—2605页。
②《南齐书》卷五十九《河南传》,第1136页。

传》中的"四时恒有冰雪,唯六七月雨雹甚盛。若晴则风飘砂砾,常蔽光景。其地有麦无谷"而成①。

其四,从"其青海,周回千余里"到"故时称青海骢焉"处的史文与《北史·吐谷浑传》中"青海周回千余里,海内有小山"至"世传青海骢者也"处的传文大体相同,且较之为简;"其主椎髻,以皁为帽"到"性贪婪,忍於杀害"处的史文与《北史·吐谷浑传》中"夸吕椎髻毦珠"至"性贪婪,忍於杀害"处的传文近似,亦较之为简;"至其子阿豺,自称骠骑将军、沙州刺史。阿豺兼并羌氏,号为强国,遣使诣宋朝贡""南依罽宾,七年乃还旧土""慕延死,阿豺兄树洛干子拾寅立,始邑於伏罗川"等句的情况亦同。以上史文皆应抄录、删简、改写魏收书《吐谷浑传》或《北史·吐谷浑传》相应传文而成②。

其五,"至其孙叶延,以《礼》云:'公孙之子得以王父字为氏'。吾祖始自昌黎,光宅於此,今以吐谷浑为氏,尊祖之义也"句系抄录《晋书·吐谷浑传》"《礼》云公孙之子得以王父字为氏,吾祖始自昌黎光宅於此,今以吐谷浑为氏,尊祖之义也"句而成。"自吐谷浑至叶延曾孙视罴,皆有才略,知古今,司马、博士皆用儒生"句系据《晋书·吐谷浑传》所载吐谷浑、吐延、叶延、辟奚、视连、视罴等历代可汗事迹提炼总结而成③。

①《梁书》卷五十四《诸夷传·西北诸戎传·河南传》,第 894 页。
②《北史》卷九十六《吐谷浑传》,第 3180、3183、3186 页。
③《晋书》卷五十七《吐谷浑传》,第 2537—2541 页。

其六，从"后周明帝武成初，夸吕寇凉州"到"夸吕遁走，虏其余众而还"处的史文系抄录、删简、改写《周书·吐谷浑传》"武成初，夸吕复寇凉州"至"虏其余众而还"处传文而成①。

其七，自"隋开皇中，夸吕侵弘州"至"大业末，天下大乱，伏允及顺复其故地"处史文系摘录、删减、改写《隋书·吐谷浑传》中"及开皇初，以兵侵弘州"至"大业末，天下乱，伏允复其故地，屡寇河右，郡县不能御焉"处传文而成②。"虽有城郭，不居，而随逐水草。官有王公、仆射、尚书及郎中之号"句则为抄录、删简《隋书·吐谷浑传》中的"有城郭而不居，随逐水草。官有王公、仆射、尚书、郎中、将军"句而成③。

其八，自"大唐贞观中，李靖、侯君集破灭之"至"无令惊扰，速生边患"处的史文所述李靖、侯君集破灭吐谷浑；伏允远遁；慕容顺降唐，被封西平郡王；慕容顺被部下所杀；诺曷钵继立，被封河源郡王；吐蕃灭吐谷浑；诺曷钵内迁，被唐安置于灵州，并设置安乐州，以诺曷钵为刺史等史事亦见于《旧唐书·吐谷浑传》《新唐书·吐谷浑传》④，但其叙事明显较两唐书简略。这一现象表明《通典·吐谷浑》条所载唐代吐谷浑史事显然与两唐书有着相同史源，应当系抄录、删简、改写唐代帝王实录或国史相关史文而成。值得注意的是，《通

①《周书》卷五十《异域下·吐谷浑传》，第913—914页。
②《隋书》卷八十三《吐谷浑传》，第2073—2075页。
③《隋书》卷八十三《吐谷浑传》，第2072页。
④《旧唐书》卷一九八《吐谷浑传》，第5298—5301页；《新唐书》卷二二一上《吐谷浑传》，第6225—6228页。

典·吐谷浑》条对伏允之死的记载不同于《旧唐书·吐谷
浑传》和《新唐书·吐谷浑传》,两唐书皆谓伏允自缢而死,
《通典》却云伏允被其左右所杀。根据《资治通鉴考异》引
唐实录的记载,伏允确为左右所杀[1]。故《通典》对伏允之死
的记载同于唐实录,可纠两唐书之谬。对于郭元振所上《安
置降吐谷浑状》,《通典》的记载亦远详于《新唐书·吐谷浑
传》,从其中载有"臣昨见""臣以为""臣谓""臣愚辄以为
胜册""如允臣此见""臣实为羁縻戎狄之良策"等用语来
看,《通典》所载应为郭元振所上《安置降吐谷浑状》之原文。
《新唐书·吐谷浑传》所载史文系根据《安置降吐谷浑状》删
简、改写而成。

　　由是可知,《通典·吐谷浑》条主要系摘抄、删简、改写
《宋书》《南齐书》《梁书》《魏书》《北史》《周书》《隋书》等
前史及唐代帝王实录或国史而成。在唐以前诸史俱存的情
况下,《通典·吐谷浑》条只能作为可资参考的二手史料使
用。其所载唐代吐谷浑资料虽比两唐书《吐谷浑传》原始,
但除对伏允死因的记载及郭元振《安置降吐谷浑状》比较宝
贵外,其余史事皆较两唐书为简,可资参考之处不多。

十五、《唐会要·吐谷浑》

　　《唐会要》,北宋王溥撰,成书于建隆二年(961),是一部
专门记录唐代典章制度的会要体史籍。唐德宗时,苏冕撰有

---

[1]《资治通鉴考异》,见《资治通鉴》卷一九四《唐纪十》太宗贞观九
　年,第6225—6226页。

《会要》四十卷,记录了高祖至德宗时期典章制度的沿革损益。唐宣宗时,崔铉等人搜集德宗至宣宗朝的典章故事,修成《续会要》四十卷。王溥即是在苏冕《会要》和崔铉《续会要》的基础上,补以宣宗以后史事,撰成《唐会要》一百卷①。是书卷九十四内有《吐谷浑》条②。

据可靠证据表明,《唐会要》至晚于明末清初之时已极为罕见,仅存的钞本亦业已不全。清初著名藏书家朱彝尊曾借抄常熟钱氏写本,此本卷七、卷八、卷九残缺,卷十有错杂文字,卷九十第二翻以后部分阙,卷九十三、卷九十四全阙③。今上海图书馆所藏旧钞本、清乾隆钞本、清王宗炎校本、残钞本均源于常熟钱氏写本④。在常熟钱氏写本之外,还有清乾隆时期汪启淑进献的家藏本。此本卷七、卷八、卷九、卷十脱误颇多⑤,与常熟钱氏写本情况基本相同。但该本卷九十二、卷九十三、卷九十四俱全,故而被收入四库全书,后又被收入武英殿聚珍版丛书。现今广为流传的上海古籍出版社点校本和中华书局断句本皆源自武英殿聚珍版丛书本⑥。

然而,源于汪启淑家藏本的四库本及武英殿聚珍版丛

①《四库全书总目提要》卷八十一《史部三十七·政书类一·唐会要》,第2116页。
②《唐会要》卷九十四《吐谷浑》,第2013—2014页。
③《唐会要·前言》,第6页。
④《唐会要·前言》,第8页。
⑤《四库全书总目提要》卷八十一《史部三十七·政书类一·唐会要》,第2116页。
⑥《唐会要·前言》,第13页;中华书局断句本版权页,中华书局,1955年。

书本《唐会要》卷九十二、九十三、九十四的可靠性是存疑的。研究表明,今本《唐会要》卷九十三、九十四及卷九十二部分内容并非王溥书原文,实为后人据其他典籍补缀而成。其中,卷九十二"内外官职田"条及卷九十三诸条为抄录、改写明本《册府元龟》而成,卷九十四逐条则系抄录、改写朱熹《资治通鉴纲目》相应条目而成①。

比勘今本《唐会要》卷九十四《北突厥》《西突厥》《沙陀突厥》与《吐谷浑》条与《资治通鉴纲目》②。可证今本《唐会要》卷九十四诸条确系抄录、改写《资治通鉴纲目》相应条目而成。

就《吐谷浑》条而言,今本《唐会要》中"初,隋炀帝征吐谷浑,可汗伏允奔党项"至"仍自称为吐谷浑可汗"段的史文为摘录、改写《资治通鉴纲目》卷三十八隋恭帝侗皇泰二年《唐使吐谷浑伐凉》条中"初,隋炀帝征吐谷浑"至"伏允还收其故地"处史文而成,计改三字,删九字。

"武德二年二月,凉李轨奉书于帝"至"请其质子顺,帝遣还之"段亦为摘录、改写卷三十八隋恭帝侗皇泰二年《唐使吐谷浑伐凉》条史文而成,具体而言,将"轨从之,遣其左丞邓晓入见,奉书"改为"武德二年二月,凉李轨奉书于帝";"唐主怒"改为"帝怒";"始议讨之"删"始"字;"使击李轨"

---

① 黄丽婧:《〈唐会要〉阙卷后人伪撰考》,《江淮论坛》2012 年第 4 期;吴玉贵:《〈唐会要〉突厥、吐谷浑卷补撰考》,《文史》2015 年第 2 期。

② (南宋)朱熹撰,(清)宋荦校刊,康熙帝御批:《御批资治通鉴纲目》,武英殿刊本。

改为"使引兵击李轨";"请顺"改作"请其质子顺";"唐主遣之"改作"帝遣还之";"称'从弟大凉皇帝臣轨'""遣使与伏允连合""许以顺还之""伏允喜,起兵击轨,数遣使入贡"等句则全系抄录《唐使吐谷浑伐凉》条,一字不易。

"四年七月,吐谷浑寇洮、岷二州"至"众大溃"段系抄录、改写卷三十八唐高祖武德六年《唐岐州刺史柴绍击吐谷浑败之》条相应史文而成。除将"先是"改作"四年七月","柴绍"前加"岐州刺史","众大溃"前增"虏"字外,其余史文一字不易。

"八年正月,吐谷浑、突厥各请互市"至"杂畜被野"段系抄录、改写卷三十九唐高祖武德八年《诏许突厥吐谷浑互市》条而成。除将"突厥、吐谷浑"颠倒位置,并在前加"八年正月"四字外,其余史文一字不易。

"贞观八年十月,吐谷浑可汗伏允老耄"至"以靖为西海道行军大总管,节度诸军讨之"段系抄录、改写卷三十九唐太宗贞观八年《吐谷浑寇凉州以李靖为大总管帅诸军讨之》条而成。《资治通鉴纲目》此条有脱讹,于"诏大举"后脱"兵"字,"为其老,重老之"则不通。补缀者在抄录《资治通鉴纲目》时,进行了增补更正,将"诏大举讨之"增补为"诏大举兵讨之","为其老,重老之"增补更正为"因其老,不欲重劳之"。其余字句,则全系照抄,并无更易。

"九年五月,李靖悉烧野草"至"上遣侯君集将兵立其子诺曷钵为可汗"段系抄录、删简、改写卷三十九唐太宗贞观九年《李靖伐吐谷浑破之》条而成。具体而言,将"李靖击吐谷浑伏允,悉烧野草"删简为"李靖悉烧野草";"李靖从之"删简为"靖从之";"中分其军为两道"删简为"分军为两道",其后删"靖与薛万均、李大亮由北道,君集与道宗由南道,靖等";"君集"后删"道宗引兵行无人之境二千余里。盛夏降霜,人酰水,马噉雪";"追及伏允于乌海"中删"及"字;"与战,大破之"后删"靖督诸军经积石河源穷其西境";"靖袭破伏允牙帐"后删"斩首数千级,获杂畜二十余万";"伏允子顺斩天柱王来降"后删"脱身走,众散稍尽";"诏以为西平郡王"删"郡"字,其后删"顺未能服其众,命李大亮将精兵数千为其声援";改"既而顺竟为国人所杀"为"后顺为国人所杀";改"上复使侯君集将兵,立其子诺曷钵为可汗"作"上遣侯君集将兵,立其子诺曷钵为可汗"。其余字句则原文抄录,并无更改。

"十年三月,吐谷浑请颁历,遣子入侍"段系抄录卷三十九唐太宗贞观十年《吐谷浑请颁历》条而成。除在"三月"前增"十年"二字外,其余部分一字不易。

"永徽三年正月,吐谷浑遣使入贡"段系删简卷四十唐高宗永徽三年《吐谷浑等入贡》条而成。其原文为"三年春正月,吐谷浑、新罗、高丽、百济并遣使入贡"。

"咸亨三年二月,徙吐谷浑于灵州,其故地皆入于吐蕃"段系删简卷四十一唐高宗咸亨三年《徙吐谷浑灵州》条而成。其原文为"三年春二月,徙吐谷浑于灵州(吐谷浑畏吐蕃徙灵州,其故地皆入于吐蕃)"。

"乾宁元年六月,李克用大破吐谷浑"段系删简卷五十二唐昭宗乾宁元年《李克用大破吐谷浑》条而成。其原文为"李克用大破吐谷浑,杀赫连铎"。

显而易见,王溥《唐会要》卷九十四诸条至晚于明末清初已经散佚,今本《唐会要》卷九十四《吐谷浑》条主要系补缀者摘抄、删简、增补、改写朱熹《资治通鉴纲目》而成,并非王溥书原文。而《资治通鉴纲目》为朱熹以《资治通鉴》为本撰写而成。因此,在《资治通鉴》保存完好的情况下,应以《资治通鉴》作为一手史料,今本《唐会要·吐谷浑》条只能作为可资参考的二手史料使用。

十六、《五代会要·吐浑》

《五代会要》,北宋王溥撰,成书于建隆二年(961),是专门记录五代典章制度的会要体史籍。《五代会要》是王溥从五代历朝实录中选取史料,编排成书的①。由于其成书时间早于新、旧《五代史》,其中又有不少史事为新、旧《五代史》所未载,可以补阙拾遗,史料价值较高。是书卷二十八内有《吐浑》条②。

从《五代会要》的编修过程可知,其主要内容源于五代历朝实录,与《旧五代史》《新五代史》《册府元龟》《资治通鉴》所载五代史料有着相同的史源。故《五代会要·吐浑》条的绝大部分内容都能在《旧五代史》《新五代史》《册府元龟》《资治通鉴》中找到相同或相近的记载。如《五代会

---

①《四库全书总目提要》卷八十一《史部三十七·政书类一·五代会要》,第 2117 页。
②(北宋)王溥:《五代会要》卷二十八《吐浑》,上海:上海古籍出版社,1978 年,450—452 页。

要》所载后唐太祖逐赫连铎,赫连铎归幽州李匡俦事,《旧五
代史·唐书一·武皇纪上》作"四月,武皇大举兵讨赫连铎
于云州……大破之……会赫连铎力屈食尽,奔于吐浑部,遂
归幽州,云州平"①。后唐明宗赐李绍鲁"竭忠建策兴复功臣、
金紫光禄大夫、检较太保"事,《册府元龟·外臣部·褒异三》
作"二月甲午,敕吐浑宁朔、奉化两府都知兵马使、捡较司徒
李绍鲁,可授光禄大夫、捡较太保、竭忠建策兴复功臣"②。后
唐末帝超授白可久检校司徒、赫连海龙检校尚书左仆射、李
铁匮检校尚书右仆射事,《册府元龟·外臣部·褒异三》作
"二月戊辰,以吐浑宁朔奉化两府留后检较尚书左仆射李可
久超授检较司徒,其副使检较工部尚书赫连海龙可检较尚书
左仆射,其两府大夫李铁匮可检较右仆射"③。李可久即白可
久,与白承福同部,因后唐赐姓李,故名李可久。刘知远诱杀
白承福、白铁匮、赫连海龙等五家事,《资治通鉴》的记载要详
于《五代会要》,作"知远与郭威谋曰:'今天下多事,置此属
于太原,乃腹心之疾也,不如去之'。承福家甚富,饲马用银
槽。威劝知远诛之,收其货以赡军。知远密表:'吐谷浑反覆
难保,请迁于内地。'帝遣使发其部落千九百人,分置河阳及
诸州。知远遣威诱承福等入居太原城中,因诬承福等五族谋
叛,以兵围而杀之,合四百口,籍没其家赀。诏褒赏之,吐谷
浑由是遂微"④。

---

①《旧五代史》卷二十五《唐书一·武皇纪上》,第395页。
②《册府元龟》卷九七六《外臣部·褒异三》,第11468页。
③《册府元龟》卷九七六《外臣部·褒异三》,第11469页。
④《资治通鉴》卷二八五《后晋纪六》齐王开运三年,第9307页。

但经过比勘对读，发现还有一些史事为其独载，不见于其他史籍。原文如下：

"互为君长，其氏不常。"该句表明五代时期的吐谷浑部落各自为政，首领更迭频繁。

"其畜牧就善水草，丁壮常数千人，羊马生息，入市中土，朝廷常存恤之""率车帐、羊马。"这两句话说明五代时期生活于代北地区的吐谷浑人仍然以游牧为主要生业方式，马匹既是其主要生产生活资料，也是其对外贸易的主要商品。

"明宗在藩时，常与冀堆有旧""竟以冀堆为岚州刺史，仍赐名万通。"这两句话蕴含着丰富的历史信息。其一，表明当时位于代北地区的岚州（今山西省吕梁市岚县）也已成为了吐谷浑人的聚集地之一。其二，后唐明宗与吐浑别部首领薛冀堆之间非同寻常的私人关系表明当时的一些吐谷浑部落已经融入沙陀民族共同体，其上层人士也成为后唐统治集团的一部分。

《五代会要》早于《旧五代史》《新五代史》《册府元龟》《资治通鉴》成书，但其《吐浑》条的内容大多都能在这些史籍中找到对应记载。其中少量不见于其他史籍的记载则为《五代会要·吐浑》条内最有价值的部分。整体而言，《五代会要·吐浑》与《新五代史·吐谷浑传》《旧五代史》《册府元龟》《资治通鉴》中所载吐谷浑资料各有所长，可相互参校，都是研究五代时期吐谷浑历史的一手史料。

十七、《太平御览・吐谷浑》

《太平御览》，北宋李昉等奉敕撰，宋修四大部书之一，成书于太平兴国八年（984）。初名《太平总类》，书成后因宋太宗"日览三卷，一岁而读周"，故赐名"太平御览"①。《太平御览》主要为抄录《修文殿御览》《艺文类聚》《文思博要》等前代类书以及直接辑录古籍而成，所引书目一千多种，对于北宋以前的史籍多有收录②。且所引史料皆出自北宋以前的手抄古本，保存了许多史籍的原貌，故可以校勘文献，拾遗补阙。是书卷七九四《四夷部一五・西戎三》内有《吐谷浑》条③。

从内容上看，《太平御览・吐谷浑》条为摘录、删改魏收书《吐谷浑传》《梁书・河南传》《隋书・吐谷浑传》《旧唐书・吐谷浑传》而成。

具体而言，从"《后魏书》曰"到"浑死，其后以吐谷浑为氏"部分为摘录、删改魏收书《吐谷浑传》而成。对于这部分内容，前文已作有详细辨析，不再赘述。总之，《太平御览・吐谷浑》条摘录、删改魏收书《吐谷浑传》的这部分传文，大体能够反映出魏收书《吐谷浑传》的原貌，证实了北宋初年仍尚有反映魏收书原貌的《吐谷浑传》残篇存世。

自"《梁书》曰"至"十五年，又遣使献赤舞龙驹及方物"

---

① 《四库全书总目提要》卷一三五《子部四十五・类书类一・太平御览》，第 3444 页。
② 《重印〈太平御览前言〉》，中华书局影印本，1960 年，第 1—2 页。
③ 《太平御览》卷七九四《四夷部一五・西戎三・吐谷浑》，第 3525—3526 页。

部分为摘录、改写《梁书·河南传》"天监十三年"至"又遣使献赤舞龙驹及方物"处传文而成。《太平御览·吐谷浑》条在"天监十三年"之前增"武帝"二字,于"又遣使献赤舞龙驹及方物"句前增"其王休运筹"五字,其余字句均与《梁书》同。《梁书·河南传》于"天监十三年"之前有"代死,子休运筹①袭爵位"句,下文所述朝贡南梁的史事默认休运筹所为,故而不再赘述。《太平御览·吐谷浑》条并未抄录"代死,子休运筹袭爵位"句,故增"其王休运筹"加以说明。

　　从"隋书曰"到"伏允上表欲称公主为天后,上不许"部分为摘录、改写《隋书·吐谷浑传》而成。其中,自"其王以皂为帽"至"风俗颇同突厥"处的史文为抄录、改写《隋书·吐谷浑传》"其主以皂为帽"至"风俗颇同突厥"处的传文而成,除将"其主"改作"其王"外,其余字句皆与《隋书》同;自"有大麦、粟、豆"至"故时称青海骢焉"处的史文完全为抄录《隋书·吐谷浑传》"有大麦、粟、豆"至"故时称青海骢焉"的传文而成,除将"大麦"误抄作"大爻"外,其余字句皆与《隋书》同;"又曰开皇十六年以光化公主妻吐谷浑王,伏允上表欲称公主为天后,上不许"句则系改写"十六年,以光化公主妻伏,伏上表称公主为天后,上不许"句而成。

-----

①休运筹,《梁书》原文作"休运筹",中华书局点校本和点校修订本《梁书》据今本《魏书·吐谷浑传》和《北史·吐谷浑传》改为"伏连筹",《册府元龟·吐谷浑》条亦作"伏连筹",根据各书记载来看,休运筹应为"伏连筹"之讹。参阅《梁书》卷五十四《诸夷传·西北诸戎传·河南传》,第 895 页;《册府元龟》卷九六七《外臣部·继袭二》,第 11367 页。

　　从"唐书曰"到"至龙朔三年为吐蕃所灭"部分为摘录、删改《旧唐书·吐谷浑传》而成。其中,自"隋炀帝时其王伏允来犯塞"至"炀帝立其质子顺为王,送之本国"处的史文为抄录、改写《旧唐书·吐谷浑传》中相同传文而成。二者相较,《太平御览·吐谷浑》条除将"总"误抄作"惣"外,其余字句一字不易。"又曰:贞观九年,诏特进李靖为西海道大惣管"句为抄录、删改《旧唐书·吐谷浑传》中"贞观九年,诏特进李靖为西海道行军大总管"句而成。《太平御览·吐谷浑》条将"总"误抄作"惣",并删"行军"二字。"时伏允太子顺欲因此立功,由是遂降"句为删简《旧唐书·吐谷浑传》中"顺,即伏允之嫡子也。初为侍子于隋,拜金紫光禄大夫,久不得归,伏允遂立他子为太子,及得返国,意常怏怏。会李靖等诸军所向克捷,自以失位,欲因此立功,由是遂降"部分而成。"乃诏曰"至"仍授趐胡吕乌甘豆可汗"处的史文为抄录、改写《旧唐书·吐谷浑传》中"乃诏曰"至"仍授趐胡吕乌甘豆可汗"处的传文而成。《太平御览·吐谷浑》条将"令胤"改为"令嗣",并在抄录时出现了一些讹误,将"草窃"误抄作"莫窃","虐割"误抄作"虔刘"。"又曰:吐谷浑自晋永嘉之末始西疫洮水,建国于群羌之故地,至龙朔三年为吐蕃所灭"句则系抄录、删简《旧唐书·吐谷浑传》中"吐谷浑自晋永嘉之末始西渡洮水,建国于群羌之故地,至龙朔三年为吐蕃所灭,凡三百五十年"句而成。二者相较,《太平御览·吐谷浑》条将"渡"误抄作"疫",删"凡三百五十年"六字。

　　整体而言,《太平御览·吐谷浑》条系摘录、删改魏收书

《吐谷浑传》《梁书·河南传》《隋书·吐谷浑传》与《旧唐书·吐谷浑传》而成，且在抄录过程中出现了不少讹误，在《梁书·河南传》《隋书·吐谷浑传》与《旧唐书·吐谷浑传》俱存的情况下，《太平御览·吐谷浑》中的这部分史料仅能作为可资参考的二手史料使用。但因魏收书《吐谷浑传》的散佚，其摘录、删改魏收书《吐谷浑传》而成的部分史文反映了魏收书《吐谷浑传》散佚前的原貌，具有宝贵的史料价值，引述相关史事应以此为据。

十八、《太平寰宇记·吐谷浑》

《太平寰宇记》，北宋乐史撰，是成书于太平兴国年间（976~984 年）的一部地理总志。唐末五代以来，由于藩镇割据及朝代更迭，宋初的行政区划及地名已经与唐代有了很大不同，《十道志》《元和郡县图志》等唐代地志已经不再适用。乐史有感于此，同时也为了彰显北宋统一的功绩，悉取古山经地志，考证谬误，纂成此书①。是书卷一百八十八《四夷十七·西戎九》内有《吐谷浑》条②。

《太平寰宇记》引用典籍多达二百余部，现多已不存。因而其中保留的一些史料弥足珍贵。这一特点在《吐谷浑》条中也有体现。经过比勘对读，可知《太平寰宇记·吐谷浑》

①（南宋）晁公武撰，孙猛校证：《郡斋读书志校正》卷八《地理类》，上海：上海古籍出版社，1990 年，第 343 页。
②《太平寰宇记》卷一八八《四夷十七·西戎九·吐谷浑》，第 3606—3612 页。

条的大部分内容源自《通典·吐谷浑》条,少部分源自《旧唐书·吐谷浑》传,除此之外,还增加了一些新的内容。

　　具体而言,从"吐谷浑,即辽东鲜卑也"到"无令惊扰,速生边患"约占《太平寰宇记·吐谷浑》条80%篇幅的内容依据《通典·吐谷浑》条史文,略加增删改写而成。从"至垂拱四年,诺曷钵卒"到"至龙朔三年为吐蕃所灭,凡三百五十年"约占整体篇幅7%的内容系抄录《旧唐书·吐谷浑传》内容。此外,乐史还在《太平寰宇记》中对引用《通典·吐谷浑》条内容的行文顺序重新做了编排,将据《通典·吐谷浑》条"而后子孙据有甘松之南,洮水之西,南极于白兰,在益州西北"句改写而成的"四至:在甘松之南,洮水之西,南极于白兰,当益州之西北"句增于"至龙朔三年为吐蕃所灭,凡三百五十年"之后;并将"其地四时常有冰雪"至"故时称青海骢焉"处的史文稍作修改,置于"四至:在甘松之南,洮水之西,南极于白兰,当益州之西北"句之后。

　　自"扜泥城,一名东故"至"皆旧吐谷浑界山川之名"处的史文为《太平寰宇记·吐谷浑》条对吐谷浑扜泥城、扜零城、龙夷城、故契翰、曼头城、西倾山等城址、地名的考证,是《太平寰宇记》的新增史料。

　　在《通典》《旧唐书》俱存的情况下,《太平寰宇记·吐谷浑》条中大部分史文的史料价值不大,但其对于吐谷浑城址、地名的考证对于吐谷浑历史地理问题的研究具有重要意义。此外,其所引用的《魏书·西域传》《十三州志》《沙州记》等史籍皆已散佚,在保存史料方面亦具有一定价值。

十九、《册府元龟·外臣部·继袭第二·吐谷浑》

《册府元龟》,北宋王钦若、杨亿等奉敕撰,宋修四大部书之一,成书于大中祥符六年(1013)。《册府元龟》记事起自上古,讫于五代,对于北宋以前的史籍多有收录。因其所引史料皆出自北宋以前的手抄古本,保存了许多史籍的原貌,故可以校勘正史,补阙拾遗。是书卷九六七《外臣部·继袭二》内有《吐谷浑》条①。

比勘《册府元龟·吐谷浑》条与其他吐谷浑专传专条,可以看出《册府元龟·吐谷浑》条与《北史·吐谷浑传》《旧唐书·吐谷浑传》史文有相同或相似之处。

具体来说,通过"华言父也""宋少帝封为浇河公""将玩之地下""子世伏嗣"等句可以看出,从"西北吐谷浑"至"伏允复其故地"处的史文与《北史·吐谷浑传》的传文大体相同,且较之为简,显然为删简、改写《北史·吐谷浑传》而成。值得注意的是,《册府元龟》称吐延的托孤大将为"绝拔渥",与《宋书·鲜卑吐谷浑传》相同,不同于《北史·吐谷浑传》中的"绝拔逞"。此处或系《册府元龟》抄录了《宋书》之故,但也有可能《册府元龟》所采用的《北史》原文即为"绝拔渥",反映了北宋时手抄本《北史》的面貌。

将"顺立未几,为臣下所杀""徙其部众于灵州之地,置安乐州""忠卒,子宣赵嗣""及吐蕃陷安乐州,其部众又东徙,散在朔方、河东之境""以朔方军节度副使慕容复为袭

---

①《册府元龟》卷九六七《外臣部·继袭二》,第 11367—11368 页。

长乐州都督、清海国王、乌地也拔勒豆可汗" 等句与《旧唐书·吐谷浑传》进行比对，可以看出，自"唐贞观九年，诏特进李靖讨破之"至"未几，卒，其封遂绝"处的史文皆能在《旧唐书·吐谷浑传》中找到出处，明显系抄录、删简、改写《旧唐书·吐谷浑传》相关传文而成。值得注意的是，《册府元龟》在抄录《旧唐书·吐谷浑传》时，也出现了一些讹误，如将"大宁王"记作"太宁主"，"诺曷钵"记作"诺易钵"。

"唐末有首领赫连铎、拓跋思恭，后唐有白承福、念公山、薛粪堆，各有部族"[1] 句则系对唐末五代吐谷浑情况的高度概括，但该句记载有误。其中，赫连铎、白承福、念公山、薛粪堆皆为吐谷浑首领，两唐书、新旧五代史、《五代会要》及《册府元龟》皆有载，其原始记载应出自晚唐史料以及五代实录。拓跋确系吐谷浑人的姓氏之一，因为有一部分党项人融入了吐谷浑人之中[2]。《新五代史·吐谷浑传》曰："其大姓有慕容、拓跋、赫连等族。"[3] 但拓跋思恭实为党项平夏部首领，并非吐浑首领，《新唐书》对此有明确记载。《新唐书·党项传》云："始，天宝末，平夏部有战功，擢容州刺史、天柱军使。其裔孙拓跋思恭，咸通末窃据宥州，称刺史。"[4] 王钦若等人或是因吐谷浑人中有姓拓跋者便将党项平夏部首领拓跋思恭误

---

①《五代会要》作"薛冀堆"，"粪"应为"冀"之讹。

②周伟洲:《吐谷浑史》，第84页。

③《新五代史》卷七十四《吐浑传》，第1030页。

④《新唐书》卷二二一上《西域上·党项传》，第6218页。

认为了吐谷浑首领。

由是可知,《册府元龟·吐谷浑》条主要系摘抄、删简、改写《北史·吐谷浑传》《旧唐书·吐谷浑传》而成,并在结尾处补入了晚唐五代时期的史料。在《北史》与《旧唐书》俱存的情况下,《册府元龟·吐谷浑》条只能作为可资参考的二手史料使用。但由于其收录的《北史》《旧唐书》皆为北宋前的手抄古本,反映了手抄本《北史》《旧唐书》的面貌,虽存在一些讹误,但仍具有一定的史料价值。

二十、《通志·吐谷浑》

《通志》,南宋郑樵撰,成书于绍兴三十一年(1161),是一部纪传体通史。《通志》记事起自三皇,纪传部分讫于隋代,《二十略》止于唐代。其《纪传》部分主要为抄录、删削前史而成①。是书卷一百九十五《四夷二·西戎上》内有《吐谷浑》条②。

经与前史比勘对读,可以发现,《通志·吐谷浑》条并无有关吐谷浑的新增资料补入,全系摘录《北史·吐谷浑传》《晋书·吐谷浑传》《魏书·吐谷浑传》《通典·吐谷浑》条等前代史文而成。但是,郑樵在摘录前史时,并未完全沿袭前史原文,而是按照自己的理解对文字进行了增删、改写和重新编次。

①《四库全书总目提要》卷五十《史部六·别史类·通志》,第1367页。
②(南宋)郑樵:《通志》卷一九五《四夷二·西戎上·吐谷浑》,北京:中华书局,1987年,第3127—3131页。

具体而言，从"吐谷浑本鲜卑徒河涉归子也"到"今因马而别，殆天所启乎"处的史文主要抄录《北史·吐谷浑传》与《晋书·吐谷浑传》而成，郑樵在抄录二传时，对二者传文进行了混编，并根据自己的理解进行了一些删改、增补。如"涉归之在也"抄录自《北史·吐谷浑传》，下句"分户千七百以隶吐谷浑"却系改写《晋书·吐谷浑传》"分部落一千七百家以隶之"而成；"乖别甚易，今当去汝万里之外矣"为改写《北史·吐谷浑传》"乖别甚易，今当去汝万里外"句而成，下句"于是遂行，若洛廆悔之"则系抄录、改写《晋书·吐谷浑传》"于是遂行，廆悔之"句而成；"我是卑庶，理无并大"系抄录《北史·吐谷浑传》而成，下句"今因马而别，殆天所启乎"却抄录自《晋书·吐谷浑传》；"先公处分，与兄异部"抄录自《北史·吐谷浑传》，下句"何不相远离，而令马斗"却系删简《晋书·吐谷浑传》"奈何不相远离，而令马斗"句而成。此外，郑樵还根据自己的理解，在《北史·吐谷浑传》的"与若洛廆二部"句中增加"为""焉"二字，改作"与若洛廆为二部焉"；在"马斗相伤"前增加"二部"二字，改作"二部马斗相伤"。

自"诸君试驱马令东，马若还东"至"世子拾虔不得嗣"处的史文为摘抄、改写《晋书·吐谷浑传》而成。郑樵在摘录这部分史文时，并未原样抄录《晋书》，而是进行了删简，并按照自己的理解对一些字句进行了改写。如将《晋书·吐谷浑传》中"以肉酪为粮。其官置长史、司马、将军"至"出蜀马、牦牛"处记述吐谷浑政治、经济、文化习俗等情况的传文以及"所以控制诸羌者，以吾故也"等句全部删去，并将"我当相随去矣"中的"去"改作"归","庬"替换为"若洛庬","生与麋鹿同群"改作"生混麋鹿之群","性酷忍"改为"性猜忍","以申"改作"聊申","年三十三"改为"年三十二","树洛干年少"改作"树洛干年小","控弦数万"改为"控弦百万","自勉"改作"自努","世子拾虔嗣"改为"世子拾虔不得嗣"等。从校史的角度看,郑樵的这些改写有得有失。如树洛干死后其世子拾虔并没有继承汗位,继位者实为树洛干之弟阿豺,故将"世子拾虔嗣"改为"世子拾虔不得嗣"是妥当的,纠正了《晋书·吐谷浑传》的谬误。但将《晋书·吐谷浑传》中的"控弦数万"改为"控弦百万"却大为不妥,树洛干时吐谷浑不可能拥有百万骑兵,前者视罴之时"控弦之士二万",后者乞伏乾归率骑二万即大败树洛干于赤水即是明证,如此改动实为误改。

从"树洛干弟阿豺立"到"郡县不能制"处的大部分史文为摘录、删简、改写《北史·吐谷浑传》而成。郑樵在抄录时,对《北史·吐谷浑传》的传文亦进行了删简,删"地方数千里""将玩之地下""天和初,其龙涸王莫昌率来降,以其地为扶州"等句,并将慕璝请求太武帝拓跋焘增加封土和赏赐、并遣还流人的表文,拓跋焘召集群臣廷议的内容,对慕璝诉求的答复等大段内容完全删去,仅以"慕璝恃功,多有表请,太武不从"代之。此外,郑樵还根据自己的理解对《北史》传文进行了诸多修改,如将"又将遣使朝贡"改为"阿豺复将遣使朝贡","临死召诸子弟告之曰"改作"阿豺之临命也,召其子弟悉至,告之曰""频来东魏"改为"频至邺都""又荐其从妹,静帝纳以为嫔"改作"又荐其从妹,以为嫔御,静帝纳之"

等等。应该指出的是,这部分史文当中的"兼并羌氏""号为
彊国""西彊山""会于海""号其妻为恪尊"等字句与今本
《魏书·吐谷浑传》相同,却异于《北史·吐谷浑传》,这种现
象表明该部分史文并非完全源于《北史·吐谷浑传》,还有少
量字句采自今本《魏书·吐谷浑传》。

　　自"唐贞观中,李靖、侯君集破灭之"至"后又封其渠帅
慕容宣超为青海王"处的史文为抄录、改写《通典·吐谷浑》
条中"大唐贞观中,李靖、侯君集破灭之"至"后又封渠帅慕
容宣超为青海王"处的史文而成。这部分史文基本系原文
抄录《通典》,改动极少。仅将"大唐贞观中"删"大"字,"强
盛"改作"彊盛","于灵州之境置安乐州"前增"朝廷"二字,
"渠帅"前增"其"字。

　　"武太后令朝臣议所在安置宣超焉"句则系对《通典·吐
谷浑》条中"武太后朝,郭元振上《安置吐谷浑状》曰"至"无
令惊扰,速生边患"处史文的高度概括。

　　郑樵在治史思想上提倡"会通",因而其在撰写《通
志·吐谷浑》条时注重对前史史料的综合利用,并根据自己
的理解对史料进行了大量的加工和重新编次。这样改动虽
使得叙事更加简洁流畅,便于读者理解,但也改变了前史文
字的原貌,从史料保存角度来看是不利的,降低了《通志·吐
谷浑》条的史料价值。总的来看,《通志·吐谷浑》条全系摘
录、删简、改写前代史文而成,没有补入有关吐谷浑的新资
料,故而只能作为可资参考的二手史料使用。

二十一、《文献通考·吐谷浑》

《文献通考》，元马端临撰，成书于大德十一年（1307）。《文献通考》记事起自上古，止于宋末，是马端临在《通典》《通志》的基础上，补以宋代国史及历朝会要修撰而成。是书卷三三四《四裔考十一》内有《吐谷浑》条①。

与前史对比可知，《文献通考·吐谷浑》条为摘录《通典·吐谷浑》条与《新唐书·吐谷浑传》而成，并无新增的吐谷浑资料。但马端临在抄录《通典》与《新唐书》时，并没有完全沿袭原文，而是对所采史文进行了增删、改写和重新编次。

其中，从"吐谷浑，本辽东鲜卑也"到"自号车骑将军、沙州刺史"处的史文为删简、改写《通典·吐谷浑》条中"吐谷浑，本辽东鲜卑也"至"自称骠骑将军、沙州刺史"处的史文而成。《文献通考·吐谷浑》条于"代统部落"前删"涉归死，若洛廆"，将"至于枹罕"改为"止于枹罕"，"自称骠骑将军"改作"自号车骑将军"，其余史文则皆同于《通典·吐谷浑》条。

自"部内有黄沙，周回数百里不生草木，因号沙州"至"戮力一心，社稷可固"处的史文系删简、改写《北史·吐谷浑传》中"部内有黄沙"至"然后社稷可固"处的传文而成。这部分内容改动较大，如将《北史·吐谷浑传》中"会暴病，

①（元）马端临：《文献通考》卷三三四《四裔十一·吐谷浑》，北京：中华书局，1986年，第2621—2622页。

临死召诸子弟告之曰"及其以下三十一字全部删去,并将"入于海"改作"会于海","遣使通宋"改作"乃遣使南通宋","文帝元嘉三年"改作"文帝元嘉中","又加除命"改作"又加朝命"等等。

从"既卒,弟慕璝立,遣军击乞伏茂蔓,败之"到"大业末,天下大乱,伏允及顺复其故地"处的史文亦为抄录、改写《通典·吐谷浑》条相应史文而成。这部分内容改动极少,仅将"阿豺死,弟慕璝立"改作"既卒,弟慕璝立","首载金花"改作"首戴金花","泥和"改作"况和",其余字句皆同于《通典·吐谷浑》条。

自"唐武德初,顺以兵助击李轨"至"凡三百五十年,及此封嗣绝矣"处的史文系对《通典·吐谷浑》条与《新唐书·吐谷浑传》相应史文的混编抄录。具体而言,从"唐武德初,顺以兵助击李轨"到"九年,复命李靖、侯君集等击之"处的史文或直接抄录、删简《新唐书·吐谷浑传》相应传文,或系对《新唐书·吐谷浑传》中相应传文的提炼总结。如"即寇鄯州""又掠岷州""得牛羊两万还"直接抄录《新唐书·吐谷浑传》传文;"太宗时,遣使入朝,未还"系删简《新唐书·吐谷浑传》"太宗时,伏允遣使者入朝,未还"句而成,"乃命段志元等讨之"系删简"乃命左骁卫大将军段志玄、左骁卫将军梁洛仁率契苾、党项兵击之"句而成;"九年,复命李靖、侯君集等击之"句则系对"是时,伏允耄不能事"至"两军会于大非川、破逻真谷"处传文的高度提炼。从"伏允远遁,为左右所杀"至"自是衰弱,而吐蕃强盛"处的史文为抄录、删简《通典·吐谷浑》条相应史文而成。如将"其子大宁王顺归降"删作"子顺降",改"自尔"为"自是"。从"与相攻,俱来请师"到"凡三百五十年,及此封嗣绝矣"处的史文为抄录、删简、改写《新唐书·吐谷浑传》中"既而与吐蕃相攻"至"凡三百五十年,及此封嗣绝矣"处的传文而成。如将"既而与吐蕃相攻,上书相曲直,并来请师,天子两不许"删简为"与相攻,俱来请师,诏不许";删"吐谷浑大臣素和贵奔吐蕃"及以下四十一字;删简"左武卫大将军苏定方"为"大将军苏安定","右威卫大将军薛仁贵"为"薛仁贵"等。

从文献学的角度来看,《文献通考·吐谷浑》条全系摘录、删简、改写《通典·吐谷浑》条与《新唐书·吐谷浑传》相关史文而成,没有补入当时尚未散佚的文献中有关吐谷浑的资料。在《通典·吐谷浑》条与《新唐书·吐谷浑传》保存完好的情况下,《文献通考·吐谷浑》条的史料价值不大。

上述正史中的吐谷浑专传构成了研究吐谷浑史最重要的基本史料,从《晋书·吐谷浑传》《宋书·鲜卑吐谷浑传》《南齐书·河南传》《梁书·河南传》《魏书·吐谷浑传》《周书·吐谷浑传》,到《隋书·吐谷浑传》《北史·吐谷浑传》《旧唐书·吐谷浑传》《新唐书·吐谷浑传》,再到《新五代史·吐谷浑传》,连续记载了吐谷浑从西晋到五代时期长达700余年的历史,依靠这些基本史料,能够大体勾勒出吐谷浑的发展脉络与历史轮廓,考察其政治、经济、文化及与周边政权或民族关系的基本情况。

此外,《建康实录》《通典》《唐会要》《五代会要》《太平御览》《太平寰宇记》《册府元龟》《通志》《文献通考》等典志体、会要体和大型类书等史书中的吐谷浑专条多抄录、改写自前代史书,除一些保留了魏收书《吐谷浑传》、魏收书《西域传》《十三州志》《沙州记》、五代实录等已散佚文献部分原貌的史文外,大多数史料价值不大。

柔然基本史料辨析

袁　刚

　　柔然是 4~6 世纪中叶以蒙古高原及周邻地区为主要活动地域的北方游牧民族,亦称"芮芮""蠕蠕""茹茹""蝚蠕"等。5 世纪初开始,柔然政权雄踞蒙古高原 150 余年,其政治军事制度上承匈奴、鲜卑,下启突厥,对后世的草原游牧民族及其建立的政权影响深远,在北方民族史和中国古代史上均占有重要地位。中国古代文献资料对柔然历史有不少反映。依靠这些资料,能够比较清晰地梳理柔然兴起、发展与衰亡的历史脉络,考察其政治、经济、军事、文化、与周边政权或民族的关系等一系列问题。有关柔然的汉文文献资料,主要有基本史料、散见史料、出土文书和碑刻等。其中,基本史料对柔然的记载最为集中。

　　所谓柔然基本史料,是指以"正史"柔然专传,和典志体史书、地理总志、方志、大型类书的柔然专条为主的史料。具体而言,包括《宋书》《南齐书》《魏书》《梁书》《北史》《南史》内柔然传,和《建康实录》《通典》《太平寰宇记》《册府元龟》《通志》《文献通考》内柔然条目。由于这些资料在史源、成书年代、编纂者立场以及传抄流布过程等方面存在差异,致使其史料价值各异。长期以来,中外学界在柔然历史许多重要问题的认识上分歧较多,主要原因之一在于对文献史料的研究尚不深入,甚至未对基本史料做必要的对比和辨析。详尽占有柔然基本史料,辨明史源关系,明确史料价值,有助于推动柔然史、北方民族史乃至中国古代史相关问题研究的进一步深入。

一、《宋书·索虏传附芮芮虏传》

《宋书》100 卷,梁沈约撰,纪传部分南齐永明六年(488)成书,诸志梁天监元年(502)以后续成。卷九十五列传第五十五《索虏传》附《芮芮虏传》载有柔然的来源、地理方位、自然环境、经济生活、文化习俗、与刘宋交通道路里程等内容①,是现存诸史中撰成年代最早的柔然专传,史料价值较高。

首先,《宋书·芮芮虏传》作为研究 5 世纪 80 年代以前柔然与南朝关系的重要一手史料,有助于正确认识柔然与刘宋交聘中所处的政治地位。传文关于柔然曾"僭称大号"、与中原诸政权"亢礼"及其"常南击索虏,世为雠仇,故朝廷每羁縻之"②等记载,表明柔然与刘宋的交往并非简单的"朝贡"关系,而是共同应对北魏军事威胁的盟友;双方互遣使者所采用的礼仪也不是边疆民族政权与中原王朝之间常见的"藩属之礼",而是对等的"敌国之礼"。

---

①(梁)沈约:《宋书》卷九十五《芮芮虏传》,北京:中华书局,1974 年,第 2357—2358 页。
②(梁)沈约:《宋书》卷九十五《芮芮虏传》,北京:中华书局,1974 年,第 2357 页。

其次,《宋书·芮芮虏传》部分内容可与北朝方面的记载相互参详。据《北史·蠕蠕传》,柔然和北魏的最高统治者均认可柔然起源与拓跋鲜卑密切相关^①。《宋书·索虏传》称西汉李陵投降匈奴后,"有数百千种,各立名号,索头亦其一也"^②;《芮芮虏传》认为柔然"亦匈奴别种"。可见,南朝史官亦意识到了柔然与拓跋鲜卑既有渊源关系,又存在显著差异的事实。《宋书·芮芮虏传》称柔然曾迫使西域的焉耆、龟兹等地"并役属之"事,亦合北朝方面关于柔然势力西进后,河西及西域部分地区"小国皆苦其寇抄,羁縻附之"的记载^③。

再次,《宋书·芮芮虏传》记述了一些北朝史书未载或刻意回避的内容,丰富了柔然历史的研究资料。北朝方面称柔然"无文记,将帅以羊屎粗记兵数,后颇知刻木为记"^④,《宋书》则谓柔然"国政疏简,不识文书,刻木以记事,其后渐知书契,至今颇有学者"。其中,北朝方面所载系5世纪初社崘"始立军法"时候的史事,《宋书》记述的则是柔然政权建立至5世纪30年代前后的情况。《宋书》传文关于柔然"渐知书契""颇有学者"等记载,作为柔然社会文化发展情况的重要资料,可补《魏书》《北史·蠕蠕传》之不足。

---

① (唐)李延寿:《北史》卷九十八《蠕蠕传》,北京:中华书局,1974年,第3259页。

② (梁)沈约:《宋书》卷九十五《索虏传》,北京:中华书局,1974年,第2321页。

③ (唐)李延寿:《北史》卷九十八《蠕蠕传》,北京:中华书局,1974年,第3251页。

④ (唐)李延寿:《北史》卷九十八《蠕蠕传》,北京:中华书局,1974年,第3250页。

　　此外,《宋书·芮芮虏传》称柔然"自西路通京师,三万余里",则柔然与刘宋的陆路交通,应主要通过西行绕离北魏的辖境实现。而假道吐谷浑,是与传文所载道路里程相符,且不经过北魏统治区即可实现双方使者往来的最佳路线。因此,该传对深入研究南北对峙形势下,吐谷浑在漠北与江南交通中的作用,及其与南朝、柔然、北魏的复杂关系等问题,均有裨益。

　　另需指出,柔然最初从拓跋鲜卑分离并形成部落,4世纪80年代以前又役属于拓跋鲜卑,故北朝方面对柔然早期历史脉络和世系的记述比较清晰①。但相关内容不见于《宋书·芮芮虏传》的记载,应与5世纪以前南北分立,交通不畅,音讯阻隔,南朝方面无从了解柔然早期历史有关。刘宋元嘉七年(430)已有"蠕蠕国献使"事②,则至晚在5世纪30年代以前柔然即与南朝建立了联系③。《宋书·芮芮虏传》载:"芮芮一号大檀,又号檀檀。"此说虽然混淆了部族及政权名号与可汗的名字,但却从另一个侧面证实刘宋方面最早或相对较多地掌握有关柔然的消息,应在牟汗纥升盖可汗郁久闾大檀在位时期(414~429年)④。《宋书·芮芮虏传》部分内容可能根据抵达建康(今江苏南京)的柔然使者的口碑材料或

---

① (唐)李延寿:《北史》卷九十八《蠕蠕传》,北京:中华书局,1974年,第3249—3250页。

② (唐)李延寿:《南史》卷三十二《张邵传》,北京:中华书局,1975年,第825页。

③ 周伟洲:《敕勒与柔然》,上海:上海人民出版社,1983年,第137—138页。

④ 〔日〕松田寿男著,陈俊谋译:《古代天山历史地理学研究》,北京:中央民族学院出版社,1987年,第171—173页。

南朝遣往柔然使者的见闻资料整理成文。其时柔然既自诩
"中华正统"①,显然不会向刘宋方面透露其先世曾臣服于拓
跋氏的过往,甚至可能对此做刻意遮掩或隐瞒,故《宋书·芮
芮虏传》未著录柔然早期历史不足为奇。

二、《南齐书·芮芮虏传》

《南齐书》60 卷,今存 59 卷,南朝梁萧子显撰,是记录南
朝齐历史的纪传体史书。是书卷五十九列传第四十《芮芮虏
传》系南朝诸史篇幅最大的柔然专传,载有柔然的来源、活动
地域、气候环境、经济生产方式,风俗习惯、与南齐关系等内
容,并且对柔然与北魏、敕勒的关系问题亦有叙及②。传文不
仅较《宋书·芮芮虏传》增添了一些新内容,而且对柔然来
源问题的记载也与之颇有差异。

《南齐书·芮芮虏传》首次厘清了柔然与南朝的陆路
交通路线。传文载刘宋升明二年(478)王洪轨(一作"王洪
范")出使柔然,南齐永明元年(483)始还,"经途三万余里"。
则王洪轨此行道路里程,正合《宋书·芮芮虏传》所载柔然
"自西路通京师,三万余里"③。传文言柔然"常由河南道而抵

① 曹永年:《关于柔然自号"皇芮"并宣称"光复中华"——兼论十六
国时期北方各族豪酋"俱僭大号,各建正朔"的潮流》,《中华文史论
丛》2015 年第 2 期。
② (梁)萧子显:《南齐书》卷五十九《芮芮虏传》,北京:中华书局,
1972 年,第 1023—1025 页。
③ (梁)沈约:《宋书》卷九十五《芮芮虏传》,北京:中华书局,1974 年,
第 2357 页。

益州",其时益州(治今四川成都)西北境又毗邻河南(吐谷浑),则由"河南道"经"益州"进入南朝的道路,即《宋书》所载之"西路",殆无疑义。史载"益州,镇成都……西通芮芮河南,亦如汉武威张掖,为西域之道也"①。

《南齐书·芮芮虏传》新增关于柔然职官以及柔然与南齐、敕勒关系的记载,亦对于全面、深入研究柔然历史有所裨益。传文中的柔然"国相"职位,即不见于《宋书》及北朝方面的记载。囿于相关文献资料的匮乏,"国相"是柔然职官名号中的正式称谓,抑或南朝方面对柔然官称的意译已难以稽考。但据传文所载希利垔、邢基祇罗回两位柔然"国相"的行迹,可知其职掌至少应包括占卜国运,以及柔然与中原诸政权及周边各民族交往交流等事务。传文关于柔然受罗部真可汗郁久闾予成(464~485年在位)在致南朝政权的"国书"中谓齐高帝萧道成"足下"、自称"吾"等记载,表明其时予成已将自己置于同南朝皇帝对等的地位。此与其创建"永康"年号②,命阚氏高昌等属国奉柔然正朔③,均为"僭称大号"、与中原诸政权"亢礼"的明证。另据传文所见柔然"国相"邢基祇罗回致萧道成的《劝进表》(以下简称《邢表》),其时柔然不仅自号"皇芮",还欲"振霜戈于并、代,鸣和铃于秦、赵,扫殄

---

① (梁)萧子显:《南齐书》卷十五《州郡志下》,北京:中华书局,1972年,第298页。

② (唐)李延寿:《北史》卷九十八《蠕蠕传》,北京:中华书局,1974年,第3255页。

③ 袁刚:《柔然与西域相关的几个问题》,《内蒙古社会科学》2018年第3期。

凶丑,枭剪元恶。然后皇与迁幸,光复中华",与南朝"永敦邻
好"。《邢表》作为迄今所见柔然唯一的官方文书,展现了柔
然统治贵族竭力维护草原游牧政权政治地位的理念和强烈
的"中华"认同意识,其价值弥足珍贵 ①。

　　柔然和北魏统治者均认可郁久闾氏与拓跋鲜卑存在渊
源关系,则《魏书·蠕蠕传》言柔然系"东胡之苗裔也"②,应
无疑义。但《南齐书·芮芮虏传》却称柔然为"塞外杂胡",
与《宋书》及北朝方面的记载皆不相同。历史上,南齐与柔
然的交往比较密切,双方多次互派使者,故《南齐书》的记载
亦当可信。诸史相抵牾处,应系编撰者叙事角度的差异所
致。事实上,柔然源自"东胡—鲜卑"说"基本上正确","匈
奴别种"说、"杂胡"说也"包含有合理的因素,不能完全否
定"③。5 世纪以前,柔然部在形成和发展的过程中,即融入了
不少来源不同、族属各异的部众。况且,柔然政权与柔然族
又是两个不可混淆的概念,前者是包含敕勒、匈奴、鲜卑等众
多民族成分人口的草原游牧政权,后者则是占据柔然政权统
治地位的古代民族 ④。因此,"塞外杂胡"说应反映了柔然部

----

① 曹永年:《关于柔然自号"皇芮"并宣称"光复中华"——兼论十六
　国时期北方各族豪酋"俱僭大号,各建正朔"的潮流》,《中华文史论
　丛》2015 年第 2 期。
②(北齐)魏收:《魏书》卷一〇三《蠕蠕传》,北京:中华书局,1974 年,
　第 2289 页。
③ 周伟洲:《敕勒与柔然》,上海:上海人民出版社,1983 年,第 76—
　77 页。
④ 亦邻真:《柔然拾零》,《内蒙古大学学报》(蒙古文版)1992 年第 1 期。

众及柔然政权属民来源复杂的特征。《南齐书》载柔然"编发左衽",北朝方面称柔然"髡头""不绊发"①,也侧面证实了柔然民族成分和人口构成情况比较复杂。

此外,《南齐书·芮芮虏传》所载"高车国"政权的建立致柔然势力衰弱,以及"高车国"政权在西域的活动等内容,亦可与北朝方面的相关记载互为补充。

三、《魏书·蠕蠕传》

《魏书》130卷,北齐魏收撰,天保五年(554)成书。北魏立国后,邓渊、崔浩、高允等均曾参与过官方组织的纂修编年体国史工作。孝文帝时,则以李彪、崔光等纂修纪传体国史。后又有邢峦、崔鸿、王遵业等,曾陆续撰修或补续过孝文、宣武、孝明三朝起居注②。魏收早年仕魏,以才学"迁散骑侍郎,寻敕典起居注,并修国史,俄兼中书侍郎"③。前人修史成果以及魏收本人的史臣经历,为其撰修《魏书》提供了素材和便利。随着北魏国史及诸帝起居注的湮没,《魏书》成为记录北魏及东魏历史最为原始的材料,后世相关著述多以此为史源。

---

① (北齐)魏收:《魏书》卷一〇五《天象志三》,北京:中华书局,1974年,第2394、2401、2405—2406页;(唐)李延寿:《北史》卷九十七《西域传》,北京:中华书局,1974年,第3220页。
② (宋)刘攽,刘恕,安焘,范祖禹:《旧本魏书目录叙》,(北齐)魏收:《魏书》,北京:中华书局,1974年,第3063页。
③ (唐)李延寿:《北史》卷五十六《魏收传》,北京:中华书局,1974年,第2026页。

　　据《魏书》成书的时代背景和流传过程可知,是书卷一〇三列传第九十一内《蠕蠕传》应为北朝史书中撰成年代较早的柔然专传。唐人撰写《北史·蠕蠕传》及《通典·蠕蠕》,均在该传的基础上根据需要对一些字词做了更替删削,并兼采其他史书对柔然的相关记载,补入了不见于《魏书·蠕蠕传》的新史料(具体论述详见"《北史·蠕蠕传》"部分)。然而,在《魏书》撰成以后四百余年间的流传过程中,包括《蠕蠕传》在内的部分篇目却出现了不同程度的散佚。北宋时期,由官方组织校定的刘宋、南齐、萧梁、陈、北魏、北周、北齐七史相继完成并得以刊行①。宋人审校《魏书》时,对《蠕蠕传》等后人补缀篇目进行了校勘、整理,并将"亡逸不完者,无虑三十卷"均"各疏于逐篇之末"②,形成今本《魏书》的基本面貌。据今本《魏书》卷一〇三目录下方宋人注有"阙"字,卷八十四《儒林传》、卷九十一《术艺传》、卷九十二《列女传》等则注"不全",可知其时《魏书》卷一〇三大部分内容应确已散佚。

　　对比可知,今本《魏书·蠕蠕传》大部分史文根据《北史·蠕蠕传》等资料补缀而成(具体论述详见"《北史·蠕蠕传》"部分),内容涉及柔然起源、历史变迁、与中原政权或周边民族的关系等多个方面。但《魏书·蠕蠕传》与《北

---

① (宋)李焘:《续资治通鉴长编》卷一九四,宋仁宗嘉祐六年八月庚申条,北京,中华书局,1995 年,第 4699 页;(宋)晁公武:《郡斋读书志》卷二上,四部丛刊三编影宋淳祐袁州本,第 5a 页。

② (宋)刘攽,刘恕,安焘,范祖禹:《旧本魏书目录叙》,(北齐)魏收:《魏书》,北京:中华书局,1974 年,第 3065 页。

史·蠕蠕传》的部分异文，却表明今本《魏书》传文存在《北史》以外的其他史料来源。日本学者内田吟风即认为，今本《魏书·蠕蠕传》残存着部分魏收原书史文①。《魏书》称车鹿会"始有部众，自号柔然，而役属于国"，《北史》无"而役属于国"5字；《魏书》称社崘自号"丘豆伐可汗"，《北史》作"豆代可汗"②。《通典》无"而役属于国"句，但所载社崘汗号与《魏书》同③。《魏书》记东、西魏分立时期历史以东魏为主，称柔然敕连头兵豆伐可汗阿那瓌与东魏高欢集团联姻后"自此塞外无尘矣"，《通典》与此略同，兼载东、西魏史的《北史》则作"自此东魏边塞无事"④。《通典》载柔然事多同《魏书》异《北史》，加之《通典》编撰时崔、李旧书皆佚⑤，已无较《魏书》更原始的北魏及东魏史资料可资参考，则《通典·蠕蠕》应即抄录了散佚前的《魏书·蠕蠕传》史文。虽然据此不足以排除今本《魏书·蠕蠕传》补缀时参考过《通典·蠕蠕》，或

① 〔日〕内田吟风：《北アジア史研究·鲜卑柔然突厥篇》，京都：同朋舍，1975年，第307页。

② （北齐）魏收：《魏书》卷一〇三《蠕蠕传》，北京：中华书局，1974年，第2289—2291页；（唐）李延寿：《北史》卷九十八《蠕蠕传》，北京：中华书局，1974年，第3249—3251页。

③ （唐）杜佑：《通典》卷一九六《蠕蠕》，北京：中华书局，1988年，第5378页。

④ （北齐）魏收：《魏书》卷一〇三《蠕蠕传》，北京：中华书局，1974年，第2303页；（唐）李延寿：《北史》卷九十八《蠕蠕传》，北京：中华书局，1974年，第3265页；（唐）杜佑：《通典》卷一九六《蠕蠕》，北京：中华书局，1988年，第5383页。

⑤ （宋）刘攽，刘恕，安焘，范祖禹：《旧本魏书目录叙》，（北齐）魏收：《魏书》，北京：中华书局，1974年，第3063页。

《北史·蠕蠕传》后来在传抄流布中又出现了错漏；但无论基于何种状况，均不可否认今本《魏书·蠕蠕传》与《北史·蠕蠕传》的异文体现了魏收原书风貌。

另据《太平御览·虫豸部一》引《后魏书》："蠕蠕，东胡之苗裔也。木骨闾死，子车庶会自号柔然，役属于魏。世祖以其无知，状类于虫，故改其号为蠕蠕。"① 对比可知，《御览》引文多同《魏书》而异《北史》。尽管《御览》引《后魏书》"实不专取一家"②，但魏收以前的北魏史均已湮没，以后诸家著述又多以此为史源，则上述《御览》引《后魏书》史文所反映的应即魏收书原貌③。至于宋初所见《魏书·蠕蠕传》等散佚篇目的残存内容是以独立状态呈现，还是被今已散佚的《修文殿御览》《高氏小史》等史籍引述得以保留，已无可稽考。

总的来说，《魏书·蠕蠕传》原文至晚北宋初年即已散佚，今本《魏书·蠕蠕传》的大部分内容由《北史·蠕蠕传》补缀而成，史料价值总体难与《北史·蠕蠕传》同日而语。

---

① (宋)李昉等：《太平御览》卷九四四《虫豸部一》，北京：中华书局，1960年，第4191页。

② (清)永瑢等：《四库全书总目》卷四十五《史部·正史类一·魏书》，北京：中华书局，1965年，第407页。

③ 此引文也正符合《四库全书总目》所言"夫《御览》引诸史之文，有删无增"的特点。至于引文所见"车庶会"，则系"车鹿会"在传抄时产生的讹误。这种现象在中国古代的手钞本文献中屡见不鲜。此外，今本《魏书·吐谷浑传》《西域传》等亦为据《北史》补缀的散佚篇目，但《御览·四夷部》内疏勒、吐谷浑等条引《后魏书》史文，却与《北史》及今本《魏书》均存在一定差异，亦表明北宋初年应确有反映《魏书》散佚篇目的部分残存内容存世。

但今本《魏书·蠕蠕传》与《北史·蠕蠕传》的部分异文一定
程度上保留了《魏书》散佚前的原貌,史料来源较《北史·蠕
蠕传》更为原始,是今本《魏书·蠕蠕传》最具价值的内容和
研究相关史事重要的一手史料。

四、《梁书·诸戎传·西北诸戎·芮芮国传》

《梁书》56卷,唐姚思廉撰,贞观十年(636)成书。卷
五十四列传第四十八《诸戎传》内"西北诸戎"部分所置《芮
芮国传》,载有柔然的地理方位、自然环境、文化习俗、与南朝
政权的关系等内容,是该书唯一的北方民族专传。

《梁书·芮芮国传》系在摘录、改写《宋书·芮芮虏传》
《南齐书·芮芮虏传》的基础上,补入一些不见于二史的新资
料而成。在柔然起源方面,是传承袭《宋书·芮芮虏传》的
观点,言其"盖匈奴别种";发式、衣着方面,改《南齐书·芮
芮虏传》所见"编发左衽"为"辫发",补入"衣锦,小袖袍,
小口袴,深雍靴";居住形式方面,既称柔然原本"无城郭,随
水草畜牧,以穹庐为居",又载其"天监中,始破丁零,复其旧
土。始筑城郭,名曰木末城";自然环境方面,沿袭前代关于
柔然地气寒凉的记载,称"其地苦寒",并新增"七月流澌亘
河"句;与南朝使者往来方面,所见宋、齐史事较《宋书》《南
齐书》为略,新增梁天监十四年(515)、普通元年(520)、大
同七年(541)柔然曾先后三次向南朝遣使,并分别"献乌貂
裘""献方物""献马一匹,金一斤",以及普通元年以后柔然
使者"数岁一至焉"等内容;与南朝陆路交通方面,载王洪轨
于南齐建元元年(479)"始至其国",明确了其中途的耗时应

在一年左右 ;文化方面,补入了不见于《宋书》《南齐书》及北朝诸史记载的有关柔然巫术的内容 ①。

大抵来说,《梁书·芮芮国传》最具价值的内容有两部分,一是在宋、齐二史的基础上补入的关于柔然自然环境、文化习俗等方面的内容 ;二是新增有关梁朝时期的柔然资料。前者可与其他南北诸史关于柔然自然环境、风俗习惯的记载互相参详,后者则是 6 世纪初柔然历史活动及其与南朝关系的重要一手史料。

五、《北史·蠕蠕传》

《北史》100 卷,唐李延寿撰,叙事始北魏登国元年(386),迄隋义宁二年(618),涉及北魏、东魏、西魏、北齐、北周、隋六朝史事,显庆四年(659)呈进 ②。由于《北史》大体是在《魏书》《北齐书》《周书》《隋书》的基础上增删、改写而成 ③,故在诸史俱存的情况下,《北史》应属二手史料。但《魏书》《北齐书》《周书》《隋书》在传抄流布中出现不同程度散佚或错讹后,世人多取《北史》等资料补阙,以保持其完整性。因此,相对后世补缀的魏、齐、周、隋诸史篇目,《北史》的资料来源反而更为原始。

① (唐) 姚思廉 :《梁书》卷五十四《芮芮国传》,北京 :中华书局,1973 年,第 817 页。

② (宋) 王溥 :《唐会要》卷六十三,"修前代史" 条,北京 :中华书局,1955 年,第 1092 页。

③ (唐) 李延寿 :《北史》卷一〇〇《序传》,北京 :中华书局,1974 年,第 3343—3345 页。

　　《北史》卷九十八列传第八十六内《蠕蠕传》较为全面系统地记载了柔然早期部落的形成、柔然政权的兴衰以及柔然的政治军事制度、经济生活、文化习俗、与周边民族和政权的关系等问题。由于《北史》较《魏书》晚出,加之该书《蠕蠕传》关于东魏以前的史事又多系抄录和改写《魏书·蠕蠕传》而成,故其史料价值总体难与原本《魏书·蠕蠕传》等量齐观;但今本《魏书·蠕蠕传》的大部分内容却是在原本《魏书》散佚后,由后世史家补缀而成的。查检今本《魏书》散佚诸篇"宋人校语"可知,后人补缀其散佚篇目多据《北史》《高氏小史》《修文殿御览》等史籍中著录的相关内容。一般来说,"宋人校语"对《魏书》散佚篇目及其补缀材料多作有说明。但今本《魏书》卷一〇三"宋人校语"言"魏收书列传第九十一亡"①,却未明确其补缀材料。韩荫晟等认为,今本《魏书·蠕蠕传》系"刘恕等转采《北史》《高氏小史》和《修文殿御览》补撰",史源先后与《北史·蠕蠕传》"分判为难"②。此说不无道理,但具体情况尚需进一步考订、辨析。

　　一般来说,"《北史》于元魏纪传则但有删减耳"③。《魏书·高祖纪》载延兴三年(473)七月,"蠕蠕寇敦煌,镇将

<hr />

① (北齐)魏收:《魏书》卷一〇三《蠕蠕传》,校勘记〔一〕,北京:中华书局,1974年,第2314页。
② 中国科学院历史研究所史料编纂组:《柔然资料辑录》,北京:中华书局,1962年,第3页。
③ (清)赵翼:《陔余丛考》卷八《北史删魏书太简处》,北京:中华书局,1963年,第155页。

乐洛生击破之。事具《蠕蠕传》"①；同书《任城王传》载有
献文帝拓跋弘内禅后拓跋云从其北征柔然事，"事具《蠕蠕
传》"②。但《北史·蠕蠕传》及今本《魏书·蠕蠕传》均未著
录相应史事，仅有皇兴四年（470）拓跋云从尚未禅位的拓跋
弘北伐事。另据《魏书·高祖纪》，延兴二年（472）二月和
十一月，拓跋弘曾两次以"太上皇帝"身份亲征柔然③；则拓
跋云本传所载史事应亦在此间。可见《北史·蠕蠕传》确应
删减了原本《魏书·蠕蠕传》的部分内容，后世补缀的今本
《魏书·蠕蠕传》又较多沿袭了《北史·蠕蠕传》史文。

　　内田吟风认为，今本《魏书·蠕蠕传》"史论"全由《北
史》转录而成④。今本《魏书·蠕蠕传》开篇既以柔然为"东
胡苗裔"，卷尾"史论"又云"至如蠕蠕者，匈奴之裔，根本莫
寻"⑤，自相矛盾。查《魏书》卷一〇三与《北史》卷九十八
"史论"基本相同，且《南史·蠕蠕传》又称柔然"盖匈奴之别
种也"⑥，则此视柔然为"匈奴之裔"的观点应出自李延寿。又

---

① （北齐）魏收:《魏书》卷七上《高祖纪上》，北京:中华书局，1974 年，
　　第 139 页。
② （北齐）魏收:《魏书》卷十九中《任城王传》，北京:中华书局，1974
　　年，第 462 页。
③ （北齐）魏收:《魏书》卷七上《高祖纪上》，北京:中华书局，1974 年，
　　第 136—137 页。
④ 〔日〕内田吟风:《北アジア史研究·鲜卑柔然篇》，京都:同朋舍，
　　1975 年，第 307 页。
⑤ （北齐）魏收:《魏书》卷一〇三《蠕蠕传》，北京:中华书局，1974 年，
　　第 2289、2313 页。
⑥ （唐）李延寿:《南史》卷七十九《夷貊下·蠕蠕传》，北京:中华书
　　局，1975 年，第 1986 页。

据清王鸣盛《十七史商榷》:"避讳之例,《南史》已极纠纷,《北史》尤甚",常书"世"为"代"、"民"为"人"①。北魏太武帝拓跋焘庙号"世祖"、宣武帝元恪庙号"世宗",故《北史》于北魏诸帝即多不称庙号而称谥,以避唐太宗讳。今本《魏书·蠕蠕传》多据《魏书》行文特点,改《北史·蠕蠕传》所见"太武"为"世祖",但却称拓跋晃"景穆"而非"恭宗"②,当转录《北史》而未及改者。另据《魏书·西域传》所见"宋人校语":"魏收书《西域传》亡,此卷全写《北史·西域传》……案《隋书·西域传》云康国'大业中始遣使贡方物,后遂绝焉',此改'大业'字为'太延',盖后人妄改。"③可见后世补阙《魏书》散佚篇目事早已有之,《西域传》的补缀应非出自刘恕等人之手,故而《蠕蠕传》的补缀是否刘恕等所为亦值得商榷。

需要指出的是,《北史·蠕蠕传》并非全文均增删改写自原本《魏书·蠕蠕传》,而是补入了"齐受东魏禅"以后有关柔然的新材料。通过比对《通典·蠕蠕》及今本《魏书·蠕蠕传》的部分内容,可知《北史·蠕蠕传》所载西魏以元翌女为"化政公主"嫁阿那瓌兄弟塔寒、文帝自纳阿那瓌女为后,对柔然"加以金帛诱之",致其"留东魏使元整,不报信命"等

①(清)王鸣盛:《十七史商榷》卷六十八《避讳三例》,南京:凤凰出版社,2008年,第457页。
②(北齐)魏收:《魏书》卷一〇三《蠕蠕传》,北京:中华书局,1974年,第2294—2295页。
③(北齐)魏收:《魏书》卷一〇二《西域传》,校勘记〔一〕,北京:中华书局,1974年,第2282页。

史事,即不见于《魏书·蠕蠕传》的内容;记述柔然与东魏和亲始末亦较《魏书·蠕蠕传》为详①。魏收既为北齐史官,则其势必站在北齐的政治立场上撰修史书,故刘知几称魏收书"既党北朝,又厚诬江左"②。北齐继承东魏,则《魏书》以东魏为正统、西魏为伪无疑是宣示北齐正统地位的手段。至于后来隋文帝又敕魏澹等以西魏为正统重撰魏史,亦与其帝位得自北周,而北周又继承西魏不无关系。因此,魏收原书应不会详载西魏与柔然关系相关史事,而以西魏为正统的魏澹书却可能对此详加叙述。魏澹书唐初尚未散佚,则《北史·蠕蠕传》抄录或改写了其中的部分柔然史事亦不无可能。此外,《北史·蠕蠕传》所载阿那瓌受中原文化影响设立侍中、黄门诸职官等独有内容,亦对全面认识柔然的政治制度及相关问题颇有裨益。

　　总之,在原本《魏书·蠕蠕传》大部分内容散佚的情况下,《北史·蠕蠕传》作为现存内容最为完整和资料相对比较原始的柔然基本史料,具有其他资料无法取代的价值。另外,由于《魏书·蠕蠕传》载北魏分裂以后的史事过于简略,并且对柔然与西魏关系问题鲜有叙及,加之《北齐书》未置柔然专传,则《北史·蠕蠕传》新增内容亦为研究西魏与东魏—北齐对峙期间有关柔然历史的根本资料。

————————

① (唐)李延寿:《北史》卷九十八《蠕蠕传》,北京:中华书局,1974年,第3263—3265页。

② (唐)刘知几撰,(清)浦起龙通释:《史通通释》卷十二《古今正史》,上海:上海古籍出版社,2009年,第339页。

六、《南史·夷貊传下·蠕蠕传》

《南史》80卷，唐李延寿撰，显庆四年(659)与《北史》同时呈进并被官方批准流传。卷七十九列传第六十九《夷貊传下》内有《蠕蠕传》。该传史文多取自《梁书·蠕蠕国传》[①]，部分节录自《南齐书·芮芮虏传》[②]，并将二史所见“芮芮”字样俱改为“蠕蠕”。据传文，王洪轨抵达柔然事应在南齐建元三年(481)[③]，与《梁书·蠕蠕国传》所载建元元年迥异。查南北史书均载有建元元年暨北魏太和三年(479)柔然伐魏事[④]，

①具体而言，传文“北狄种类实繁，蠕蠕为族”句，系李延寿所加；“盖匈奴之别种也”句，系据《梁书·芮芮国传》删“芮芮国”3字，又分别于“匈奴”“别种”后加“之”“也”2字；“魏自南迁”4字改自《梁书·芮芮国传》“自元魏南迁”5字，并删其上“魏、晋世”至“芮芮其一部也”21字；“因擅其故地”至“弘轨始至”全录《梁书·芮芮国传》史文，唯“以穹庐为居”删“为”字、“深雍鞾”作“深雍鞾”、“引之共伐魏”作“引之共谋魏”、“齐建元元年”作“齐建元三年”、“王洪轨”作“王洪范”、“始至”以下删“其国”2字；“始至”以下“是岁通使，求并力攻魏”9字，为李延寿所加；“其后国稍侵弱”至传尾，亦删减或改写自《梁书·芮芮国传》。

②传文“其国相邢基祇罗回表”句至“又献师子皮袴褶”，节录自《南齐书·芮芮虏传》。

③(唐)李延寿：《南史》卷七十九《蠕蠕传》，北京：中华书局，1975年，第1987页。

④《南齐书·芮芮虏传》记载：“建元元年八月，芮芮主发三十万骑南侵，去平城七百里，魏虏拒守不敢战，芮芮主于燕然山下纵猎而归。”另据《魏书·高祖纪》，太和三年十一月“蠕蠕率骑十余万南寇，至塞而还”。北魏是此次战争的当事方之一，则柔然此次出动骑兵数量应以《魏书》所载为是；《南齐书》所见“三十万骑”，(转下页注)

则其王洪轨至柔然的时间应不晚于此年。可见《南史·蠕蠕传》不仅是削删、改写《南齐书·芮芮虏传》《梁书·芮芮国传》成文的二手史料,甚至在摘录前代史文过程中还产生了一些讹误,没有特殊的参考价值。

七、《建康实录·齐下·蠕蠕国》

《建康实录》20 卷,唐许嵩撰,成书于至德元年(756)以后,载有东汉末至陈朝间近 400 年史事,以"六朝都建康者,编年附传"[①]。卷十六《齐下》内《蠕蠕国》条,主要抄录、改写《南齐书·芮芮虏传》而成[②]。由于《建康实录·蠕蠕国》成文

(接上页注)可能与柔然试图通过夸大出兵数量以"邀功"南朝有关。至于南北史书所载柔然此次伐魏的时间差异,应为两者所言分别是柔然出兵和退兵的时间所致。参阅(梁)萧子显:《南齐书》卷五十九《芮芮虏传》,北京:中华书局,1972 年,第 1023 页;(北齐)魏收:《魏书》卷七上《高祖纪上》,北京:中华书局,1974 年,第 147页;袁刚:《关于柔然狩猎业的几个问题》,韩国檀国大学北方文化研究所编:《北方文化研究》(第 9 辑),2018 年,第 333 页。

①(宋)陈振孙:《直斋书录解题》卷五,上海:上海古籍出版社,1987年,第 143 页。

②具体而言,全文通改"芮芮"为"蠕蠕";"虏塞外杂胡也"至"无文字",删《南齐书》"晋世什翼珪入塞内后"的"内"字,"所居为穹庐毡帐"的"为"字,改"尽有匈奴故庭"为"居匈奴","不识文书"为"无文字",省其下"马畜丁肥"至"常与魏虏为仇敌"15 字;删《南齐书》"宋世"至"芮芮主于燕然山纵猎而去"85 字,并调整邢基祇罗回致南齐书与柔然"伐魏"事的顺序,将柔然出兵的时间由"建元元年"改为"二年"、出兵的数量由"三十万"改为"四十万";所录邢基祇罗回表文亦较《南齐书·芮芮虏传》为略;"后二年三年"以下39 字,亦为删减《南齐书》史文而成。参阅(唐)许嵩:《建康实录》卷十六《蠕蠕国》,北京:中华书局,1986 年,第 651 页。

较晚,亦未补入不见于前代诸史的柔然资料,加之作为其主要史料来源的《南齐书·芮芮虏传》尚存,因而只能将之视作二手史料。值得重视的是,一些前代史书未载的柔然向南朝遣使的散见史料赖《建康实录》其他篇目的收录得以保存。

八、《通典·边防十二·北狄三·蠕蠕》

《通典》200 卷,唐杜佑撰,记述唐天宝(742~756 年)以前典章制度及地志、民族的专书,贞元十七年(801)成书。卷一九六《边防十二·北狄三》内《蠕蠕》条,系删减、改写《魏书·蠕蠕传》和《北史·蠕蠕传》[1],并摘录、补充《魏书》《北史》中其他纪传表内相关内容而成[2]。

前文已述,今本《魏书·蠕蠕传》部分同《通典》异《北史》的内容应反映了魏收原书风貌。但《通典·蠕蠕》中亦

---

[1]具体而言,《通典·蠕蠕》删减《魏书·蠕蠕传》《北史·蠕蠕传》的内容,主要有柔然部曾役属拓跋鲜卑,车鹿会死后至社崙北徙漠北以前柔然部的历史变迁,社崙死后至大檀称汗以前柔然的历史活动,北魏神䴥二年(429)以前与柔然的战事,吴提至吐贺真时期柔然政权与北魏的关系,豆崙暴虐与阿伏至罗率众西迁,丑奴之死等;改写的内容,主要有改"始神元之末"为"拓跋在北荒,部落主力微末",改"忘本姓名,其主字之曰木骨闾"为"忘本名,其主字之曰木骨闾",改"穆帝时,坐后期当斩"为"代王猗卢时,坐后期当斩",改"木骨闾死,子车鹿会雄健,始有部众,自号柔然"为"至其子车鹿会雄健,始有部众,自号柔然",改社崙"凶狡有权变"为"凶狡,甚有权略"等。此外,《通典·蠕蠕》对东魏以后柔然历史的记述,也较《北史·蠕蠕传》为略。

[2]如《通典·蠕蠕》所见袁翻关于阿那瓌与婆罗门"宜并存之"的表文,即节录自《魏书·袁翻传》。

有部分史文与《北史》及今本《魏书·蠕蠕传》皆不相同。在《通典·蠕蠕》所载北魏正光二年(521)元雍等关于分置阿那瓌、婆罗门于吐若奚泉和西海郡的奏请中,"窃闻汉立南北单于"句前"蠕蠕代跨绝域,感化来归,阿那瓌委质于前,婆罗门归诚于后。何一呼韩,得同今美"等语①,即《北史》及今本《魏书·蠕蠕传》所无。《北史》及今本《魏书·蠕蠕传》载柔然政权盛时"西则焉耆之地""东则朝鲜之地"②,《通典·蠕蠕》则称其"西则焉耆之北""东则朝鲜故地之西"③。事实上,《通典·蠕蠕》所载北魏及东魏初期史事主要取自《魏书·蠕蠕传》原文,"及齐受东魏禅"以后的内容则多取自《北史·蠕蠕传》。对此,中华书局点校本《魏书》修订者认为"征诸此传所述柔然活动情况,其东、西所届,《通典》所说更为准确,疑即出自《魏书·蠕蠕传》原文,《北史·蠕蠕传》采录《魏书》而删削失当"④。至于今本《魏书·蠕蠕传》不少内容多同《北史》异《通典》,应与其大部分内容据《北史》补缀,而《通典·蠕蠕》却保留了更多《魏书·蠕蠕传》原文有关。因此,在《魏书·蠕蠕传》原文的大部分内

---

① (唐)杜佑:《通典》卷一九六《蠕蠕》,北京:中华书局,1988年,第5381页。

② (唐)李延寿:《北史》卷九十八《蠕蠕传》,北京:中华书局,1974年,第3251页;(北齐)魏收:《魏书》卷一〇三《蠕蠕传》,北京:中华书局,1974年,第2291页。

③ (唐)杜佑:《通典》卷一九六《蠕蠕》,北京:中华书局,1988年,第5378页。

④ (北齐)魏收:《魏书》卷一〇三《蠕蠕传》,校勘记〔五〕,北京:中华书局,2017年,第2513—2514页。

容今已亡佚的情况下,《通典·蠕蠕》就成了校勘、订正《北史·蠕蠕传》及今本《魏书·蠕蠕传》的重要参考资料之一。

需要指出的是,《通典·蠕蠕》也存在对不同来源的史料取舍不一的不足。该条目未参考南朝诸史的相关内容,对《魏书》《北史》又删减过繁,致所载柔然历史并不完整,且杜佑抄录、改写前代史文过程中还产生了一定的讹误①。

九、《太平寰宇记·四夷二十二·北狄五·蠕蠕》

《太平寰宇记》200 卷,目录 2 卷,北宋地理总志,乐史编著,始撰于太平兴国四年(979),故名。卷一九三《四夷二十二·北狄五》内《蠕蠕》条,系以《通典·蠕蠕》为基础,参考《北史·蠕蠕传》及其他柔然散见史料的部分内容,调整、替换和改写个别字句而成②。《太平寰宇记》成书时上距

①例如,《通典·蠕蠕》载有刁雍上表请"筑长城以御北虏"事。由于《魏书·刁雍传》未收录此表,加之其内容又与太和八年(484)高闾上孝文帝表基本一致,故清代以来研究者多指陈《通典》所记有误。(清) 严可均辑:《全后魏文》卷三十《高闾》,北京 :中华书局,1958 年,第 3663 页。
②具体而言,《太平寰宇记·蠕蠕》改《通典·蠕蠕》"托跋在北荒,部落主力微末"为"始,拓跋力微末";改社崘有"权略"为"权变";并据《北史》及今本《魏书·蠕蠕传》等资料,改柔然"其西则焉耆之北,东则朝鲜故地之西"为"其西则焉耆之地,东则朝鲜之地",在社崘"于是自号丘豆伐可汗"句前,补入"小国皆苦其寇抄,羁縻附之"等句。但是,该书卷一九三末尾叙柔然疆界四至,又称"其西则焉耆之地,东则朝鲜故地",从而又变得与《通典·蠕蠕》一致起来。(宋) 乐史:《太平寰宇记》卷一九三《蠕蠕》,北京 :中华书局,2007 年,第 3699—3705 页。

柔然政权灭亡四百余年,不仅中原政权对柔然的认识已经相当淡漠,甚至部分记录柔然历史的前代文献也在传抄流布过程中出现了不同程度的散佚,加之其关于柔然的记载又多取自前代史书中的柔然基本史料,故而参考价值不大。

十、《册府元龟·外臣部》"种族""土风""和亲"等诸柔然条

《册府元龟》1000卷,宋王钦若等纂,大中祥符六年(1013)成书,北宋四大类书之一。是书所见柔然资料大都出自前代正史。其中,卷九五六《外臣部·种族一》、卷九六一《外臣部·土风三》、卷九七八《外臣部·和亲一》、卷九九〇《外臣部·备御三》、卷一〇〇〇《外臣部·强盛》等部分有柔然专条,《外臣部》内"朝贡""助国征讨""褒异""降附""通好""征讨""交侵""鞮译""悖慢""奸诈""请求"等部分,有散见史料。对比可知,王钦若等择取的柔然资料应较多反映了所参考史书的原貌,鲜有文字方面的调整①。由于《册府元龟》成书于北宋官校本南北七史刊刻以前,《外臣部》所见柔然资料应一定程度上保留了所出史书早期写本形态的特点,故而对校勘相关史文颇有裨益。

---

① 该书所见柔然基本史料和散见资料多据叙事角或具体史事的差异,分别使用"蠕蠕""茹茹""芮芮"等称谓。其中,涉及南朝的史事均用"芮芮",涉及北朝的史事多用"蠕蠕"。但《外臣部·交侵》抄录自《北史·蠕蠕传》《周书·突厥传》的内容,则均作"茹茹"。参阅(宋)王钦若等:《册府元龟》卷九九五《外臣部·交侵》,北京:中华书局,1960年,第11684页。

十一、《通志·四夷七·蠕蠕》

《通志》200 卷,宋郑樵编著,绍兴三十一年(1161)成书。卷二〇〇《四夷七》内《蠕蠕》条,系以《北史·蠕蠕传》和今本《魏书·蠕蠕传》为基础,兼采《通典·蠕蠕》及《魏书》《北史》其他纪传对柔然的相关记载转录成文。该条目不仅增删、改写了前代史书中的一些文字,而且择取史料、选用文字均颇为考究①。虽然《通志》成书年代上距柔然政权灭亡六个多世纪,并无新资料的补入,但郑樵对柔然史料的校勘成果却值得重视。据《北史·蠕蠕传》,皇兴四年(470)献文帝拓跋弘在女水之滨(今内蒙古自治区呼和浩特市武川县一带)大败柔然,"逐北三十余里"②。对此,《通志·蠕蠕》则作"逐北三千余里"③。无独有偶,20 世纪 60 年代初,韩荫晟

①具体而言,《通志·蠕蠕》所见木骨闾"收合逋逃,得百余人"后的"而长之"3 字,"车鹿会雄健"后的"得众心"3 字,"始有部众,自号柔然"后的"部"字及"后以为国号"5 字,均不见于前代诸史;社崘可汗号作"邱豆伐",与前代诸史皆异;"高凉王那","凉"讹为"昌";叙柔然政权疆域四至,则同《通典·蠕蠕》异《北史》及今本《魏书·蠕蠕传》。此外,《魏书》所见之中国古代北方民族"地豆于",《北史》诸纪传皆作"地豆干",转录《北史·蠕蠕传》成文的今本《魏书·蠕蠕传》叙阿那瓖族兄示发被该族所杀事亦作"地豆于";《通志》叙该族史事均作"地豆于"。

②(唐)李延寿:《北史》卷九十八《蠕蠕传》,北京:中华书局,1974 年,第 3255—3256 页。

③(宋)郑樵:《通志》卷二〇〇《蠕蠕》,北京:中华书局,1987 年,第 3204 页。

等据《魏书》及《北史·蠕蠕传》后文有"往返六千余里"等语，指出"三十里"应为"三千里"之误①。郑樵以善校雠而闻名，加之南宋时期《修文殿御览》《高氏小史》等文献又尚未散佚，则《通志》所见"逐北三千里"应有所本。

十二、《文献通考·四裔十九·蠕蠕》

《文献通考》（以下简称《通考》），元马端临撰，成书于大德十一年（1307），记述上古至宋宁宗嘉定（1208~1224年）末典章制度的专书。卷三四二《四裔十九》内有《蠕蠕》条②。对比可知，《通考·蠕蠕》史文系抄录、改写《通典·蠕蠕》《南史·蠕蠕传》而成③。抄录《通典》部分，仅做了个别字句的变化④；抄录《南史》部分，则削删了部分史文且在此

①中国科学院历史研究所史料编纂组：《柔然资料辑录》，北京：中华书局，1962年，第18页。

②（元）马端临：《文献通考》卷三四二《蠕蠕》，北京：中华书局，1986年，第2684—2685页。

③"自是边疆息警矣"后至"献文帝皇兴中"前44字出自《南史·蠕蠕传》，余皆抄自《通典·蠕蠕》。

④《通典》所见"其主字之曰木骨闾。'木骨闾'者，首秃也"句，《通考》"者"字前省"木骨闾"3字；柔然吞并高车诸部"凶势益振"句，《通考》"益"作"以"；"丘豆伐可汗"，《通考》同《通志》，作"邱豆伐"；刁雍请筑长城表内"修立战场"句，《通考》"立"作"元"；是表"七月发六部兵万人"句，《通考》"部"作"郡"；袁翻关于分别安置阿那瓌、婆罗门表内"而须内备弥固也"句，《通考》参考《魏书·袁翻传》相关记载，作"而须内备弥深"。此外，前代诸史皆载柔然豆罗伏跋豆伐可汗名"丑奴"，《通考》作"配奴"，应字形相近致讹。

过程中产生一定讹误①。《通考·蠕蠕》史文均抄录自前代史书,不仅没有补入不见于前代史书的有价值的新材料,亦未能像《通志·蠕蠕》那样校勘史文、考订讹误,不具备特别的价值。

综上所述,现存历代正史、典志体史书、地理总志和大型类书载有十余种柔然基本史料。《宋书》《南齐书》《梁书》内柔然专传集中记载了柔然与南朝诸政权的交往,但由于南北分立所造成的阻隔,致南朝方面对柔然历史的记载缺乏系统性和完整性。以《魏书·蠕蠕传》原文为基础进一步充实材料而成的《北史·蠕蠕传》,是现存诸史记述柔然历史最为全面系统的基本史料。今本《魏书·蠕蠕传》与《北史》互异的内容,一定程度保留了《魏书·蠕蠕传》原文风貌,亦具有不可取代的价值。《南史》《建康实录》及以后历代中原史家编纂的各类体裁史书内柔然专传或专条,均抄录、改写自前代史书,除一些能够反映《魏书·蠕蠕传》原文风貌以及用于校勘诸史史文的内容外,史料价值不大。

---

①《南史·蠕蠕传》"宋升明中",《通考》"明"讹为"平";"是岁通贡",《通考》省"是岁"2字;"梁天监十四年,遣使献马、貂裘。普通元年,又遣使献方物。是后数岁一至焉。大同七年,又献马一匹,金一斤"等事,《通考》作"梁天监、普通、大同间,三遣使求贡";"其国相邢基祗罗回表"至"更为小国而南移其居"、"其国能以术祭天而致风雪"至"盖以暝云"等句,《通考》删省。

契丹基本史料辨析

冯　科

契丹发源于中国古代的北方地区,起初活动在内蒙古高原东部和东北平原西南部地带,自388年与库莫奚分背起,其独立发展的历史开始为中原史家所注意,历经北魏、北齐、北周到隋唐五代时期,经历了由小到大,由弱到强的过程,916年建立了辽朝政权,大约在14世纪作为一个民族消亡。

916年之前,契丹的社会组织形态主要是部落和部落联盟等,尚处于历史发展的早期阶段。这段历史的相关内容,主要保存在相关古籍的契丹专传和专条里。其专传主要包括:《魏书·契丹传》《隋书·契丹传》《北史·契丹传》《旧唐书·契丹传》《新唐书·契丹传》和《旧五代史·契丹传》《新五代史·契丹传》,专条主要是指《通典·契丹》《唐会要·契丹》《五代会要·契丹》《太平寰宇记·契丹》《通志·契丹》《文献通考·契丹》等,其中新旧《五代史》"契丹传"和《五代会要·契丹》《通志·契丹》《文献通考·契丹》等所记内容不局限于916年之前的契丹历史。此外,《册府元龟》《东都事略》《宋会要辑稿》《契丹国志》和《辽史》等亦有关于契丹早期历史的一些集中记载。《魏书》是较早记载契丹的史书,其"契丹传"开创了契丹文献史的先河,后出的《隋书》《北史》、新旧《唐书》、新旧《五代史》等延续了为"契丹"立传的传统,其中新旧《五代史》的"契丹传"则分别是以"四夷附录"和"外国列传"的名目载有契丹早期历史的内容。纪传体"正史"中为契丹立传呈现出来的是契丹专传,而在"正史"之外,也有史书为契丹立有条目。比如:《通典》之《边防十六·北狄七》中立有"契丹"条目,《唐会要》和《五代会要》等也有"契丹"条目,《太平寰宇记》之《四夷·北狄》、《通志》之《四夷传·北国下》、《文献通考》之《四裔考》等均有"契丹"条目。

　　《魏书·契丹传》与《通典·契丹》等契丹专传、专条以及其他史书中有关契丹的集中记载,共同构成了研究契丹早期历史的基本史料。后出史书对先前史书多有继承,到元代出现了一部专门记载契丹——辽历史的官修史书——《辽史》,其"世表"即是在总结前代书和契丹人所传史料的基础上,梳理了契丹——辽政权先世的发展脉络。这些基本史料连续地记录有916年之前的契丹历史,为契丹早期历史研究奠定了文献基础,其史文来源既有中原史家的他者视角,又有契丹本族自身的历史记忆和传承。通过辨析相关史料所传递的史实信息,可以勾勒出契丹的起源情况,以及辽朝建立之前的契丹发展情况。

一、《魏书·契丹传》

　　《魏书》于北齐天保二年(551)始撰,五年(554)成书。根据《魏书·自序传》记载,魏收等修《魏书》所参考的主要资料有：邓渊编年次事的《代记》（也称《国记》①），崔浩等编年体《国书》（也称《国记》②），李彪等改《国书》为纪传体以及邢峦、崔鸿等所撰高祖至肃宗《起居注》等。其中《代记》修于北魏太祖时期（386~409年），所记内容应主要是代国时期史事。《国书》始撰于神䴥二年（429），诏改《国书》为纪传体在太和十一年（487），至高祖崩世宗服丧期间（499~501年），李彪上表欲修《国书》而成《魏书》，然李彪于景明二年（501）秋去世，此次"在秘书岁余，史业竟未及就"③。北魏国史，最初修撰不早于386年，至501年虽李彪之《魏书》未成，但《代记》《太祖记》《太宗记》《世祖记》④，续修至高祖太和年间（477~499年）的各朝"记"，以及从487年到501年由诸《记》（即编年体《国书》）所改编的纪传体《国书》（未出），当对高祖（471~499年在位）之前（乃至高祖时期）的北魏历史有着连续的记载。之后高祖至肃宗（515~528年在位）皆有《起居注》，亦应对高祖、世宗（499~515年在位）、肃宗三朝历史作有相应记录。

　　以上为《魏书》的史料来源，也是《魏书·契丹传》的主

①"初，太祖诏尚书郎邓渊著《国记》十余卷，编年次事，体例未成。逮于太宗，废而不述。"《魏书》卷三十五《崔浩传》，北京：中华书局，1974年，第815页。

②"诏允与司徒崔浩述成《国记》。"《魏书》卷四十八《高允传》，第1068页。

③《魏书》卷六十二《李彪传》，第1398页。

④"世祖召允，谓曰：'《国书》皆崔浩作不？'允对曰：'《太祖记》，前著作郎邓渊所撰。《先帝记》及《今记》，臣与浩同作。'"《魏书》卷四十八《高允传》，第1070页。

要史源。从《魏书·契丹传》史文看,其反映的主要史实起于"登国中",止于肃宗时期,恰在《魏书》史料来源记录的范围之内。由此也可以基本断定,《魏书·契丹传》的史源应当是《国书》以及历朝《起居注》。分析《魏书·契丹传》的具体史文,可以发现其多数在《魏书》相关"本纪"篇及他"传"中有所反映,亦证明了其史源为北魏《国书》和《起居注》[①]。此外,《魏书·契丹传》的有些史文遗留有北魏国史的痕迹,

---

[①] 比如:"登国中,国军大破之,遂逃迸,与库莫奚分背。"对应《库莫奚传》:"登国三年,太祖亲自出讨,至弱洛水南,大破之,获其四部落,马牛羊豕十余万。"和《太祖纪》:登国三年(388)"五月癸亥,北征库莫奚。六月,大破之,获其四部杂畜十余万,渡弱落水……"相关纪、传同记一事为登国年间,其史源应主要是《国书》"太祖记"。

"经数十年,稍滋蔓,有部落,于和龙之北数百里,多为寇盗。"对应《库莫奚传》:"十数年间,诸种与库莫奚亦皆滋盛。及开辽海,置戍和龙,诸夷震惧,各献方物。"以及《世祖纪》:太延三年(437)"三月丁丑,以南平王浑为镇东大将军、仪同三司,镇和龙。""置戍和龙"事,为三者同出史源,应记在《国书》"世祖记"等内。

"真君(440~451年)以来,求朝献,岁贡名马。"对应《高宗纪》《显祖纪》《高祖纪》《世宗纪》《肃宗纪》所载契丹从兴安二年(453)到正光五年(524)的72年间约30次向北魏朝献。这些朝贡记录当是来自于《国书》及《高祖起居注》(包括《太和起居注》)和《世宗起居注》《肃宗起居注》等。

"熙平(516~518年)中,契丹使人祖真等三十人还,灵太后以其俗嫁娶之际,以青毡为上服,人给青毡两匹,赏其诚款之心,余依旧式。朝贡至齐受禅常不绝。"对应《肃宗纪》:熙平二年(517)二月"契丹……诸国并遣使朝献",八月"契丹国遣使朝贡"。其史源显然是《肃宗起居注》中对熙平年间契丹使者朝贡事的记录。

比如以"国军"记北魏军队,即反映了其传文更多地保留了原始材料中的字、词、句,同时也印证了其来源材料——北魏《国书》和《起居注》的当朝史性质。在今北魏《国书》和《起居注》等皆已不存的情况下,《魏书·契丹传》作为研究契丹早期的第一手史料,其史料价值是独一无二的。《魏书·契丹传》作为契丹文献的开山之作,其所具有的开创价值和典范价值在契丹文献史上具有重要意义。后出史书编撰者在描述北魏时期契丹历史时,多是或直接或间接地抄录自《魏书》,在一定程度上,该传成了后出史书中契丹早期历史相关内容的主要依据。

　　分析传文,还可发现《魏书·契丹传》的史著价值。比如,传文第一句:"契丹国,在库莫奚东,异种同类,俱窜于松漠之间。"① 当是魏收撰史时对契丹的一个总体概括,是对388年契丹与库莫奚分背之前情形的叙述;相较后出史书,虽然没有记"并为慕容晃(或慕容氏)所破",但其笔法却暗示了契丹之先亦为慕容晃所破②。这一方面显示了《魏书》史文互见的史家笔法,另一方面也充分显示了《魏书》笔法的严谨。虽然《契丹传》中并没有交代契丹的来源,但是《魏书》以库莫奚为线索在《库莫奚传》中,隐晦地叙述了契丹来源(乃至族源)。同理,《魏书·契丹传》用"登国中"记契丹与

①《魏书》卷一〇〇《契丹传》,第 2223 页。
②《魏书·契丹传》以"俱窜于松漠之间",呼应《库莫奚传》"遗落者窜匿松漠之间",隐性交代契丹、库莫奚同为遗落者。综合考虑,《魏书》所要表达的是:库莫奚之先(契丹之先),为慕容晃所破之后,遗落者——库莫奚、契丹俱窜匿松漠之间。

库莫奚分背事,而不像《库莫奚传》那样以"登国三年"记事,也显示了修史者的一种笔法:既避免史文重复,又暗示了史源关系,同时也是互见笔法的严谨运用。这些均显示了《魏书·契丹传》的重要史料价值和史著价值,对于探讨契丹起源等问题至关重要。

二、《隋书·契丹传》

《隋书》的修撰,始于唐武德四年(621)令狐德棻建议修梁、陈、北齐、北周、隋等各朝史,并于五年(622)着手编撰,然历数年未成。后魏徵等于贞观三年(629)重修《隋书》,十年(636)正月诏藏成书的纪传部分于秘阁。是以,《隋书·契丹传》始撰不早于629年,成文不晚于636年。

《隋书·契丹传》记载的内容起于契丹之先为慕容晃所破(事在344或345年①),止于隋开皇(581~600年)末。传文约有374字,其中有关北魏时期契丹史事的传文,基本是在理解《魏书·契丹传》史文的基础上,而进行的加工式写作②。传文在叙述开皇年间事之前,先行交代"当后魏时,为

①《魏书》记在代国"建国八年"即345年,参见,"建国八年,晃伐逸豆归,逸豆归拒之,为晃所败,杀其骁将涉亦干。逸豆归远遁漠北,遂奔高丽。晃徙其部众五千余落于昌黎,自此散灭矣"(《魏书》卷一〇三《匈奴宇文莫槐传》,第2305页)。《资治通鉴》记在东晋建元二年(344),参见,(宋)司马光编著,(元)胡三省音注:《资治通鉴》卷九十七《晋纪十九》"康帝建元二年",北京:中华书局,1956年,第3058页。

②比如,"契丹之先,与库莫奚异种而同类,并为慕容氏所破,俱窜于松、漠之间"([唐]魏徵等:《隋书》卷八十四《北狄·契(转下页注)

高丽（高句丽）所侵，部落万余口求内附，止于白貔河。""其后为突厥所逼，又以万家寄于高丽。"[①]应是皆有所本，前者是本于对《魏书·契丹传》"太和三年（479），高句丽窃与蠕蠕谋，欲取地豆于以分之。契丹惧其侵轶，其莫弗贺勿于率其部落车三千乘、众万余口，驱徙杂畜，求入内附，止于白狼水东。"[②]的理解而作的改写；后者或本于《隋书》修撰时所能见到的北齐、北周时期史料，比如《齐纪》（崔子发撰）、《齐志》（王劭撰）和《后周太祖号令》等。

　　《隋书·契丹传》所记开皇年间契丹史事的时间较为具体，分别发生在开皇四年（584）、五年（585）、六年（586）及

（接上页注）丹传》，中华书局，1973年，第1881页），是在理解《魏书·契丹传》"契丹国，在库莫奚东，异种同类，俱窜于松漠之间"和《魏书·库莫奚传》"库莫奚国之先，东部宇文之别种也。初为慕容元真所破，遗落者窜匿松漠之间"的基础上，进行的加工写作。

　　"其后稍大，居黄龙之北数百里"（《隋书》卷八十四《北狄·契丹传》，第1881页），是在理解《魏书·契丹传》"经数十年，稍滋蔓，有部落，于和龙之北数百里，多为寇盗"的基础上，进行的加工写作。只是概括"经数十年，稍滋蔓，有部落"为"其后稍大"；换"和龙"名为"黄龙"，《宋书》记有慕容宝"为索虏所破，东走黄龙。义熙初，宝弟熙为其下冯跋所杀，跋自立为主，自号燕王，以其治黄龙城，故谓之黄龙国"（［梁］沈约：《宋书》卷九十七《夷蛮·东夷高句骊国列传》，北京：中华书局，1974年，第2393页），《魏书·海夷冯跋列传》即记城为"和龙"或"龙城"；另置"寇盗"语于后文为"好为寇盗"。

① 《隋书》卷八十四《北狄·契丹传》，第1881页。
② 《魏书》卷一〇〇《契丹传》，第2223页。

开皇（581~600年）末 ① 等。《隋书·高祖纪》中亦反映有契丹先后于开皇四年五月、九月，五年，十年（590），十三年（593），二十年（600）等遣使请降、内附、朝贡等。《高祖纪》和《契丹传》多能互为印证的记载，反映了二者应有共同的史源。《隋书·经籍志》载有《隋开皇起居注》六十卷，当是修《隋书》时的主要资料来源。是以，《隋开皇起居注》中对契丹朝贡等事迹的记录，应是《隋书·契丹传》最为直接的史料来源。

　　《隋书·契丹传》的主要内容集中在隋代，重点记述的是契丹部落与高句丽、突厥、隋朝等周边民族和政权的关系；反映的是中原在与契丹接触过程中，所了解到的契丹部落的部分情况，对于研究隋代契丹部落的发展情况具有重要的意义。虽然《隋书·契丹传》勾勒的契丹史实片鳞半爪，但作为研究隋代契丹的第一手资料却是具有重要的史料价值。此外，《魏书·契丹传》所未载的北朝契丹史实，保存于《隋书》之中，则为研究北朝时期契丹状况增添了新的资料，比如关于契丹万家因突厥所逼而寄于高丽（高句丽）的记载，反映了契丹部落的迁移情况。

----

① 《隋书·契丹传》所记开皇末契丹事，似有矛盾。其言契丹别部四千余家背突厥归降隋朝，隋文帝敕令突厥抚纳，时在开皇末；而后文又言"突厥沙钵略可汗遣吐屯潘垤统之"，然沙钵略可汗卒于开皇七年（587），开皇年号止于二十年，是以沙钵略可汗不可能于开皇末遣吐屯统之。《北史·契丹传》改写《隋书·契丹传》的内容，或因于此（详见后文）。

三、《北史·契丹传》

"南北史"是李延寿在"家有旧本"的基础上,于唐贞观二年(628)始撰,历时16年,成书于贞观十七年(643),于显庆四年(659)上表进书,李延寿进表中说"《南史》刊勒已定,《北史》勘校粗了"①,似可以确定《北史·契丹传》最迟于643年初成其稿,659年粗定其稿。根据《北史·序传》记载,《北史》应是李延寿以史官之便,借修史之机,于编辑之暇,得以抄阅已出之《魏书》和纂修中的《北齐书》《周书》《隋书》②等正史,并参考各种杂史编撰而成。对比《北史·契丹传》和《魏书·契丹传》,亦可以印证《北史》大体是改编于魏、齐、周、隋诸史的认识③。《北史·契丹传》主要记载了北朝时期和隋代的契丹历史。其中,北魏时期的内容抄自《魏书》,北齐文宣帝征讨契丹的记载应源于李百药《北齐书》等,契丹习俗及隋代部分则与《隋书·契丹传》关系密切。

《北史·契丹传》所记载的契丹史事起于344或345年为慕容晃所破之前止于611年,全文约707字,其中北齐之

①(唐)李延寿:《北史》卷一〇〇《序传》,北京:中华书局,1974年,第3345页。

②《北齐书》《周书》和《隋书》"纪传"部分成书于贞观十年(636)。

③"一般认为,《北史》大体上是改编魏、齐、周、隋诸史而成。将《北史·室韦传》和《乌洛侯传》与《魏书》、《隋书》相比,也可印证这一结论。"张久和:《原蒙古人的历史:室韦—达怛研究》,北京:高等教育出版社,1998年,第6页。

前的内容约 321 字,基本上是抄录、改写和增删《魏书》而成 ①。其文第一句 :"契丹国在库莫奚东,与库莫奚异种同类。并为慕容晃所破,俱窜于松漠之间。" ② 在抄录《魏书·契丹传》第一句时,除技术性地增文 "与库莫奚" 之外,另加入 "并为慕容晃所破" ③,此语当是参读《魏书·库莫奚传》等内容后的理解,将库莫奚和契丹俱视为宇文部中被慕容晃所破后的遗落者。后文抄录《魏书》,基本是全盘照抄,个别改动亦多属技术性的增删改写。其中 "于" 改 "干"、"祖" 改 "初" 等或是因字形相近而致,"绝" 前增 "断" 则明确了朝贡的连续

---

① 具体说,《北史·契丹传》所抄《魏书·契丹传》部分,计加十四字,换文十七处,删八字。其他字、句均原盘抄如《魏书》。《北史》抄《魏书·契丹传》部分,于 "异种同类" 前添 "与库莫奚",于 "俱窜于松漠之间" 前加 "并为慕容晃所破",于 "朝贡至齐受禅常不绝" 的 "受" 后补充 "东魏"、"绝" 前增 "断";"国军" 换作 "魏","分背" 改成 "分住","显祖" 换作 "献文","奉献" 换成 "来献","匹絜部" 之 "絜" 替作 "潔","契丹惧其侵轶" 之 "惧" 改作 "旧怨","高祖" 换作 "孝文","世宗肃宗" 换作 "宣武孝明","使人祖真" 之 "祖" 写作 "初",两处 "青毡" 之 "毡" 皆换成 "氊","诚款" 之 "款" 替作 "歀","朝贡至齐受禅常不绝" 之 "至" 换成 "及",另将 "吐六于" "地豆于" "莫弗贺勿于" 之 "于" 皆写为 "干","莫弗贺" 改为 "莫贺弗";删减 "多为寇盗" 的 "多",删除 "真君以来求朝献" 的 "求朝献",删减 "各以其名马文皮入献天府" 和 "求入内附" 的两处 "入" 字,删除 "高祖矜之" 的 "矜之"。由此可见,《北史》的 321 字于《魏书》的 315 字中抄 285 字(其中 "弗贺" 调为 "贺弗")、换 22 字、删 8 字,另加 14 字。

② 《北史》卷九十四《契丹传》,第 3127 页。

③ 此语最初源头虽是《魏书》,但应直接参考了《隋书》称契丹之先 "并为慕容氏所破"(《隋书》卷八十四《北狄·契丹传》,第 1881 页)。

性；以"分住"换"分背"则相对弱化了契丹和库莫奚的分离矛盾，以"洁"换"絜"、"欸"换"款"则属异体字替换，以"来献"换"奉献"、以"氊"换"氈"、以"及"换"至"属于近义词替代；删"多"和"求朝献"则属模糊化处理，删除两处"入"字则属简洁语句，删除"矜之"亦属简省文句，三者均是通过删除主观性的语句，模糊契丹或北魏孝文帝的主动性，使史文叙述更显客观。另，加文"东魏"则不但有使史文显得明了的意图，而且也透露了唐人所修《北史》与北齐修《魏书》相比的差异所在：虽然北齐延续自北魏分裂后的东魏政权，但北齐不可能将西魏—北周视作正统，应是以元魏的直接继承者自居，故《魏书》曰"齐受禅"；而唐人则不会有此观念，故《北史》直言"齐受东魏禅"。同理，以"魏"换"国军"、"孝文"换"高祖"、"宣武孝明"换"世宗肃宗"则是以魏之国号、帝之谥号换《魏书》中的史事自述和帝之庙号。唯有改"莫弗贺"为"莫贺弗"或是因记隋代契丹时有"莫贺弗"[1]语，而判断二者为契丹首领的同一称呼。此外，以"旧怨"换"惧"则是以中性词替换带有贬义色彩的词语，表达的是契丹并非仅仅惧怕于高句丽和柔然的一次私谋地豆干（于），而是因长期的积怨选择依附北魏，一来凸显了契丹选择中的主动性，二来透露了契丹长期为高句丽等所侵逼这一历史情形。

　　比较《北史·契丹传》与《隋书·契丹传》关于契丹习俗

---

[1] "隋开皇四年，率莫贺弗来谒。"《北史》卷九十四《契丹传》，第3128页。

的记载,亦可发现《北史》仅作个别字、词调整,可谓全文照抄①。《北史·契丹传》所记开皇年间事,亦多是抄录《隋书》,然有改动②。《北史》较《隋书》少载开皇六年契丹与突厥相互侵犯之事,造成《北史·契丹传》记事似显混乱③,《〈北史〉校勘记》归因于"《北史》有脱文"④。另,开皇"五年,悉其众欸塞,文帝纳之,听居其故地"。却又"责让之"⑤,与《隋书》相比,似有脱文之嫌。然而,若《北史》有脱文,当不应有"文帝见来,怜之"之文,此语承前启后,有史家推测成分,很明显是《北史》有意加之;况《北史·契丹传》文末所加契丹杀突

---

①具体说,《北史·契丹传》所抄《隋书·契丹传》契丹习俗部分,仅删一字,换文一处,删除"其俗颇与靺鞨同"的"颇"字,"因醵而祝曰"之"醵"换成"酌酒"。

②具体说,《北史·契丹传》所抄《隋书·契丹传》开皇年间史事,计加文四处,删文四处,换文三处。分别是:于"开皇四年"之前加"隋",于"悉令给粮还本"后加"部",于"兴兵动众合符契"之"合"后加"如",于文末即"突厥沙钵略可汗遣吐屯潘垤统之"之后加"契丹杀吐屯而遁。大业七年,遣使朝,贡方物";删除"率诸莫贺弗来谒"的"诸",删除"六年,其诸部相攻击,久不止,又与突厥相侵,高祖使使",删除"开皇末,其别部四千余家背突厥来降",删除"东西亘五百里,南北三百里"的"五百里,南北三";"五年,悉其众款塞,高祖纳之,听居其故地"之"款"换成"欸"、"高祖"换成"文帝","高祖纳之,安置于渴奚那颉之北"换成"文帝见来,怜之"。《北史》此段文字除去技术性地增、删、换《隋书》史文之外,似改动较大。

③契丹背高丽(高句丽)内附,文帝却"敕突厥抚纳之",似与常理不合。见,《北史》卷九十四《契丹传》,第3128页。

④《北史》卷九十四《列传第八十二》"校勘记"之"六〇"和"六一",第3145页。

⑤《北史》卷九十四《契丹传》,第3128页。

厥吐屯而逃,以及大业七年(611)契丹来使朝贡,均不见《隋书》记载。是以,不难想象《北史》此段据《隋书》抄录、改写,当是修史者源于更多史料而进行的加工写作。其实《北史》此处文字,若不以"有脱文"论,亦可解释得通:首先,所谓文帝责让,是因为契丹款塞。"款"字一方面表明契丹确是意欲通好,另一方面也透漏了契丹对隋之边塞有"叩",有"敲打"之意,同时文帝"听居其故地"的"听"也显示了隋的被动,甚至是对既成事实认可的"无奈"之举,后文帝责让,契丹遣使谢罪,可看作是一种事后补救措施。其次,契丹别部背高丽(高句丽)内附,文帝顾虑方与突厥和好,令突厥抚纳,《北史》此记亦有其缘由。《北史》前文有"其后复为突厥所逼,又以万家寄于高丽。"①《北史》或是认为先有突厥逼契丹,契丹万家(别部)往依高句丽,后才有别部背高句丽内附之事。可见,突厥本有侵逼契丹之意。文帝一方面以契丹屡被侵逼、居无定所而怜之②,另一方面又顾虑突厥对契丹的觊觎之心;给其粮并让突厥抚纳,或是文帝两全其美之策。《北史·契丹传》于文末记载,契丹复叛突厥以及大业七年朝贡于隋;一来是为了完整交待隋文帝处理契丹内附事宜的前因、策略和后果,二来是以补《隋书》和《北史》"纪"之不载的契丹朝贡事宜。因此,《北史·契丹传》对《隋书》的抄录

①此处史文较《魏书·契丹传》增一"复"字。
②开皇十六年(596)后,文帝曾谓反复叛降的党项曰:"还语尔父兄,人生须有定居,养老长幼。而乃乍还乍走,不羞乡里邪!"(《隋书》卷八十三《西域·党项传》,第1846页)此文亦说明了隋文帝对居有定所的重视。

部分,或没有"脱文"①,其改写是为了相对完整地记载契丹别部与突厥、隋的关系,是《北史》在根据更多的史料来源所作出的记述,更是对《隋书·契丹传》所记开皇末契丹史事似有矛盾之处(见前注)的发现而进行的改写。然而,因《隋书·契丹传》条清缕析的记载,故给人以《北史·契丹传》有"脱文"之感。

　　《北史·契丹传》在抄写《魏书·契丹传》的过程中,因改动而增加了新的历史内涵。比如,其文增加"并为慕容晃所破",与《魏书》相比多了三层含义:其一,《魏书》并没有直接交代契丹之先亦为慕容晃所破,《北史》却径称并为所破,很明显是将契丹和库莫奚俱视作宇文部中的遗落者;其二,《魏书》所指乃是宇文部败亡之后的契丹,《北史》却将契丹历史追及到之前;其三,《魏书》所言契丹和库莫奚的地域分布应是指宇文部败亡之后的情况,而《北史》则称先有契丹在库莫奚东,后有为慕容晃所破。《北史》所增加的第一层含义,符合《魏书》之《契丹传》和《库莫奚传》史文互见的写作笔法,当是合理地解释并明晰了契丹和库莫奚之先与宇文

----

① 《〈北史〉校勘记》又曰:"东西亘〔五百里南北三〕百里,诸本脱'五百里南北三'六字,据《隋书》补。"(《北史》卷九十四《列传第八十二》"校勘记"之"六二",第3145页)此处或亦无脱文,理由有三:首先,"东西亘百里"于文句可通;其次,"亘百里"是指契丹部族不大,活动范围有限之意,后文称其十部兵多者三千,少者千余,亦合所指;再次,辽西正北二百里正是讬纥臣水(今老哈河)与弱落水(今西拉木伦河)汇流后的东西走向,言契丹依东西走向的河流亘百里,其义合乎情理。

部、慕容部的关系；然而，《北史》所具有的另外两层含义，却与《魏书》所反映的史实不符，对于宇文部败亡之前的契丹状况，《魏书》没有相关记载，《北史》所称先是契丹在东，后有为慕容晃所破，当是误解《魏书》。《北史·契丹传》在抄录《隋书》时，虽然反映的基本史实差别不大，但改写较多。《北史》对契丹部落的复杂情况不加辨别，将其与突厥的关系作为一个整体叙述；虽然在史文叙述上显示了其合理性，但是却不能更为细致的反映隋代契丹部落的复杂情况。

总之，《北史·契丹传》主体是抄录《魏书》《隋书》的内容，并有个别文句是根据其他资料补入，具有一定的史料价值。另外，《北史·契丹传》对个别字、词、句的增删改动，虽然显示出来新的历史内涵，且有利于史料解读和史实判断，但是其记载多数只能作为第二手材料，所反映的史实不一定准确，应结合《魏书·契丹传》和《隋书·契丹传》加以辨别。其关于契丹来源和隋代契丹部落发展的记载分别抄录自《魏书》和《隋书》，所做的改写虽然未能准确反映史实，但却有助于理解《魏书》和《隋书》蕴含的真实信息。

四、《旧唐书·契丹传》

《旧唐书》于后晋天福六年（941）正式开始编撰，开运二年（945）成书。其实早在后唐时期就已经作了大量的准备工作，到后晋时期由宰相担任"唐史"监修，在刘昫担任监修期间《旧唐书》修成，具体负责撰写工作的是张昭远、贾纬等人。天福六年修史之初，贾纬在奏疏中提到"伏以唐高祖至代宗已有纪传，德宗至文宗亦存实录。武宗至济阴废帝凡六代，唯有武宗实录一卷,余皆阙略。臣今搜访遗文及耆旧传说,编成六十五卷,目为《唐朝补遗录》,以备将来史官条述"①。《旧五代史·贾纬传》亦记"《唐史》一百三十卷,止于代宗,已下十余朝未有正史",只是将贾纬所编 65 卷记为《唐年补录》②。可见《旧唐书》是在《唐史》、德宗至文宗朝《实录》和《武宗实录》(一卷)以及《唐年补录》(也称《唐朝补遗录》)等基础上编撰而成。其中《唐史》也称《唐书》,即唐代由吴兢、韦述、柳芳、令狐峘、于休烈等所修国史③。

　　《旧唐书·契丹传》传首记载了契丹的方位、习俗等,具体史事起于唐武德(618~627 年)初契丹寇略唐朝边境,止于会昌二年(542)契丹再度归附唐朝,中间记述有契丹的归附和叛离,以李尽忠之乱和可突于之乱所述较为详细。记事止于武宗会昌年间,表明《旧唐书·契丹传》的内容基本是在《唐史》和武宗及之前的《实录》所记范围之内。由于修史者对唐代史官的著述因袭多、加工少,因此《旧唐书》较多地保留了史料的原始面貌,《旧唐书·契丹传》的相关语言特点亦可证明这一点,比如传文有"贞元四年,与奚众同寇我振

---

①（宋）王溥:《五代会要》卷十八《前代史》,上海古籍出版社,1978年,第 298 页。

②（宋）薛居正等:《旧五代史》卷一三一《贾纬传》,中华书局,1976年,第 1728 页。

③"《唐书》一百卷又一百三十卷兢、韦述、柳芳、令狐峘、于休烈等撰。"（[宋]欧阳修、宋祁:《新唐书》卷五十八《艺文志二》,北京:中华书局,1975 年,第 1458 页）。"肃宗诏芳与韦述缀辑吴兢所次国史,会述死,芳绪成之,兴高祖,讫乾元,凡百三十篇。叙天宝后事,弃取不伦,史官病之。"（《新唐书》卷一三二《柳芳传》,第 4536 页）。

武"①,其中的"我"字即显示了传文来源于唐修实录、国史的特点。

《旧唐书·契丹传》传首所记契丹居地"潢水之南,黄龙之北"为"鲜卑之故地"②,《旧唐书·奚传》亦称奚"所居亦鲜卑故地"③,《旧唐书·霫传》亦记霫"居于潢水北,亦鲜卑之故地"④;三者所记分别与《通典·契丹》称契丹"依讬纥臣水而居,……,亦鲜卑故地"⑤ 相同,与《通典·奚》称奚"理饶乐水北,即鲜卑故地"⑥ 亦同,也同于《通典·霫》称霫"理潢(原作黄)水北,亦鲜卑故地"⑦。相比之下,《通典》所记更为清晰,明确了鲜卑故地为讬纥臣水、饶乐水、潢水流域。此说应渊源于《后汉书》鲜卑"以季春月大会于饶乐水上"⑧ 和《三国志》裴松之注鲜卑"常以季春大会,作乐水上"⑨ 的记载。黄龙也称和龙,《通典》注"和龙今柳城郡""营州

---

①(后晋)刘昫:《旧唐书》卷一九九下《契丹传》,北京:中华书局,1975年,第5354页。

②《旧唐书》卷一九九下《北狄·契丹传》,第5349页。

③《旧唐书》卷一九九下《北狄·奚传》,第5354页。

④《旧唐书》卷一九九下《北狄·霫传》,第5363页。

⑤(唐)杜佑:《通典》卷二〇〇《边防十六·北狄七·契丹》,王文锦等点校,中华书局,1988年,第5486页。

⑥《通典》卷二〇〇《边防十六·北狄七·奚》,第5484页。

⑦《通典》卷二〇〇《边防十六·北狄七·霫》,第5490页。

⑧(南朝宋)范晔:《后汉书》卷九十《乌桓鲜卑列传第八十》,北京:中华书局,1965年,第2985页。

⑨(晋)陈寿:《三国志》卷三十《乌桓鲜卑东夷列传第三十》,北京:中华书局,1959年,第836页。

今柳城"①,且唐李贤注《后汉书》时称"水（饶乐水）在今营
州北"②。是以,《旧唐书》可以"黄龙（即和龙）之北"界定鲜
卑居地。另,《读史方域纪要》称饶乐水"亦谓之黄河,以其
下流入潢水也"③,故亦可以"黄水"或"潢水"之名代"饶乐
水"。《旧唐书·契丹传》传首的记载和行文风格与《旧唐
书·奚传》大致相同,除有"鲜卑故地"的说法之外,皆以"京
师"为坐标记载各处方位,此外还有各自四至、兵力,以及风
俗与突厥同等记载,称契丹"好与奚斗",称奚"好与契丹战
争",显然二传写作中存在共通的特点。《契丹传》称契丹"本
臣突厥",《奚传》称奚"东接契丹,西至突厥",且同卷的《室
韦传》称室韦"西至突厥,南接契丹",根据这一行文,似可以
判断,《旧唐书·契丹传》传首部分的内容应写于契丹归服唐
朝之后,突厥败亡之前。突厥白眉可汗为兴起的回鹘所杀,
时在天宝四年（745）,表明《旧唐书·契丹传》此部分内容的
史源成文不晚于天宝四年。后面的传文直到可突于之乱、李
过折被杀,事均在天宝之前,又根据其史文称唐玄宗为"上",
则知此部分传文很可能初成于开元、天宝年间,应来源于吴
兢、韦述所修《国史》④。

---

① 《通典》卷二〇〇《边防十六·北狄七·契丹》,第 5485、5486 页。

② 《后汉书》卷九十《乌桓鲜卑列传第八十》,第 2985 页。

③ （清）顾祖禹：《读史方域纪要》卷十八《北直九》,贺次君、施和金点
校,中华书局,2005 年,第 843 页。

④ 《旧唐书》称"国史自令狐德棻至于吴兢,虽累有修撰,竟未成一家
之言。至述始定类例,补遗续阙,勒成《国史》一百一十三卷"。《旧
唐书》卷一〇二《韦述传》,第 3184 页。

《旧唐书·契丹传》史文保留了较多的唐朝《国史》和《实录》原文,记录的多是契丹与唐朝的关系,是研究唐代契丹的基本史料,在唐朝《实录》和《国史》今已不存的情况下,具有一手史料价值,对研究大贺氏联盟时期契丹部落和部落联盟的发展情况价值颇高。

五、《旧五代史·契丹传》

《旧五代史》修于宋太祖开宝六年(973)至七年(974),由薛居正监修,卢多逊、扈蒙、张澹等人同修。由于撰写者大都亲身经历过五代的历史,见闻较近,且五代亦有实录,因此保存了较为丰富的原始资料。

《旧五代史·契丹传》提出了契丹为匈奴种的说法,追述了唐末遥辇氏契丹的史事,通过重点记述从耶律阿保机为契丹首领到耶律德光去世这一段时期内契丹与后梁、后唐、后晋、后汉等中原政权的关系,展示五代时期的契丹历史。《旧五代史·契丹传》关于契丹为古匈奴之种的说法,为现存史书中所首见,具有重要的史料价值。其关于契丹居地、风物人情等则称"前史载之详矣"[1],显然有关此内容的简略记载参考自前史,比如契丹居地的内容应是抄自《五代会要·契丹》,只是改"潢水之南"为"潢水南岸",并将契丹居地与榆关、榆关与幽州的距离分别由"一千一百二十里""七百一十四里"约记为"一千一百里"和"七百里"。传文所记唐咸通、光启年间契丹首领习尔之和钦德事迹,属于

---

①《旧五代史》卷一三七《外国列传第一》,第 1827 页。

唐史范畴,而《旧唐书》和《唐会要》均未有载,且王溥修《五代会要》记有唐会昌年间契丹事却不记习尔之和钦德,或说明其史源应是修《旧五代史》者所新发现的资料。传文称"大贺氏有胜兵四万,分为八部"应是渊源于《旧唐书·契丹传》或《唐会要·契丹》①。之后关于契丹八部大人代为王的传文应是抄录自《五代会要·契丹》并略有改动,比如改"内推一人为王"为"内推一人为主",有关文句基本相同,只是在记阿保机"不受诸族之代"后加文"遂自称国王",以使文义完整。

《旧五代史·契丹传》在唐亡之后仍以天祐年号记载相关史事,将前晋—后唐政权视作唐的延续,这与后唐的正统观相一致。比如,其史文记有后唐庄宗称"国初,突厥入寇,至于渭北,高祖欲弃长安,迁都樊、邓"②,可见后唐庄宗即是将唐高祖李渊时期视作"国初"。传文反映的正统观与后唐相一致,应与其史源有一定关系。传文称后唐同光"三年,举其众讨渤海之辽东,令秃馁、卢文进据营、平等州,扰我燕蓟"③,其中"扰我燕蓟"即显示传文有后唐国史的性质。因此可以判断,《旧五代史·契丹传》中关于后唐时期契丹的史文,应来源于《后唐实录》。《五代会要》记载后唐明宗天成四

①《旧唐书》有文:"其君长姓大贺氏。胜兵四万三千人,分为八部。"(《旧唐书》卷一九九下《北狄·契丹传》,第5349页)《唐会要》有文:"君长姓大贺氏,胜兵四万三千人,分为八部。"([宋]王溥:《唐会要》卷九十六《契丹》,北京:中华书局,1995年,第1717页)
②《旧五代史》卷一三七《外国列传第一》,第1829页。
③《旧五代史》卷一三七《外国列传第一》,第1830页。

年（929）"十一月，史馆上新修懿祖、献祖、太祖《纪年录》共二十卷，《庄宗实录》三十卷"①，而《旧五代史·契丹传》又较为详细地记载了后唐太祖李克用和庄宗李存勖时期的契丹史事，其史源应是后唐《太祖纪年录》和《庄宗实录》等。另有史文在记载李存勖被杀，明宗即位遣使契丹告哀时，虽用语为"明宗初篡嗣"，但在使者回答阿保机质问时也多有为明宗辩解和回护的语言②，此或来源于明宗时期所修《庄宗实录》或后来的《明宗实录》。

《旧五代史·契丹传》的史文不但有对前史的继承和概括，也有前史应载而未载的内容，其有关前晋—后唐时期契丹的记载来源为《后唐实录》，在相关实录现已不存的情况下，可视作第一手史料。因此，《旧五代史·契丹传》在研究契丹早期历史方面具有重要的史料价值，比如其首次提出了契丹为匈奴种的说法，其对遥辇氏契丹和阿保机建立政权等相关史实的记载，是研究遥辇氏和世里氏时期契丹部落和部

①《五代会要》卷十八《修国史》，第299页。
②比如，阿保机问"闻尔汉土河南、河北各有一天子，信乎？"使者姚坤回答："河南天子今年四月一日洛阳军变，今凶问至矣。河北总管令公，比为魏州军乱，先帝诏令除讨，既闻内难，军众离心，及京城无主，上下坚册令公，请主社稷，今已顺人望登帝位矣。"阿保机"又谓坤曰：'今汉土天子，初闻洛阳有难，不急救，致令及此。'坤曰：'非不急切，地远阻隔不及也。'又曰：'我儿既殂，当合取我商量，安得自立！'坤曰：'吾皇将兵二十年，位至大总管，所部精兵三十万，众口一心，坚相推戴，违之则立见祸生，非不知禀天皇王意旨，无奈人心何。'"《旧五代史》卷一三七《外国列传第一》，第1830—1831页。

落联盟的重要依据,也显示了中原史家对契丹民族政权建立这一历史事件的认识。

六、《新唐书·契丹传》

《新唐书》于宋仁宗庆历四年(1044)下诏修撰,至嘉祐五年(1060)成书,前后历时约17年。全书由欧阳修、宋祁、范镇、吕夏卿等人撰写完成,其中宋祁约在嘉祐三年(1058)完成列传部分的修撰。宋庠在《乞删修唐书及五代史疏》中称《旧唐书》"虽粗成卷帙而实多漏略。义例无次,首末相违。按唐自武宗以还实录皆阙,详昫等辑缀之日,因旧史存体统、续后事者不无丛脞。至扵序篇赞论,褒贬大方,订之前世,讫无可采"。并指出"秘府所藏唐家纪传、诏令及偏记小说之类名种尚多"[1],宋代因鉴于《旧唐书》有"实多漏略"等不足,基于保存有诸多唐代史书等而欲新修。由此可以说明《新唐书》的修撰应是对《旧唐书》多有参考,并借鉴其他唐代文献,尤其是列传部分,更为明显。宋人记载曾见宋祁"修《唐书》,稿用表纸朱界,贴界以墨笔书旧文,傍以朱笔改之"[2],表明《新唐书》列传多是以《旧唐书》为底本改写而成,《契丹传》亦不例外,其内容多是《旧唐书》所载,然也有改动和增加。

---

[1]（明）杨士奇等:《历代名臣奏议》卷二七六《国史》,《文渊阁四库全书》(第440册),台湾商务印书馆影印本,1986年,第772页。

[2]（宋）赵彦卫:《云麓漫抄》卷四,傅根清点校,北京:中华书局,1996年,第57页。

　　《新唐书·契丹传》传首记载契丹来源,将其追溯至东胡—鲜卑,以鲜卑轲比能为王雄所杀"众遂微,逃潢水之南,黄龙之北"①,来解释《旧唐书·契丹传》所记"契丹,居潢水之南,黄龙之北,鲜卑之故地"②的说法,从而认定"至元魏,自号曰契丹"③。反映的是《新唐书》作者根据前史的相关记载,所认识的契丹来源。后面关于契丹方位、大贺氏臣于突厥的记载基本与《旧唐书·契丹传》一致,只是将契丹距离京城"东北五千三百里"约记为"东北五千里",并增加"以为俟斤"的记载。《新唐书》"契丹传"与"奚传"写作中有共通的特点,比如在写二者来源时的相似笔法,这一相似的笔法应因于传首记载和行文风格大致相同的《旧唐书》"契丹传"和"奚传"。《新唐书·契丹传》在记贞观二年摩会来降事后,增文"明年,摩会复入朝,赐鼓纛,由是有常贡"④。与《旧唐书·太宗本纪》所记相合⑤,二者史源相同,最初源头应是唐朝《国史》或《实录》。《新唐书·契丹传》关于契丹首领窟哥为使持节十州诸军事,并以契丹八部为九州的记载,虽为《旧唐书》所无,然《通典·契丹》却有"拜窟哥为持节十州诸军事"⑥的文字,也说明其史源可信。另《新

①《新唐书》卷二一九《北狄·契丹传》,第6167页。
②《旧唐书》卷一九九下《北狄·契丹传》,第5349页。
③《新唐书》卷二一九《北狄·契丹传》,第6167页。
④《新唐书》卷二一九《北狄·契丹传》,第6168页。
⑤贞观"三年春正月辛亥,契丹渠帅来朝。"《旧唐书》卷二《太宗本纪上》,第36页。
⑥《通典》卷二〇〇《边防十六·北狄七·契丹》,第5486页。

唐书·契丹传》关于契丹首领阿卜固叛唐事,虽不见于《旧唐书·契丹传》,但为《旧唐书·薛仁贵传》所记有 [1],虽有差异,但也同样证实了《新唐书·契丹传》新增内容有其可信史源。《新唐书·契丹传》将《旧唐书》中窟哥"曾孙祜莫离"(《新唐书》写作枯莫离)和"之胤"李尽忠直接记为窟哥"二孙",反映了《新唐书》有"叙事好简略其辞,故其事多鬱而不明" [2] 之失。两《唐书》"契丹传"在记述契丹李尽忠之乱以及可突于之乱时,内容相同的部分除文字略有差异,事件的发生顺序有不同之外,而又以《新唐书》所记较为详细;反映了《新唐书·契丹传》所据史源多样,虽然有"多采小说而不精择" [3] 的诟病,但也发掘了新的史料。比如在记述李尽忠、孙万荣谋反时称"万荣本以侍子入朝,知中国险易,挟乱不疑",再如同是记李尽忠、孙万荣有兵众"数万",而《新唐书》却于是文后增"妄言十万"语,还有"万荣衔枚夜袭檀州" [4],以及李失活附唐,"玄宗赐丹书铁券" [5] 等,其文更为详实而富有可读性,具有笔记小说的特点。《新唐书》因所据史料更为丰富多样,故其有些史事所记也较为完整,比如契

[1] "俄又与辛文陵破契丹于黑山,擒契丹王阿卜固及诸首领赴东都。"《旧唐书》卷八十三《薛仁贵传》,第2781页。

[2] (宋)马永卿辑,(明)王崇庆解,《元城语录解》卷下,《丛书集成初编》,商务印书馆,1939年,第33页。

[3] (宋)吴缜:《新唐书纠谬·序》,《四部丛刊三编》(六),上海:上海书店,1985年据商务印书馆1935年版重印。

[4] 《新唐书》卷二一九《北狄·契丹传》,第6169页。

[5] 《新唐书》卷二一九《北狄·契丹传》,第6170页。

丹李楷落、李怀秀,以及以范阳节度为押奚、契丹使等事均为
《旧唐书·契丹传》所未载。另《新唐书·契丹传》将《旧五
代史·契丹传》中的习尔之、钦德,以及阿保机不肯代立等事
抄录改写而用,并简省相关记载且于文末称阿保机自立,"大
贺氏遂亡",此记应是呼应传文开头"其君大贺氏"而在写作
上做的交代,同时也说明《新唐书》有意修正《旧唐书·契丹
传》应载而未载之失。

　　《新唐书·契丹传》通过总结历代史书的相关记载,梳
理出东胡—鲜卑—契丹的这一历史发展脉络,对于研究契丹
来源具有重要价值。其记事和传文有"其事则增于前,其文
则省于旧"[1] 的特点。所增之事有助于更为全面、深入地理解
契丹早期的相关史事,对契丹大贺氏部落联盟的历史有所丰
富,虽然这些记载今多已无法知晓其更为原始的史源,但却
可以通过《新唐书》窥探更多的历史情形,具有重要的史料
价值。然而《新唐书·契丹传》也因追求文辞简约、语言凝
练导致语义不明,而有"省文之失",是以其有关省文《旧唐
书·契丹传》的内容,需与《旧唐书》相参读。

七、《新五代史·契丹传》

　　《新五代史》是由欧阳修私撰,原名《五代史记》,于宋仁
宗景祐三年(1036)之前已经着手撰写,到皇祐五年(1053)
基本完稿,前后用时18年左右。由于《新五代史》后修于
《旧五代史》,见到了许多新的史料,除《五代实录》《旧五代

---

[1]《新唐书·进唐书表》,第6472页。

史》《五代会要》等史书可供参考之外,还有许多笔记小说也是欧阳修撰写《新五代史》的史料来源。基于新史料,《新五代史》很多列传或多或少地补充了若干史实,有的则插入一些生动的情节,很可能即来源于笔记小说,比如《新五代史·契丹传》中阿保机尽杀诸部大人的盐池之会等。

　　《宋史》称欧阳修"自撰《五代史记》,法严词约,多取《春秋》遗旨"[1]。《新五代史》将《契丹传》列为"四夷附录"即印证了其"取《春秋》遗旨"的笔法特点。《新五代史·契丹传》传首的议论则直接道出了其作《四夷附录》的宗旨:从"夷狄"利患"中国"的角度出发,服务于"中国"对"夷狄"的"羁縻制驭恩威"等。欧阳修撰写《新五代史·契丹传》虽然"多取《春秋》遗旨",但其对史实的理解和叙述较《新唐书·契丹传》又为严谨。比如《新唐书》称"至元魏,自号契丹"[2]。《新五代史》则记为"契丹自后魏以来,名见中国"[3]。虽说《新唐书·契丹传》应是由宋祁写就,但作为主修者的欧阳修当也熟悉相关传文及其史源。然而,欧阳修在《新五代史》中却不取《新唐书》对契丹名号的判断,而是以较为谨慎的语言叙述契丹名号见于"中国"的时间,这当是其根据先前史书,尤其是初记契丹史事者为《魏书》这一状况所作的客观叙述。此外,对于契丹族源,《新五代史·契

---

① (元)脱脱等:《宋史》卷三一九《欧阳修传》,北京:中华书局,1977年,第 10381 页。

②《新唐书》卷二一九《北狄·契丹传》,第 6167 页。

③ (宋)薛居正等:《新五代史》卷七十二《四夷附录第一》,北京:中华书局,1976 年,第 885 页。

丹传》也显示了其严谨的写作特点。关于契丹族源，在《新五代史》之前史书已有不同的记载，是以《新五代史·契丹传》以"或曰"和"又以为"的写法保留了不同的观点，其中与库莫奚同类而异种说法的源头应是《魏书·契丹传》，而鲜卑之遗种的说法应来源于《五代会要》称"契丹，本鲜卑之种也"①，并解释了此说缘由是契丹居地为鲜卑之故地，从而将此说与《唐会要》《旧唐书》中的契丹居地为黄水之南、黄龙之北，鲜卑故地的记载相统一。《新五代史·契丹传》对于契丹"当唐之世"的记载基本是源于《旧唐书》和《五代会要》《旧五代史》等书史文，只是词句略有调整，比如描述契丹四至时，改《旧唐书》"东与高丽邻，西与奚国接，南至营州，北至室韦"②。为"北接室韦，东邻高丽，西界奚国，而南至营州"③；叙述契丹部族时，则取自《五代会要》，只是将"旦利皆部"记作"伹皆利部"，此或是因书籍传抄、版本流传过程中而出现的错误④。

　　《新五代史·契丹传》在记述阿保机称皇帝时，与《旧五代史》略有差异。《新五代史·契丹传》记阿保机"乃僭称皇

①《五代会要》卷二十九《契丹》，第455页。
②《旧唐书》卷一九九下《北狄·契丹传》，第5349页。
③《新五代史》卷七十二《四夷附录第一》，第886页。
④《〈新五代史〉校勘记》称"伹皆利部'伹'，他本均作'伹'。'皆利'，南监、汲、殿、蜀本同，贵池、汪、南昌、鄂、刘校本作'利皆'。《五代会要》卷二九作'旦利皆部'，《契丹国志·契丹国初兴本末》作'祖(祖)皆利部'。"《新五代史》卷七十二《四夷附录第一》"校勘记〔一〕"，第899页。

帝,自号天皇王。……名年曰天赞"①。《旧五代史·契丹传》则记为"天祐末,阿保机乃自称皇帝,署中国官号。……其国人号阿保机为天皇王。"②显然在《旧五代史》看来"天皇王"非"中国官号",亦非阿保机所自称的皇帝号;而《新五代史》以"天皇王"作为阿保机称皇帝的自号,似与史不符,因为早在神册元年(916)阿保机已经"上尊号曰大圣大明天皇帝"③,而无论是《旧五代史》所记的天祐(904~923年)末,还是《新五代史》所记的天赞(922~926年)初年,阿保机的皇帝号均已是"天皇帝"。

总之,与《旧五代史·契丹传》相比,《新五代史·契丹传》所增加的史料具有其独到的价值,而改写前史的内容,除文义并没有变化的部分外,有些却与前史所记相差较远,这些内容虽然并非都能准确反映史实,但通过比对其差异所在,却能够有助于更为精准的理解前史的史文含义及其所蕴含的历史真实,比如其以严谨的笔法记载契丹族名和族源问题。因此研究契丹早期历史,尤其是阿保机为首领时的契丹世里氏部落联盟,新旧《五代史》"契丹传"均具有重要的史料价值。

八、《通典·契丹》

《通典》是唐代杜佑在刘秩《政典》的启发下,在代宗大

---

①《新五代史》卷七十二《四夷附录第一》,第888页。
②《旧五代史》卷一三七《外国列传第一》,第1830页。
③(元)脱脱等:《辽史》卷一《太祖本纪上》,北京:中华书局,1974年,第10页。

历年间（766~779 年）就已经着手编撰，历经三十余年，至德宗贞元十七年（801）成书，并奏献朝廷。《通典》卷二〇〇有契丹专条，概述了《魏书·契丹传》《隋书·契丹传》等史书中有关契丹来源、习俗以及北魏和隋代契丹的史事，并记述了唐代契丹内附，后其首领李尽忠、孙万荣反唐，以及李失活等再度降唐并与之和亲等内容。

《通典·契丹》中关于唐代以前内容的史文基本是抄录《魏书》和《隋书》，个别地方略有改动。其中，关于契丹的来源和习俗抄自《隋书·契丹传》，并作有增删 ①。在抄录《魏书·契丹传》时，叙述上改"登国中，国军大破之"为"后魏初，大破之"，以及在"真君以来"前加文"魏太武帝"，均是以后世书史的笔法消解《魏书》史源中的"国史"痕迹。在记述东北群狄悉万丹等入献北魏并交市于和龙、密云之间事时，也多有删减。其中，删除"莫不思服"和"（入献）天府，遂求为常"等具有主观色彩的语句，于史实并无影响；而删除东北群狄是因受契丹使莫弗纥何辰朝献北魏的影响而入献的记载，则有损史事记载的完整性。另将《魏书》中的八部记作七部，其中将"何大何"写作"阿大何"，"匹絜部、黎部"写作"匹黎部"，"吐六于部"写作"比六于部"，则反映了史料流传过程中的讹变。隋代契丹的内容也基本是抄录《隋书·契丹

---

①具体是：省去"其后稍大，居黄龙之北数百里"和"好为寇盗"，并删"以为不壮"之"以"字，然在记载丧葬祝词时却多了一句"夏月时，向阴食"，另以异体字"醡"换《隋书》中的"酹"。

传》,略有改动①。《通典》的这段改动,多数不改变史文原义,
或属客观叙述,或属同义替代,或属删繁就简;但也有个别
改动显示了新的含义,比如加文"亦鲜卑故地"则将契丹居
地明确地与鲜卑联系起来,删除"兵"字则改变了具体含义,
《隋书》指的是"兵"的数目,而《通典》则没有明确此义,容
易误解为"部众"的数目。

　　《通典·契丹》对唐代契丹的记载则属于新增史料,其
多处以"大唐"称之,显示了《通典》作为唐人著作的历史风
貌。杜佑作《通典·契丹》以"武太后"称武则天,应与其好
友沈既济在奏议中认为对于武则天"今史臣追书,当称之太
后"②的思想有一定的关系,而沈既济的奏议又是针对吴兢所
撰《国史》而言。根据《唐会要》记载开元十四年(726)吴
兢上奏称"别撰唐书九十八卷。唐春秋三十卷。……断自隋
大业十三年。迄于开元十四年春三月"③,则知吴兢《国史》
所记史事止于开元十四年,而《通典·契丹》和《通典·奚》
所记内容均止于开元十年前后,对于开元十四年之后契
丹可突于之乱这一重要史事却没有记载。似可推测,《通
典·契丹》唐代部分内容或参考了沈既济奏议所针对的吴兢
《国史》。

---

①具体是:于"开皇末"前加"隋"字,改"其别部"为"有别部",换
　"上"为"文帝",改"远人之心"为"远人之情",于"给粮还本"后
　增"部"字,以"敕"换"勑",删"遂北徙逐水草"中的"徙"字,加文
　"亦鲜卑故地",删"兵多者三千"中的"兵"字,删文"逐寒暑"。
②《旧唐书》卷一四九《沈传师传》,第4035页。
③《唐会要》卷六十三《史官上》,第1099页。

《通典·契丹》有关北魏和隋代契丹的史文基本抄录自《魏书》《隋书》，虽然改写部分多数并不影响对史实的正确认识，但也有部分增改内容，却赋予了史料新的内涵，如在记载契丹习俗时，相较《隋书》"冬月时，向阳食"而增有"夏月时，向阴食"，反映了为其所独有的史料价值。虽然《通典》的记载较为概括和简略，但其增录的唐代契丹内容，作为当朝人所记的当朝史，对研究大贺氏部落联盟时期的历史来说，却是最有价值的部分，可视为一手史料。

九、《唐会要·契丹》

《唐会要》是宋王溥在唐苏冕、崔铉等所叙高祖至宣宗大中六年（852）沿革损益之制而成《会要》的基础上，又采宣宗至唐末事迹为新编《唐会要》，于宋太祖建隆二年（961）成书，诏藏史馆。《唐会要》在苏冕、崔铉80卷《会要》的基础上，增补为100卷，其中卷九十六有契丹专条。

《唐会要·契丹》与《旧唐书·契丹传》类似，很多史文相同，均保留了唐修史书的原貌，比如《旧唐书》称"贞元四年，与奚众同寇我振武"，《唐会要》记为"至贞元四年，复犯我北鄙"①，二者均以"我"称"唐朝"；且写史顺序和起止时间基本相同，均是先记契丹居地、首领、风俗等，然后从唐武德时期开始记具体史事，结束于会昌二年（842）契丹重新归服唐朝，唐赐"奉国契丹之印"。所不同的是，《唐会要》所记简略，多数史文可看作是《旧唐书》的节略版。与《旧唐

---

① 《唐会要》卷九十六《契丹》，第1718页。

书·契丹传》相比,《唐会要·契丹》只载契丹居地,不载与京城的距离和四至及周边情况等;只载契丹首领姓氏、兵力和部族数,不载诸部之间的联系情况;只载"好与奚斗",不载"臣于突厥";只载葬俗中分为父母死和子孙死两种情况,不载树葬习俗。即使是二者共记的史文,《唐会要》也作有删省[1]。还有贞观二十二年窟哥内附,孙敖曹、突地稽内附,李尽忠、孙万荣叛乱等史文大致可看作是《旧唐书·契丹传》的节略版,不同之处多不影响所叙史实相同和史文风格相近的特点。但也有些不同,却显示了二者的区别,比如《旧唐书》在记武则天"下诏改万荣名为万斩,尽忠为尽灭"之后,即以万斩和尽灭称之,而《唐会要》则否,或是《旧唐书》史文保留唐朝国史色彩更浓的缘故。

　　此外,《唐会要·契丹》的有些记载不见于《旧唐书》等其他史书。比如对于再次归服的契丹,唐"仍于其府置静析军"[2]的记载,即透漏了唐以松漠都督府羁縻契丹时,置有静析军的建制,与后文记载封郁于为松漠郡王兼静析军经略大使相呼应。另外《唐会要·契丹》的有些记载与《旧唐书·契丹传》是有差异的,比如《唐会要》记契丹于"武德二年二月。遣使贡名马丰貂"[3]。《旧唐书》记为契丹于"武德初,数抄边境。二年,入寇平州。六年,其君长咄罗遣使贡名

---

[1]比如,关于契丹首领、风俗的记载,删"其君长姓大贺氏"的"其",将"其俗死者不得作冢墓,以马驾车送入大山,置之树上,亦无服纪"省文为"死无服纪",删"其余风俗与突厥同"的"其"。

[2]《唐会要》卷九十六《契丹》,第 1717 页。

[3]《唐会要》卷九十六《契丹》,第 1717 页。

马丰貂"①。虽然根据用词上均有"名马丰貂"语,似可判断《唐会要》有节略史源而致错讹之嫌;但《唐会要》的记载具体到月份,应有所本。再如关于契丹失活归服唐朝和迎娶公主年份的记载,《旧唐书》记在"开元三年,其首领李失活以默啜政衰,率种落内附"。"明年,失活入朝,封宗室外甥女杨氏为永乐公主以妻之。"②《唐会要》则记为"开元二年。李尽忠从父弟失活请归款"。"五年十二月。以东平王外孙杨元嗣女为永乐公主。出降。失活亲迎之。"③结合《旧唐书·玄宗本纪》记载开元五年"十一月己亥,契丹首领松漠郡王李失活来朝,以宗女为永乐公主以妻之"④。可知李失活迎娶永乐公主事在开元五年,而不是《旧唐书·契丹传》记载的开元三年之明年(开元四年),因此应以《唐会要·契丹》记载的开元二年⑤和开元五年的时间为准。

可见,《唐会要·契丹》虽然记载简略,但有些记载也为其所独有。又因其与《旧唐书·契丹传》共载之事也有较为准确之处,加之其史源也是唐朝实录或国史,所以对于研究契丹大贺氏部落联盟的历史来说,《唐会要·契丹》同样具有重要的史料价值。

---

① 《旧唐书》卷一九九下《北狄·契丹传》,第 5350 页。
② 《旧唐书》卷一九九下《北狄·契丹传》,第 5351 页。
③ 《唐会要》卷九十六《契丹》,第 1717 页。
④ 《旧唐书》卷八玄宗本纪上》,第 178 页。
⑤ 《新唐书》即称"开元二年,尽忠从父弟都督失活以默啜政衰,率部落……来归"。《新唐书》卷二一九《北狄·契丹传》,第 6170 页。

十、《五代会要·契丹》

　　《五代会要》也是由王溥入宋编撰,亦成书于宋太祖建隆二年(961)。王溥为五代时期后汉政权的进士,曾任秘书郎,在后周官至右仆射等职,对五代典章制度较为熟悉,编书时从五代历朝实录中引录了不少奏章、诏令等。《五代会要》共30卷,其中卷二十九有契丹专条。

　　《五代会要·契丹》上承《唐会要·契丹》记事,交代契丹居地和唐代大贺氏八部,以契丹王屈戍请赐"奉国契丹之印"事接续《唐会要·契丹》条文,后文主要记载契丹自阿保机为王,称帝建立政权,之后有阿保机子德光称帝,阿保机孙兀欲袭位,德光子述律自立为帝,及其与中原政权的关系等事。《五代会要·契丹》在承继《唐会要·契丹》所记内容的同时,有所增补,比如对大贺氏八部的记载即为《唐会要》所无,并将《唐会要·契丹》"契丹居潢水之南,黄龙之北,鲜卑之故地"[1],直接改为"契丹,本鲜卑之种也,居辽泽之中,潢水之南"[2]。不再隐性交代契丹与鲜卑的渊源,到《新五代史·契丹传》则更为明确指出:"其居曰枭罗个没里。……是谓黄水之南,黄龙之北,得鲜卑之故地,故又以为鲜卑之遗种。"[3] 另,《旧五代史·契丹传》继承了《五代会要》关于契丹居地的记载而不认为契丹为鲜卑种的说法,也表明了关

---

①《唐会要》卷九十六《契丹》,第 1717 页。
②《五代会要》卷二十九《契丹》,第 455 页。
③《新五代史》卷七十二《四夷附录第一》,第 885—886 页。

于契丹种属的记载并没有直接的史料来源，而是史家的个人判断。

《五代会要·契丹》所记载契丹八部及各部的名称，与唐代契丹各部名称并不相同，显示了契丹部落的演变情况；然而也指出此际契丹依然延续有唐代的松漠都督府建制，似表明契丹部落名称虽然与唐代不同，但也应是延续自唐代。随后记载唐末阿保机事迹，即表明《五代会要·契丹》这一部分的记载应在"唐末"之前，相较《旧唐书·契丹传》的记载，此处所记契丹部族应是唐朝后期的情况，其史料来源或是唐武宗（840~846 年在位）之后的资料。《五代会要·契丹》记载契丹与前晋—后唐政权有关的史事时，以后唐太祖称李克用，其史源或是《后唐太祖纪年录》等。

由上可见，《五代会要·契丹》中关于契丹族源和部落的记载，有着重要的史学价值，尤其是具有承接前史启引后史的特点，其中承接前史的部分，既有利于深入了解唐代后期契丹的历史情况，也有利于理解后出史书的观点演变。其关于五代时期阿保机正式建立契丹—辽政权之前的史事，则多是来源于五代的各朝实录，在今各实录皆已不存的情况下，具有重要的史料价值，也能够与《旧五代史·契丹传》相参照，以便更好地理解阿保机领导世里氏部落联盟向民族政权过渡的情形。

十一、《太平寰宇记·契丹》

《太平寰宇记》是北宋初期一部著名的地理总志，其作者乐史有感于天下一统，历经唐末、五代，地名更易，政区变迁等因素,唐代的地理志书已不能适用于北宋时期的治国理政,故而撰写此书。始纂于北宋太平兴国年间(976~984年),约成书于雍熙(984~987 年)末至端拱(988~989 年)初之间。该书汇集了大量宋代以前的史料,广采博引前人著作,今多失传;而赖其征引得以保存下来的史料,则颇为可贵。全书 200 卷,其中卷一九九有契丹条目。

　　《太平寰宇记·契丹》主要记载了唐代及之前的契丹历史,多是直接摘抄前书而成,其中《通典·契丹》《旧唐书·契丹传》《唐会要·契丹》为其主要的史文来源。开头至"万荣为其家奴所杀,其党遂溃"[1],应是抄自《通典·契丹》,个别字、词有所不同,或是异体字相换,或是近义词替换,或是简省文句等,多不影响史文原义[2]。后文到"至贞元

---

①(宋)乐史:《太平寰宇记》卷一九九《四夷二十八·北狄十一·契丹》,王文楚等点校,北京:中华书局,2007 年,第 3811 页。
②《太平寰宇记·契丹》抄录《通典·契丹》的史文,具体来说,改动之处主要有:以"间"换"閒",以"勅"换"敕",以"于"换"於",以"帅"换"率";改"匹黎部"为"匹潔部、黎部",改"比六于部"为"吐六于部",改"本部"为"本处",改"松漠都护府"之"护"为"督",改"又遣"为"乃遣",改"河内王"为"河内郡王","前军"为"前军总管";将有关契丹习俗的记载放到后边并以"土俗"名之;省"魏太武帝真君以来"之"真君",省"大唐"之"大"字,省"贞观二十二年十一月"之"十一月",省"万岁通天元年五月"之"五月";省去王孝杰职位"同凤阁鸾台三品",补苏宏晖职位"羽林卫将军";于一处"柳城"后增"郡",于"左鹰扬将军"之"将军"前加"卫"、"右金吾将军"之"将军"前加"大"。其中,换文和省文多不影响史文原义,改文、增文则多是使文义更为明确或准确。

四年,犯我北鄙,幽州以闻"①,则是抄自《唐会要·契丹》②。后面说"自元和之后,至于会昌,朝贡不绝"③,应是综合《旧唐书·契丹传》《唐会要·契丹》的记载,概括而成。后文关于契丹弃用回纥印的记载也当是综合二书的史文而成,基本史文来源于《唐会要》,其中用"回纥"而不用"回鹘",则与

---

① 《太平寰宇记》卷一九九《四夷二十八·北狄十一·契丹》,第3812页。

② 《太平寰宇记·契丹》抄录《唐会要·契丹》的史文,具体来说,改动之处主要有:删"请归款"的"请",删"左金吾卫大将军"之"左",删"五年十二月"之"十二月",删"以东平王外孙杨元嗣女为永乐公主出降于失活"之"东平王外孙杨元嗣女为",删除"元宗(玄宗)为之举哀,赠特进",删"册立"之"立",删除"宴于内殿",删"而事泄(洩)"之"而",删"立娑固从父弟郁於(于)为主"之"为主",删"至十年"之"至",删除"立其弟咄於(于)袭其官爵"之"立",删"其冬,邵固诣行在"之"其冬",删"诏授"之"诏",删"遣使"之"使",删"二十二年六月"之"六月",删除"勅曰"及其内容,删"复犯我北鄙"之"复";以"于"换"於",以"洩"换"泄",以"岳"换"嶽",以"俱"换"皆",以"惟"换"唯",以"甚修"换"甚备";改"迎亲之夜"为"婚姻之夜",改"十年十一月"作"七年十一月",改"外甥陈氏女"为"外生女陈氏",改"东光公主"为"东华公主",改"其年十一月,幽州节度使张守珪发兵讨契丹"为"至十二月,张守珪发兵讨契丹";于"复封失活为松漠都督"之"都督"前加"郡王兼",于"六年"前加"至",于"攻之"前加"反",于"谢罪"前加"入朝","郁於(于)朝请婚"之"朝"前加"入","平卢"后加"军","余众"前增"可突于","授"后加"封","党"前加"余","自后"后加文"至今"。

③ 《太平寰宇记》卷一九九《四夷二十八·北狄十一·契丹》,第3813页。

《旧唐书》相同。"土俗"与《通典》所记相同 ①，"四至"与《旧唐书》史文相同 ②，皆印证了《太平寰宇记·契丹》抄录前史的性质。

　　虽然，《太平寰宇记·契丹》是抄自前史，但也纠正补充了一些内容，比如《唐会要·契丹》中记嫁于契丹者为"东光公主"，然又在《奚》中记载嫁于奚者亦是"东光公主"，根据《旧唐书》等相关史文，可以判断《唐会要》记载有误，故《太平寰宇记》更正为嫁于契丹者为"东华公主"。因此，《太平寰宇记·契丹》中一些不同于前史的内容，则有纠正前史错误，补充前史不足的特点，对于研究契丹早期历史来说，具有一定的价值。

十二、《通志·契丹》

　　《通志》是由宋代史学家郑樵在长期积累的基础上，于南宋绍兴三十一年（1161）修成，献于朝廷。全书200卷，模仿《史记》体例，改"书"称"略"，改"表"称"谱"，有"纪""传""载记"等，其纪传部分大都是损益诸史旧文而成，卷二〇〇有契丹专条。

　　《通志·契丹》条文多是通过综合前史中的契丹专传或专条而成。其中，关于契丹之先与库莫奚关系的记载应来源

---

① 具体的改动之处有：以"于"换"但以其尸置於山树之上"的"於"，在"於诸夷最甚"的"诸夷"之后加"中"。
② 具体不同之处有：以"长安"换"京城"，删除"冷陉山在其国南，与奚西山相崎"。

于《隋书·契丹传》①。而《北史·契丹传》则是其记载北朝
史事的主要史源，虽然多数史文的含义并无不同②，但也有个
别改写增加有新的内涵。比如，《通志·契丹》在叙述契丹与
库莫奚分背之后，于"经数十年"前加"皆"字，使库莫奚包
含在内。又以"专为寇钞"改"为寇盗"并加文"边郡苦之"，
这一写法侧重了契丹对北魏边境的扰乱。改"岁贡名马"为
"始贡名马"，则改变了史文原义。改"等各以其名马文皮献
天府"为"各从契丹以其名马文皮入贡"，更加明晰地将东北
群狄与契丹并列。契丹习俗和有关隋代的内容多是基于《北
史·契丹传》，并结合了《隋书·契丹传》《通典·契丹》③。唐

---

①其中不同之处有：以"竝"换"並"，以"閒"换"间"，属于异体字
替换。

②比如，以"大武太平真君"换"真君"，属于以谥号和年号全称替换年
号简称，其中"大武"应为"太武"之讹。太和三年事，删除"高句丽
窃与蠕蠕谋"之"窃"，改"地豆干"之"干"为"于"，改"契丹旧怨其
侵轶"之"旧怨"为"惧"，其中改文应是从《魏书·契丹传》之故，改
"勿干"为"勿于"亦是此理。以"眾"换"衆"为异体字替换，删"驱
徙"之"徙"为简省文句，并删除"自此岁常朝贡"语。后文删除契
丹在孝文帝时因饥荒入关市籴事，又以概括语"自宣武孝明世讫于
齐氏受禅使命相寻"代替宣武、孝明时和熙平中等契丹与北魏的交
往事。北齐年间事，删除"天保四年九月"之"九月"，省"文宣帝"
为"文宣"，改"堑"为"渐"，以"躬"换"亲"，其中删除的内容为简
省文句，改文或是因字形相近而致误，或是古字相通的缘故，换文为
近义词替换。

③其中，以"寇暴"换《北史》"好为寇盗"之"寇盗"，以"然后"换"后
乃"，以"令"换"使"，属于近义词替换，抄录时又以《通典》"夏月
时，向阴食"的记载补充《北史》中的祝词。隋代部分，以"酋帅"换
"率"，以"眾"换"衆"，以"歖"换"歔"，以上为同义词替换（转下页注）

代契丹部分多是概括自《新唐书·契丹传》①,然而,《通志》记述契丹请赐唐印的史文虽多与《新唐书》相同,但是其文却记契丹在"会昌二年,为回纥所破,始复内附"②,显然所记为误,史实应是唐破回鹘之际,契丹为张仲武所联合背离回鹘再附于唐。

后文称钦德末年政不竞,按照契丹传统八部大人法常三岁代,阿保机"自怙其强,不肯受代,七部劫之,不得巳(已)传之次第者"③,自为一部,基本内容为《旧唐书》、新旧《五代史》等所记有,其中《新五代史·契丹传》记作"七部诮之",

---

(接上页注)和异体字替换;删除文帝责让,契丹遣使谢罪事,又通过删文,合契丹出伏部背突厥内附事与契丹四千余家背突厥来降事为一,更改史文原义为契丹出伏等四千余家背突厥来降;以"文帝"替换"上",以"情"替换"重失远人之心"的"心",与《通典·契丹》同;删除"给粮还本部"之"部",则与《隋书·契丹传》同;于"部落渐众"前加"由是",省"遂北徙逐水草"之"徙"字;依托纥臣水而居东西南北的活动范围,亦与《隋书》同;以"战伐"代"征伐",以"使"代"遣",改"潘垤"为"潘咥",改"遣使朝,贡方物"为"遣使献其方物",多是因字、词的或义或音或形相近而改换。

①比如,其文记载唐封契丹窟哥的官职和爵位,李尽忠为窟哥之孙,"开元、天宝间,遣使朝献者无虑二十"及至德、宝应、大历、贞元、元和、大和、开成间朝献次数的史事等均为《新唐书》所记有。契丹首领习尔之和钦德事史文,亦是来源于《新唐书·契丹传》,其中省"遣使者"为"遣使",以"寖盛"换"寖强",改"光启时"为"光启初",将"方天下盗兴"之"方"删除、之"兴"改"起",变"乃钞奚、室韦,小小部种皆役服之"为"故钦德乘乱侵掠奚、室韦诸部,尽役属之"。

②(宋)郑樵:《通志》卷二〇〇《四夷传七·北国下·契丹》,北京:中华书局,1987年,第3214页。

③《通志》卷二〇〇《四夷传七·北国下·契丹》,第3214页。

而《通志》以"七部劫之"记之,此处改动使阿保机和诸部的矛盾显得更加激烈。通过以上分析,可以看出《通志·契丹》综合前史成文的性质,在研究契丹早期历史的相关内容时,其个别异于前史史文原义的改写需参读前史。

十三、《文献通考·契丹》

《文献通考》是由宋元之际的马端临撰写的典制体通史,约始著于元世祖至元年间(1264~1294年),历时20余年,至元成宗大德十一年(1307)成书。全书348卷,内容起于上古,终于宋宁宗嘉定(1208~1224年)末年。《文献通考》卷三四五、三四六有契丹专条,其中《文献通考·契丹上》记述有契丹早期历史,主要记述了契丹的来源,以及北朝时期、隋唐以至五代时期的契丹史事。

《文献通考·契丹》中有关契丹早期历史的记载基本是抄录前史而成,其中契丹渊源于东胡—鲜卑的记载与《新唐书·契丹传》同;契丹与库莫奚的关系,习俗以及北魏时期史事源于《通典·契丹》;北齐、隋代契丹事源于《北史·契丹传》;唐代契丹史文多取自《新唐书·契丹传》;契丹居地、部族以及五代时期阿保机等史事则源于《新五代史·契丹传》。可以说《文献通考·契丹上》的记载,基本是综合先前史书的内容而成,这些记载虽然对于系统观察契丹早期历史有一定的参考价值,但因其多是抄录而来的史文,且前史也保存至今,因此其史文不能作为判别史实的根本依据,当与来源史书相异时,只能作为参考,在充分辨析其相异原因的情况下,方可判断异文的价值。

契丹早期的基本史料,除了专传、专条之外,还包括其他史书中的一些集中记载。这些集中记载或是虽未立有"契丹"条目,但却有针对契丹早期历史的专门记载,比如《册府元龟》之《外臣部》中的"种族""国邑""土风"等均有相关记载;或是在记载契丹—辽历史时,集中叙述有契丹早期的历史状况,如《东都事略》之《辽国》、《宋会要辑稿》之《藩夷·辽》和《宋史新编》之《外国列传·辽国》等属于此类。此外,专为契丹—辽写史的《契丹国志》和《辽史》亦记载有大量契丹早期历史,尤以《契丹国志·契丹国初兴本末》和《辽史·世表》最为集中。

十四、《册府元龟·外臣部》等史书中的专门记载

《册府元龟》是北宋景德二年(1005)由王钦若、杨亿等奉真宗之命合力纂修,用时9年,至大中祥符六年(1013)而成。《册府元龟》共1000卷,内容庞杂,编修过程中参考、摘引了大量的史书和"经""子"等文献资料,具有重要的史料价值。其卷九五六《外臣部·种族》、卷九五八《外臣部·国邑》、卷九六一《外臣部·土风》、卷九六七《外臣部·继袭》等皆针对契丹的种族、居地、风俗和首领继袭等作有专门记载。

其中《外臣部·种族》中记载契丹的史文与《旧唐书·契丹传》《旧五代史·契丹传》基本相同。《外臣部·国邑》中契丹居地的史文类似于《旧唐书·契丹传》《唐会要·契丹》,北魏和隋代的内容则源于《隋书》"契丹传"和"室韦传",后面的史文又基本能在《旧唐书·契丹传》和《旧五代史·契丹传》中找到相对应的内容。《外臣部·土风》中

有关契丹之先和习俗的记载基本与《隋书·契丹传》同，稍有字词改动，并增文契丹"居黄龙之北数百里"的记载。《外臣部·继袭》中关于大贺氏联盟时期契丹史事及耶律阿保机事亦与《旧唐书·契丹传》《旧五代史·契丹传》所记不悖。

《册府元龟》中关于契丹的集中记载，多为前史所载，史文除抄录《隋书·契丹传》的内容之外，多与《旧唐书·契丹传》《旧五代史·契丹传》等相似，《册府元龟》与二书所出时代相去不远，唐和五代各朝实录等应是其共同的史源，是以在史料校勘方面具有重要价值。

此外，北宋仁宗（1022~1063年在位）时由曾公亮等人编撰的《武经总要前集》卷十六下《边防·北番地理》概括有契丹之先窜于松漠之地，后居辽泽，唐置松漠都督府，至钦德、阿保机时期渐强事，皆为前史所详载，应是综合自《通典·契丹》《五代会要·契丹》《旧五代史·契丹传》等相关记载。

十五、《东都事略·辽国》《宋史新编·辽国》《宋会要辑稿·辽》中的记载

南宋孝宗时王称的《东都事略》卷一二三、一二四《辽国》较为完整地记载了契丹—辽政权的历史，其《辽国（上）》称契丹为东胡种当是源于《新唐书·契丹传》，史文"自后魏以来，名见中国"应是源自《新五代史·契丹传》。又记有"青牛白马"传说，并将其与《新五代史·契丹传》等书记载的大贺氏八部相联系。此部分内容，对于研究契丹部落的"八部"框架的发生、发展，具有重要价值。另有契丹居地为潢水之南、鲜卑旧地的说法，以及光启年间契丹役服奚、室韦

等的记载亦已为《旧唐书》《唐会要》和《新唐书》等史书所记有。然而,其文称阿保机为邪律斡里少子,并记载其称帝有神册、龙德、天赞年号,与史实不符。

《宋史新编》最迟于明嘉靖三十四年(1555)已经成书,时人称柯维骐以"宋辽金三史并列,尤失春秋之义"①,故"汇通三史,以宋为正。……名之曰《宋史新编》"②,柯维骐也在《宋史新编·外国列传》的序文中称"尊宋统,列辽金于外国"③,其卷一九二《外国列传·辽国(上)》记载有契丹早期历史。其文有源自《辽史》的记载,比如契丹(辽)之先出于鲜卑莫那,以及阻午可汗李怀秀、巴剌可汗习尔、痕德堇可汗钦德、阿保机先祖泥礼等记载均是参考自《辽史·世表》的说法,而关于阿保机称帝,建元神册的记载则与《辽史·太祖纪》同;也有渊源于《新唐书·契丹传》的史文,比如关于契丹四至的记载;还有与《新五代史·契丹传》相同的史文,比如关于契丹"名见中国",盐池会以及参考汉字隶书制文字的记载等;此外还有阿保机"不肯受代,七部劫之"④的史文与《通志·契丹》相同;其他史文也多是根据前史的相关记载,概括而成。可见《宋史新编·辽国》关于契丹早期历史的记载,多是来源于前史。

---

① (明)康大和:《宋史新编后序》,(明)柯维骐:《宋史新编》,新文丰出版公司,1974年。
② (明)黄佐:《宋史新编序》,(明)柯维骐:《宋史新编》,新文丰出版公司,1974年。
③《宋史新编》卷一九二《外国列传》,第750页。
④《宋史新编》卷一九二《外国列传》,第750页。

《宋会要辑稿》是清嘉庆年间（1796~1820 年）由徐松从《永乐大典》中辑出的宋代官修《会要》之文，其《藩夷·辽（上）》称契丹为匈奴种，概述契丹世居之地，大贺氏有八部以及八部之主三年代立，至阿保机不受代。所记契丹早期史事文约词简且已为前史所记有，基本与《旧五代史·契丹传》和《五代会要·契丹》所记相同。

十六、《契丹国志》《辽史》中的相关记载

《契丹国志》题名宋叶隆礼撰，是较早、较为系统记载契丹—辽历史的一部史书。全书 27 卷，书首有《契丹国初兴本末》记载了契丹初兴之地，并与"青牛白马"传说、八子八部等联系在一起，此外还记有契丹神异三主：廼呵、喎呵、昼里昏呵事迹，以及阿保机吞并七部而契丹始大等契丹早期史事。其中神异三主的记载今不见于其他史书，对研究契丹先祖传说和早期的社会发展来说，具有其独特的价值。卷一《太祖大圣皇帝》中亦有 916 年阿保机建立契丹—辽政权之前的事迹，文称阿保机为"幹里小子"①，与《东都事略》所记相同，二者或是有共同的史源或是其中一个为另一记载的来源。卷二十三《国土风俗》《并合部落》则记载有契丹早期的风俗习惯和权力架构等内容，多为前史所记有，例如契丹丧葬习俗为《通典·契丹》所记，盐池会为《新五代史·契丹传》记有，将契丹与东胡—鲜卑

---

① （宋）叶隆礼：《契丹国志》卷一《太祖大圣皇帝》，贾敬颜、林荣贵点校，中华书局，第 1 页。

等相联系的记载则为《新唐书·契丹传》所记有。《契丹国志》虽然存在着有关作者、作年等问题,且内容上有不少错误和纰漏,但也保存下来了很多于他处所不能见到的契丹史料,对于研究契丹早期历史的相关内容具有一定的史料价值。

《辽史》为元顺帝至正三年(1343)由脱脱等人奉旨修撰,次年成书。脱脱等修《辽史》的主要参考资料是辽代耶律俨所修《实录》和金代陈大任所撰《辽史》,作为研究契丹—辽史的主要史书,全书116卷,书中“纪”“志”等部分记有契丹早期史事,尤其是《辽史》卷六十三《世表》系统梳理了契丹早期历史。《辽史·世表》对契丹的来源、先世可汗、阿保机家族先世作了考证和梳理,其文所述“帝统”:汉魏之世由东胡而鲜卑,由鲜卑轲比能而散徙潢水之南的认识,应是渊源于《新唐书·契丹传》;晋和北魏时期的史事多采自《周书》和《魏书》;北齐时期的史事则源于《北史》;隋唐及之后的内容当参考自《隋书·契丹传》和新、旧《唐书》以及新、旧《五代史》等,涉及契丹遥辇氏可汗时,作有考证。此外,《辽史》之《太祖纪》《耶律曷鲁传》《部族志》《礼志》等也较多地记载有916年之前契丹历史。《辽史》是研究契丹—辽的基本史料,虽然有些内容渊源于前代史书,但也较多地保留了契丹人自己的历史记忆和记载,尤其是有关契丹早期历史的内容一定程度上反映了契丹内部所传承的历史信息。

此外,《辽代石刻文编》和《辽代石刻文续编》是由向南、张国庆、李宇峰等人编辑整理并作有注释的辽代石刻总集,收录了大量的辽代墓志、哀册、庙碑、塔铭等石刻文,具有重要的史料价值。其中有些石刻文里对契丹先人的追忆和赞美,有助于契丹早期历史的研究,比如《辽代石刻文续编》中的"耶律羽之墓志"和"耶律宗愿墓志"分别有文"其先宗分佶首,派出石槐"和"仙軿下流于潢水,肇发瑶源;神幄梦霭于玄郊,有蕃宝胤"[1],均有助于理解契丹人的先祖传说和族源认同。另外,还有考古发掘的契丹早期首领李过折的墓志碑文[2]等,对研究契丹早期历史的相关内容亦有一定价值。

契丹早期历史的基本史料具有相对的连续性和完整性,自《魏书·契丹传》首载契丹来源,经《隋书》《北史》、新旧《唐书》、新旧《五代史》等史书的《契丹传》,到《辽史·世表》总结前代史书的记载,系统而连续地呈现了契丹早期历史的发展脉络。虽然后出史书对前代史书的内容多有因循,并且会因改动而增添新的历史内涵,但是也正是因为这些改动和新的内涵,或因正确理解了来源史文的含义而有所丰富,或因误解而致使表达的史事相差甚远。基于此,探讨契丹来源应以《魏书》的相关记载作为根本,相应《隋书》《旧唐书》《旧五代史》等史书中的相关记载则是研究契丹早期部落和部落联盟的基础,其他史书的抄录、改写多数只能作为二手

---

[1] 向南、张国庆、李宇峰辑注:《辽代石刻文续编》"耶律羽之墓志""耶律宗愿墓志",辽宁人民出版社,2010年,第3、148页。按,原文断句"仙軿"后有逗号,应以无逗号为宜。

[2] 即《唐故特进、松漠府都督兼同幽州节度副使、北平郡王李府君墓志铭并序》,见葛承雍:《对西安市东郊唐墓出土契丹王墓志的解读》,载《考古》2003年第9期。

资料用以参考,从而有助于校勘、辨析、理解先出史书的记载。当然,《北史》《新唐书》《新五代史》等也因有其他的资料来源而补充了新的历史内容。在中原史书的记载之外,契丹人对其早先历史传说的追忆和叙述,虽受到了中原史书记载的影响,但也保留有民族自己的记忆。因此,《辽史》和契丹人墓志中所传递的契丹人自己的认识,也是研究契丹早期历史不可或缺的史料,尤其是流传下来的契丹先祖传说,为探究其起源和民族认同提供了重要的依据。

　　契丹专传和专条等构成了契丹早期历史研究的基本史料,其中史籍中的专传是核心,从《魏书·契丹传》《北史·契丹传》《隋书·契丹传》,到新旧《唐书》"契丹传",再到新旧《五代史》"契丹传",记载了从北魏时期契丹见载于史到阿保机建立契丹—辽政权,长达500余年的历史,且具有一定的连续性。《通典》《唐会要》《五代会要》《太平寰宇记》《通志》《文献通考》等史书中的契丹专条以及其他史书中的集中记载,既有助于补正专传记载的遗漏和错误,又能够在解读史料上有所裨益。

库莫奚基本史料辨析

王丽娟

　　奚族是中国古代北方民族,最初以"库莫奚"之名出现于《魏书》,《隋书》正式以"奚"为名,后世文献多沿用。奚族自北朝出现至元代以后逐渐消失,拥有近千年的历史。历代文献对奚族历史均有或详或略的记载。由于文献的编撰时间有早有晚,作者所处的时代不同,各自对资料的掌握程度、史德、史才、史识、史观等方面有所差异,文献的质量和史料价值也就有所不同。对奚族文献史料进行系统的辨析与评价,理清诸部文献的史源关系,辨别真伪,探究史料价值是奚族历史研究中不可忽视的问题。

　　奚族的文献史料主要是指奚族专传和专条史料,它们留存于不同时代成书的正史、典章体、会要体和大型类书等体裁的文献中,如《魏书·库莫奚传》《周书·库莫奚传》《隋书·北狄·奚传》《北史·奚传》《旧唐书·奚传》《新唐书·奚传》《新五代史·四夷附录第三·奚传》《通典·边防十六·库莫奚》《唐会要·奚》《五代会要·奚》《册府元龟·外臣部·奚》和《文献通考·四裔考二十一·库莫奚》等 ①。以下按成书的先后

---

①（北齐）魏收:《魏书》,中华书局,1974年版;（唐）令狐（转下页注）

顺序逐一对这些史料进行对读、分析和探究，以期尽可能明确其反映的历史时代、史文来源、前后文献的渊源关系以及各自的史料价值。

一、《魏书·库莫奚传》

《魏书》，北齐魏收撰。天保五年（554）成书。记述北魏王朝的历史。共 124 卷。卷一〇〇，列传第八十八有《库莫奚传》。该传约用 370 字记述了奚族的来源、地域、生活习俗，奚族与北魏、东魏政权之间时战时和的关系以及奚族与地豆于的关系。《魏书·库莫奚传》是迄今所见有关奚族历史最早的专传，内容较为丰富，是全面了解奚族历史的第一手资料和基本史料。

《魏书·库莫奚传》开篇称"库莫奚国"，其后的其它文献中也称"奚国""库莫奚"或"奚"。我们认为，这种说法上的不同应为编撰者的叙述习惯不同所致，无论是"库莫奚国""奚国"，还是"库莫奚""奚"，均是对同一个部族或人群的称谓，没有本质上的区别。

（接上页注）德棻：《周书》，中华书局，1971 年版；（唐）魏徵：《隋书》，中华书局，1973 年版；（唐）李延寿：《北史》，中华书局，1974 年版；（后晋）刘昫：《旧唐书》，中华书局，1975 年版；（北宋）欧阳修：《新唐书》，中华书局，1975 年版；（北宋）欧阳修：《新五代史》，中华书局，1974 年版；（唐）杜佑：《通典》，中华书局，1988 年版；（北宋）王溥：《唐会要》，商务印书馆，1936 年版；（北宋）王溥：《五代会要》，上海古籍出版社，1978 年版；（北宋）王钦若、杨亿编撰，周勋初等校订：《册府元龟》，凤凰出版社，2006 年版；（元）马端临：《文献通考》，中华书局，1986 年版。

　　关于奚族的来源,《魏书·库莫奚传》称"东部宇文之别种"。其后的《北史》《通典》《契丹国志》等文献均采用此种说法。还有一些文献持奚族来源于东胡鲜卑、匈奴、乌桓等观点。但可以肯定的是,《魏书·库莫奚传》对奚族来源的记载在时间上最早,属于第一手史料。后出文献对这一问题的记载或是照搬原文,或是稍作删削,有的则加以分析和推测,属于第二手资料。所以,奚族的来源应以《魏书·库莫奚传》为主要参考依据。

　　奚族与北魏之间的关系是史家着墨最多之处。据《魏书·库莫奚传》称,登国三年(388),太祖拓跋珪亲自征伐库莫奚,"获其四部落,马牛羊豕十余万"。不难发现,史家记述这一事件之时,竭力显示皇家的威严。该传还对太祖、世宗诏令作了引述,文中不乏"群狄诸种""不识德义""鼠窃狗盗"等词语,足见中原皇帝和皇家御用史官对奚族贬低和轻蔑的态度。

　　该传还记载了奚族于高宗、显祖时期岁致名马文皮,高祖时,遣使朝贡,以及因畏惧地豆于的抄掠而入塞内,依附于北魏的历史。在此期间,奚族也曾入寇营州(今辽宁省朝阳市),对北魏的边境造成威胁。同时,部分奚人已活动于中原边境,与安州(今河北省隆化市)、营州边民杂居生活,"交易往来,并无疑二"。这是了解奚族与北魏关系的重要依据。

　　《魏书·库莫奚传》对奚族的史文记载应来源于登国三年(388)拓跋珪对奚族的征伐和其后奚族与中原的朝贡、贸易等渠道,较为可信。该传是研究奚族的来源、地域、风俗习惯,奚族与北魏、东魏的关系以及北魏、东魏时期奚族历史状况的基本资料,具有珍贵的史料价值,并在一定程度上成为后出文献的主要参考和依据。

二、《周书·库莫奚传》

《周书》,唐令狐德棻主编。贞观三年(629)至十年(636)间撰成。唐官修,记载北周历史的史书。共50卷。卷四十九,列传第四十一有《库莫奚传》。该传约为120字,但对奚族的来源、地域、部落、风俗习惯,奚族与突厥、契丹、西魏之间的关系等内容均有涉及。《周书》成书晚于《魏书》,有沿袭抄改《魏书·库莫奚传》之处,也有新增内容。

《周书·库莫奚传》称奚族为"鲜卑之别种",与《魏书·库莫奚传》所言"东部宇文之别种"有别,参考了奚族来源于宇文鲜卑的说法,但将"东部宇文"改为"鲜卑",在外延上有所扩大。居地部分,基本抄引《魏书·库莫奚传》,仅在文字上稍有改动①。

《周书·库莫奚传》中新增了奚族的部落内容,即奚族有五部②,各有名称,各设官职,并且出现部落联盟首领。这一记载对了解这一时期奚族的部落构成、社会结构和社会发展

①《周书·库莫奚传》将《魏书·库莫奚传》的"初为慕容元真所破,遗落者窜匿松漠之间"改为"其先为慕容晃所破,窜于松漠之间"。据《魏书》卷九十五《徒何慕容庵传附慕容元真传》记载:"元真,小字万年,名犯恭宗庙讳。"第2060页。《魏书·库莫奚传》称字而不名。《周书·库莫奚传》称名而不字,也是为避唐高祖李渊三子李元吉之讳。

②奚族五部分别为:辱纥主、莫贺弗、契个、木昆和室得。

状况至关重要,具有珍贵的史料价值。

《周书·库莫奚传》的新增内容还包括:奚族于大统五年(539)向西魏献方物;奚族役属于突厥;奚族常与契丹争战;奚人根据虏获财畜的多少进行赏罚;死者以苇薄裹尸,悬之树上的葬俗等内容。这些记载对了解和研究奚族与西魏、突厥、契丹的关系、奚族的风俗习惯具有重要意义。

《周书·库莫奚传》新增史料应为大统五年(539)奚族遣使西魏的使节提供给朝廷史官而记录下来的。《周书·库莫奚传》虽篇幅较短,内容上也过于简略,有失详尽,但其新增内容是研究西魏至北周时期奚族历史状况的基本资料,也为后来史家认可并流传。

三、《隋书·北狄·奚传》

《隋书》,唐魏徵主持编写。唐初官修,记述隋朝历史的史书。共85卷。卷八十四,列传第四十九北狄有《奚传》。该传约160字,记述了奚族的称呼、来源、地域、风俗习惯、部落以及奚族与契丹、隋朝的关系。

《隋书·奚传》开篇称"奚本曰库莫奚",为明确改"库莫奚"为"奚"之肇始,并为后出文献所沿用。在奚族的来源方面,《隋书·奚传》将奚族称为"东部胡之种"。因东部胡包括乌桓和鲜卑两族,这一说法无形中扩大了奚族来源的范围。这也可能是《新唐书·奚传》得出奚族来源于乌桓这一结论的根源。

就奚族的部落名称而言,《隋书·奚传》将《周书·库莫奚传》中的"辱纥主"写作"辱纥王",其余四部皆与之同。

"王"与"主"字形相近,应为撰者笔误,后出文献仍以《周书·库莫奚传》记载的奚族部落名称为准①。

居地和生活习俗方面,《隋书·奚传》基本抄引《魏书·库莫奚传》,仅有个别文字的增减或改动②。除此以外的其他内容,《隋书·奚传》基本沿袭《周书·库莫奚传》,由于二者的成书时代相同,所记载的内容大体相同,只因作者不同,在文字表述上有所差异③。

至于《隋书·奚传》的新增内容,即奚人"随逐水草,颇同突厥"。由此可知,奚族是类似突厥以游牧生活为主的游牧民族。这是研究奚族社会和生产生活状况的重要资料,也是该传史料价值的体现。

---

① 《北史·奚传》《通典·库莫奚》《册府元龟·奚》均沿袭《周书·库莫奚传》所记载的"辱纥主"一名。

② 关于奚族的居地,《隋书·奚传》抄录《魏书·库莫奚传》部分,减句首"初"字,"慕容元真"作"慕容氏",异文避李元吉之讳;关于奚族的风俗习惯,《隋书·奚传》抄录《魏书·库莫奚传》部分,增"甚"字,减"净"字,"民"改为"俗",改字避李世民之讳。

③ 《周书·库莫奚传》:"后种类渐多,分为五部",《隋书·奚传》:"初臣于突厥,后稍强盛,分为五部";《周书·库莫奚传》:"每部置俟斤一人",《隋书·奚传》:"每部俟斤一人为其帅";《周书·库莫奚传》:"有阿会氏者,最为豪帅,五部皆受其节度",《隋书·奚传》:"有阿会氏,五部中为盛,诸部皆归之";《周书·库莫奚传》:"役属于突厥,而数与契丹相攻。虏获财畜,因而行赏",《隋书·奚传》:"每与契丹相攻击,虏获财畜,因而得赏";《周书·库莫奚传》:"死者则以苇薄裹尸,悬之树上",《隋书·奚传》:"死者以苇薄裹尸,悬之树上"。

四、《北史·奚传》

《北史》,唐初李延寿的私家著述。成书于唐太宗贞观十七年(643),唐高宗显庆四年(659)经朝廷批准流传。记述北魏登国元年(386)到隋义宁二年(618)的历史。共100卷。卷九十四,列传第八十二有《奚传》。《北史·奚传》是将《魏书》《周书》和《隋书》的奚传加以整合、改编而成。

《北史·奚传》约为420字。其内容分为两部分:第一部分记述奚族的名称、来源、地域、生活习俗以及奚族与北魏、东魏、北齐的关系,完全由《魏书·库莫奚传》抄改而成。只有文起处根据需要,叙述上有所不同,结尾处多一总结句,没有内容上的变化①;第二部分的前段记述北周、隋时期奚族的

①《北史·奚传》较之《魏书·库莫奚传》,将首句"库莫奚国之先"改为"奚,本曰库莫奚,其先",加尾句"齐受魏禅,岁时来朝"。《北史·奚传》抄改《魏书·库莫奚传》部分,"俗甚不洁净"一句,句首减"其"字、改"民"为"俗"(避李世民讳)、加"甚"字;"获其马牛羊豕十余万"一句,"获其"后减"四部落"3字;"帝曰"一句中,减"互相侵盗,有犯王略,故往征之。且"13字;"既而车驾南迁"一句,改"还"为"迁",后删"云中,怀服燕赵"6字;"文成、献文之世"一句,加"之"字;"时营、燕、幽三州兵数千人击走之"一句,加"时"字;"后复欸附,每求入塞交易"一句,改"款"为"欸","交易"前减"与民"2字;"世宗诏曰"一句中,先后两"民"分别改为"人"与"百姓"(避李世民讳),"疑"改为"欺","款"改为"欸","听而不虞"改为"信而不虑",减"不容依先任其交易,事宜限节"12字,"上佐"改为"士";"自此以后"一句,改"是"为"此";"至武定已来不绝"一句,"至"后减"于"字,"末"改为"已来";"慕容元真"作"慕容晃","弱洛水"作"弱水","地豆于"作"地豆干"。(转下页注)

部落,抄引自《周书·库莫奚传》。后段记述奚族的风俗,奚族与契丹、北周和隋的关系,来源于《隋书·奚传》。除了文字表述上的差别外,也没有内容上的变化 ①。

　　总的来说,《北史·奚传》基本是抄录《魏书·库莫奚传》《周书·库莫奚传》和《隋书·奚传》而成。除了对一些字句作增删、改动、调整以外,没有新的史源和新增内容,属于二手资料。在《魏书·库莫奚传》、《周书·库莫奚传》和《隋书·奚传》等第一手资料存在的情况下,史料价值不大。

五、《通典·边防十六·库莫奚》

　　《通典》,唐杜佑著。唐代宗大历年间(766~779 年) 始撰,唐德宗贞元十七年(801) 成书。记述唐天宝(742~756 年) 以前典章制度及地志、民族的专书。共 200 卷。卷二〇〇,边防十六有库莫奚条目,约 370 字。

　　通过对《通典·库莫奚》的审读,可知其字词运用、行文结构、行文逻辑和表述方式等方面与《隋书·奚传》和《北

（接上页注）此外,将皇帝庙号改为谥号,"太祖"改为"道武","高宗、显祖"改为"文成、献文","高祖"改为"孝文","世宗"改为"宣武"。

①《北史·奚传》介绍奚族的部落一句抄《周书·库莫奚传》,句首"其后种类渐多",加"其"字。自"每部俟斤一人为其帅"之后抄《隋书·奚传》,其中"五部中最盛"一句,"为"改为"最",在"虏获财畜"之后,删去了《隋书·奚传》中原有的一部分内容,"因而得赏。死者以苇薄裹尸,悬之树上。自突厥称藩之后,亦遣使入朝,或通或绝,最为无信。大业时"直接接上最后一句"岁遣使贡方物",为了使前后衔接,改"岁"为"因"。

史·奚传》最为接近。对比发现，《通典·库莫奚》中唐以前的部分内容系抄引自《隋书·奚传》和《北史·奚传》。

具体而言，《通典·库莫奚》从篇首至"后魏之初，频为寇盗"一段记述了奚族的来源、地域和生活习俗，系抄引《北史·奚传》，只是在词语运用上作了部分改动①。"闻于后魏及后周"与"后魏之初，频为寇盗"两句，系根据《北史·奚传》对北朝时期奚族历史状况和北朝诸政权与奚族关系的记载概括而成。

《通典·库莫奚》抄引《隋书·奚传》自"及突厥兴，而臣属之"一句开始，与《隋书·奚传》的"初臣于突厥"意思一致，唯表述不同。《通典·库莫奚》的改抄更富于起承转合之功。其后至"突厥称蕃人（之）后，亦遣使入朝"一段，记述奚族与突厥的关系，奚族的部落、风俗、名称变化等内容也来源于《隋书·奚传》。

但《通典·库莫奚》较之《隋书·奚传》，多"理饶乐水北，即鲜卑故地"与"其后款附，至隋代号曰奚"两句。《北史·奚传》中有北魏道武帝于登国三年（388）至弱水（今西拉木伦河）南大破奚族一事。《通典·库莫奚》中的奚人"理饶乐水北"与《北史·奚传》中的道武帝"至弱水南"有别，

①《北史·奚传》开篇称"奚，本曰库莫奚"，《通典·库莫奚》直接将其改为"库莫奚"，减 3 字。《北史·奚传》称"东部胡宇文之别种"，《通典·库莫奚》为"东部鲜卑宇文之别种"，将"胡"改为"鲜卑"。《北史·奚传》"俗甚不洁净，而善射猎，好为寇抄"一句，《通典·库莫奚》为"其俗甚不洁，而善于射猎，好为寇抄"一句，加"其"、"于"二字，减一"净"字。

与两《唐书》所记载的奚族的地域也不相符合,这种差别应为史家之笔误。至于"其后款附,至隋代号曰奚"一句,《北史·奚传》所引北魏宣武帝的诏书中有"今虽款附"之语。同时,《隋书·奚传》开篇即称"奚本曰库莫奚",正式将"库莫奚"改为"奚"。由此可知,《通典·库莫奚》的这句新增史料是对《北史·奚传》和《隋书·奚传》相关内容的整合和引申。

　　除此之外,《通典·库莫奚》在抄引《隋书·奚传》的过程中,删去奚与契丹的关系和奚的赏罚方式等内容①。至于奚的部落、风俗习惯、奚与突厥的关系等方面在没有改变原意的基础上,根据行文要求对部分字词和语句作了改动②。

　　《通典·库莫奚》的新增内容,也是其最有价值的部分,即唐初至开元年间奚族与唐朝的和亲关系③。《通典·库莫奚》对固安公主杀牙官塞默羯、受上荣宠、遭嫡母陷害及其与

①即"每与契丹相攻击,虏获财畜,因而得赏"一句。

②《通典·库莫奚》较之《隋书·奚传》,"每部置俟斤一人为其帅"一句中新加"置"字;"其俗死者以苇薄裹尸"一句中新加"其俗"二字;"突厥称蕃人后"一句前减一"自"字,"人"应为"之"字之误;奚族五部之一的"辱纥王"改为"辱纥主"。

③《通典·库莫奚》中所载奚族与唐和亲的大体情况为:开元五年(717),奚王李大酺入朝,唐封从外甥女辛氏为固安公主,嫁与奚族首领李大酺,李大酺死,又嫁其弟鲁苏。其后,又封东光公主、成安公主嫁鲁苏。"李大酺",《旧唐书》卷一九九下《奚传》作"李大辅",《唐会要》卷九十六《奚》、《新唐书》卷二一九《奚传》、《资治通鉴》卷二一一均作"李大酺"。"酺"与"辅"应为同音异写。本书统一作"李大酺"。

鲁苏离婚等事件的记叙也较为具体和生动。

　　总体而言,《通典·库莫奚》中唐代以前的内容,系抄引《隋书·奚传》与《北史·奚传》而成,没有新的史料来源,也未补入新的内容。其新增加的唐朝与奚族的关系应该有新的史源,为了解这一时期的奚唐关系提供了重要的史料依据,可与两《唐书》的内容相互印证,具有较高的史料价值。

六、《旧唐书·奚传》

　　《旧唐书》,后晋刘昫、张昭远等编撰。开运二年(945)修成。《旧唐书》是现存最早的系统记录唐代历史的史书。因其在当时可见的唐实录和国史的基础上编撰而成,加之编者没有对原文作过多的文字润饰和内容修改,所以保留了大量的原始资料。共200卷。卷一九九下,列传第一四九有《奚传》。

　　《旧唐书·奚传》1000余字,在对奚族的来源、地域、部落、风俗习惯,奚族与契丹、突厥的关系等内容作了简洁的叙述后,用大量的篇幅较为翔实地记述了奚族与唐朝或侵扰、掠夺、战争,或羁縻、朝贡、奖赏、封赐、和亲等较为复杂的关系。《旧唐书·奚传》对奚唐关系的记述约占该传内容的90%。

　　就奚族的来源而言,《旧唐书·奚传》称“匈奴之别种”,这一说法与《魏书·库莫奚传》称奚族为“东部宇文之别种”的记载不同,也未见于前出文献。由于东部宇文部与匈奴有着密切的渊源关系,称奚族为匈奴之别种应是编者追溯宇文氏与匈奴的关系,更加侧重宇文氏为匈奴后裔而得出的结论,有一定的历史依据。后出文献《唐会要》《五代会要》

《册府元龟·外臣(十二)·继袭第二》和《新五代史》等文献
均采纳了这一说法。

《旧唐书·奚传》较为明确地记载唐初奚族的地域情
况①,为了解这一时期奚族的地理范围提供了可靠的史料依
据。《旧唐书·奚传》还记载了奚族有"胜兵三万余人",奚人
"居有氊帐,兼用车为营,牙中常五百人持兵自卫。此外部落
皆散居山谷,无赋税"。这是该传的新增内容,也是关于奚族
人口、军队、居住、税赋等问题的最早记载,是了解唐代奚族
的社会、经济和军事的重要资料。

此外,《旧唐书·奚传》的重要价值就是以大量的笔墨对
奚族与唐朝关系的记载,尤其是对"饶乐都督府的设置""孙
俭②与奚王李大酺之战""固安公主和亲与离婚""唐诏讨叛
奚"等事件进行了较为详细、具体的叙述。

总之,《旧唐书·奚传》是研究唐代奚族历史状况、奚族
与唐朝关系的第一手资料,具有重要的参考和使用价值,亦
是后出文献之源。

七、《唐会要·奚》

《唐会要》,北宋王溥编撰。宋太祖建隆二年(961)成书。
唐德宗时,苏冕修《会要》40卷,记唐高祖至德宗(762~779

---

① 奚族"在京师东北四千余里。东接契丹,西至突厥,南拒白狼河,北
　至霫国。自营州西北饶乐水以至其国"。
② 孙俭,《新唐书·奚传》及《资治通鉴·唐纪二十六》作"孙佺"。
　"俭"与"佺",字形相近,应为误写。本文依据《旧唐书·奚传》作
　"孙俭"。

年）时典故。唐宣宗时，崔铉修《续会要》40 卷，记德宗至宣宗（780~864 年）时事件。王溥利用苏、崔旧文，又采宣宗至唐末史事续之，为《新编唐会要》100 卷，今通称为《唐会要》。卷九十六有奚条目。

《唐会要·奚》约 510 字，记述了奚族的来源、地域、风俗，奚族与契丹、突厥、唐朝的关系，其绝大部分内容来自《旧唐书·奚传》，只是在内容上作了归纳、调整和删节，遣词用字较为精炼，行文更加顺畅。但因编撰者的疏忽大意，出现一些张冠李戴的情况 ①。

《唐会要·奚》的史料价值在于其新增内容，即奚族酋长李诗死后，其子延宠对唐朝叛变又降，降而又叛的复杂关系 ②。这段叙述在前出文献中未见，应该有新的史料来源。

总的来说，《唐会要·奚》中的大部分内容来源于《旧唐书·奚传》，其史料价值仅限于新增加的内容。因此，研究唐代奚族的历史应以《旧唐书·奚传》为主，《唐会要·奚》作为参考。

八、《五代会要·奚》

《五代会要》，北宋王溥编撰。宋太祖乾德元年（963）成

---

① 如"移其部落于幽州界安置"一句，在《旧唐书·奚传》中是奚王李诗的故事，而到了《唐会要·奚》中，却加在了鲁苏头上；再如"以奚首领索低为右武威卫将军同正"，《旧唐书·奚传》为元和三年，而《唐会要·奚》则为元和五年。

② 据《唐会要·奚》称："诗死，其子延宠又叛，为幽州张守珪所困，复降，封怀信王，以宗室出女杨为宜芳公主妻之。延宠杀公主，复叛。"

书①。记载后梁、后唐、后晋、后汉、后周五代典章制度
及其损益沿革的史书,为《唐会要》的续作。共30卷。卷
二十八有奚条目。

《五代会要·奚》约510字,部分内容抄引《旧唐书·奚
传》,但做了大量删减,只是沿袭了奚族是匈奴别种、居东胡
之地、风俗同于突厥的说法,并简单地概括了饶乐都督府设
置情况。

《五代会要·奚》的史料价值在于其新增内容,虽然篇幅
较短,但内容较为丰富,大体可以分为唐末至五代时期奚族
的部落、地域变迁、生产生活习俗,奚族与契丹及五代政权的
关系等方面。

具体而言,奚族有五姓(五部落),即阿荟部、啜米部、奥
质部、奴皆部、黑讫支部,并明确记载每个部落所管辖的县
数②,每部有刺史,每县有令,酋长称奚王。由此可知,五代时
期奚族依旧有五个部落,但部落名称已经与《周书·库莫奚
传》《隋书·奚传》《北史·奚传》和《通典·库莫奚》的记
载存在较大差异。该专条还称奚族有"人马约两万"。通过

①《五代会要》是王溥在北宋初年完成的,然《宋史·王溥传》未提成
　书时间,仅称:"溥好学,手不释卷,尝集苏冕《会要》及崔铉《续会
　要》,补其阙漏,为百卷,曰《唐会要》。又采朱梁至周为三十卷,曰
　《五代会要》。"所以,关于《五代会要》的成书时间,记载不一,主要
　有建隆二年(961)和乾德元年(963)两种说法。据梁祥凤考证,
　乾德元年(963)的说法较为可信,见《王溥与〈五代会要〉研究》一
　文,安徽大学博士学位论文,2010年4月。本文亦采纳此说。
②奚"族有五姓:一曰阿荟部,管县六;二曰啜米部,管县四;三曰奥质
　部,管县六;四曰奴皆部,管县四;五曰黑讫支部,管县三"。

这些记载,可以对这一时期奚族的部落、组织形式、人口、社会状况等方面有所了解。

通过阅读《五代会要·奚》对于奚族地域的记载①,不难发现,较之前代,奚族的活动地域在很大程度上向其西南方向移动,与中原边境的距离逐渐缩小。至于奚人的生产生活习俗方面,《五代会要·奚》较为生动、形象地记载了奚境多黑羊,马在狩猎过程中起着重要作用以及奚人耕种农作物,并有着独特的饮食习惯和粮食储藏方法等内容②。

《五代会要·奚》还称奚族"语与契丹小异",这是诸文献奚专传或专条首次提到奚族的语言问题。虽然有史料证明奚族与契丹语言相通③,但由于奚族与契丹在分裂后各自发展,活动地域不同,受其他民族影响的程度不同以及其他未可知的因素,随着时间的推移,奚族与契丹的语言出现"小异"的情况也是有可能的,不能武断地给予否定。

《五代会要·奚》还记载了自唐末,奚人既受契丹的压迫,致使奚人去诸率领部分族人迁走妫州(今北京市延庆县),依附后唐,奚族分为东奚与西奚两部分的历史,并介绍

①这一时期,奚族居"阴凉川,东去营府五百里,南去幽州九百里。……后徙居琵琶川,在幽州东北数百里,出古北口"。

②奚族"地宜羊马,羊则纯黑,马逾前,蹄坚善走。以驰猎为务,逐兽高山,自下而上,其势若飞";奚人"爨以平底瓦鼎,煮穄为粥,既饪,以寒水解之而食。每春借边民之荒田种穄,秋熟乃来,持获毕,则窖于山下,人莫知其处所。以木为碓,断橡为臼,所受不过一斗"。

③《魏书》卷一〇〇《失韦传》、《北史》卷九十四《室韦传》称:室韦"语与库莫奚、契丹、豆莫娄国同。"第2221、3129页;《辽史》卷七十三《耶律曷鲁传》亦称:"契丹与奚言语相通。"第1220页。

了西奚的首领沿袭（去诸—扫刺—素姑①）以及西奚与契丹、后唐、后晋的关系。这些史料成为了解这一时期奚族的历史状况、西奚与契丹和后唐、后晋关系的重要资料。

通过对《五代会要·奚》的分析可知，该传对于奚族的记载较为翔实，新增内容较为丰富。其史料来源，应大体包括五代实录、国史、五代著作以及王溥自身的见闻，较为可信。《五代会要·奚》是研究唐末和五代时期奚族历史的第一手资料。

需要提及的是，以往众多研究者多以《新五代史·四夷附录第三·奚传》作为研究唐末至五代时期奚族历史的首选资料，未对《五代会要·奚》加以利用，这是没有明确前后文献的渊源关系，忽视第一手资料而利用第二手资料的做法。诚然，对于《新五代史·奚传》中的新增内容则另当别论。

九、《册府元龟·外臣部》"种族""土风"等"奚"专条

《册府元龟》，宋代王钦若、杨亿等奉敕编撰。大中祥符六年（1013）成书。《册府元龟》为北宋四大类书之一，记述历代君臣的事迹。共 1000 卷。卷九五六《外臣部（一）·种族》、卷九六一《外臣部（六）·土风第三》和卷九六七《外臣部（十二）·继袭第二》有奚专条。

《册府元龟·奚》对于奚族的记载，共约 600 字，基本系

①素姑，《册府元龟》卷九六七《外臣部（十二）·继袭第二》与之同，《新五代史》卷七十四《四夷附录第三·奚传》作"拽刺"。本文依据《五代会要·奚》作"素姑"。

转抄自《隋书·奚传》《旧唐书·奚传》和《五代会要·奚》，没有内容上的变化，只是在表述上略有不同。

具体来说，卷九五六《外臣部（一）·种族·奚》约190余字，其内容可以分为三个部分：第一部分，奚族的来源、地域、部落，摘自《隋书·奚传》；第二部分，自"唐贞观二十二年"一句，奚族内附于唐和饶乐都督府的设置，抄引《旧唐书·奚传》；第三部分，自"天祐初，契丹兵力渐盛"一句，唐末奚族与契丹的关系和西奚的具体情况，源于《五代会要·奚》。

卷九六一《外臣部（六）·土风第三·奚》90余字，有两部分：第一部分，奚族的名称、生活习惯、奚族与契丹的关系，来源于《隋书·奚传》；第二部分自"风俗同于突厥"一句，记述了奚族的风俗、居住、部落、赋税等问题，来自《旧唐书·奚传》。

卷九六七《外臣部（十二）·继袭第二·奚》约320字，也可以分为两部分：第一部分，奚族的来源、奚族与唐朝的关系，抄引《旧唐书·奚传》；第二部分，自"二年，以奚首领索低为檀、蓟两州游奕兵马使"一句，记载奚族与唐朝的关系、西奚与后唐的关系，来自《五代会要·奚》。

由于卷九五六《外臣部（一）·种族·奚》中关于奚族的来源抄引《隋书·奚传》，即"东胡之种"，卷九六七《外臣部（十二）·继袭第二·奚》的相关记载摘自《旧唐书·奚传》，即"匈奴之别种"，从而在《册府元龟》中有两种奚族来源的说法。这种现象应为在该书的编撰过程中，诸卷编者不一，编者之间沟通不畅和疏忽大意所致。

总之，《册府元龟·奚》在抄录《隋书·奚传》《旧唐书·奚传》和《五代会要·奚》的过程中,除个别地方因行文结构而略作调整之外,大部分为原文照抄,也未见参考其他文献的痕迹。因此,《册府元龟》中的奚族史料属于第二手资料,没有过多的参考和使用价值。

十、《新唐书·奚传》

《新唐书》,北宋欧阳修、宋祁撰。庆历四年(1044)至嘉祐五年(1060)间完成。记载唐代历史的史书。共225卷。卷二一九,列传第一四四有《奚传》。《新唐书·奚传》计有1250余字,概括地记述了奚族的来源、地域、风俗习惯、名称变化等问题,其后用大量的篇幅较为详细地记述了奚族与唐朝的关系。《新唐书·奚传》中关于奚唐关系的记载约占全文的85%。

就奚族的来源而言,《新唐书·奚传》可能是在《隋书·奚传》"东部胡之种"的概念下将奚族具体定论为乌桓之后裔[1]。这与《魏书·库莫奚传》所记载的奚族源于"东部宇文"相去甚远,与《新唐书·宰相世系表》中的记载也自相矛盾[2]。这应是编者忽略基本文献和史实,主观臆断得出的看法,缺少史料依据,不能令人信服。

对于奚族的名称,《新唐书·奚传》称,库莫奚"至隋始去'库真',但曰奚",通过查阅相关文献,发现这一说法并不

---

[1]《新唐书·奚传》称:"奚,亦东胡种,为匈奴所破,保乌丸山。汉曹操斩其帅蹋顿,盖其后也。"

[2]《新唐书》卷七十一下《宰相世系一下》"宇文氏"条称:"宇文氏出自匈奴南单于之裔。有葛乌兔为鲜卑君长,世袭大人。"第2403页。

正确,因《北齐书·神武帝纪下》既有"库莫奚"称为"奚"的先例①。另外,"库真"应为"库莫"之误写。

《新唐书·奚传》的新增内容即饶乐都督府设置后,奚族的五个部落及各自所处之州②,并提及唐复置的东夷都督府与东夷校尉。这些记载为研究这一时期奚族的部落、地域、行政建制和奚族与唐朝的关系提供了史料依据,也是其史料价值所在。

总体而言,除了新增内容外,《新唐书·奚传》基本是以《旧唐书·奚传》为纲,记载了奚族与唐朝及周边民族的关系,并插入《旧唐书》纪、传中与奚族相关的内容。这体现了《新唐书》相对于《旧唐书》"其事则增于前"的编撰原则。同时,《新唐书·奚传》还抄录了《通典》《唐会要》《五代会要》《册府元龟》中与奚族相关的部分记载。

在对《旧唐书·奚传》的抄改过程中,《新唐书·奚传》为了使行文流畅、结构完美,对一些具体事件的细节有所删略,从而有失其详。对个别历史事件的时间或人物名称的记

---

①据《北齐书》卷二《神武帝纪下》记载,东魏武定三年(545)十月丁卯,"神武上言,幽、安、定三州北接奚、蠕蠕,请于险要修立城戍以防之,躬自临履,莫不严固"。第22页。可见,东魏时期,"库莫奚"曾被称作"奚",之后的文献又称作"库莫奚"。至《隋书·奚传》开始,正式称"奚",其后大多文献沿用"奚"这一称呼。所以,《新唐书·奚传》的说法是没有详细查阅前出文献而得出的错误结论,以至后来的众多研究者也以此为基础,沿袭了这种说法。

②这一时期奚族的五个部落为阿会部、处和部、奥失部、度稽部和元俟折部。至于五个部落所处的州,阿会部为弱水州,处和部为祁黎州,奥失部为洛瑰州,度稽部为太鲁州,元俟折部为渴野州。

载也存在讹误 ①。但因《新唐书·奚传》在言辞文字上进行了
较多润色,在行文结构上也作了部分调整,行文流畅,内容也
较为丰满,而具有独特的史料价值。

因此,在研究唐代奚族历史之时,除《新唐书·奚传》的
新增史料之外,应以《旧唐书·奚传》为主要依据,或以《旧
唐书》为本,参证《新唐书》,择优而取,择实而用,从而更加
充分、合理地运用两《唐书》中的奚族史料。

十一、《新五代史·四夷附录第三·奚传》

《新五代史》,北宋欧阳修编撰。原名《五代史记》,后世
为区别于北宋初年薛居正监修的《旧五代史》,称《新五代
史》。皇祐五年(1053)成书。记载后梁开平元年(907)至后
周显德七年(960)53 年的历史。共 74 卷。卷七十四《四夷
附录第三》有奚传。

《新五代史·奚传》计 400 余字。包括奚族的种族、地
域、部落、生产生活习俗,奚族与契丹的关系,西奚的状况等
方面。但其中大部分内容系抄引《五代会要·奚》。只是在
转抄的过程中,存在改变原文叙述顺序和行文逻辑的现象,
且总体叙述较为简略。

---

① 《旧唐书·奚传》称:"开元三年,大辅遣其大臣粤苏梅落来请降,诏
　　复立其地为饶乐州,封大辅为饶乐郡王,仍拜左金吾员外大将军、饶
　　乐州都督。"《新唐书·奚传》则称:"开元二年,使奥苏悔落丐降,
　　封饶乐郡王,左金吾卫大将军、饶乐都督。"《新唐书·奚传》中的
　　"开元二年"与《旧唐书·奚传》中的"开元三年"异,《新唐书·奚
　　传》中的"奥苏悔落"与《旧唐书·奚传》中的"粤苏梅落"异。

应该注意的是,《新五代史·奚传》在改变《五代会要·奚》的记述顺序时,也改变了原文的意思。如《五代会要·奚》中"每春借边民之荒田种穄,秋熟乃来,持获毕,则窖于山下,人莫知其处所"一句位于去诸西徙妫州之前,是指全体奚人的生产习俗,而《新五代史·奚传》改为迁至妫州的"去诸之族,颇知耕种,岁借边民荒地种穄,秋熟则来获,窖之山下,人莫知其处",从而缩小了主体者范围,进而误导了部分研究者。

《新五代史·奚传》的新增内容即奚族首领扫剌(李绍威)与契丹的通婚关系(绍威娶契丹女舍利逐不鲁之姊为妻)、因绍威接纳叛逃的逐不鲁,耶律德光扬绍威与逐不鲁之墓一事[①]以及绍威之子拽剌(素姑)从兵耶律德光,并最终归入契丹的统治。这些记载应该有新的史料来源,对进一步了解五代时期奚族的历史状况提供了重要依据。

总的来说,《新五代史·奚传》中以《五代会要·奚》为底本的相关内容,应以《五代会要·奚》为一手材料。《新五代史·奚传》的新增内容是其史料价值所在。

十二、《文献通考·四裔考二十一·库莫奚》

《文献通考》,宋元时期马端临撰。元成宗大德十一年

---

① 据《新五代史·奚传》记载:"初,绍威娶契丹女舍利逐不鲁之姊为妻,后逐不鲁叛亡入西奚,绍威纳之。晋高祖入立,割幽州雁门以北入于契丹,是时绍威与逐不鲁皆已死,耶律德光已立晋北归,拽剌迎谒马前,德光曰:'非尔罪也。负我者,扫剌与逐不鲁尔。'乃发其墓,粉其骨而扬之。"

（1307）成书。记述了上古到宋朝宁宗时期的典章制度。共348卷。卷三四四《四裔考二十一》有库莫奚专条。

《文献通考·库莫奚》约295字，系由《通典·库莫奚》和《北史·奚传》抄改而成。文起至"好为寇掠"和"及突厥兴而臣属之"至结尾两处叙述奚族的来源、地域、习俗、部落、奚族与突厥的关系等内容抄引《通典·库莫奚》，仅在个别词句上有变动[①]。中间部分奚族与北魏、北齐的关系改编自《北史·奚传》，但在表述方式不同，内容上也有所删减[②]。

总的来说，《文献通考·库莫奚》关于奚族的记载，没有新的史料内容和新的史料来源，属于第二手资料，在前出文献存在的情况下，不具备过多的使用价值。《文献通考·库莫奚》是记载奚族专传和专条的收尾之作，之后有关奚族的史料多是夹杂在其他文献中的零散记载。

通过对这些史料的审读、分析和评判，可知有的属于第一手资料，具有较高的史料价值；有的则是摘录或抄引前出文献的第二手资料，甚至在转抄的过程中出现一些讹误，没有过多的使用价值。具体而言，《魏书》《周书》《隋书》《通典》《旧唐书》《五代会要》《新唐书》和《新五代史》中的奚族专传或专条具有珍贵的史料价值，是研究奚族历史不可或

---

① 较之《通典·库莫奚》，《文献通考·库莫奚》少"闻于后魏及后周"一句，并将"寇抄"一词改为"寇掠"。

② 《文献通考·库莫奚》将《北史·库莫奚》的"既而车驾南迁"改为"既入中原"；将"齐受魏禅，岁时来朝"改为"齐时亦入贡"。内容上删除道武帝对奚族的评价、孝文初奚族遣使朝贡、奚族与地豆于的关系、宣武诏书等内容。

缺的资料。《北史》《唐会要》《册府元龟》《文献通考》等文献中关于奚族的记载可以作为研究奚族历史的辅助材料,起到有益的补充作用。

　　通过对奚族基本文献史料的探究,可知历代文献对奚族由简略到翔实的记载过程,即是不同历史时期的人们对奚族由陌生到熟悉的过程。在系统了解、全面掌握和科学使用奚族基本文献史料的基础上,奚族历史的发展脉络将逐渐清晰,呈现在我们面前的奚族形象将愈加丰满。

室韦基本史料辨析

张久和

室韦又作"失韦",始见于 6 世纪中叶。6 世纪末至 7 世纪初(隋代),史书记载的室韦部落分成南室韦、北室韦、钵室韦、深末怛室韦和大室韦五个部落群。7 世纪初至 10 世纪初(唐代),史书对室韦的记载较前代更为详细,有了具体名称的 20 多个室韦部落。中唐以后,文献上又把室韦称作"达怛""达靼""鞑靼"等。8 世纪初,一些室韦人逐步西迁南移,到 10 世纪后,室韦部落几乎遍布蒙古高原,先后附属于契丹—辽和女真—金,除一些有具体称谓的部落外,又被泛称为阻卜(鞑)。蒙古崛起以后,室韦诸部又多归于"蒙古"名下,成为蒙古民族的主要组成部分。室韦在北方古代民族历史上产生过广泛影响,占有重要地位,对它的历史进行全面系统研究具有学术价值。历史研究的前提之一,首先是对史料有扎实的研究,对室韦基本史料作比较研究应当说是很有必要的。

我们说的室韦基本史料是指以室韦(包括乌洛侯)专传和专条为主的史料,即《魏书》《隋书》《北史》《通典》《旧唐书》《唐会要》《太平寰宇记》《册府元龟》《新唐书》等不同时代历史文献对室韦的集中记载。通过比较分析,试图能够大致确定各篇史料反映的历史时代和史文来源,证明史料前后彼此间的关系,评价史料价值。

一、《魏书·失韦传》和《魏书·乌洛侯传》

《魏书》,北齐人魏收于北齐天保五年(554)撰成。该书卷一〇〇列传第八十八有《失韦传》和《乌洛侯传》。传中概括记述了失韦和乌洛侯的地理方位、出使北朝政权的路线和经历的山水名称、自然环境、生产、生活和社会状况、语言、风俗习惯及与北朝政权之间的关系等内容。失韦和乌洛侯均始见于《魏书》记载。

据《魏书·失韦传》记载,失韦于东魏武定二年(544)遣使与东魏政权建立联系。此后,失韦贡使又先后三次到过东魏(均在武定年间)[①];在《魏书》修成之前,又朝贡北齐[②]。依据这些记载,可以推测:《魏书·失韦传》部分内容可能是史臣根据武定二年以来曾到过东魏和北齐的失韦使者提供的口碑材料记录整理成文的。又从传文所载失韦"去洛六千里",可知,失韦贡使从原居地嫩江流域南行,到达中原地区的终点是洛阳。但在失韦始遣使与东魏建立联系(544)的十年之前,即北魏永熙三年(亦即东魏孝静帝天平元年,534),北魏因高欢兵反,孝武帝奔关中依宇文泰,欢入洛阳立孝静帝而分东、西两部分,史称东魏、西魏。这一年(534),东魏迁都于邺(今河北临漳县西南),拆毁洛阳宫殿。即在公元

①参见《魏书》卷十二《孝静帝纪》。
②参见《北齐书》卷四《文宣帝纪》。

534年以后,洛阳已不再是北朝(东魏或西魏)的政治中心。而《失韦传》既说东魏武定二年始遣使朝贡,又说去往之地是洛阳,看起来存在矛盾。据此,失韦在494年北魏迁都洛阳前后和534年分裂为东、西魏之前这段时间,有可能已与北朝有过来往。那么,《失韦传》除根据武定二年以来失韦使者提供的资料之外,还应参考了北朝迁都洛阳前后形成的一些文字材料。

　　《魏书·乌洛侯传》材料的形成要早于《失韦传》。据《魏书·太武帝纪下》记载:"太平真君四年三月壬戌,乌洛侯国遣使朝贡。"同书《乌洛侯传》系年与此相同,《礼志一》概称"真君中,乌洛侯国遣使朝献"。该书同传、志又载太武帝拓跋焘于同年派中书侍郎李敞等人前往乌洛侯居地从事祭祀祖先的活动,那么,《魏书》所记乌洛侯情况应是综合了南下北魏的乌洛侯使者和北上亲历其地的北魏特使李敞等人提供的材料而成。传文中提到乌洛侯至代都(今山西大同市一带)的距离是四千五百余里,同书《礼志一》也说李敞等前往致祭的北魏祖先"石室南距代京可四千余里",说明乌洛侯是到北魏的代都"朝贡"的。那么,《魏书·乌洛侯传》所依据的史源材料,应当是在太平真君四年(443)至孝文帝太和十八年(494)迁都洛阳之前这段时间写成的。考太武帝太平真君四年以后至孝文帝迁都洛阳前后,北魏曾数次修史。太武帝时,崔浩等撰国书30卷。文成帝和平元年(460),命高允、刘模"依续崔浩故事"①,对崔撰北魏史进行了修改补

---

①《北史》卷三十一《高允传》。

充。孝文帝时,李彪、崔光等撰纪传体史书①。宣武帝时,邢峦撰《孝文起居注》,止于太和十四年(490)。这些北魏当朝史臣撰就的史书,所记史事均在北魏迁洛之前,魏收《魏书·乌洛侯传》的素材应大致采自以上诸书,其中以李彪等撰纪传体北魏史所载乌洛侯材料为主的可能性更大。

总之,《魏书·失韦传》和《乌洛侯传》较全面地记载了失韦和乌洛侯的早期历史状况,是研究室韦史的基本史料。虽然个别之处难免欠准确,但从传中所记基本情况和嘎仙洞北魏祖先石室的发现,可以认为《魏书》所记失韦和乌洛侯的情况是基本可靠可信的。其中一些记载很有史料价值,如室韦"语与库莫奚、契丹、豆莫娄同"一条,对廓清《通典》以来室韦"言语与靺鞨同"的错误记载提供了可靠证据。结合《魏书·失韦传》的其他记载,与后来的相关史料作对比研究,也可证《通典》以降至《新唐书》"其语言,靺鞨也"的记载是错误的。另外,《魏书》所记失韦和乌洛侯居地内的"捺水"、"难水"(即后来史料中的"那河")以及失韦"俗又无羊"、"丈夫索发"等内容,前后期史书均有一致的记载。所以,虽然《魏书》所记失韦、乌洛侯情况尚嫌简略,但不失为研究失韦早期历史诸问题(如起源、地域、语言、经济生活、社会状况和风俗习惯等)的有价值的史料。北朝人记录的失韦和乌洛侯情况,在整个室韦文献史中占有重要位置。后出史书编撰者在描述室韦、乌洛侯历史时,或基本抄录《魏书·失韦传》和《乌洛侯传》,或据之改写,或摘录删削。在一定程

①《北史》卷四十《李彪传》。

度上,《魏书·失韦传》和《乌洛侯传》成了后出史书中室韦
和乌洛侯相关内容的主要依据。

二、《隋书·室韦传》

《隋书》纪传部分于唐贞观十年(636)修成。卷八十四
列传第四十九中有《室韦传》。《隋书》记载的室韦有五大
部,其中南室韦分二十五部,北室韦九部,钵室韦可能多于九
部①。比较而言,对南室韦的记载较详尽,涉及南室韦的地理
位置、自然环境、社会状况、衣食住行生活方式、牲畜饲养业、
狩猎业、手工制造业及原始农业等生产方式、婚丧习俗及与
突厥、高丽的关系等内容;对北室韦记载简略一些,主要记述
了北室韦距离南室韦的行程、居地、气候、部落构成、社会组
织和生产生活方式等。对钵室韦、深末怛室韦和大室韦的记
载就更为概括简洁了。

将《隋书》和《魏书》传文作一些对比,我们可以发现,
《隋书》所记南室韦的地理环境、经济生活、各种风俗等与《魏
书》所记失韦基本一致,仅比《魏书》多出一些具体内容。比
如:《隋书》记南室韦"土地卑湿"、"气候多寒",《魏书》记失
韦和乌洛侯"国土下湿","其土下湿,多雾气而寒"。《隋书》:
"无羊,少马,多猪牛","多貂"、"造酒";《魏书》:"唯食猪鱼,
养牛马,俗又无羊","亦多貂皮","多豕","有曲酿酒"。《隋
书》:"丈夫皆被发,妇人盘发";《魏书》:"丈夫索发,女妇束发
(即盘发),作叉手髻。"《隋书》:"每部有余莫弗瞒咄,犹酋长

———

① 《隋书·室韦传》说钵室韦"人众多北室韦",故言。

也。死则子弟代立,嗣绝则择贤豪而立之";《魏书》:"无大君长,部落莫弗皆世为之。"《隋书》:夏天"人皆巢居";《魏书》:"夏则城(巢)居。"《隋书》:"部落共为大棚,人死则置尸其上。居丧三年,年唯四哭";《魏书》:"父母死,男女众哭三年,尸则置于林树之上。"据此可以认为,《隋书》所记南室韦内容应是参考了《魏书·失韦传》,并补充了新的史料编纂修成的,而北室韦以下内容则有新的史料来源,是新增入的史料。

《隋书》对室韦较《魏书》更为详细的记载和新材料的补入,可以归结为《魏书》修成以后,中原政权随着同室韦来往的增多而对室韦各部进一步加深了了解和认识。汉文文献对室韦的记载由较简略到相对翔实的过程,实际就是不同时期的中原政权对室韦由较陌生到相对熟悉的过程。北齐以来,尤其是隋代室韦的日益活跃,引起了中原的重视,从而更注意对室韦情况作深入的了解。下例几则史事可以证明,自《魏书》修成以后,室韦同中原地区联系更加密切和深入。北齐年间,室韦三次朝贡①。一度至北齐营州(今辽宁朝阳)边界掳掠,酋帅被俘。北齐"厚加恩礼放遣之。室韦遂献诚款,朝贡不绝"②。隋代,又两次前来朝贡③。更为引人注意的是,室韦酋长于大业年间曾随突厥启民可汗在呼和浩特平原北部的启民牙帐中拜见了隋炀帝④。室韦使者及酋长与隋朝皇

①参见《北齐书》卷七《武成帝纪》,卷八《后主纪》。
②《北齐书》卷二十五《王峻传》。
③《隋书》卷二《高祖纪下》,卷三《炀帝纪上》。
④参见《隋书》卷五十一《长孙览传》。《册府元龟》卷六五三《奉使二十四部》宣国威条。《资治通鉴》卷一八〇《隋纪四》。

帝及各级官吏的接触,无疑为隋朝了解隋代及南北朝时期室韦各部的情况提供了可能。因此,有理由认为《隋书》关于室韦历史状况的记载,多是由室韦使者或是曾见过隋炀帝的室韦酋长及其随从等提供素材,再由史官整理而成。《隋书》为唐朝初年史臣所修,其史料来源大抵是隋代史官留下的文字记录。今天,隋代文献已亡佚殆尽,难以稽考其所从出。到唐朝初年,修《隋书·室韦传》已经有了利用更多史料的可能。

《隋书·室韦传》在《魏书》等史书基础上,又为室韦史研究增添了许多有价值的新材料。如将室韦看作是契丹同类,族属相同,只是因为居地不同而称谓有别,所谓"室韦,契丹之类也。其南者为契丹,在北者号室韦"。室韦五部互不统属而附属于突厥,突厥设三吐屯监管。各部酋长的世袭、推选制度,衣食住行和婚姻习俗以及北室韦、钵室韦、深末怛室韦和大室韦的概况等记载,成为研究室韦族属、社会组织、经济生活、风俗习惯、各部之间及与邻族关系等的基本史料。《隋书·室韦传》的史料价值还在于它是流传至今的最早较全面记载隋代及此前室韦历史状况的史传,后成诸书的室韦条目大多沿袭《隋书》,所以,《隋书·室韦传》是室韦历史根本史料之一。

《隋书》对乌洛侯没有记载。将《隋书·室韦传》所记南室韦与《魏书·乌洛侯传》所记乌洛侯进行比较,二者在自然环境、经济生活、社会组织、风俗习惯等方面均有相同或相近之处。如乌洛侯"其土下湿,多雾气而寒","夏则随原阜畜牧"、"多豕,有谷麦"。"无大君长,部落莫弗皆世为之。其俗绳发"等均在《隋书》南室韦部分能找到相应内容。在隋人眼里,乌洛侯可能被看作是南室韦了。到唐代,史书明确将乌洛侯列为南部室韦部落之一。

三、《北史·室韦传》和《北史·乌洛侯传》

《北史》是唐代李延寿私修史书,成于贞观十七年(643)。卷九十四有《室韦传》和《乌洛侯传》。在李氏修撰《北史》时,《魏书》《北齐书》《周书》和《隋书》诸史均已流传于世。一般认为,《北史》大体上是改编魏、齐、周、隋诸史而成。将《北史》的《室韦传》和《乌洛侯传》与《魏书》《隋书》相比,也可印证这一结论。

比较《北史》和《魏书》《隋书》的《室韦传》,《北史·室韦传》基本上是抄录、改写和增删魏、隋二书而成。具体说,《北史》抄《魏书·失韦传》部分,于"去洛六千里"的"洛"后加"阳","亦多貂皮","多"后增"略"。"失韦国"的"失"换成"室"。删除"周回三百余里"的"余"、"亦多貂皮"的"亦"和"唯食猪鱼,养牛马,俗又无羊"。"盖水"作"善水","又北行三日有大水名屈利"作"又北行三百余里",室韦使"张焉豆伐"作"张乌豆伐"。计加2字,换1字,删2字、1段,异文有3处。另将《隋书·室韦传》第一句话改写,补在所抄《魏书》失韦内容中,加在"去洛阳六千里"之后。在"贡使相寻"后,新增补"及齐受东魏禅,亦岁时朝聘"一句。其他字、句均照抄《魏书》。从文献学角度看,《北史·室韦传》抄录《魏书》的部分只能看作是第二手资料。

对《隋书·室韦传》,《北史》也不外是作个别字、词的增删和改写。总计增 14 字,删 12 字,改 7 字(包括颠倒词序一处)。《北史》作者对《隋书·室韦传》的增删改写,大部分未改文意,但有四条增删则使史料含义与《隋书》有所不同。第一,"其后分为五部",比《隋书·室韦传》多"其后",文接"齐受东魏禅,亦岁时朝聘"后,显然,《北史》作者认为室韦分为五部是在北齐以后,《隋书》则未具体说明室韦分为五部的时代。上文已分析了《隋书》对室韦的记载较《魏书》详细是由于北齐以来中原对室韦情况有了进一步了解,并不能将《魏书》以后的五大部室韦全看作是由东魏室韦分化演变而来。实际上,《隋书》所载五部分室韦是隋代人直至唐初史臣撰修《隋书》时所能知晓的室韦情况,与历史真实一定还有出入。而后人进行研究,只能被动地利用这些材料。第二,"至夏则移向北"删(或漏抄)《隋书》"北"前一"西"字。与《隋书》在南室韦夏季活动方位上产生差异。如以《北史》为据,则可能导致对贷勃、欠对二山的推定失误。第三,"与靺鞨同俗"前删"造酒、食啖"限制词,意谓风俗全同靺鞨,比《隋书》仅说饮食习俗与靺鞨同范围扩大了。第四,"冠以狐貂"。"貂"《隋书》作"狢"(即貉)。

　　《北史》编撰者在抄录《隋书·室韦传》时造成了一些脱漏和讹误。但通过抄录者个人的理解,对《隋书·室韦传》个别难懂或不通的句子的润色,使文意更为明了,甚至增加了新的历史内涵。如"寝则屈木为室",加"木"使意思完整、明白。"更将妇归家,待有孕,乃相许随还舍",加"归"、"许"二字,使人更易理解。女方家长允许,方能归男方家,多了一层含义。

《北史·乌洛侯传》也是抄录的《魏书·乌洛侯传》。二书相比，除7处用字不同，2处各少于《魏书》1字，一处1字错讹，一处2字顺序颠倒，一处多于《魏书》1字外，其余均同。即《魏书·乌洛侯传》作"土"（一处）、"民"（三处）、"世祖"（二处）、"国家"（一处）的字眼，《北史》分别改作"地"、"人"、"太武"、"魏"。将"民"改为"人"，明显地是避唐太宗李世民的名讳。对《隋书·室韦传》"人民贫弱"一句，《北史·室韦传》索性将"民"删掉，径作"人贫弱"。《隋书》虽于贞观年间编成，但从传文中不削改"民"看，《隋书》较少忌讳，收录的应是原始材料。改"世祖"为"太武"不外是用拓跋焘的谥号替代庙号，改"国家"为"魏"是因李延寿是唐朝人。"其（地）小水"缺"地"，"东入（于）海"缺"于"。"地豆于"作"地豆干"、"好猎射"作"好射猎"。多"刊祝文于（石）室之壁而还"之"石"。显然，《北史·乌洛侯传》照抄了《魏书》内容，只是根据需要对极个别字词作了替换或增删，对实际内容、行文顺序等均未作改动。与《魏书·乌洛侯传》相比，《北史·乌洛侯传》在史料上也没有什么特殊价值。

　　虽然《北史》有些地方可与八书互相补充，且有胜过八书之处。但单就室韦、乌洛侯二传而言，在《魏书》《隋书》俱存情况下，《北史》的《室韦传》和《乌洛侯传》不应作为第一手资料使用。而有些室韦史论著，在论及隋代及此前室韦和乌洛侯时，往往引《北史》而不以《魏书》《隋书》为据；或先据《北史》，后引《隋书》，大致是没有弄清楚它们之间的关系造成的。总之，《北史》的《室韦传》和《乌洛侯传》是抄录《魏书》《隋书》的，除了对个别字、词的增删改动以外，并没有补充新的史料。在室韦和乌洛侯历史研究中,《北史》有关室韦和乌洛侯的记载只能作为第二手材料。

四、《通典·边防》的"室韦"和"乌洛侯"条目

《通典》200 卷,是记述唐天宝(742~756 年)以前典章制度及地志、民族的专书。唐杜佑在刘秩《政典》基础上增多条目,充实内容,于大历元年(766)始撰,至贞元十七年(801)奏献成书。《通典》第二〇〇卷边防 16 有室韦、乌洛侯条目。

校对《通典》与《隋书》《北史》室韦条史文,可以看出《通典》有关唐以前室韦内容的绝大部分抄自《隋书·室韦传》,个别地方参考了《北史·室韦传》。有几句话是作者新加或增详。唐代内容无疑采自新材料,有新的史源,反映的可能是天宝以前室韦的情况。

《通典》有关室韦有价值的新增材料,开头约 20 字,末尾约 74 字,原文如下:

(1)"室韦有五部,后魏末通焉,并在靺鞨之北,路出柳城。"杜佑明确指出五部室韦在后魏时即已存在,并与后魏建立了联系。这是此前未见的新记载。

(2)"大唐所闻有九部焉,屡有朝贡。所谓岭西室韦、山北室韦、黄头室韦、大如者室韦、小如者室韦、讷北室韦、婆莴室韦、达末室韦、骆驼室韦,并在柳城郡之东北,近者三千五百里,远者六千二百里。"这是至今所能知道的由杜佑最早记载下来的唐初期的室韦情况,较有价值,后来的相关史书大都作了抄录。

　　《通典》除记载了上述二条室韦新史料外，其余均沿袭《隋书·室韦传》，个别条目参考了《北史·室韦传》。将三种史书的相关内容进行比较，《北史》抄录《隋书》时删掉的字句，《通典》均未删削而与《隋书》一致，如"突厥常以三吐屯总领之"的"常"，"造酒、食唉"四字，"婿辄盗妇将去"的"婿"，"人死则置尸其上"的"尸"，"冬则入山居土穴中"的"中"，"俗皆捕貂为业"的"俗"等。《北史》为避唐太宗李世民的名讳而采取删字的办法，而《通典》则利用改字的办法，如《北史》将《隋书》中"人民贫弱"的"民"删掉，《通典》则改为"众"。《北史》改《隋书》的字，《通典》未改而与《隋书》相同，如"死则子弟代立"、"立"，《北史》作"之"。"凿冰没水中而网射鱼鳖"，"射"《北史》作"取"，"冠以狐貉"、"貉"《北史》作"貂"。这说明《通典》主要抄录的是《隋书·室韦传》的内容。但从个别字词上看，《北史》改写或增多于《隋书》的地方，《通典》与《北史》一致①。这又说明《通典》也参考摘录了《北史·室韦传》的部分内容，并且抄录的正是《北史》抄改的较好的几条。

　　《通典》抄录《隋书·室韦传》，并不是依样画葫芦。除了个别调整行文顺序，删除一些内容以外②，还对个别条目作了改写。如将"突厥常以三吐屯总领之"一句，增详改写作

①如"或有以皮为舟者"，"寝则屈木为室"，大室韦"径路险阻，言语不通"等句。

②如将"室韦有五部"、"诸部不相总一"置于"盖契丹之类也"之前，将"其俗丈夫皆被发""更将归家。待有娠，乃相随还舍""年唯四哭""雪深没马""食肉衣皮"等删掉。

"突厥沙钵略可汗尝以吐屯潘垤总领之",具体说明了沙钵略统治突厥时,曾派吐屯潘垤统领过室韦。然而,《通典》最大的失误是对个别条目作了误改、误写。如对《隋书》"造酒、食啖与靺鞨同俗"句,《通典》改写为"造酒、食啖、言语与靺鞨同",这就形成了与《魏书·失韦传》截然相反的记载。《魏书·失韦传》明确说室韦"语与库莫奚、契丹、豆莫娄国同",我们认为这是一则关于室韦语言的正确的早期材料,弥足珍贵,是正确判定室韦语归属,廓清错误记载的有力证据。通过排比相关文献史文,可知《隋书·室韦传》没有有关室韦语言的明确记载,但在南室韦部分有"食啖与靺鞨同俗"句。《北史·室韦传》作者在抄录《隋书》时,删掉"食啖"二字,变写为"与靺鞨同俗"。《通典》对《隋书》的这则记载作了增删,不但凭空添上"言语"二字,还删去"俗"字,作室韦"食啖言语与靺鞨同"。随后,《唐会要》进而删改为"言语与靺鞨相通",《新唐书》更武断认定"其(室韦)语言,靺鞨也"①。经过对不同史书所记室韦语材料的一番排比、辨析,《通典》《唐会要》《新唐书》的增删改写痕迹是显而易见的。我们详细比对《魏书》与《隋书》《隋书》与《北史》《通典》《唐会要》《新唐书》等记载的相关内容,证明各史存在先后抄录关系,证明《通典》以后记载的语同靺鞨的室韦就是《隋书》记载的南室韦,也就是《魏书》记载的语同契丹、库莫奚的北朝时期的失韦。所以,可以肯定,《通典》所谓的室韦"言语与

---

① 关于对室韦语言相关史料的排比研究,可参阅亦邻真《中国北方民族与蒙古族族源》,载《内蒙古大学学报》1979 年第 3、4 期合刊。

靺鞨同"的说法,只是一种臆测,没有实际根据,是不可靠的,《唐会要》《新唐书》更是以讹传讹。再如改"北室韦时遣使贡献,余无至者"为"北室韦,后魏武帝、隋开皇大业中,并遣使贡献"("后魏武帝"之"帝"当为"定"之误写)。将东魏时失韦与隋时北室韦联系起来,是《通典》肇始的又一错误,以致后人以此为据,误认为《魏书》记载的失韦即《隋书》的北室韦。实际上,《魏书》失韦相当于南室韦,《隋书》所谓北室韦时遣使贡献之"时"大致是指隋代。另外,《通典》于"南室韦在契丹北三千里"句后,引有《后魏书》一段史文[①],与今存《魏书·失韦传》相比,十分简略。杜佑在南室韦方位后引用这段史文,可见他是将南室韦比作北朝时的失韦的。后来的《唐会要》《太平寰宇记》等也引录了《后魏书》的这段记载。

综观《通典》中的室韦史料,最有价值的是新增录的唐代初期的有关记载,其他内容则大都源自《隋书·室韦传》,所摘录的《北史·室韦传》内容也应源自《隋书》,或者说与《隋书》有相同的史源。《通典》与《隋书》同时载有的相同内容,应以《隋书》为本。《通典》改写的较好,或更具体而经考证无误的,应据《通典》。而《通典》改错的条目,则不足为凭。

---

① 《隋书·经籍志》中有魏澹《后魏书》100 卷,隋文帝使魏澹等据魏收书重修。《旧唐书·经籍志》作 107 卷。《旧唐书·经籍志》又载有张大素《后魏书》100 卷。因二种《后魏书》今均已散佚,已难确知《通典》引录的是哪一种。全文作:"自契丹路经啜水、盖水、犊了山,其山周回三百余里,又经屈利水,始到其国。"

　　《通典》中有关乌洛侯的内容大部分也是抄自前代的史书,同时有新增史料。具体讲,中华书局点校本《通典》第一自然段第一句话,"乌洛侯亦曰乌罗浑国,后魏通焉",是作者根据乌洛侯一名出现于北魏,唐代又称乌罗浑而作的概括。从"在地豆于之北"直到"又西北二十日行有于巳尼大水,所谓北海也"一段,当抄自《魏书·乌洛侯传》[①]。在这一段文字里,《通典》除可能漏抄或删掉了"去代都四千五百余里"和"其地小水皆注于难"两句外,还根据需要删改了几个字。如为避唐太宗的名讳,删掉了"民冬则穿地为室"的"民"字,改"部落莫弗皆世为之"的"世"为"代"字,改"民尚勇"的"民"为"人"字等。此外,在"空侯"前加一"胡"字,缺一"施"字,完水"东北流合于难水",漏一"北"字。其余用字均同《魏书》。接下来自"太武帝真君四年来朝"至"刻祝文于石室之壁而还"一段,则为抄录《北史·乌洛侯传》。这一段《北史》改写《魏书》时所用的字,如"太武"、"魏"、"人"、"石室"等,《通典》均与《北史》完全相同。只不过在"太武"后加"帝"、改"刊"为"刻"。由于《北史·乌洛侯传》是抄改《魏书》的,因此,在《魏书》留存情况下,唐代以前乌洛侯史实应以《魏书》作根据,《通典》有关唐代以前乌洛侯的记载并无多大史料价值。

　　《通典》新增加了唐初乌洛侯的史料,全文作:"大唐贞观六年,遣使朝贡云,乌罗浑国亦谓之乌护,乃言讹也。东与靺

---

① 《通典》这一段有"地豆于""其土下湿""好猎射""东入于海"等字样,均与《魏书》相同,而与《北史》分别作"地豆干""其地下湿""好射猎""东入海"有别。所以说,这一段源自《魏书》。

鞨,西与突厥①,南与契丹,北与乌丸为邻。风俗与靺鞨同。"从贞观六年(632)遣使通贡于唐,可知这段文字记述的是唐初乌洛侯的大致情况。这则史料也为后来史书抄录。应该指出,《通典》新增加的这段记载存在着不实之处。如乌洛侯的四至并非完全如《通典》所载②,"风俗与靺鞨同"也不可尽信。唐初对乌洛侯并无全面准确清晰的认识,对《通典》的这段记述应予具体分析。

五、《旧唐书·室韦传》《旧唐书·乌罗浑传》

《旧唐书》200卷,后晋刘昫、张昭远等编撰,开运二年(945)修成。唐历代有实录,并在实录基础上修国史。《旧唐书》就是在唐国史基础上,利用当时所能收集到的晚唐史料加以缀补而成。由于编者对实录、国史的原文没有作过多修改,所以保留了大量原始的历史资料。但武宗朝实录不全,以后历朝实录没有修成,所以武宗以后史事缺略。《旧唐书》卷一九九下《室韦传》记事只到唐武宗会昌年间,亦可证明这一点。

①据中华书局点校本《通典》第5507页注[33]"西与突厥"四字原脱,系据《旧唐书·乌罗浑传》补。
②据两《唐书·室韦传》记载,乌罗护东邻黄头和达姤室韦部落,西有和解、塞曷支、移塞没、乌素固等部,所以东西分别与靺鞨、突厥相接的记载是不准确的。《旧唐书·霤传》称霤"居于潢水北,……东接靺鞨,西至突厥,南至契丹,北与乌罗浑接"。潢水,今西拉木伦河。霤既在西拉木伦河北,约在今达拉尔河流域,则乌罗护南也不与契丹接。只有北与乌丸相接是对的。《旧唐书·室韦传》等又载:"乌罗护之东北二百余里,那河之北有古乌丸之遗人,今亦自称乌丸国。"

　　《旧唐书·室韦传》是研究室韦历史有价值的史料之一。首先,《旧唐书》记载的室韦内容较前更为详细。自唐朝初年,室韦与中原地区的交往更为频繁,来唐廷进贡的人数、次数在史籍记载中远较前代为多。反映在《室韦传》中,唐人对室韦的部落名称、地域、经济生活、社会组织、风俗习惯等在前代基础上又有了进一步了解。其次,《旧唐书》保留了唐实录和国史的大量原文,史料价值较高。第三,《旧唐书·室韦传》是现存成文较早较全面记载唐代室韦情况的资料,后出史书的相关内容往往与其有相同的史源,因此,《旧唐书·室韦传》成为研究唐代室韦的基本史料。

　　从《旧唐书·室韦传》字面分析,传文材料来源不同,反映的年代也不一样,当取自不同时期写成的材料。大体而言,传文可分为与突厥和回纥政权存在时间相当的两个时期。从"室韦者,契丹之别类也"到"近者三千五百里,远者六千二百里"约290余字,自"乌罗护之东北二百余里"至"其河东南流,与那河合"约160字,是突厥时代的史料。因为在上述段落中,有"西至突厥","附于突厥","其河源出突厥东北界俱轮泊"和室韦于武德、贞观年间遣使朝贡的记载。突厥政权,贞观四年(630)亡于唐。《室韦传》中所记突厥大致指东突厥而言。武德、贞观年号更准确地说明这些材料反映的大概是7世纪30年代以前唐朝所知的室韦部落情况。三段史料可能又各有史源。"室韦,我唐有九部焉"一段,与《通典》新增唐代室韦史料相比,基本相同,或采自《通典》,稍加改动后插入传中,或与《通典》所本相同。"室韦者,契丹之别类也"至"自此朝贡不绝"一段和"乌罗护之东北二百余里"以下至"与那河合"一段,不见于《通典》和《旧唐书》以前其它典籍,为《旧唐书》始载,应有自己单独的史源。另外,第一段有"其国在京师东北七千里","又云"一段则说"近者三千五百里,远者六千二百里",显然出处不同。

　　自"今室韦最西与回纥接界者"至"此部落较小"一段约150余字,与回纥汗国时期相当。这一段有室韦最西的乌素固部与回纥接界的记载。回纥地域东及室韦应在回纥首领骨力裴罗攻占突厥故地、杀后突厥白眉可汗、灭后突厥政权的天宝四年(745)以后①。从《旧唐书·室韦传》用"回纥"二字,可知这段文字取自公元806年以前形成的材料。根据《旧唐书·回纥传》记载,宪宗元和元年(806),回纥取"回旋轻捷如鹘"之意,奏请唐朝允许其改称回鹘②。此后,《旧唐书》作"回鹘"。《室韦传》作"回纥",可见是取材于806年以前的记载,反映的是乌素固等室韦部落在9世纪初年以前的分布情况。从用字不同看,这一段史文可能也有两种史源。自"今室韦最西与回纥接界者乌素固部落",以下所记室韦各部均称部落名而不冠泛称室韦,而自"又东北有山北室韦"以下,则多以"又"字起头,且皆以部落名与室韦联称。前后记述方式不同,应当是各采自不同记载。

　　自"开元、天宝间,比年或间岁入贡"至传终,则是《旧唐

①《新唐书》卷二一七《回鹘传上》:骨力裴罗"斥地愈广,东极室韦,西金山,南控大漠,尽得古匈奴地"。
②另有记载说回纥奏改"回鹘"在贞元四年(788年)或五年。参阅宋肃瀛《回纥改名"回鹘"的史籍与事实》,载《民族研究》1995年第6期。

书》编撰者将所能见到的有关室韦朝贡的史事,或加以概括,或直接抄录,汇集在传末。

由于《旧唐书·室韦传》材料是采用了不同时期的不同记载汇编而成,编撰者没有对史料来源、年代等进行爬梳,难于理清不同来源史料间的逻辑关系,所以,《旧唐书·室韦传》看起来杂乱而无条理,在使用时要注意区分具体史料所反映的年代。总体而言,《旧唐书·室韦传》对前史所载室韦内容既有继承,又有发展创新。在概况部分,我们可以看到与《魏书》《隋书》记载有相同或相近之处的内容。如"夏多雾雨""畜宜犬豕,豢养而啖之""被发左衽""兵器有角弓楛矢""其家富者项著五色杂珠""附于突厥""其国无君长,有大首领十七人,并号'莫贺咄'。世管摄之""或为小室,以皮覆处""贡丰貂"等,均可在《魏书》《隋书》中找到相应内容。《旧唐书·室韦传》此处当参考了《魏书》《隋书》。三书《室韦传》互证,证明《魏书》《隋书》《旧唐书》对室韦的记载是基本可信的。《魏书》开始有室韦传文,《隋书》在此基础上有所扩充,《旧唐书》更趋详细。将三者联系起来,大体可见从北朝到唐代室韦历史发展的粗略线条。可以说,《魏书》《隋书》和《旧唐书》的《室韦传》是反映不同时代室韦历史状况的最主要史料。《旧唐书》以后,《唐会要》《册府元龟》《新唐书》的室韦条目等都对《旧唐书·室韦传》进行了摘抄或改写,主要史料大多没有超出《旧唐书》,证明了它的承上启下的作用。《旧唐书·室韦传》的许多记载既为前代史书所无,又为后来史籍所据,是从北朝到辽金时期室韦史料链条上的重要环节,是研究唐代室韦历史的最基本史料。

《旧唐书》卷一九九下有《乌罗浑传》，除"其国在京师东北六千三百里"、"西与突厥"两句多于《通典》，其余内容与《通典》相同，价值同样不大。

六、《唐会要·室韦》和《唐会要·乌洛侯》

《唐会要》，宋王溥撰，宋太祖建隆二年（961）成书。大体上就唐德宗时苏冕及宣宗时崔铉所修80卷《会要》[①]，有所增删，又补收唐末史事20卷而成。《唐会要》是有关典章制度原始资料的摘录，充分利用了苏、崔旧文。苏冕《会要》，记唐初至代宗（762~779年）时典故，崔铉《会要》记德宗至武宗（780~864年）时故事。《唐会要》以宣宗以前内容为丰富；宣宗以后，因编者无所循而简略。《唐会要》卷九十六所记室韦朝贡事多在武宗以前，武宗以后只新增咸通元年（860）一条，这也符合《唐会要》系主要撮录苏、崔《会要》而成的一般性结论。

将《唐会要》有关室韦记载与相关史料相比，可以看出它部分内容与《旧唐书·室韦传》相同，部分内容与《通典》相同。可以认为《唐会要》有关室韦史文，一部分可能摘自《旧唐书》所依据的史源资料[②]；另外一些内容则为选抄《通典》，只是对个别字、词作了删改。具体而言，自"室韦者，契丹之别种"至"人牵犁以种"的一段，自"今室韦最西与回鹘

①《旧唐书》卷一六三《崔铉传》，卷一八九下《苏冕传》。
②苏、崔《会要》与《旧唐书》史源当相同，可惜今已失传，无法比较，而只能探究《唐会要》关于室韦的记载与现存史书间的关系。

接界者"至"其河东南流与那河合"的一段,这两段史文与
《旧唐书·室韦传》史源相同。其中有一处改写,《旧唐书》
作"室韦者,契丹之别类也",《唐会要》则作"室韦者,契丹之
别种也"。另外,《唐会要》对《旧唐书》室韦概况部分内容删
削较多。从"突厥沙钵罗可汗常以吐屯潘垤统领之"到"远
者六千二百里",《唐会要》抄录改写的是《通典》的相应内
容。因为《唐会要》这段史文的几处用字均与《通典》增删的
字、词相同,而与《隋书》《北史》不同,或为《隋书》等缺载。
如南室韦"至夏则移向西贷勃、欠对二山",《隋书》"西"后
有"北",《北史》无"西"。"后渐分为二十五部",《隋书》《北
史》均缺"后"。"其酋帅号余莫不满咄","不",《隋书》《北
史》作"弗"。"籧篨为室"的"室",《隋书》《北史》作"屋"。
"编木藉之",《隋书》《北史》作"编木为藉"。"居穴中",《隋
书》《北史》作"居土穴中"。"北室韦,后魏武定、隋开皇大
业中,并遣使贡献",《隋书》作"北室韦时遣使贡献"。《唐会
要》与《通典》一样,于"南室韦在契丹北三千里"句后引录
了《后魏书》文字。此外,《通典》漏抄或删削的史文,《唐会
要》同样没有记载,所以,可以肯定《唐会要》部分内容抄录
的是《通典》室韦条目。同时,《唐会要》编纂者还根据自己
的理解,对有些字句作了删改。较重要的有改"盖契丹之类
也"为"盖契丹之别种也",以与前面所改《旧唐书》"别类"
为"别种"相一致。删改"造酒、食啖、言语与靺鞨同"为"言
语与靺鞨相通"等。《唐会要》把《通典》所有的"造酒、食
啖"四字索性删掉,径直作室韦言语与靺鞨相通,这是从《通
典》沿袭下来的错误,同样不能作为真凭实据。

　　《唐会要》有关室韦部落较有价值的史料，一则是在乌罗护部落后新增加的一段史文，引文作："一名乌罗浑，元魏谓之乌落，居磨盖独山北，啜河之侧。此部落自魏大武真君四年，历北齐、周、隋及武德已后，朝贡不绝。"另一则是摘引的失传《隋书》内容，引《隋书·室韦记》文作："室韦有五部落：一南室韦，二北室韦，三钵室韦，在北室韦之北，四深末怛室韦，在北室韦之西北，五大室韦，在室建河之南，深末怛室韦之西北。"引《隋书》文作："大室韦之外，名字改易，不可详悉。"新增入的乌洛侯史料，在《唐会要》以前编成的《通典》《旧唐书》等史书中都不见记载，对判定唐代室韦乌罗护部的位置等颇有价值。从有武德年号推断，这则史料当成文于唐初期。引用的《隋书》史料，与现存《隋书·室韦传》的相关内容有差别，当非今本《隋书》。查《隋书·经籍志二》古史类中有王劭撰《隋书》60卷，注说未成。《旧唐书·经籍志上》正史类另列张大素撰《隋书》32卷。王劭《隋书》可能未予刊布流传，那么《唐会要》所引《隋书》可能是张大素《隋书》。现存《隋书·室韦传》记室韦五部方位时，未明深末怛室韦和大室韦具体方位，致使研究者有将深末怛室韦置于北室韦东北的，或者将大室韦放在深末怛室韦西北过远。《唐会要》首引的《隋书》史文，明确说深末怛室韦在北室韦西北，大室韦在望建河（今额尔古纳河和黑龙江上游）之南，对考证隋代五部室韦的地理位置较有价值。

　　《唐会要》室韦条目末尾所列室韦使者、首领通贡年份，大致与《旧唐书·室韦传》相同，只开成、会昌年间条详于《旧唐书》。新增武德八年和咸通元年两条，当据其它材料补入。

《唐会要》卷九十九有乌洛侯条目,内容不出《通典》范围。

简要地说,《唐会要》对室韦的记载,最有价值的是它摘引的为其它史书未载、今已失传的史料。

七、《太平寰宇记》对室韦、乌洛侯的记载

《太平寰宇记》,宋人乐史于北宋太平兴国(976~984年)年间开始编纂。卷一九九有室韦和乌洛侯内容。乐史著书,志在补唐人所撰地理志书之缺。从整部书看,乐史所引大约200余种史书,现已大多散佚,因此,有赖《太平寰宇记》而保存下来的一些材料显得尤为珍贵。但单就室韦和乌洛侯的内容而言,《太平寰宇记》没有征引新的史籍,没有补入新的史料,不外援引和遵循《通典》和《唐会要》的内容而已。

《太平寰宇记·北狄·室韦》条主要内容依据《唐会要》卷九十六《室韦》内容,稍加增削改写,个别条目则参考引用了《通典》。《太平寰宇记》关于室韦记载无疑是沿袭前代史书,但在抄改过程中,有许多删削、脱漏和衍误。比较明显的有,"其渠帅号乞引莫贺咄。""大唐有九部焉。""有乌素[布]固部落。当俱轮[国](泊)之西南。次东有移塞没部落。次东又有塞[葛](曷)支部落。""乌罗浑,元魏谓之乌罗(侯)。""北又有[苏葛](婆莴)室韦。""又有大[车]室韦部落,……在[掘](猰)越河之北。"① 如果注意与相关史

①引文中,下加横线的字是《寰宇记》的脱漏,方括号中的字为《寰宇记》的讹文,圆括号中的字是正确写法。

料比较,这些缺漏和讹误是可以发现的。但有的室韦史论著没有注意到《太平寰宇记》与《唐会要》《通典》在室韦史料上的传抄关系,没有注意到《太平寰宇记》与前代史书在对室韦记载上的些微差别是由于它漏载与讹误所致,以至于由《太平寰宇记》的误载得出错误的观点①。

　　《太平寰宇记》关于乌洛侯的记载主要参考了《通典》相关内容。无论是《通典》抄改增删的《魏书·乌洛侯传》内容,还是《通典》新增加的内容,《太平寰宇记》均大略与《通典》相同。如"冬则穿地为室"(《魏书》"冬"前有"民"),"部落莫弗皆代为之"(《魏书》"代"作"世"),"乐有胡箜篌"(《魏书》无"胡")及乌罗浑讹为乌护、贞观六年朝唐、地理四至等,均与《通典》相同。只是《太平寰宇记》对《通典》乌洛侯条的行文顺序重新做了排列,内容并无增添。多出的内容为引《蕃中记》所载"完水,乌丸水也"和带有作者注释性质的"难水即那河"两条。

---

① 如《寰宇记》"北室韦、后魏武定、隋开皇大业中,并遣使朝贡。大唐有九部焉,所谓岭西室韦、山北室韦、黄头室韦、大如者室韦、小如者室韦、婆莴室韦、讷北室韦、骆驼室韦……"一条,张锡彤等《(中国历史地图集)释文汇编·东北卷》(中央民族学院出版社,1988年)第54页,王德厚《室韦地理考补》(载《北方文物》1989年第1期)等均以它作根据,认为隋代北室书九部即岭西室韦以下九部,而没有注意到《唐会要》"有九部焉"前冠"大唐"二字,《通典》则作"大唐所闻有九部焉"。北室韦遣使朝贡和唐初闻知的室韦九部两则史料当各有史源,反映的年代不同,将隋代北室韦与岭西等九部联系起来。从唐代室韦部落的构成和地域分布,也可知唐初室韦九部有些不可能属于隋代的北室韦。

《太平寰宇记》约成书于北宋建国后 20 年,由于室韦部落的历史演变,北宋与室韦之间的地理阻隔,中原政权对室韦和乌洛侯已十分淡漠。在编撰室韦和乌洛侯资料时,除了抄引宋代以前史书已很难有新的史料补充。在《通典》《唐会要》俱存的情况下,《太平寰宇记》有关室韦和乌洛侯的记载史料价值并不大。

八、《册府元龟·外臣部》"种族""国邑" "土风"诸"室韦"专条

《册府元龟》为宋代王钦若、杨亿等奉敕编纂,大中祥符六年(1013)成书。卷九五六《外臣部·种族》、卷九五八《外臣部·国邑二》和卷九六一《外臣部·土风三》有室韦专条。

《册府元龟》编选的室韦资料,今天来看大都出自前代正史。卷九五六所收室韦史料,经与前代正史所载室韦史料相比,摘录的是《旧唐书·室韦传》。稍有差异之处,是《册府元龟》撰修者将《旧唐书》所谓"室韦者,契丹别类也"改作"室韦者,契丹之别种也"。"婆莴室韦"作"婆芭室韦","近者三千五百里"作"二千五百里",其余均同。另外,《册府元龟》注意到《旧唐书》等"我唐有九部焉"实载为八部,因此将大室韦从文后摘出,附于文末,以凑足九部。实际上,《通典》所载正为九部名称,只是《册府元龟》编纂者不知或未予注意。所以,《册府元龟》补大室韦为唐初所闻九部之一并不足取。卷九五八摘录的内容,与《隋书》《北史》全同,当不出二书。卷九六一有关室韦内容,南室韦部分是将《隋书·室韦传》记载的南室韦大部分内容与《旧唐书·室韦传》的概

况部分内容合在一起。北室韦部分则抄录《隋书·室韦传》的北室韦内容。《旧唐书·室韦传》概况部分的内容、行文用字，在今传史书中，为《册府元龟》所独有。《册府元龟》相应记载与《旧唐书》相同，自可证明它部分抄自《旧唐书》。《册府元龟》抄自《隋书》的内容除与其用字、行文顺序等一样外，《北史》《通典》删改《隋书》的字、句，《册府元龟》则没删没改，说明《册府元龟》一部分内容根据的是《隋书》。

《册府元龟》不同于前史之处主要在卷九六一，其中说"南室韦，契丹别部也"，"北室韦，亦契丹别部也"。《册府元龟》主要将前代正史所载室韦资料按内容分类分载入外臣部的种族、国邑、土风等条，并没补充新的史料，所以，所谓南、北室韦为契丹别部的记载只是撰修《册府元龟》的宋代史臣们的看法。对于《册府元龟》所记室韦内容，值得重视的是，《外臣部》的朝贡和褒异部分中有关室韦入贡受赐情况的记载，因为其中一些条目不见于其它史书，有赖《册府元龟》的选录才得以保存下来。

九、《新唐书·室韦传》

《新唐书》，宋宋祁、欧阳修等于嘉祐五年（1060）编纂成书。卷二一九列《室韦传》。

将《新唐书·室韦传》与以前诸史对室韦的记载比勘对读，可以发现《新唐书》编修者是抄录改写《旧唐书》《唐会要》和《册府元龟》等诸书，并根据对前代史料的理解，加以连缀编排而成。自传文开始"室韦，契丹别种"至"其语言，靺鞨也"一段，是将《旧唐书·室韦传》的概况部分和《唐会要》南室韦内容进行删削和改写,并将二书传文顺序作个别调整,重新排序的。从字面上看,《新唐书》似乎有一些与以前不同的记载,实际上,这些记载是从先前的史料推演出来的。如《新唐书》所谓"室韦,契丹别种,东胡之北边,盖丁零之苗裔也。地据黄龙北";"小或千户,大数千户,滨散川谷,逐水草而处";"故虽猛悍喜战,而卒不能为强国"等记载。如果结合整段史文,分析前后句逻辑关系,与前代史书比较,《新唐书》这些记载并非另有根据,而是编改《室韦传》的史臣对前代传文的演绎和发挥。室韦是契丹别种一说,肇始于《唐会要》,《太平寰宇记》和《册府元龟》均沿袭。《新唐书》编修者将契丹视作东胡后裔,同时,既然同意室韦为契丹别种,则由此推出室韦在东胡北边;而东胡北边又当为丁零,故进一步推演出室韦是丁零后裔之说。所以,室韦为丁零后裔这一说法是宋代史臣的推论和附会,与其它早期记载相龃龉。"小或千户……逐水草而处"一句是根据《旧唐书》"其人土著,无赋敛。或为小室,以皮覆上,相聚而居,至数十百家"推演夸大而来。"故虽猛悍喜战而卒不能为强国"无疑是针对"每弋猎即相啸聚,事毕去,不相臣制"(《旧唐书》作"时聚弋猎,事毕而散")而作的评论。可见,《新唐书》中这些表面上不见于前史的记载,实质上并没有可靠的史料价值,只是北宋后期史臣根据前代相关记载作出的推测和议论。

《新唐书·室韦传》其它部分对《旧唐书》和《唐会要》的摘抄改写是很明显的。《新唐书·室韦传》从传文开始到"与妇共载、鼓舞而还"一段,所记内容与《旧唐书》概况部分大致相同，只对个别字、词、句稍作删减、改写，将顺序略作颠倒，并将"气候多寒，田收甚薄"等《唐会要》所记室韦内容略改后掺入这一段。将《旧唐书》"兵器有角弓楛矢。尤善射"，"或为小室，以皮覆上"，"畜宜犬豕、豢养而啖之，其皮用以为韦，男子女人通以为服"等句删改为"器有角弓、楛矢。人尤善射"，"所居或皮蒙室"，"有巨豕食之，韦其皮为服若席"等，分别插入所引《唐会要》文中。需要指出，《新唐书》所引录的《唐会要》室韦内容，实出《通典》。《通典》在抄写《隋书》时脱漏或删减的字、词、段落，《新唐书》均大致相仿。之所以说《新唐书》是据《唐会要》改抄，是因为从《新唐书》有关文字看，更接近《唐会要》①。而《新唐书·室韦传》更主要的是改写《旧唐书》的相关内容，把史文以更为简略的形式写下来。对个别条目，宋代修史者依据对《旧唐书·室韦传》的理解，做了一些改动，调整了文字的位置。如"自泊（指俱轮泊）而东有移塞没部"，不同于《旧唐书》的移塞没部在乌素固部东。岭西部在那礼部东，不同于旧书的应在婆萵部东。讷北部"北有大山，山外曰大室韦"，不同于旧书的乌丸北有大山，山外是大室韦。"东室韦，盖乌丸东南鄙余人也"，不同于旧书将东室韦与乌丸分述而认为没关系。经过改写的这些不同于《旧唐书》的史文，虽然算不上什么新史

---

① 如关于室韦语言一条，《通典》作"造酒、食啖、言语与靺鞨同"，《唐会要》删改作"言语与靺鞨相通"，《新唐书》则作"其语言，靺鞨也"。这条自《通典》相继沿袭下来的错误记载，到《新唐书》表述得更为明确肯定，但并不能作为确定室韦语言归属的根据。

料,但它反映了宋代史臣对宋以前室韦史料的一些看法。

《新唐书》的编纂,对于《旧唐书》来说,是本着"其事则增于前,其文则省于旧"的原则。从《新唐书·室韦传》字面亦可看出,它在抄录改写前史情况下,在文字上尽量做到简省,并尽可能综合多种记载。《新唐书·室韦传》末有关室韦朝贡、扰边的记载,主要是摘录《旧唐书》的纪、传和《唐会要》《册府元龟》等的内容,经改写后,按年代加以排列而成。

《新唐书》卷二一七下《回鹘传下》附有乌洛侯内容,与《旧唐书》略同。前述《通典》乌洛侯四至缺"西邻突厥",而《新唐书》有载,当是据《旧唐书》抄改的。

综合以上比较分析,可以说《新唐书·室韦传》是一种新的室韦史著作。尽管它参考依据的史料是《旧唐书》《唐会要》和《册府元龟》等这些现存史书的相关内容,但它的作者们并没有受这些材料的限制,而是作了发挥。正是由于宋代史臣的大胆发挥,离开实际遽下断语,导致《新唐书·室韦传》存在着一些误断,如说室韦是丁零后裔等。从整体看,《新唐书·室韦传》的史料价值难以与《旧唐书》等相提并论,但可互相参证,结合使用。值得重视的是散见于《新唐书·地理志七下》和《流鬼传》中的室韦史料,它明确记述了室韦一些部落的地理方位和分布,对考定一些室韦部落的地望较有价值。

以上就多种史书中室韦和乌洛侯的基本史料作了初步比较研究。大抵来说,《魏书》《隋书》《通典》和《旧唐书》等是不同历史时期有关室韦和乌洛侯史料最丰富最有价值的史书。《新唐书·室韦传》虽没有更多新史料,但可与《旧唐书》参照使用。依照上述基本史料，可以大体勾勒出北朝至唐代室韦历史的框架和脉络。由于史书成书年代有先有后，后出史书往往与先前史书存在抄录关系。随着历史的发展变化，后出史书又常常收载了先成史书所不载的史料。因此，只有将各种史籍汇集的室韦史料按年代顺序排列下来，鉴别史料的真伪，评价史料的价值，才有可能理清室韦各个时期的历史状况，才能使问题的论证更有说服力。

参考文献

纪传体史料

（南朝宋）范晔撰：《后汉书》，中华书局，一九六五年。

（西晋）陈寿撰：《三国志》，中华书局，一九五九年。

（唐）房玄龄等撰：《晋书》，中华书局，一九七四年。

（南朝梁）沈约撰：《宋书》，中华书局，一九七四年。

（梁）萧子显撰：《南齐书》，中华书局，一九七二年。

（唐）姚思廉撰：《梁书》，中华书局，一九七三年。

（北齐）魏收撰：《魏书》，中华书局，一九七四年。

（唐）令狐德棻等撰：《周书》，中华书局，一九七一年。

（唐）魏徵等撰：《隋书》，中华书局，一九七三年。

（唐）李延寿撰：《南史》，中华书局，一九七五年。

（唐）李延寿撰：《北史》，中华书局，一九七四年。

（后晋）刘昫等撰：《旧唐书》，中华书局，一九七五年。

（北宋）欧阳修、宋祁撰：《新唐书》，中华书局，一九七五年。

（北宋）欧阳修撰：《新五代史》，中华书局，一九七四年。

〔朝鲜〕金富轼等撰：《三国史记》，元奎章阁藏本。

编年体史料

（北宋）司马光编著，（元）胡三省音注：《资治通鉴》，中华书
　　局，一九五六年。

典制体史料

（唐）杜佑撰：《通典》，中华书局，一九八八年。

（北宋）郑樵撰：《通志》，中华书局，一九八七年。

（北宋）王溥撰：《唐会要》，中华书局，一九六〇年。

（北宋）王溥撰：《五代会要》，上海古籍出版社，一九七八年。

（元）马端临撰：《文献通考》，中华书局，一九八六年。

（清）徐松辑：《宋会要辑稿》，中华书局，一九五七年。

（唐）虞世南辑录：《北堂书钞》，清光绪十四年南海孔氏三十
　　有三万卷堂刻本。

（唐）欧阳询撰：《艺文类聚》，上海古籍出版社，一九六五年。

（唐）徐坚等著：《初学记》，中华书局，一九六二年。

（北宋）李昉等撰：《太平御览》，中华书局，一九六〇年。

（北宋）王钦若等编：《册府元龟》，中华书局，一九六〇年。

地理类史料

（北宋）乐史撰：《太平寰宇记》，中华书局，二〇〇七年。

（清）顾祖禹撰：《读史方舆纪要》，中华书局，二〇〇五年。

其他史料

（北魏）崔鸿撰，（明）屠乔孙、项琳之等修订：《十六国春秋》，

明万历三十七年兰晖堂刻本,巴伐利亚国家图书馆藏。

（唐）许嵩撰：《建康实录》,中华书局,一九八六年。

（南宋）叶隆礼撰：《契丹国志》,中华书局,二〇一四年。

（明）柯维骐撰：《宋史新编》,新文丰出版公司,一九七四年。

后　记

　　不同时期不同类型的古代文献对东胡系民族历史均有记载，依据这些记载，能够大体描述其历史轮廓。中外史学界对东胡系民族的历史研究延续百有余年，取得了丰硕成果。但在许多问题上至今难以取得一致看法，甚至存在颇多错误观点。主要原因在于对东胡系民族基本史料缺乏辨析研究，导致对相关史料的史源关系、史料价值存在模糊甚至错误的认识。历代均对东胡系民族文献有所编纂，并逐渐形成了这样的特点，即各种史书的成书年代有先有后，一方面后出史书往往与先出史书有着抄录关系，存在程度不同的沿袭继承；另一方面，随着历史的发展和情况的变化，后出史书又常常收载了为先成史书所不载的资料，有了详略不同的新材料的增加。由于各代史家对东胡系民族资料掌握的多寡不同，取舍角度有别，记述方式互有差异，所记内容与实际情况可能有一定出入等，因此对东胡系民族基本史料作系统全面的辨析研究尤为必要和重要。只有将各种史籍汇集的东胡系民族基本史料作系统全面科学的辑录整理，并在此基础上对基本史料作比较辨析研究，明确各篇史料的史源关系，鉴别史料的真伪，确定史料的价值,建立扎实可靠的史料基础,才能使相关问题的研究更具说服力,从而使东胡系民族的历史研究更可能接近史实。

亦邻真师于 1979 年发表的《中国北方民族与蒙古族族源》一文,在论及室韦语言系属时,具体对《魏书》《隋书》《北史》及《通典》《唐会要》《新唐书》等不同时期文献记载的室韦语言史料作了排比,十分清晰确凿地证明了诸种文献之间的史源关系,从而证明了自《通典》以后史书的错误记载,为辨明室韦语言及其族属提供了重要依据。这种具体排比辨析史料,从字里行间厘清各种不同文献之间关系,分析文献不同记载形成原因,确定史料不同价值的做法,启示我们对东胡系基本史料作全面系统的辨析,以期相关认识和结论能助益于东胡系民族历史问题研究。

本书作者及具体撰写内容如下:

张久和:东胡系各族综观、室韦基本史料辨析;王石雨:乌桓基本史料辨析、秦汉三国时期鲜卑基本史料辨析、宇文鲜卑基本史料辨析、段部鲜卑基本史料辨析;康淮永:慕容鲜卑基本史料辨析;梁云:拓跋鲜卑基本史料辨析;林睿:秃发鲜卑基本史料辨析、乞伏鲜卑基本史料辨析;曹磊:吐谷浑基本史料辨析;袁刚:柔然基本史料辨析;冯科:契丹基本史料辨析;王丽娟:库莫奚基本史料辨析。

在书稿即将面世之际,感谢内蒙古大学历史与旅游文化学院胡玉春教授对书稿的审阅,感谢博士研究生张祥瑞、硕士研究生燕仲荣、冯跃洋的细心校对、汇总,感谢中华书局陈乔编辑的辛勤付出。

　　书中难免有错误纰漏,敬请读者批评指正。

　　　　　　　　张久和　2024 年 4 月 19 日